U0942848

表现性德育的理性实践

主　　编　周　梅

文匯出版社

学校新优质集约发展文丛编委会

本书编委会

《学校新优质集约发展文丛》总序

教育均衡发展体现的是一种公平公正的理念，这不仅是世界教育发展的潮流，而且成为教育现代化的核心理念。20世纪末以来，随着世界经济的发展，公平正义越来越成为国际社会关注的重要问题，教育公平日益成为教育现代化的基本价值体现，成为世界各国教育发展的基本出发点，尤其是教育均衡发展问题，日益成为许多国家制定教育政策的基本原则。诺贝尔奖获得者弗里德曼教授曾指出，政府的职能主要有四个：建立国防和外交，维护司法公正，提供公共产品，扶助社会弱势群体。“提供公共产品，实现教育公平，政府是天生的‘第一责任人’。谁也不能代替，谁也代替不了。”（周洪宇：教育公平论，人民教育出版社，2010.3）20世纪90年代国际上提出了“全纳教育”思想、“每个孩子都重要”等教育均衡思想与实践。关注每一个学生的成长，这是教育均衡发展的必然逻辑，是践行教育均衡发展的核心精神，也是人类社会追求的公平教育，具有普适性。

教育区域发展正是体现了这样的教育发展潮流。集团化办学超越了一所学校的办学范畴，在区域层面上对优化资源配置和提高教育质量产生影响。在教育发展的失衡中最突出的是城乡教育的失衡。20世纪20年代，陶行知、晏阳初等在农村开展平民教育，是区域推进教育改革的大胆尝试。20世纪末，上海开展了教育小区探索实践。上海出现的现代教育小区的建设是社会、经济高速发展和上海城市功能定位要求教育改革与之适应的结果。“教育小区的建设为提高全体学生和市民素养创造了有利条件，奠定了物质和组织基础，为未来教育的发展创造了较大的空间，教育小区建设将成为上海教育进入新世纪的重要标志”（王钰城，2000.1）教育发展要顺应人民群众对接受更多更好教育的新期盼。

教育均衡发展中首先是保障教育入学机会的均等，让所有的孩子上好学，这是教育公平的底线。教育公平的核心是教育过程的平等，办好每一所家门口的学校，提供教育质量不断进步的教育。教育公平的追求应该是教育结果的平等，办好人民满意的教育，建好人民满意的学校。教育公平的实现过程就是教育公共产品生产与提供方式的创新。通过均衡使所有学校优质发展，这是均衡发展的重要价值取向。我们必须按照科学的教育质量观要求，把“为了每一个孩子的健康快乐成长”作为出发点和落脚点。在教育价值取向上，要从过度追求现实功利转向追求教育对人的发展的价值，高度重视学生的身心发展、终身发展。在学生培养模式上，必须树立“为了每一个学生终身发展”的理念，即关心全体学生的成长，要改变高度统一的标准化模式，更加注重有利于学生社会化与个性化协调发展。在教师专业成长上，要从单纯强调掌握学科知识和教学技能转向更加注重教育境界和专业能力的提升。通过教育价值观倡导，促进学校提高教育质量和办学水平，创新发展理念和发展模式，全面实施素质教育。

金山小学教育集团的发展在教育理念上贯穿教育均衡思想，以“儿童友好”为特征。“儿童友好”强调儿童享有一个人的全部权利，儿童优先。金山小学教育集团的各所学校从不同的教育实践角度践行以学生发展作为学校发展的表征，以营造健康的集团教育生态圈为实现形式，“儿童友好，金色童年，绿色心灵”成了我们集团的行动呼唤，亲儿童以达亲众生，建构健康的区域集团教育生态成了我们的努力。“构建教育的生态”本质上就是以生态文明指导学校自身变革。学校的改革与发展在于生态关系的构建，在学校教育观念上、制度上与学校行为方式上，推进学校整体生态化，为儿童健康成长营造一个良好的区域教育生态圈，使学校具有可持续发展的能力。我们追求的教育生态是儿童友好的学校生态，这样的生态支持与关爱着儿童的健康成长，努力把学校建设成为儿童友好型学校。这样的学校对儿童的关照应当是无微不至的，有着有利于儿童成长的环境、丰富多彩的儿童精神文化环境、良好的学校儿童保护与服务、对儿童参与权利的保障等多方面的目标与举措。“儿童友好”融入课程文化，实现“以生为本”的教育教学，促进每一个儿童的成长和发展。“儿童友好”融入各类课程，培育儿童健康的学习方式，催生儿童民主意识，构建儿童主体道德。当今教育发展的趋势,以生态文明引导社会发展,以生态文明引导教育发展,以教育生态滋润教育,以教育反哺教育生态,形成教育发展与教育生态营造的双向建构。金山小学教育集团成员学校共处上海西南的东海之滨,山阳、钱圩、漕泾、廊下有着深厚的历史底蕴、丰富的文化精神、浓郁的教育传承,正是这些东海之滨的金山城镇孕育着这片充满活力的学校教育,培育着良好的教育生态。

金山小学教育集团的发展在实践形态上坚持办学规律,遵循教育规律。《学校新优质集约发展文丛》展现了金山小学的表现性德育,激发儿童内在的生命活力,让孩子们以敢表、乐表、善表的精神,表真、表善、表美、表新,在学习和实践中增长才干,提升能力,为今后就业和终身发展打下良好基础,使学生的精神面貌、涵养、个性、气质、习惯展现出他鲜活的内心世界。钱圩小学从悠久的钱圩文化与校本体育优势项目中凝练了以“成为一个崇尚规则幸福的人”的教育理念,培育学校的“六维度规则教育”,走出一条现代规则教育校本化之路。漕泾小学从原先的“追求适合学生发展的生态教育探索”中,不断梳理与更新学校办学的实践,从“生态教育”走向“教育生态”,逐步清晰了学校发展的方向:生态的教育,即教育生态化,使漕泾小学的教育更健康,成为儿童友好型学校。学校从生态课堂与生态型德育着手,实现“儿童友好,让学校更生态”的教育追求。山阳小学从以“矢志如山、胸怀朝阳、善小养真、勤学自强”的“山小精神”为引领,以金山嘴渔村渔文化、山阳故事、山阳民乐等山阳精品文化为新支点,通过以校本课程为载体,进一步弘扬与传承这一传统文化,增强来沪随迁子女对“第二家乡”的认同感、归属感和凝聚力,形成共有的精神家园。廊下小学与石化五小也在不断发展。这些集团成员学校依托集团化办学的优势,形成了集成发展态势,取得了显著的办学实绩,形成了学校办学的特色。

在办学集团化集成发展中我们要正确认识与实践两个问题:

一是学校发展与集团化发展的关系。我们以项目引领方式解决学校发展面临的发展问题,发挥引领辐射作用,以促进共同体学校整体提升为基本原则,推进教育集团工作。集团主持学校金山小学以“基于金色童年课程的表现性学习”品牌的本质精神,以“为每个学生提供适合他们发展的教育”为导向,发扬示范带动效应。同时以共同发展为纽带,通过集团成员学校的学校管理、队伍建设、教育科研、学生活动、学校文化等方面互动，开展学习、交流、展示等活动，在如何凝聚学校发展主题以及落实路径上开展活动，借助专家的智力支持，实现资源共享、优势互补、共同进步、整体提高。有针对性地解决学校发展面临的困惑与瓶颈，有针对性地解决学校发展面临的瓶颈，增强各校整体实力，达到学校内涵发展的目的，并总结与形成对集团化办学的认识。营造健康的教育生态已经成为集团各学校的共识与积极的行动。

二是学校教育特色与学生发展之间的关系。通过这几年的实践，表明学校教育特色的确定与建构必须是为了学生的发展。集团各学校所确立的素质教育实验项目都是指向学生发展，是学生发展中最基本的、终身受益的，也是事关学校发展全局的，落实学生培养目标并具有普适性的。集团成员学校的发展表明教育集团应该聚焦在办学理念与资源共享的共识上、实践形态的一致性与校本化上，使集团工作有着可行性、适宜性。

在集团化办学过程中，我们认识到学校的核心竞争力是文化力。学校教育文化必定在过程中孕育，在过程中发展，而不是把学校教育理念看成是装饰品作为摆设，或当口号喊喊而已。办学特色是学校文化的具体体现，是学校文化的物化。学校特色发展不是单纯追求“不同”，而是要遵循教育规律上做得更好；不是文字表述上的“特”，而是实践成果上的出色。我们的特色不是追求“特”而“特”，不是奇思怪想，人无我有，而要有教育价值。学校特色是学校经过长期努力，在办学过程中形成的教育或教学的优势，并能成为学校文化的一部分。办学特色不是少数学生或教师的特长项目，而是全校师生认同和参与的，也为社会或社区所认可的，有一定的社会影响。学校办学特色应该是在遵循教育规律上做得很出色，经验很鲜明，成效很认可，这才能超乎其他学校而凸显。我们只有端正对“特色”的理解，理清思路，才能明确方向。

在集团化办学过程中，我们感受到学校教育理念孕育首先必须聚焦。这就需要学校在办学过程中，为了确立学校教育理念，对其作出教育价值的理解和判断，作出符合学校实际和教育发展需要的选择，并作为学校发展的目标以及全校师生行动的导向。在聚焦过程中，学校必须立足高点，站得高，才能看得远。学校选择的教育价值理念、教育特色应该具有发展的潜质，学校教育理念孕育必须坚持融合。学校教育理念真正确立的标志应该是其是否融合于学校方方面面的生活之中。

学校教育理念的融合程度是学校教育理念发展水平的标尺。融合既是目标,也是手段,融合是孕育学校教育理念的重要手段。学校教育理念要融合在学校的教育、教学和管理之中,要融合在师生的品格之中。学校教育理念孕育"坚持数年必有成效"。学校教育理念作为一种组织精神,是组织成员的价值观念和信念的集中反映,是组织成员共同愿景的前提基础,是组织成员心中一股令人深受感召的力量,遍及于组织各方面的活动中,从而使各种不同的活动融汇起来,为完成共同的目标不断努力。富有独特魅力的学校教育理念是促进学校发展,走向成功的坚强柱石。学校教育理念培育不可能一蹴而就,需要坚持,不跟风、不唯上,按照教育规律,在具体的学校情境下培育属于自己的学校教育理念,也只有"坚持数年",才"必有成效"。

在教育集团化办学中,成员学校在办学实践中不仅清晰了校本化发展路径,总结与形成了一些对集团化办学的有益认识,而且也形成了反映集团化办学中学校个性化发展的经验,形成了这套《学校新优质集约发展文丛》丛书。这套丛书共分两套,由四本专著组成:第一套《幸福德育:滋养金色童年》,由金山小学的《表现性德育的理性实践》与钱圩小学《"六维度"规则教育的实践创新》组成,其书名中"幸福"来自钱圩小学的理念:"成为一个崇尚规则幸福的人","童年"来自金山小学的"基于金色童年课程的表现性学习"。第二套《教育生态:滋润绿色心灵》,由漕泾小学的《友好:让学校更生态——生态课堂与生态型德育的实施》和山阳小学的《一场春风化雨的实践》组成,其书名中的"教育生态"来自漕泾小学的办学理念,"滋润"来自山阳小学的"春风化雨的实践"。

《学校新优质集约发展文丛》丛书所表征的"为学生提供适合他们发展的教育"这个理念对整个集团学校教育提出了高要求,是我们追求的教育理想,也是我们行动的号角。我们确信,不因为是理想而不追求,不因为是高标准而不行动,我们正在用积极的行动实践我们的教育理念。

周梅　王钰城

2021 年 1 月于上海

目　录

第一章　表现性德育的价值

一、学校德育改革势在必行

（一）创新人才的培养呼唤德育的改革

人类已经进入 21 世纪，面临 21 世纪的科学技术迅猛发展，知识经济初见端倪的时代，我们正迈入一个人类史上最富挑战性的时代——创新时代。创新是当代世界综合实力竞争的核心。创新驱动发展、建设“创新型国家”是时代的浪潮，“创新是引领发展的第一动力”。如果这个世界没有创新能力，便不会有今日人类的文明，可能还同原始人一起过着钻木取火的原始生活。如果爱因斯坦、爱迪生等人没有创新能力，他们何以取得巨大的成就与收获，如果一个人不具备创新能力，可以说是庸才；如果一个民族没有了创新人才，那么它便是一个落后的民族。

人才是立国、富国、强国之本，如何使人才尽快地脱颖而出，是一个亟待解决的问题。人才的出现有多种途径，其中有“拔尖”，有“冒尖”。“拔尖”是指被提拔而成为尖子，冒尖是指通过奋斗、取得成就而得到社会的公认。当今现代社会更应该关注冒尖，以体现天赋人权。如果过去曾以谦虚是美德，低调是品格，而苦苦期盼自己人生中的伯乐来赏识和提拔自己，或是通过默默无闻地等待他人的推选和制度的评选侥幸突出，那么，如今的社会，日新月异的变化和突飞猛进的跨越式发展，这一不争的社会现状和事实，则是需要更多优秀的人才掌握如何在人才济济的人潮人海中，迅速找到自我、高效实现自我的能力；这绝非肆意地自我炒作，华而不实地自吹自擂、趋炎附势地高调吹嘘，而是学会如何在通往成功的道路上，自我探索、自我耕耘、开辟“捷径”，最终实现自我。“冒尖”的人才绝对是有强烈个人意愿并努力实现成功的人，因为他们拥有超越现实障碍、克服困难和瓶颈的良好心态及素质，他们努力实现目标的主观能动性，正是当今社会和企业最需要的，我们鼓励这些通过正当的竞技和全面能力的公平角逐，而最终胜出的人。

充满竞争和挑战的时代和社会，最重要的竞争是人才的竞争，尤其是需要充满个性的，富有创新精神和创造能力的各类人才。当今社会的竞争，与其说是人才的竞争，不如说是人的创造力的竞争。培养时代需要的创新人才，以教育创新与新时代同频共振，每一位教育工作者更是使命在肩，任务艰巨。建设创新型国家是中华民族的历史责任，也是时代赋予青少年一代崇高而神圣的使命。

创新型国家需要敢于进取、具有才干的人才。这就需要我们教育者突破陈旧观念，树立新的德育观念。创新精神是与开放的个性紧密相关的，要有“敢为天下先”的精神。在中国几千年的传统文化的束缚下，“强渠者不得其死”，“曲则金”，而“张扬的个性，好表现”不会被视为优点，往往被认为是“不成熟”“出风头”或“标新立异”。这种观念与现代化的要求格格不入，与市场经济需要的竞争品质不相适应，与我国发展所需人才的要求不相一致。这种禁锢严重妨碍了科技的进步，改变这种状况已是社会进步的呼唤。由于受中国传统“中庸”思想的影响，不少学生缺乏勇气和创新精神。例如，上课回答问题不积极主动、不善于表达自己的见解，有些学生即使会也不说，存在害怕出错和影响自己在同学们心目中的形象等不健康的心理。因此，教师在教育、教学中应鼓励学生大胆质疑，敢于发表自己的见解，鼓励学生冒尖。从整体上看，我国学校缺乏个性培养的经验，口号多，没有真正意义上的实践，更缺乏对培养学生个性的教育载体、形式、方法、途径的研究与实践。我们的教育应该鼓励创新、宽容失败、支持探索、鼓励冒尖。

表现性德育鼓励学生进取创新。国家需要在不同的领域不同的岗位上以不俗的表现，能抓住前所未有的机遇，面对前所未有的竞争与挑战的人才。“在出人才的问题上，要鼓励和支持冒尖。”这充分表达了国家的发展需要具有最佳表现的人才，敢于冒尖的人才，而不是平庸之辈。具有进取、自信、独立精神的敢于表现出色才干的人才所必备的良好个性需要从小早期培养。这对教育提出了新的更高的要求。因此，培养学生敢于表现、善于表现的教育，是培养开拓型、创造型人才的需要。

著名科学家钱学森提出的“为什么我们的教育总是培养不出杰出人才?”令我们深省。这就是我们的教育没有注重培养学生的个性与能力,导致缺乏独立性与创造性。培养学生创新精神和创新能力是学校教育长期以来的一个薄弱环节。学校教育观念落后,教育模式单一,教学形式过死,束缚了学生自主学习的意识和创新能力的发展。反思这种现状的根源,是与忽视个性、否定进取冒尖的教育的长期影响有关。传统的中国人,在别人肯定自己的时候,总是“哪里哪里”直摆手;在应该展现自己的场合,总是“不行不行”地往后退缩。这种情形,我们早已司空见惯,这种现象不仅在成人身上体现,同样在我们学生身上也十分普遍。相当多的学生在学习和生活中胆子小,常退缩,更不敢提出自己的疑问与质疑。这种退缩性行为与心理,久而久之成了一种阻碍社会进步与个体发展的消极的人格特征与心理品质。这种应该表现而不敢表现、不善于表现导致了不少学生进取精神和独立人格的丧失。

学校的德育必须转变“教师唱山歌,学生当听众”的局面,确立德育为了学生,通过学生,实现学生的发展的格局。在现实的德育中,还存在着客体性德育阻碍主体性德育的实施的现象。客体性德育不是致力于人的自由全面的发展。在这样的德育中,教育者是主体,学生只是被当作客体加以训练。它的方法是简单灌输,通过主客体之间单向命令式的活动过程,企图转变学生思想品德。客体性教育的结果是塑造出来学生更多地具有“共性”而缺乏个性,更多地具有依赖性而缺乏自主性,更多地具有惰性而缺乏创造性。

德育要转向主体性教育,让学生成为能够自主地、创造性地进行认识和实践活动的社会主体。通过主体性德育,使学生的主体意识愈强,他们参与自身发展、在学习活动中实现自己的本质力量的自觉性就愈大,从而也就愈能在学习做人做事的活动中充分发挥自身的能动力量,不断地调整、改造自身的知识结构、心理状态和行为方式。客观性德育向主体性德育转变是时代发展的必然,也是社会进步的必然需要。

学生时期是创造性个性与能力培养的重要时期,学会开放性的角色最佳表现有助于个性的发展。因此早期培养学生学会表现是培养高素质人才的迫切需要。“张扬的个性,好表现”如今再也不应该是“不成熟”“出风头”的代名词。在知识经济浪潮席卷全球的今天,学校必须培养适应社会发展需要的下一代,让学生学会学习,学会创新。

德育要让学生会做人，培养学生具有进取精神与创新精神，能充分展现最佳社会角色的能力。这给我们的德育带来了新的课题。我们提出的表现性德育体现了时代的需要，适应国家对教育培养创新型人才的迫切要求。我们应该培养敢于进取，善于表现，充满自信的学生。我们要培养在一定角色上具有最佳表现的人才。表现性德育是一种尽可能地给每位学生提供适合其潜能开发和个性充分发展的学习机会和践行条件，以学生主体发展为前提，以创新精神和实践能力为重点的素质教育，是一种培养学生在社会化和个性化协调发展中，在合作与竞争中培养发展"敢表、乐表、善表；表真、表好、表新"外显能力的教育。实施表现性德育让学生在学习和实践中增长才干，提升能力，为今后终身发展打好良好基础。

（二）适应社会发展，学校德育改革的必然

社会的进步、科学的发展都要求人们精神品质的提升、社会道德的不断提升。正如爱因斯坦指出，"科学虽然伟大，但他只能回答世界是什么的问题，应当如何的价值目标，却在它的视野之外"。（《爱因斯坦文集》中文版，第 3 页，北京商务书馆，1979）在 20 世纪政治、经济、文化教育、科学技术等各方面都出现了盛况空前的背后，我们同时也发现人类社会已经危机四伏。"我们的技术与伦理，从没有像今天这样，存在着如此大的差距。这不仅是屈辱，可以说是一种致命性的危险。所以必须更加努力地确立——若没有它，我们的生命便毫无价值，人生也无幸福的这尊严性。"（A. 汤因比：《展望 21 世纪对话录》，国际文化出版公司，1985）从自然环境危机到社会环境危机，作为人类社会精神表征的道德体系则始终处于社会变革发展中深层危机的中心。拜金主义、个人主义泛滥的道德失范现象、社会丑恶现象和社会公害屡禁不止，功利因素的膨胀，价值体系的颠覆，环境污染的严重，乃至科学技术发展引发的伦理道德问题，无时无刻不在困扰着人类。面对诸多伦理道德问题，各国伦理学家都在进行艰难的思考和探索，涌现出了多种理论和方法，试图从不同角度、不同层面寻求解决危机的答案和方法，然任重而道远，正如美国哲学家 A. 麦金太尔在其《德性之后》所言，当代人类的道德实践正面临深刻的危机，并处于严重的无序状态。

我国又面临着社会转型时期的经济体制转型、社会结构转型，社会生活变化对社会道德产生了影响。适应长期封闭的计划经济体制下生产力不高的一些道德规范，与开放的市场经济中勃勃的经济活力要求的道德规范发生的冲突，以及伴随市场经济较快发展，非道德行为和现象所表现出来的道德滑坡不容忽视。不少人追求享乐物欲横流，一切行为向钱看，成为拜金主义者，也有不少人非利勿为，欺诈成性，假冒伪劣到了丧失人性的程度，不坑人白不坑人、不骗人白不骗人，滋生厚颜无耻且不择手段唯利是图者，还有人贪婪成性贪污腐化，不贪污白不贪污、不受贿白不受贿，成为无视规则与法律的损人利己者。这些人暴利造假、盗版、网络道德缺失、贪婪谋私、吸毒泛滥、做人不诚信、没有社会责任感等。更多的是为了自身利益牺牲人格、自我萎缩，精神生活平庸化，明哲保身、处世冷漠成为许多人的生活信条，见死不救的现象屡见不鲜。

这些社会道德现象对学校德育工作带来了一定的负面影响。同时，学校德育常常脱离社会生活，讲空话，忽视在社会生活的真实背景下的道德行为的养成和道德情感的提高，忽视道德践行，清谈空谈道德。道德清谈与真实的社会生活实际相脱离，学生只是死背教条，学生接受的是德育课程知识，目的是为了对付考试、评定，而真实的、丰富的社会生活的真谛被遮蔽。这就要求学校德育要面对经济转轨中所出现的道德困境加以正确对待与解决。

学校德育常忽视道德践行，忽视学生道德能力的培养。学校德育存在"高、大、空"的现象，德育内容脱离生活实际。学校德育有时只抓行为规范，实际上把行为规范训练代替了道德教育，忽视了学生的价值观与道德品质教育，忽视了生活中最普遍、最基本的道德表现，以行为规范层次训练代替道德层次的教育。这种德育内容上的两极化，使学校德育内容无法针对学生的实际开展教育。德育内容的片面化、空泛化或者狭窄化导致与学生的现实生活实际，缺乏德育的实际性和感召性的践行。

学校德育实效上空转较为普遍。学校德育从学生进校到毕业，不知接受了多少堂思想政治课的教育，参加了多少回主题教育活动，教师也做了不知多少回的训话与说教，但是这些德育活动效果常不明显，这主要表现为学校德育与社会生活脱节，学生接触社会后感到迷茫；学生认知与践行脱节，常是说了没有做到，或者被动行动，这是当前学校德育空转较为突出的表现。

学校德育在方法上较多“管卡压”，主要方法是灌输、防范、压制，教育方法枯燥单调。这与学生的心理发展状况不相适应。单纯地向学生灌输道德知识和规范，容易使他们对所受教育的内容与外界现实的矛盾感到迷惑不解，从而导致其道德观的疑虑甚至混乱，进而会感到世界的虚伪和社会的灰暗，并对学校的道德教育产生反感甚至排斥。学校德育在方法上的失误主要源于对学生缺少研究与了解，主要表现在三个层次上：一是对学生的心理特征缺少把握与运用，忽视了学生的年龄、身心特点；二是缺少对学生特征的全面了解，病态地对待学生的不足，而看不到学生的优势和优点；三是对学生个体的差异性的了解缺乏，对学生不够具体深入了解，一般对学生就事论事了解与处理较为普遍，而发展性教育较少。

学校德育要改革，需要适合社会进步的德育创新，转变德育空转，提高德育是当前的紧迫任务。学校德育要重视对学生的道德、心理品质的教育以及人文精神、科学精神的培养。德育不应是灌输，而是体验、感悟达到践行。学校要研究如何让学生在生活中、学习中有最佳的表现，在学校做好学生，在家庭做好孩子、在社会做好公民。这就需要突出践行——做人的表现，让我们的学生言行一致，表里一致。针对学校德育的现状，我们提出了表现性德育。表现性德育是以学生主体发展为前提，以创新精神和实践能力为重点的素质教育，是培养学生在社会化和个性化协调发展中，在合作与竞争中培养发展“表真、表善、表好、表新、敢表、乐表、善表”外显能力的一种新教育。实施表现性德育让学生在学习和实践中增长道德践行能力。

二、表现性德育：让学生都能表现好

表现性德育以“真善美”作为价值取向可以促进学生的道德践行，使学生能时时用真善美和自己内心可能萌发的或者行为上显现出来的假恶丑做斗争，使自己过着有道德的生活。表现性德育强调表真、表善、表美是为了让学生不脱离生活实际，不是把“真善美”作为抽象概念凌驾于生活之上的，而是要他们以真善美去判断、去选择、去行动。用善滋养美，让我们的学生表现出丰富的爱心；用真滋养善，让我们的学生表现出真实的诚信；用美滋养善，让我们的学生表现出心灵之美，激发学生的向真、向善、向美之心。正是在求真的基础上求善向美，学生的生命本质力量才可能充分展现，朝气蓬勃、积极向上、生机勃发、丰富多彩，为达到生命的最高境界奠基。我们年轻一代都有一颗美好善良的心灵，我们的世界会变得美好、温暖，充满着人性的光辉和正义的光芒。

表现性德育让学生学会表真、表善、表美。道德的实质就是真善美。真善美作为德育的目的，是使学生具有热爱真善美的心，厌恶与摒弃假丑恶，敢爱敢恨，成为一个追求真善美，为真善美而奋斗，实现自己的人生价值的人，成为真、善、美和谐的人。同时，“表真、表善、表美”又是一个具体的道德教育内容，学生要学会如何“表真、表善、表美”。真意味着理智，善代表着爱心，美表征着和谐。通过表现性德育让学生学会以真善美作为标准做人做事，具有把握“真”的反面是“假”、“善”的反面是“恶”、“美”的反面是“丑”的能力。要教会学生在生活中处处时时表现出“真善美”：做事求真，做人求善，人生求美。教育家陶行知明确提出教育要培养真善美的人格，指出：“教育者不是造神，不是造石像，不是造爱人。他们所要创造的是真善美的活人。真善美的活人是我们的神，是我们的石像，是我们的爱人。”陶行知在育才学校把“创造真善美之人格”作为他的教育目标。（华中师范学院教育科学研究所：《陶行知全集》，第3卷，长沙：湖南教育出版社，1985）

“表真、表善、表美”就是以内养外。继承我国优良的道德教育传统中“礼仪”与“践行”“独慎”，内核是“礼以处世”，就是以“礼”这个道德准则来待人处世，具体的表现为——礼义：仁爱、诚信。正外是“礼以正身”，就是以礼提升个体的道德素养，具体表现为礼重：礼貌（仪态仪表的伦理要求）、礼节（言谈举止的伦理要求）。先哲的名言“礼者，德之基也”。表现性德育要让学生学习“礼仪”。“礼”是中国传统道德中重要而被广泛认同的道德规范，对个人修身与社会生活有重要意义。“礼”之“仪”是道德修养程度、文明程度的标志。重礼仪之人不仅能够保持个人的自尊获得他人的尊敬，而且有助于进德修业；不仅有利于个人道德境界的提高，而且还会对社会产生积极的影响。基于中华民族传统道德的礼仪教育，正是体现了“表真、表善、表美”的教育。

三、表现性德育建构学校特色

表现性德育是学校教育特色——表现性教育的重要组成部分，也成了学校德育特色。表现性德育的形成、发展以及学校教育特色的培育过程，给予我们深刻的思考——表现性德育，为什么学校会做出这样的选择，并获得成功。这就是表现性德育背后的核心——学校文化。

学校现代化更需要先进的学校文化。学校文化是学校最终竞争力。有什么样的学校文化就有什么样的学校。当前，学校的硬件建设有了极大的发展，软件建设需要跟上，现在学校不是缺物质的教育资源，而是软资源缺乏。尤其是学校教育理念确立与学校特色建设之间的关系需要引起我们关注。

（一）学校教育理念：激发儿童内在的生命活力

学校教育理念是学校文化内核，是学校的教育文化的凝聚，是师生精神品质的集中表现。学校师生灵魂深处的“价值观”和“行为准则”是学校教育理念的根本所在。学校教育理念的培育，实际上是学校自我发现的机制问题。学校的领导和管理，用最新的文化管理思想来理解，就是对学校教育理念的关注，也就是选择学校教育理念、对学校教育理念潜质的判断和学校教育理念培育的质量。学校教育理念能够反映学校的本质特征。这种本质特征是学校所特有的那种能够使一个学校明显区别于其他学校，并决定其行为方式的精神风貌和信念，是在长期办学过程中所形成的。

我校经过不断地办学实践，确立了“让每一个学生都能表现好”的理念，其核心价值观就是“激发儿童内在的生命活力”，这成了我们的学校教育理念。确立“激发儿童内在的生命活力”的学校教育理念，也就是确立我们对学校办学的追求——心灵的教育。我们认为，教育的任务就是要让人的整个生命系统充满生机，焕发出蓬勃的活力。学校教育的责任是提升学生的生命性，丰富学生的心灵，这应该成为学校一切工作的逻辑出发点。只有关注心灵的教育，才是真正意义上的教育。学生时代的精神生活是人终身发展的基石，学生时期对于学生来说教育是其生命价值实现的基础，学校应该成为学生的生命成长的精神家园。学生的学习必须与学生的生活、生命、成长、发展相联系，这样才能最大限度地调动学生学习的积极性和创造性。

确立“激发儿童内在的生命活力”是学生生命价值焕发的必然选择。如何激活学生内心鲜活的生命是十分重要的问题。不少学生内心处于休眠状态，缺乏学习积极性，时有违纪现象发生。教师往往只看学业成绩，有意无意地忽略了学生的精神需求，学生的心灵日益“沙漠化”。这对于学生的成长无疑是一种悲哀。我们应该认识到学生都是一个个生命，都有潜能，应该让他们的每天都过得有活力，体会到成长的幸福。德育首先应该是心灵教育，让我们的学生不断地在积极体验中获得激动、超越的满足感和生命的力量。

“激发儿童内在的生命活力”学校教育理念的确立是学校“自己选择自己”的结果。我们的学校教育理念体现了时代的需要，适应国家对教育培养创新型人才的迫切要求。我们应该培养敢于进取，善于表现，充满自信的学生。我们考量学校发展的需要，考量学校的具体情况，确定学校教育理念。我们深感学校教育理念是买不到、搬不进的，它是扎根在自己学校的。学校教育理念要通过全体师生共同努力播种、精心培育，然后在自己校园里开花结果。我们深切体会到，学校教育理念的培育过程是全校师生实践的感悟、智慧的熔炼、心灵的历程。

（二）聚焦、融合、坚持：“激发儿童内在的生命活力”

学校教育理念的孕育是个过程，必定在过程中发展，在过程中实现。我们学校重视“激发儿童内在的生命活力”学校教育理念的孕育过程，而不是把学校教育理念看成是装饰品作为摆设，或当成口号喊喊而已。

办学特色是学校文化的具体体现，或者是一种活动形式的物化。学校特色是学校经过长期努力，在办学过程中形成的教育或教学的优势项目，并能成为学校文化的一部分。办学特色不是少数学生或教师的特长项目，而是全校师生认同和参与的，也为社会或社区所认可的，有一定的社会影响。学校教育理念应该在学校办学特色中得到充分体现。学校应该通过聚焦、融合与坚持，使学校教育理念引领学校特色建设，并且应该通过学校特色建设提升学校教育理念。

学校教育理念孕育首先必须聚焦。这就是指学校在办学过程中，为了确立学校教育理念，对教育价值的理解和判断，从而做出符合学校实际和国家教育发展需要的选择，并作为学校发展的目标，全校师生的行动纲领。

在聚焦过程中，学校必须立足点高，要站得高，才能看得远。学校选择的教育价值理念、教育特色和教育目标应该具有发展的潜质。我校提出了“表现教育”，解决实现学校教育理念培育的载体，探索适合“激发儿童内在生命活力”系统操作，并以此打造学校的教育特色。表现教育是通过一定的教育、教学活动，以学生外显的表现行为的发展，优化学生的个性，锻炼基本能力，发展专业能力，培养学生具有自我实现与创新精神的教育。表现教育的“表现”不是作秀的表现，而是一种学习的方式。我们的“表现”是指个体在一定角色上敢于实践，显现出色行为、状态、显示能力。“一定的角色的最佳表现”是表现的价值导向。表现教育的核心理念是“每一位学生都能有良好的表现”。我们深信，学生都能有最佳表现。教育的目标应是让百分之百的孩子都能展现他们自己的才能，只有让他们的才能充分展现，才能有最佳的表现。

让学生在生活与学习中充分表现自己，焕发人性、激发自尊，感受生命的价值与幸福。要激活学生内心鲜活的生命，必须尊重学生的生命，释放他们的潜能，而其有效途径就是让学生充分地去表现，体验到自己有能力可以表现，不断感受自己受到关注与尊重，从而获得自信掌握自尊的技能，感受到自己的每天都过得很新鲜、很有活力。只有激活了学生内心鲜活生命，才有可能使在校学生改变消极心态，振奋精神。

学校教育理念孕育必须坚持融合。学校教育理念的真正确立的标志应该是它是否融合于学校方方面面的生活之中。学校教育理念的融合程度是学校教育理念发展水平的标尺，融合既是目标，也是手段，即融合是孕育学校教育理念的重要手段。学校教育理念要融合在学校的教育、教学和管理之中，要融合在学生的人格和教师的品格之中，培育学校教育理念的内容和形式要融合，要着眼点高与操作载体相融合。

我校的培养目标是培养具有“敢表、乐表、善表”的品质，使之成为善于表真、表善、表美、表新的“金小少年”。这就需要通过我们的教育、教学促进学生社会化和个性化协调发展，在合作与竞争中培养发展“敢表、乐表、善表、表真、表新、表好”的综合能力，丰富学生的内心精神世界，激发内在的生命活力。

学校教育理念孕育“坚持数年必有成效”。学校教育理念作为一种组织精神，是组织成员的价值观念和信念的集中反映，是组织成员共同愿景的前提基础，是组织成员心中一股令人深受感召的力量，遍及于组织各方面的活动中，从而使各种不同的活动融汇起来。组织精神孕育无限创造力，激发成员的才智，在为完成共同的目标不断努力。富有独特魅力的学校教育理念是促进学校发展，走向成功的坚强柱石。学校教育理念培育不可能是一蹴而就的，需要时间、需要过程。因此学校教育理念的培育需要坚持,不跟风、不唯上,按照教育规律,在具体的学校情境下培育属于自己的学校教育理念。

学校教育理念是学校内一种高度一致的主流文化的表达,为全校师生所共有共享的,强有力地约束着学校内人们的行为方式和思维方式。学校师生的行为规范、群体关系、学习态度、生活方式、规章制度等无不打上学校文化的烙印。只有坚持数年,才能有成效,也只有“坚持数年必有成效”。

(三)建设“人人能表现,处处能表现”的学校

表现性德育已经成为我们学校的教育特色。学校以“托起表现信心,激发表现欲望;创造表现氛围,搭建表现舞台;丰富表现活动,拓展表现渠道;探索表现课程,张扬健康个性”的表现教育策略实施。表现性德育是学生道德层面上的践行,个性层面上的发展,进而深化为人格层面上的教育,共同营造“激发儿童内在的生命活力”的学校精神,进而形成“人人能表现,处处能表现”的充满生机与活力的学校。让学生在学习和实践中增长才干,提升能力,为今后就业和终身发展打下良好基础,使学生的精神面貌、涵养、个性、气质、习惯展现出他鲜活的内心世界。

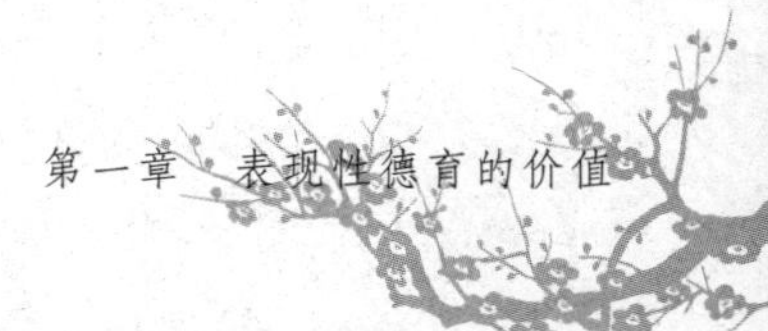

第二章　走向践行的表现性德育

一、表现性德育的概念与内涵

（一）表现性德育的概念

教育模式是人们对教育进行有效实践而采取的一种教育策略的集合体系，其特点主要是体现出一定的程式。教育模式可以解释为某种教育和教学过程的组织方式，反映活动过程的程序和方法。德育有着不同的模式。德育模式不仅体现在理论体系上，同时还反映到具体的德育实践中，形成一种特点鲜明、自成体系的理论—实践的结构。德育实践是一定德育模式在实践层面上的现实表现。德育模式引导和规范着与其相应的德育目标、德育内容和德育方法的组合和运作。

表现（expression）：心理学上指"任何一种向外的显示"，也指"被当作具有特定的内部状态含义的向外显示"（阿瑟 · S. 雷伯：《心理学词典》）。本课题的"表现"（performance）是指个体在一定角色上敢于实践，在公众面前显现出色行为或状态，或者说在公众面前显示能力，亦可称之为角色的出色表现。"一定的角色"是表现的价值导向。

学会表现：是指个体在一定角色上，通过培养敢表、乐表的心理品质，锻炼表真、表好、表新的基本能力，使学生达到在一定角色上敢于实践，显现出色行为或状态。

表现性德育是表现教育的重要组成部分。表现教育是指通过一定的教育、教学活动，以学生外显的表现行为的发展，优化学生的个性，锻炼基本能力，培养学生具有自我实现和创新精神的教育。

表现性德育是指为了培养敢于进取，善于真善美的表现，充满自信的学生，在学校生活、家庭生活、社会生活中培养学生在行为规范行为、道德人格行为、个性特长行为上有良好的角色表现的教育。表现性德育以学生的最佳角色表现为目的，其价值指向是培养学生做人的能力，同时也把表现作为教育手段，通过学生的表现，让学生获得道德表现上的进步。表现性德育突出让学生在践行中体验，坚持学生的道德观念经历情感体验转化为道德信念。表现性德育的关键是通过活动让学生践行表现。

表现性德育实现教育方式转变，其旨在改变长期以来德育空转较多的不争事实，改变以说教灌输为主的德育为以学生践行为主的德育。表现性德育强调德育要符合青少年心理特征。青少年儿童具有强烈的自我表现欲望及尊重与自我实现的需要，自我意识不断增强。学生通过各种表现，增强敢表、乐表、善表，呈现出角色的最佳表现以满足其发展需要。表现性德育具有可操作性，是一种尽可能地给每位学生提供适合其潜能开发和个性充分发展的教育条件和学习机会。

表现性德育是表现教育的重要组成部分。通过表现性德育实现表现教育，以学生外显的表现行为的发展，优化学生的个性，锻炼基本能力，培养学生的创新精神与实践能力，促进学生自我实现。表现性德育具有时代的特征。充分体现国家对教育的迫切要求，即培养创新型人才，建设创新型国家。我们应该培养在一定角色上具有最佳表现的人才，应该培养敢于进取，善于表现，充满自信的学生。

表现性德育的价值指向是培养学生做人的能力，而道德表现能力是其核心能力。表现性德育强调培养道德能力，如爱的能力、道德践行的能力。我们不能把学生道德品质仅看成是一个认知问题，更重要的是道德践行，在道德践行中表现出多种道德能力。表现性德育是学生知识层面上的学习，能力层面上的培养，个性层面上的引导，进而深化为人格层面上的教育，培养具有个人倾向性的智能的、具有自我学习及自主发展能力，具有敢表、乐表、善表品质的，充满个性特征的学生。

表现性德育首先是德育观念的转变：从以嘴为主转向以表现为主的教育。表现性德育是一种尽可能地给每位学生提供适合其潜能开发和个性充分发展的和学习机会和践行条件，以学生主体发展为前提，以创新精神和实践能力为重点的素质教育，是培养学生在社会化和个性化协调发展中，在合作与竞争中培养发展“敢表、乐表、善表；表真、表好、表新”外显能力的一种新教育。实施表现性德育可以使德育与教学融合,让学生在学习和实践中增长才干,提升能力,为今后终身发展打好良好基础。

这种教育活动是以个体表现为基础,以生生、师生合作表现为拓展,共同营造,“敢表、乐表、善表”的校园文化,进而形成“人人能表现,处处能表现”的充满生机与活力的校园精神。

(二)表现性德育的内涵

表现性德育的基本内涵是:

1. 人是有价值的,人人都能有最佳表现。“最佳表现”应该成为共同的教育价值观和行为准则。陶行知指出:“一个非常聪明的人,总有某些方面表现非常愚蠢,反过来也一样,一个非常愚蠢的人在某些方面会表现非常聪明。所以,学校的教育应该只针对孩子的个性,并发展独特的个性和思想,教育的目的也是让普通孩子的智慧自我生成和掌握最普通的生活知识和技能。让少数最聪明的和最愚蠢的孩子接受特别的教育。”(陶行知:《中国教育改造》,北京:东方出版社,1996)。儿童是天生的表现者,学生是表现的中心,教师是表现的促进者。教育的目标应是让百分之百的孩子都能展现他自己的才能,只有让他们的才能展现出来之后才知道孩子的天赋,才能有最佳的表现。

2. 表现性德育的价值在于提升生命的活力,重在提升生命的价值。“表真、表善、表美”是表现性德育的基本要求。通过真善美的表现,激发起一种美好而强烈的情感体验,实现提升生命的活力,让学生感到生活的幸福。我们强调德育是一项直面生命和提高生命价值的工作。德国教育家斯普朗格认为:“教育中的本质因素不是‘限制’而是‘解放’,在教育过程中首先要考虑的问题是解放成长者内在的力量。”只有解放了学生的主体性,使其内在性得以觉醒,才能促进学生自我的实现,体现其人的价值。学生发展的“表现”正是要解放学生的头脑、双手,让他们在角色最佳表现、优秀表现中实现自我价值。

3. 表现性德育的核心理念是“让学生充分展现最佳表现”,这是我们的新学生观。当今教育改革最根本的问题是“我们必须改变对学生的看法”。学校中的许多个别差异是人为的偶然,而不是个体所固有的。历来沿用的学生正态分布使“好学生”成为少数。“新学生观”认为教育的职能在于最大限度地促进每一个儿童获得发展,而不是选拔优胜者,教育的最高目标是实现学生“个性化”发展,即个体纵向发展,体现出人的价值。

4. 表现性德育有着自己特定的方法论,强调践行。表现性德育反对灌输,强调道德教育的践行意义。德育最终不是以学生的嘴来表示他们的真善美,而是要以行为来显示出人性,人的真善美。表现性德育立足于转变把学生当作道德的口袋,关注学生的道德行为能力。表现性教育旨在改变以说教灌输为主的德育为学生践行为主的德育,让学生有良好的行为表现、道德伦理表现、个性特长表现。表现性德育的方法关注说服教育、示范引导和提供服务。表现性德育具有可操作性,注重非口号性的教育行动。表现性德育让学生敢表、乐表、善表,呈现出角色的最佳表现,正是满足学生成长的需要。

5. 表现性德育的关键是让学生学会表现。表现性德育有着自己特定的方法论。学会表现是指个体在一定角色上,通过培养敢表、乐表的心理品质,锻炼表真、表好、表新的基本能力,使学生达到在一定角色上善表的实践,显现最佳行为或状态。学生的表现不仅是结果,更重要的是在学会表现中的学习过程,帮助学生潜能转化为智慧生成。

6. "表现"有着基本的心理结构。学生的表现既受其基本能力支撑及个性心理品质影响,又受外部环境的影响。学生的表现受到其基本能力:一般能力、学习能力、学科能力等支撑,又受到他们个性心理品质如:自信、动机、勇气等心理因素的影响;同样又受到来自家庭、来自学校、来自社会的外部环境的影响。

7. 学生的表现具有表现的共性及个体自身发展倾向的个性特点,呈现不同个体、不同年龄、不同层次的差异性。

二、表现性德育的本质与特征

(一) 表现性德育的本质

表现性德育的本质是一种主体性德育。主体性德育是相对于客体性德育而言的,是以人为本教育理念在德育中的体现。主体性德育是将学生作为能动的、自主的、独立的个体,通过启发、引导其内在的成长需求,培育他们的主体性——主体意识、自主能力、创造才能,以促进他们自由而全面的发展为目标的教育。"每一位学生都能表现好"是表现性德育的核心理念,体现了以学生为本的主体性德育。表现性德育的目标是促进学生全面发展,即主体的发展。表现性德育正是基于学生的最佳角色表现，而不是其他人的表现，其他人的表现也不能代替学生的表现，也无法用教育者的期望来代替学生现实的做人的表现。这体现了主体性德育作为一种受教育者的主体性的实践活动的理念。通过表现性德育引导和促进学生具有积极健康的个性心理、完善的人格和完美的德性的主体意识；具有自尊、自主、自强、自律的自主能力；具有勇于创新、善于创造的创造才能等主体属性。

表现性德育关注学生个体价值和社会价值的和谐统一。表现性德育强调当每一个人的潜能都充分发挥、个体价值得到充分实现时，社会整体的价值才有可能充分实现。表现性德育重视学生个体内在价值发展的需要，充分尊重学生的主体地位，把学生作为具有自主性、能动性和创造性表现的主体，尊重他们的独立人格、自身价值和思想感情。同时强调表现的社会意义，即学生的最佳角色表现。学生处在不同的社会环境中，有着不同的社会角色，例如在校作为学生，在家作为子女与孩子，在社会作为公民。不同的社会角色有着不同的社会规范，以及主体的社会角色认同。因此学生的表现应该有着个性化与社会化协调发展的价值，表现性德育应该促进学生这两方面的协调发展。

表现性德育面对社会发展进步，强调培养主体精神。21 世纪将是一个社会迅猛发展、人才竞争的时代。随着现代化建设的加快、改革开放的深入，社会发展的速度愈来愈快，社会的现代化程度正在快速提高，也必然要求作为主体的人进一步发展、提高。现代化的本质是人的现代化，现代人必须具有主体性：人格的独立性、精神的丰富性、个性的独特性。时代呼吁人的主体性的觉醒与提升。歌德有一句名言："谁若游戏一生，他就一事无成；谁不能主宰自己，永远是一个奴隶。"

德国教育家斯普朗格认为："教育中的本质因素不是'限制'而是'解放'，在教育过程中首先要考虑的问题是解放成长者内在的力量。"只有解放了学生的主体性，使其内在性得以觉醒，才能促进学生自我的实现，体现其人的价值。构建以主体性教育，提升学生的主体意识和能力，适应社会生活，使教育充满生机和活力。以人文精神的培育为重要内容和以自我教育、学会自立为重要形式的主体性教育正是适应当代多元选择的时代。

表现性德育主张"每个学生都能表现好"，突出了"以学生为本"的教育思想。表现教育作为一种以人为本的主体性教育，通过让学生"个体角色的最佳表现”,发展做事做人的能力,生存与发展的能力,实现人的主体性张扬,高扬创新精神发展实践能力。表现教育的价值就在于适应社会发展培养学生主体精神。

张扬的个性,好表现,在中国几千年的传统文化的束缚下,至少没有被认作是优点,往往被认为是“不成熟”或“出风头”。用老子的名言,就是“不敢为天下先”“强渠者不得其死”“曲则金”。而标新立异,更是在《世说新语》中“支然标新置于二家之表,立异于众贤之外”,被视为贬义。这种观念与现代化的要求格格不入,与市场经济需要的竞争品质不相适应,与我国发展所需人才的标准不相一致。这种紧箍咒严重妨碍了科技的进步,改变这种状况突破陈旧观念已是社会进步的呼唤。这就要求教育也必须由原来的“工具教育”转变为“主体教育”,把传统的“奴性教育”变为“主人教育”。在我国,数千年的封建统治,造成了我国从来未形成真正的个人主体,重社会轻个人,个人主体被碾压在社会巨大的车轮之下。不允许突出个人,“木秀于林风必摧之”“枪打出头鸟”。在这种大一统的观念之下,使个人自我的丧失,“官本位”又使人成为工具。随着社会观念的转变,这种文化落后的一面导致教育的观念落后必然受到冲击,从而推动了主体性教育。

世界各国纷纷掀起了教育改革,几乎所有的教育思潮和教育改革都有一个突出的特点,即把促进学生主体性的发展以及教育教学过程的民主化、个性化放在首位。美国在 80 年代末制订的《普及科学——美国 2061 计划》中指出“教育的最高目标是要使人们能够达到自我实现和过负责任的生活。”“教育不只是为了谋生,教育还为了创造生活。”80 年代中期,日本临时教育审议会第四次报告明确将“重视个性的原则”作为教育改革的最基本的原则,并指出:“我们必须对照‘重视个性的原则’,从根本上重新认识教育的内容、方法、制度、政策等整个教育领域。”几乎与此同时,苏联的一些教育改革家主张“个性的民主化”,即“个人的一切才能和精神力量的发展和解放”,认为“个性的自由发展是我们的目标,合作教育学应该成为个性发展的教育学,而不仅是智力发展的教育学”。这些都反映出尽管世界各国因国情不同,考虑角度不同,但对教育的认识和教育改革的趋势是相同的,即把发展学生的自主性、能动性、创造性,促进学生主体性的发展以及教育教学过程的民主化、个性化放在首位。

教育回归认同以人为本以及育人的主体性是人和社会发展关系决定的,是教育适应社会发展的需要,也是符合国际教育改革的走向的。21世纪的曙光初现,人们开始认识到人的问题才是教育的核心问题,人是教育最基本的着眼点,促进人的主体性发展应是教育的最高目的。表现教育确认“每个学生都能表现好”,对于职业学校开展主体性教育意义更为重要,可以克服长期以来存在的轻视职校学生社会心理。忽视主体的传统教育是“不承认或不完全承认受教育者作为个人是自由、自主和有尊严的,否认受教育者的选择自由和选择能力,否认受教育者即教育最终实现是个人主体”。在教育过程中,只把学生当作教育的对象和客体,不注重学生自己的自主学习;教师只维护自己的尊严和权威而不尊重学生的人格;只重视教师教而忽视学生学;只注重追求统一而忽视学生的个体差异等等。凡此种种,造成学生缺乏主动性、创造性和拼搏进取精神,缺乏主体意识。[王艳红、王俊宇:《浅谈主体性教育》,山西高等学校社会科学学报,第12卷第5期,2000,(5)]

时代呼唤着能造就具有主体性的人的主体教育,表现性德育正是在激发学生的主体性基础上发展学生的道德能力,彰显其教育价值。关注学生的主体性是教育的一种自身的觉醒,教育的根本任务就是人的发展。教育的主体性决定了教育必须重视受教育者每个人的主体性的发展。教育是人类自身的再生产和再创造。我们职业学校培养的人,必须具有现代社会人必备的独立性、主体性,不能靠依赖别人而生存,他们应该能清醒地认识自己,有迎接生活挑战的勇气,有良好的社会适应能力。教育应该发展每个学生主体,使他们成为具有自由个性的人,全面发展的人。教育理应以人为出发点。“教育的直接目的就是满足人自身生存和发展的需要,它应当把人作为社会的主体来培养;而促进人的自由、全面发展则是教育的最高目的。”[扈中平:《人是教育的出发点》,《教育研究》,1989,(8)]。

表现教育正是张扬个性,支持不同表现,所重视的不仅是学生的表现结果而是帮助学生与生俱来的智慧生成,并学习生活知识和技能来补充完善自己的最佳表现。学生的表现不仅是结果,更重要的是在学会表现中学习,在学生自我教育及环境互动中表现自己。表现教育激励先进,鼓励冒尖;面向全体,鼓励冒尖。鼓励学生冒尖是为了促进学生的特长或者专长的发展,或有出类拔萃的本领,或有一马当先的锐气，或有独特的见识。各行各业需要大批的冒尖人物，需要他们不唯书、不唯上、只唯实，敢于从“本本”上走下来，敢于从“框框”中跳出来。民间有言：蒿草之下，或有兰香，这就需要职业学校注重培养，鼓励冒尖，提倡优秀人才脱颖而出，要搭建起良好的平台，不拘一格出人才。

表现性德育强调教育要形成和强化正确的学生发展导向，激发学生的进取意识，发扬创新精神。表现性德育是指针对学生的表现呈现出不同个体、不同年龄、不同层次的差异性，采用相应的教育方法和手段，发挥其特长优化期缺点，使他的个性得到人文、艺术、科学上的滋养，也就是使得教育深入学生的内心世界，丰富学生道德品质。在这个内化的过程中，同时兼具教育共性及自身发展倾向的个性特点，使得学生的精神面貌、涵养、个性、气质、习惯展现出他鲜活的内心世界。

表现性德育的目标是让学生学会表现，通过培养敢表、乐表的心理品质，锻炼表真、表好、表新的基本能力，使学生达到在一定角色上敢于实践，显现出色行为或状态。我们强调表现教育、教学活动是学生知识层面上的学习，能力层面上的培养，个性层面上的引导，进而深化为人格层面上的教育，培养具有个人倾向性的智能的、具有自我学习及自主发展能力、具有敢表、乐表、善表品质的，充满个性特征的学生。这种教育、教学活动是以个体表现为基础，以生生、师生合作表现为拓展，共同营造，“表真、表美、表善、敢表、乐表、善表”的校园文化，进而形成“人人能表现，处处能表现”的充满生机与活力的校园精神。

表现教育强调要让学生对自己的成长积极理解，随着学生在学习与生活环境中对自己不断地反思，他们的自我印象逐渐内化，学生就会根据自己观察到的教师或者他人的反应随时调整自己的态度，或者积极或者消极。学生认为教师眼中的自己是有能力，负责任、有价值的，就会很容易形成积极的态度。表现性德育关注学生自身的积极因素方面，主张以学生固有的潜在的具有建设性的力量、美德为出发点，倡导用一种积极心态来激发学生自身内在的积极力量和优秀品质。要让学生“相信自己的能力”。积极心理学的研究已经证实，和一般人相比，那些具有积极观念的人具有更良好的社会道德和更佳的社会适应能力，他们能更轻松地面对压力、逆境和损失，即使面临最不利的社会环境，他们也能应对自如。积极心理学致力于人的积极品质，这既是对人性一种伟大的尊重和赞扬，同时在更大程度上也是对人类社会的一种理智理解。人身上一定存在着某种优胜于其他生命形式的源泉，这一源泉就是人外显的或潜在的积极品质。正因为有这种能力，不仅使得人类在激烈的生存斗争中保持着一种人的自尊，并在与其他生命形式构成的社会系统中充当着主宰，而且也使人类社会在大多数情况下能以一种万物共存的方式而不断向前发展。这就是“相信自己能力”的本质原因，给我们展示了一种非常光明的前景。

（二）表现性德育的特征

我们经过多年的实践，我们归纳出了表现性德育的特征。把握表现性德育的特征可以使我们更好地实施。

1. 特征一：主体性

表现性德育强调学生主体，德育的结果是学生主体的成长，学生的发展是基于实践的主体性，即一定的实践表现促进了学生主体性的发展。学生发展中的主体性功能属性其实质就是指学生作为主体在主客结构中所表现出来的能动性。学生的道德表现为在自身发展中的自主性、主动性、创造性。尼采曾指出：“人的生命是一种冲动、冲力、创作力，或者说是一种不断自我表现、自我创造、自我扩张的倾向。这种倾向就是生命的愿望、意志。”（刘放桐：《新编现代西方哲学》，北京，人民出版社，2003）表现是学生的主要活动方式，是各种生活、学习的操作、实施的表现总称。表现性德育在本质上强调学生是实践主体。学生是学习的主体，更是自我教育和发展的主体。学生的最佳表现的主体意识强弱，对于其实践主体性的发展有重要影响。这并不是意味着学生的主体性就能自然而然地得到充分发挥，还需要发展环境的支持。

2. 特征二：践行性

表现性德育本质是主体性践行，学生是发展的主体，即主体功能的实践属性。表现性德育是强调践行的德育。表现性德育一种具体的操作模式，其核心是践行。表现性德育强调从以嘴为主转向以表现为主的教育，在学校生活、家庭生活、社会生活中培养学生行为规范上、道德人格上、个性专长上良好的角色表现，具有敢表、乐表、善表品质的充满个性特征的学生之教育。

3. 特征三：整体性

表现性德育是一种整体性德育。强调德育应该关心学生的道德认知、道德体验与道德践行。也就是关心学生的道德发展心理，让学生在一定的道德情境中发展道德品行。通过表现性德育让学生在行为规范表现、道德人格表现、个性特长表现良好,学会尊重他人,关怀他人,保护环境,在道德践行中感受幸福,获得关爱的价值观念。表现性德育在教育方式上注重学生体验、注重践行、注重学习环境。

表现性德育是目的手段一致的一种德育。表现是目的,旨在让学生最佳角色表现,也是手段,通过表现促进学生主体发展。“出色/最佳表现”应该为共同的教育价值观和行为准则。表现性德育的关键是通过活动让学生表现(践行)。表现性德育突出让学生在践行中体验,坚持学生的道德观念经历情感体验转化为道德信念。表现性德育通过以学生外显的表现行为的发展,优化学生的个性,锻炼基本能力,促进学生自我实现,旨在培养敢于进取、善于表现、充满自信的学生。

4. 特征四:能力性

表现性德育是一种发展学生做人能力的德育模式。表现性调德育应该发展学生的道德能力,关心与引导学生做人能力的发展。表现性德育的价值指向是培养学生做人的能力,突出践行,而道德表现能力是其核心能力。表现性德育强调培养道德能力,如爱的能力、道德践行的能力。不能把学生道德品质仅看成是个认知问题,更重要的是道德践行,在道德践行中表现出多种道德能力。表现性德育以学生为主体,转变“教师唱山歌,学生当听众”的局面,确立德育为了学生,通过学生,实现学生的发展的格局;体现转向德育的能力观确立,转变忽视道德能力,强调做人做事的能力的提高;转向德育的践行观树立,德育从依靠嘴向表现的转化就是要保证教育活动的践行性,使教育主体参与到道德活动的过程中去践行生命的价值、生活的意义,在生活舞台上积极地表现。

5. 特征五:过程性

表现性德育是一种过程性的德育。强调德育应该关心学生的道德成长过程,关心学生的道德的需求。学生道德成长不是以教育者的意识转移的,具有道德成长的主体性。教师不能代替学生的道德成长,只能是一种关心的教育。关心意味对学生的爱,意味着帮助学生,意味着对学生的一种期待。表现性德育的过程性还表明其是一种具体的操作模式。

表现性德育的过程是师生合作、平等对话、共同学习的过程。“用结果制约过程”长期来一直是我们思维方式,结果性评价成为绝对的关注点,长期来顽固不化的应试教育就是一个有力的例证。表现性德育过程是一个促进学生身心发展的过程,在不仅是认识过程,更是学生的发展过程。在这过程中,学生认识活动是同他们的情感、意志等心理活动联系在一起的,是知、情、意、行的相统一过程。我们倡导表现性德育过程中,师生围绕教育内容,共同参与,通过交往进行对话、沟通和合作,以交互的方式实现生命发展目标。

三、表现性德育的基本结构

(一) 表现性德育的基本框架

系统理论为表现性德育模式的研究提供了科学研究的方法。表现性德育是系统工程,是由诸多要素组成的教育系统,因此我们需要运用系统思想和方法对参与表现性德育的各要素及其相互关系做出分析、判断和运作,把握和优化其德育结构,从而达到教育功能的最大化。

表现性德育的模式可以从三个层面表述:

一是理念层面。这是表现性德育的核心理念,反映表现性德育的基本理论基础,表明表现性德育的目标指向。

二是内容层面。这是表现性德育的基本结构,阐述本模式的基本要素与组成板块,以透过要素与板块的内容指向、表明表现性德育运作的机理。

三是操作层面。这是模式的运作方式的表述,主要包括表现性德育的运作的原则与要点。

表现性德育(模式)的理念、内容与操作这三个层面是互相关联的一个系统。在表现性德育理念指引下,从学生道德发展出发,运用表现性德育原理,通过相应路径,让学生在道德学习中表现,发展学生的道德能力。

表现性德育的基本结构涉及——理念、要素、原则、内容、路径。

(二) 表现性德育的核心理念

核心理念:激发儿童内在的生命活力。表现性德育的核心理念是学校表现性教育理念“让每个学生充分展现最佳表现”在德育上的具体化。表现性德育强调“激发儿童内在的生命活力”,就是要通过“让每个学生充分展现最佳表现”来实现。表现性德育通过学生的各类活动,以其外显的表现行为的发展，优化学生的个性，开发潜能，锻炼基本能力，促进学生具有自我实现与创新精神。

“激发儿童内在的生命活力”应该成为学校师生共同的教育价值观和行为准则。人是有价值的，人人都应该激发自己的生命活力，从而展现最佳表现。教育的目标应是让百分之百的孩子都能展现他自己的才能，只有让他们的才能展现，才能进一步增强学生的内在生命活力。

著名的需要理论指出，人的较高层次的需要是爱的需要、尊重的需要，最高层次的需要是自我实现。让学生在生活与学习的中充分表现自己，焕发人性、激发自尊，感受生命的价值与幸福。要激活学生内心鲜活的生命，必须尊重学生的生命，释放他们的潜能，而其有效途径就是让学生充分地去表现，体验到自己有能力可以表现，不断地感受自己受到关注与尊重，感受到自己的每天都过得很新鲜、很有活力。

“激发儿童内在的生命活力”适应社会发展对教育的高品质要求。社会和谐、繁荣昌盛就会特别关注人的创造性、良好品质、高质量生活等积极品质的要求，因此关注所有学生的健康成长正是顺应了社会的发展。“激发儿童内在的生命活力”是全纳教育思想的体现，不论学生的出身、文化背景、家庭状况、个人生理心理条件差异，都应该激发其内在的生命活力，获得促进其积极成长的教育。

（三）表现性德育的三要素

表现性德育是基于表现性教育的基本要素与结构，是表现性德育的结构组成的基本因子。表现性德育有三个要素：道德动机、道德践行与道德能力。

1. 道德动机

道德动机是道德认知启动的情感根源，也是道德学习过程的情感浸润。道德动机是引起个体道德活动，维持并促使道德活动朝向某一道德目标进行的内部动力。表现性德育首先要激发道德动机。引起动机的因素主要有内部因素——需要：需要、兴趣、信念、世界观；外部因素诱因：目标、压力、责任、义务。道德动机是人在一定的社会、文化背景中成长和生活，通过各种各样的经历，懂得多元的道德需要，于是就产生了道德动机，例如交往性动机、威信性动机、地位性动机等。

2. 道德践行

道德的根本属性是践行，道德教育重在践行。社会规范也只有通过学生自身的实践才能真正内化。道德践行是道德能力获得的基本方式,也是学生道德生活的参与机制。道德践行也是一种表现,道德表现。学生通过不断地道德践行,不断磨炼自己的品行。知行脱节日益成为影响学生思想道德品质形成的重要因素。一个行为是否正确或错误的问题永远取决于它的结果,判断一个行为的善与恶取决于其实际的结果。表现性德育的真正落脚点在于促进学生的道德践行。教师要通过创设教育情景,拨动情感之弦,在真实的或者模拟生活场景中参加学生形成正确的道德认识,组织学生参与社会实践,来促进学生道德践行。通过表现性德育使学生达到知行统一,促进学生的道德践行。

3. 道德能力

道德能力由道德认识能力、道德判断能力、道德选择能力、道德践行能力等要素构成。从具体的道德能力表现来说,包括爱的能力、责任能力、尊重能力、团队合作能力等。道德能力是人认识理解道德规范,在面临道德问题时能够鉴别是非善恶,做出正确道德评判和道德选择并付诸行动的能力。道德能力的形成、确立和成熟的过程,是一个将外在的道德知识、道德观念内化为人们内在道德信念,再将内在的道德信念转化为稳定的道德行为趋向的过程。道德能力是顺利完成道德行为所必需的心理特征,是形成良好道德品质的条件。学生道德能力的养成,既不能企求单向的道德灌输,也不能寄希望于青少年自身的自然成长,必须采用适当方式发展学生的道德能力。表现性教育以道德能力发展为取向,把学生学会做人的能力作为学生发展的最基本的标杆。让学生学会发展道德能力,才能过有道德的生活。

四、表现性德育的内容指向

(一) 表现性德育的两个结构

1. 表现性德育的心理结构

“乐表”是情感,作为内在动力激发表现意愿;“敢表”是意志,基本能力强化表现决心;“善表”是行为,行为外显优化践行。这三者形成了表现性德育的心理。这三者的运行形成了“表现性德育”的机理:从激发心理动因的“乐表”入手的,以强化基本能力锻炼的“敢表”为中介支撑,以充满个性的善表“善表”为外显特征,循环往复,最终形成学生个体最佳表现。

表现性德育的心理结构如下：

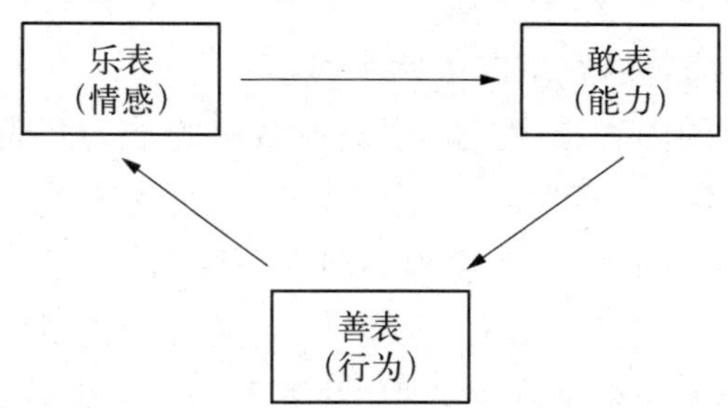

● “乐表”

“乐表”是“表现”的内在动力，包括自信、欲望、勇气等心理因素。可以表现为二哥方面：一是愿表，学生有明确的学习目的，对学习有浓厚的兴趣，有强烈、持久、稳定的学习动机，能主动、积极地参与学习。二是乐学——学生视学习为一种精神需要，感到学习是一种快乐的生活，对学习持积极、乐观、向上的态度，学得轻松、愉快。这两个方面就是在学习中表现，在表现中快乐。

● “敢表”

“敢表”是“表现”的基本能力，包括交往能力、学习能力、表达能力、动手能力等。表现是以基本能力为支撑的，是外显行为与内在动力的中介。敢表需要以能力，通过良好的行为表现显现各种能力，例如能运用基本学习方法，能综合运用各种学习方法进行分析、理解和实践，能广泛收集各种资料，从各种信息源中获取知识信息的能力。

● “善表”

“善表”是“表现”的外显行为，包括语言、艺术、科技、思维、交往等各方面表现。学生的表现是多元的，各方面的。

善表首先要善学，学生能初步认识自身学习的基础及特点，扬长避短；善于制订与自己认识风格相符的学习计划，能根据学科特点及自己的实际情况选择合理的学习方法，并善于自我检查评价。善表重要的是求新，学生能积极进行独立的、有创造性的思维活动，善于结合自己的知识能力，完成知识的延伸并举一反三，实现知识、能力的迁移，为终身发展奠定基础。

2. 表现性德育的内容结构

表现性德育的内容是指其教育内容，即"表现"什么，可以概括为"两个维度、四个方面、四个领域"：

(1) 表现性德育内容指向的两个维度

表现性德育的内容指向是学生做人做事的能力。表现性德育在内容上指向学校生活、家庭生活、社会生活中的行为规范、道德人格、个性特长、社会实践上良好的角色表现，并在这些方面"表真、表善、表美、表新"，在心理上具有"敢表、乐表、善表"的品质。从表现性德育内容的提升做人能力与做事两个维度上让学生"表真、表好、表美、表新"。

通过表现性德育让学生在行为规范表现、道德人格表现、个性特长表现与社会实践表现上良好，学会尊重他人，关怀他人，保护环境，在道德践行中感受幸福，获得关爱的价值观念。表现性德育在教育方式上注重学生体验、注重践行、注重学习环境。表现性德育内容上关注培养学生做人做事的能力。不能把学生道德品质提升看成是一个认知问题，更重要的是道德践行，在道德践行中表现出做人做事能力，做事求真，做人求善，并汇集为人生求美。

表现性德育重在提升生命的价值，让学生感到生活的幸福。生命力的提升源于真、善、美。"表真、表善、表美"是表现性德育的基本要求，只有当"真、善、美"在实践中转化为现实时，人们可以在自身行为的结果中直面人的本质力量，从而激发起一种美好而强烈的情感体验。人的生命活力在本质上是人真善美的价值的显现，智慧、才能和力量的表现。个体生命力的强弱，也就是个体所显示的真善美的力量。表现教育在德育上通过关注真善美，实现提升生命的活力。

表现性德育引导学生品德外显行为的发展，也促进学生内化为道德品德，优化学生的个性，锻炼基本的做人能力，促进学生自我实现，旨在培养敢于进取，善于表现，在学生的道德认知、道德体验与道德践行上积极地引导学生，也就是引导学生的品行发展。

(2) 表现性德育的四方面表现内容

从"表现"的本身品质角度可以分为：表真、表善、表美、表新。

- 表真

"表真"意味着崇真、求真、致真，强调追求真理、尊重规律，具有求真精神、求真品格、求真能力，表现出言行一致、表里一致，识别真伪、独立思考，表现出明辨是非、爱憎分明、有错必纠，成为说真话、做真事、有真情的人。

● 表善

“表善”强调的是善良，动善念、表善意、发善心、行善举，以人的品质表现出来才为真正的善良。表善意味着多做善事好事，多做一些有益于别人、有益于社会的事情，积善成德，充满善意与亲和，“勿以恶小而为之，勿以善小而不为。惟贤惟德，能服于人”。践行道德，积善成德，让爱充满我们的生活。

● 表美

“表美”强调心灵美、行为美、语言美。心灵美是思想、道德、人格、情感、知识美的表现，语言美是内在品格的自然流露，是心灵美的外化表现。表美也是学生审美意识、审美能力与审美品位的体现。培养学生创造性的表现能力，在学生各种活动表现中发挥学生的创造性。

● 表新

“表新”强调改变、更新与创造，意味着：突破传统、突破过去、突破封闭、突破自我、突破平淡，表现出独立思考、求异质疑、探索创新、多元思维，表现出创新精神、创新品格、创新能力与创新思维。

真善美是人类道德的基本内容，也是与道德的基本标准。这四者是相互依存，相互关联，相互促进的互动关系。

(3) 表现性德育表现内容的四个领域

表现性德育内容指向品德人格、规范行为、社会实践、个性特长的四个方面的表现，并通过这些方面的充分表现，获得相应领域的经历与经验。

● 道德人格表现

道德人格表现是道德价值取向的外在行为表现，以真善美作为其评价标准，主要是学生个体做出道德价值选择的结果。人格表现是指人的性格、气质、能力等特征的外显表现。人格是与个体外显与内隐行为联系在一起的。因为人格具有一定倾向性的和比较稳定的心理特征，往往可以从人格表现区别学生与他人思维方式和行为风格。道德人格表现常以复杂形式显现，因此对道德人格表现要谨慎。

● 行为规范表现

行为规范表现是学生群体或个体在参与学校或者社会活动中遵循

规则、准则的外显行为表现。学生的行为规范表现涉及公共领域与私人领域,公共领域包括班级、学校、社区等中行为表现,私人领域的行为规范可以包括个人、家庭等的行为表现。学生的行为表现要符合社会认可和人们普遍接受的具有一般约束力的行为标准。

● 社会实践表现

社会实践表现强调个体参与社会生活中的最佳角色表现,关注学生在学校的学生角色、在家庭的孩子角色、在社会的公民的不同角色表现。心理学家彼得罗夫斯基认为:"在心理学中个性就是指个体在对象活动和交往活动中获得的,并表明在个体中表现社会关系水平和性质的系统的社会品质。"学生通过社会生活,参与社会实践,以言行、情感、行为等表现积极的亲社会行为。

● 个性特长表现

通过表现性德育要让学生良好性格与优秀特长得到充分的发展。个性贯穿着人的一生,影响着和决定着人生的风貌、人生的事业和人生的命运。表现性德育强调培养学生稳定的、积极的、独特的性格,培养有意义的特长,学生积极进取的性格,创新精神、创新能力、创新品质上的表现。在学习生活上表现出善于动脑发现问题解决问题,在这过程中有创意,表现出进取、创新。表现性德育要让学生个性飞扬,特长精湛。

(二)表现性德育的价值取向

表现性德育的价值取向是让学生学会表真、表善、表美。道德的实质就是真善美。真善美作为德育的目的,是使学生具有热爱真善美的心,厌恶与摒弃假丑恶,敢爱敢恨,成为一个追求真善美,为真善美而奋斗,实现自己的人生价值的人,成为真、善、美和谐的人。同时,"表真、表善、表美"又是一个具体的道德教育内容,学生要学会如何"表真、表善、表美"。真意味着理智,善代表着爱心,美表征着和谐。通过表现性德育让学生学会以真善美作为标准做人做事,具有把握"真"的反面是"假"、"善"的反面是"恶"、"美"的反面是"丑"的能力。要教会学生在生活中处处时时表现出"真善美":做事求真,做人求善,人生求美。教育家陶行知明确提出教育要培养真善美的人格,指出:"教育者不是造神,不是造石像,不是造爱人。他们所要创造的是真善美的活人。真善美的活人是我们的神,是我们的石像,是我们的爱人。"陶行知在育才学校把“创造真善美之人格”作为他的教育目标。(华中师范学院教育科学研究所:《陶行知全集》,第3卷,长沙:湖南教育出版社,1985)

“表真、表善、表美”就是以内养外。继承我国优良的道德教育传统中“礼仪”与“践行”“独慎”,内核是“礼以处世”,就是以“礼”这个道德准则来待人处世,具体的表现为——礼义:仁爱、诚信。正外是“礼以正身”,就是以礼提升个体的道德素养,具体表现为礼重:礼貌(仪态仪表的伦理要求)、礼节(言谈举止的伦理要求)。先哲的名言“礼者,德之基也”。表现性德育要让学生学习“礼仪”。“礼”是中国传统道德中重要而被广泛认同的道德规范,对个人修身与社会生活有重要意义。“礼”之“仪”是道德修养程度、文明程度的标志。重礼仪之人不仅能够保持个人的自尊获得他人的尊敬,而且有助于进德修业;不仅有利于个人道德境界的提高,而且还会对社会产生积极的影响。基于中华民族传统道德的礼仪教育,正是体现了“表真、表善、表美”的教育。

表现性德育以“真善美”作为价值取向可以促进学生的道德践行,使学生能时时用真善美和自己内心可能萌发的或者行为上显现出来的假恶丑做斗争,使自己过着有道德的生活。表现性德育强调表真、表善、表美是为了让学生不脱离生活实际,更不是把“真善美”作为抽象概念驾于生活之上的,而是要他们以真善美去判断、去选择、去行动。用善滋养美,让我们的学生表现出丰富的爱心;用真滋养善,让我们的学生表现出真实的诚信;用美滋养善,让我们的学生表现出心灵之美,激发学生的向真、向善、向美之心。正是在求真的基础上求善向美,学生的生命本质力量才可能充分展现,朝气蓬勃、积极向上、生机勃发、丰富多彩,为达到生命的最高境界奠基。我们年轻一代的都有一颗美好善良的心灵,我们的世界会变得美好、温暖,充满着人性的光辉和正义的光芒。

第三章　表现性德育的原则策略

一、表现性德育的主要原则

表现性德育是在学校生活、家庭生活、社会生活中培养学生在行为规范上、道德人格上、个性特长上良好的角色表现的教育。这是以学生主体发展为前提，强调“每一位学生都能有良好的表现”。表现性德育的原则是实施表现性德育所依据的准则，是根据德育目的、德育目标与德育过程的规律提出指导表现性德育工作的基本要求，是经过不断实践所得出的经验的总结。表现性德育原则反映了人们对表现性德育活动本质性特点和内在规律性的认识，是指导表现性德育有效进行的指导性原理和行为准则。这些原则在德育活动中的正确和灵活运用，对提高德育质量发挥着重要的保障作用。

（一）学生主体原则

表现性德育是主体性德育，强调转变“教师唱山歌，学生当听众”的局面，确立德育为了学生，通过学生，实现学生的发展的格局。在现实的德育中，还存在着客体性德育阻碍主体性德育的实施。客体性德育不是致力于人的自由全面的发展。在这样的德育中，教育者是主体，学生只是被当作客体加以训练。它的方法是简单灌输，通过主客体之间单向命令式的活动过程，企图转变学生思想品德。客体性教育的结果是塑造出来学生更多地具有“共性”而缺乏个性，更多地具有依赖性而缺乏自主性，更多地具有惰性而缺乏创造性。

表现性德育是实现主体性德育的一种德育模式，让学生成为能够自主地、创造性地进行认识和实践活动的社会主体。通过表现性德育增强学生的主体意识愈强，他们参与自身发展、在学习活动中表现出自身主体活力实现自己本质力量的自觉性就愈大，从而也就愈能在学习做人做事的活动中充分发挥自身的能动力量，不断地建构与优化自己的知识结构、心理状态和行为方式。

（二）能力发展原则

做好人做好事是德育的目的，也就是要培育人们的做事做人的能力，去践行人性、人道，而不是培养只讲不做的说空话、大话的人，或者培养精致的利己主义者。表现性德育的能力原则强调培养学生的做人做事的能力，或者说是个体生存与发展的能力。传统的德育重在培养学生的认知，即知道一些被灌输的“概念”，而忽视学生怎样做到，即让学生有能力去实现真善美。例如，爱的教育不仅是让学生知道“爱人”这个道德概念，而是要培养学生能在生活中能表现出爱人的行为，即爱的能力。尊重不仅是一种道德品质，更是一种尊重的能力，在生活中表现出良好的尊重行为能力，有良好的尊重能力表现。传统教育中忽视道德能力，灌输已经成为相当部分教师唯一的德育方式，这种状况必须转变。

我们在德育中一方面要培养学生的各种道德能力，例如道德判断能力。另一方面，我们更要发展学生的主体能力。学生主体能力的提高有赖于他们主动地在学习与活动中加以发展和提高。我们的德育就是要根据学生的身心发展特点和规律，通过创设富有教育性的环境，给学生提供可以自主抉择、自由探索、积极参与、充分交往的活动表现机会，促进学生做人能力的发展。创设学生表现自己的人性、表现自己做人做事能力的机会，通过自己有意义的活动达到身心充分、自由发展。表现性德育促进学生个体道德能力的发展，增强学生主动发展的意识，以及与外部环境互动的主体能力。

（三）体验践行原则

表现性德育强调德育必须符合学生心理发展特点，遵循德育心理学的一般原理与表现性德育的基本要求，让学生的道德概念发展为道德信念，通过情感体验，体验产生于活动与实践，形成良好的道德行为。

表现性德育关注让学生践行生命的价值、生活的意义，也就在生活中积极地表现。道德践行是人的道德认识的外在的具体表现，也是实现道德动机的手段。学生的道德品质以及其水平最终以道德行为作为标志。良好的践行是学生道德发展的基础，要处理好“知”和“行”的关系。我们必须关注学生的"实践、行动"过程,促进学生在日常生活中表现出良好的道德习惯,学习过有德性的生活。

做人能力必须通过践行才能培养起来,灌输无法培养道德能力。践行作为一种道德活动,本质上是道德表现,学生在生活中以道德行为主动地履行社会责任。学生通过日常生活中的实践、行动,亲历躬行,将行为逐步内化为习惯,过有道德的生活。践行应该成为自觉的行为,成为一种良好的生活习惯。通过实践行动,形成合乎社会道德规范的良好言行与优良品质。

表现性德育从依靠嘴向表现转化就是要保证教育活动的践行性,使教育主体参与到道德活动的过程中去,既完成教育目标所指向的学习任务,又学会道德活动的本领。道德认识的提高,道德情感的丰富,要转化为内在品质,必须经过道德践行的过程,必须在道德实践中不断深化和完善。所以,单靠教育和灌输一定的道德知识和道德规范,不可能转化为人的品德。道德表现必须强调自觉践行,做到言必信,行必果。践行是促进学生发展的基本路径。学校德育要不断激发学生的道德需要,注意帮助学生克服践行过程中的内部心理障碍和外部干扰,强化他们践行的意志力,使其顺利完成道德践行任务。

二、表现性德育的策略思想

德育策略思想是体现一定德育规律与德育原则的在德育中普遍适用的方法思想。表现性德育的策略思想从方法论角度看,是体现表现性德育的方法思想,并以此引领德育实践的较为整体的方法,对解决德育任务指出一种路径,一种预先的思考。表现性德育策略思想是表现性德育思想应用于德育学方法之中,对基于表现性德育方法起着规律性的引领。

在策略思想基础上,我们又着重研究表现性德育的策略。我们认为,只有掌握表现性德育的一般规律,才能正确地对待与开展表现性德育,才能正确地研究和使用具体的表现性德育策略。表现性德育的策略思想在表现性德育的科学认识和逻辑思维中起着重要作用。

策略思想不同于策略,策略是具体的操作形态,而策略思想是直接影响表现性德育实施的总体思路。策略思想制约策略,进而制约具体的方法,方法是为实现策略服务的。把握表现性德育策略思想有助于从整体上把握表现性德育的策略与方法。

本课题通过实践研究，进行了分析概况，提出了“做人做事能力发展为导向，以表现践行为手段，促进学生主体性最佳表现的实现。”表现性德育的策略思想。这个策略思想是基于对表现性德育的概念认识及其其价值认识，即表现性德育价值指向为学生的健康成长提供良好的环境与条件。这个策略思想是建立在表现性德育的要素、结构剖析基础上，把握来自表现性德育的要素、结构的变化导致德育的功能增强，生成表现性德育。表现性德育中教师应该提供关心与支持，促进学生的道德践行与表现。因此表现性德育的策略是从教师开端，关注教师的德育举措，属于德育策略。

表现性德育策略是指教师在实施表现性德育中有意识和有目的地采用的措施总体。表现性德育策略体现在教师对德育过程全面把握与自觉调适的能力、各种德育行为理性选择与运用上。我们在表现性德育实践研究中归纳、提炼，形成了七项表现性德育策略，便于把握表现性德育的操作。这些策略是策略思想的具体化，具有操作性。这些策略的建构，一是突出建构方式上的操作性，不是概念化的；二是运作方式上多元要素整合性，发挥综合功能；三是作用方式上强化持续性，在实施表现性德育过程中稳定地表现出来。

我们经过实践与提炼，归纳出了表现性德育的六项策略：主体增强策略、践行强化策略、能力指向策略、差异分层策略、活动创设策略、互动促进策略。这些策略体现为教师对表现性德育的全面把握与自觉调适的能力、各种德育行为理性选择与运用。

三、表现性德育的实施策略

（一）主体增强策略

表现性德育是主体性教育，学生的表现必然是作为主体的学生适合环境的出色表现。表现性德育越是能符合主体性，其促进学生的出色表现的作用越大。表现性德育的主体性，主要是基于教育自身的本质特征提出来的。德育促使学生身心健康发展，提高他们的社会化与主体性，成为具有主观能动性的社会成员。表现性德育主体增强策略是基于作为教育的最高任务就是培养人的主体性，即培养具有主体意识、主体精神的人，表现出符合主体意愿的社会行为人。主体增强策略是针对教育的非主体性，包括反主体性，其核心是强调承认并尊重学生在教育活动中的主体地位，将学生真正视为能动的、独立的个体，以表现性德育促进学生主体性的提高与发展。表现性德育的主体增强强调培育和发展学生的主体性的社会实践活动，学生自主地、能动地、创造地进行认识和实践活动。

运用主体增强策略是，要注意以下要点：

1. 表现性德育在内容上应该从学生的发展需要进行安排与组织，而不是简单或者唯一地按照教材进行教育内容的排列组织。这样的教育内容组织重视学生的经验和心理特点，能引起学生的兴趣，有利于增强学生践行表现的主动性。

2. 表现性德育在形式上强调通过一定形式的活动或者任务，采用可以让学生充分主动表现的方式，创设一定的道德情境让学生获得道德体验，培养学生的道德能力。

3. 表现性德育的教育过程中关注学生的主体性。学生的主体性的增强是在学生主体性表现过程中逐步发展起来的，教师的主导作用是为了激发和引导学生的主体性，并满足学生的发展需求。

4. 引导学生主动参与德育活动，提高学生参与活动的能力。这种能力发展的过程必须是学生自身的体验与践行，其他人是无法代替学生的亲身体验与积累经验。如何吸引学生参与并主动表现是教师必须思考和积极创设条件，以学生的参与为前提，以学生的自我感受、领悟为目标。

案例 1

追逐梦想，我们一起扬帆起航

［案例背景］

“立德树人”，培养学生良好的道德品质、行为素质、学习习惯与学习能力，及坚强的意志品质、为了目标和梦想不懈努力的斗志，一直是小学教育的重中之重。小学教育不仅要教给学生知识与方法，还要让学生懂得生活中难免会遇到挫折和调整，而正确、积极地去面对，勇敢地战胜，则是小学生应该做的，也是一个学生综合素质的体现。

在小学教育中，要以培养学生良好的道德品质为综合素质为目标。

学生是道德教育的主体，德育应采取科学的策略与方法，充分调动学生的积极性，让学生参与到自我教育与自我实现中。培养学生的德育主体性是当今时代发展的客观要求，学生的主体性缺失正是传统德育教学低效的重要原因。如何激发学生的主体性呢？在小学阶段，组织与实施围绕一定主题下的“主题班会课”，具有不错的效果。本案例将选取真实案例，对凸显德育主体性的策略进行分析。

［**案例描述**］

那个沉默女孩的梦想

小青是我们班上的沉默女孩，之所以有这个称谓，是因为她话很少，也不常发言和交流。英语课堂上，她经常都是嘴巴紧闭着，不发一言，只顾着埋头做笔记，英语成绩也非常一般般。近期，学校组织了一场“英语口语演讲”活动，这是一个竞赛性的活动，获得名次的学生，有机会参与为期一周的与外国语学校交换学习英语的机会，这是个非常不错的机会，对于学生来说，他们可以感受下别的学校的学习氛围，还可以与外教老师面对面交流，大大提升英语口语表达能力。但这个竞赛的获奖名次并不多，只有三名，冠军、亚军、季军。

我发现，这个活动发布后，很多学生都跃跃欲试，特别是我们班上的英语小演讲家小天，她胸有成竹，非常有把握。要知道，她可是我们班的英语优秀生。面对这个机会，师生都将信心和希望放在了小天身上，并没有任何悬念和疑问。不过那几天，我发现小青闷闷不乐，上课时总是心不在焉。我以为她出了什么事情，私下与她谈心，原来，她特别喜欢英语口语，但一直苦于找不到方法，也没有获得非常大的进步，这次的比赛奖励，也是她一直向往的。苦于梦想和现实的差距，她心中非常苦恼，暗自骂自己没用。

“梦想主题班会”顺利实施

在知道了小青的梦想与疑惑后，我了解了她的顾虑与担心，也了解了她内心的憧憬与向往。于是，我组织了一次以“梦想”为主题的主题班会，希望能通过班会活动，让她坚定梦想，并制定出方法，再去落实。班会如期举行，分为诵梦、说梦、绘梦、写梦、追梦等环节，我鼓励她大胆地将自己的梦想说出来，并告诉学生们，梦想是需要通过不懈地努力，付出很多时间、经历和汗水，才能实现的，这才是梦想。而梦想的道路上，我们并不孤独，每个人都有梦想，我们要坚定梦想、追逐梦想，主动地进行追梦。

班会活动中，大家分享关于“梦想”与“实现梦想”的故事。一个个小故事告诉我们，要有梦想并努力去实现，梦想也会成为可能。有作文进步、学做插花、交一位外国笔友等。小青发现，原来身边的每个同学都有梦想，或有趣，或简单，或难以实现，或荒诞不经，但是大家都信心满满，想要去努力实现。小青被同学们的想法感染了，也被我的一番话打动了。暗暗地在“写梦”环节中，写下了“我要努力在英语口语演讲比赛中有好的表现”。我发现，小青的目标更加坚定了。

坚持不懈换来成功

在这次“梦想”主题班会后，小青不再那么沉默和自卑了，而是坚定了自己的梦想和目标，也制订了一系列的“英语口语演讲”训练计划。她邀请家长、教师给予监督和帮助，计划是这样的：1. 每天对自己说一次“我能行”；2. 每天清晨听一刻钟广播并练习一刻钟英语口语；3. 每天晚上与教师或家长进行一小段英语口语对话，并复习当天练习的口语内容；4. 每天多积累 5 个英语词汇，丰富词汇量。计划制订后，我每天都可以看到他在教室、操场上口语训练的身影，而且发现她越来越自信，学习方面表现也越来越好了。

“在英语口语演讲中获得好的成绩”是她的梦想，她基于这个梦想，展开了持续、长期而自主、坚持的训练过程，不怕苦，不怕累，并实时寻求家长、教师的帮助，检验自己的学习成果。在她的刻苦和努力下，最终那次演讲比赛，她获得了第三名，所有人都出乎意料，而我却知道，这是她坚定梦想的结果。在那次演讲比赛之后，我在班级的墙壁上贴上了几个大字“坚持就是胜利”“实现了一个梦想，不妨延伸梦想，让梦想更遥远”。从那之后，我发现学生们继续保持着良好的比赛氛围下的学习劲头，以严格的自律、自我激励来要求自己，不管是在学习中、生活中、游戏中，他们都时刻谨记着“通过努力来实现梦想”。

[**案例反思**]

“梦想”并不是一个非常可怕的名词，而是调动学生主观能动性，让学生憧憬未来和希望的美好的蓝图和憧憬。小学德育是非常重要的内容，要依托学生的“梦想”，通过采取科学的对策与方法，让学生坚定内心的梦想，并努力追逐梦想，主动地追逐梦想。可以依托“主题班会”，让“梦想”成为推动学生持续前进、坚持不懈、努力奋斗的内在源动力，让“梦想”约束学生，促进他们前进、自律，发挥出德育的主体性，让学生自我教育、自我约束和自我实现。

结合此次案例，可以总结心得如下：

1. 要关注德育主体性的凸显

学生是道德教育的主体，教师的教育、辅助、引导和激励作用，起着外在促进的作用，而学生自身的自我完善、约束与执行，则是德育的根本与核心。需要关注学生德育主体性的凸显，可以运用“主题班会”的形式，围绕特定的主题，引导学生明确自己内心的想法，并坚定想法、制定目标。依托“主题班会”，调动学生主观能动性，让学生展开自我德育教育的过程。还可以通过激励政策、自主管理、德育教育活动等方式，加强学生的积极性、主动性和创造性，使道德要求从外到内灌输转化为学生的内在需要。

2. 德育需教师做好辅助引导

调动学生德育主体性非常关键，但是也需要教师做好辅助、引导和激励。其中主题班会、情感激励、德育教育活动是德育的辅助方法，还需要在学生实现自我管理和教育的过程中，教师进行辅助约束、规范，提供给学生恰当的方法。“梦想”是此次德育的主题，教师要引导每个学生明确自己的梦想，并帮助他们规划和设定实现梦想的方法、步骤或过程，提供技术支持与方法引导，才能让学生逐步实现梦想。在这个过程中，让学生展开自我德育。

总之，小学德育要发挥出学生德育主体性的作用，从情感出发，对学生进行情感激励，让学生主动、积极性参与自我德育、自我约束和自我坚持。同时，还需要教师实时观察、激励和教育，针对学生出现的问题给予针对性教育。

“追逐梦想，我们一起扬帆起航。”梦想的道路上，师生一起前行。

（陆佳佳）

案例 2

讨论制定公约，学做班级主人

一、活动背景

孩子们对班级事务不是很感兴趣，“事不关己，高高挂起”的现象普遍存在，使得班级好像一盘散沙。学校有活动如果老师不找就没有主动出来想参加为班级争光的，课堂上有时有同学纪律不好，学习也不积极，上课经常有同学精神涣散。

针对这一现象我分析了一下原因：以前都是老师对孩子提出什么要求，孩子去做，孩子只是被动地接受，被动地参与，主动管理班级的意识缺少，孩子集体荣誉感不强，要想成为优秀的班级，就必须调动每个孩子的积极性，使其主动参与到班级管理中来，真正感受到自己是班级的主人。

要想实现这一教育目的，就必须等待教育契机，以便“对症下药”。机会终于来了。清明之前，学校组织“经典诗文诵读比赛”，让各班报名，在班里说了这事后，没有一个同学积极报名，正巧有一次午会课个别同学纪律不好，地面有垃圾课间又没及时捡，就想起了近期学校要“讨论班级公约”的制订内容，于是我抓住这次教育契机，对孩子进行了一次“讨论制定公约，学做班级主人”的德育实践活动。

二、活动过程

这节午会课组织了一次“讨论班级公约，学做班级主人”的班队会。结合同学们的表现开始了和同学们的话题：“同学们，低下头看看自己所在位置的卫生情况。”听了我的话，同学们就低头看了看，有的同学就赶紧去捡自己的垃圾，有的同学不好意思地低下了头，还有的同学开始议论起来。我接着说：“再想想刚才老师来之前你的纪律情况怎样？”很多同学异口同声地说：“不好。”我又激同学们说：“想让我们的班级成为一个优秀的班级吗？”同学们不假思索地说：“想！”我又借势引导：“是呀，谁不想自己的班级优秀呢？可这不是想想就能成的。纪律不好，卫生也没做好，班里组织的活动也不积极参加，这样怎能成为一个优秀的班级呢？”同学们赞同我的观点。于是我又对同学们说：“那怎样才能使我们的班级成为优秀班级呢？这节课我们就来讨论一下吧。”

同学们分小组进行了讨论，讨论非常激烈。我让他们做好记录。很快开始班级交流了，小桂主持：“大家想想平日我们做得不太好的方面，提一提意见或建议。”徐泽彬找好了纸准备做记录。

小于第一个举手：“我们组重点针对学习用品的摆放进行了讨论，我们想让同学们做到以下几点：

1. 每天回家写完作业后灌好墨水，准备好需要的学习用品，整理好书包。

2. 书本要包好封面,写上学校、班级、姓名,保持整洁,书脊朝外,按顺序放好,便于查找。”

小杨迫不及待地说:“我们组针对上课进行了讨论,希望同学们做好以下几点:

1. 上课前1分钟坐到位子上,等候老师上课。

2. 听讲:

(1) 听讲时眼睛紧盯老师,手不随便做小动作,不开小差,专心听讲,边听边思考,不懂的地方等老师讲完再举手提问,学会适时地做课堂笔记。

(2) 同学发言时要认真倾听,学会尊重他人。如有不同意见,要等别人讲完后再举手发言。”

小高也起来说:“我们组也针对上课进行了讨论,希望同学们做好以下几点。

1. 读书:

(1) 读书要三到,心到、眼到、口到。

(2) 齐读时声音轻一点(注意保护好嗓子),要读出自己的感情。一个人读时,声音响亮(让别人听到),有感情。

2. 写作业:

(1) 书写姿势正确,做到‘身正、肩平、脚着地,一尺、一寸、一拳头’。

(2) 做作业时书写工整,力求美观。

(3) 养成做完作业及时检查的习惯,发现错误马上订正。

(4) 要按时完成上交作业,不拖拉。”

小丁又说:“我们组针对下课和课间操进行了讨论,相信同学们会做好以下几点:

1. 下课后要收好上节课的学习用品,准备好下节课所需的学习用品再做其他的。

2. 在教室或走廊里不要大声喧哗,做到两人成队,学会礼让他人。

3. 下课后先上厕所,再休息、玩耍,要注意安全。

4. 课间操排队做到快、静、齐,听好口令。做操时按节拍,动作到位、整齐。”

小徐想了想,站起来说:“我们组针对卫生情况进行了讨论,想让同学们做到以下几点：

1. 每天按时睡觉、按时起床，讲好个人卫生。

2. 每天带抹布擦桌椅，勤洗衣、勤洗澡，勤剪指甲，饭前便后要洗手。

3. 值日生提前到校认真打扫教室及卫生区的卫生。

4. 每节课间都要主动检查自己地面的卫生及桌椅是否整齐，做到有垃圾及时捡(可以同位前后位相互提醒，帮助)。”

小李接着说：“我们针对参加学校的活动进行了讨论，对主动参加学校活动的同学加以奖励(可以把全班同学分成几组，以加分的方式进行奖励)。”

这下同学们可炸开了锅。“是呀，这样加分同学们不就积极了吗?”“前面同学们说的各个方面，也都可以以考核加分的方式督促同学们做好呀。”“做得不好的可以采取扣分的措施，督促其及时改正不良行为。”……

就这样我们制订出了《班级文明公约》并把它整理好了贴在了教室的黑板上。同时也找出了对同学们的监督管理办法，把同学们分成了五个组，分别写在五张纸上，贴在黑板两边由组长进行考核。

三、活动效果

可能这“班级文明公约”是同学们自己制订的，有自己的一点智慧在里面的缘故，从那之后，自习课上随便说话的人逐渐减少，即使有时有个别同学管不住自己，说了一两句，但只要同位一指班级纪律文明公约那张纸，他也会会意地点点头不再说话；课间谁那个地方有垃圾，别的同学看见了或者提醒他捡起来，或者主动帮助他捡起来，地面卫生不再是我操心的方面；学校组织的“经典诗文诵读”活动同学们也踊跃报名，并积极地背诵演练……总之孩子们各方面的习惯有了很大的进步，真正意识到了自己是班级的主人，有了集体荣誉感，在为自己的班级增光添彩。

德育工作很重要，它是学校工作的基础。小学德育更是孩子一生发展的关键。教育家苏霍姆林斯基认为：“真正的教育是促进学生自我教育的教育。”在教育教学中，我们应该把握住每次机会，培养学生的主人翁意识。同时也要极力地为学生创设自我教育的机会，让学生学会做集体的主人，以此促进学生良好行为习惯的养成，促进学生的发展，促进学校教育教学质量的提高。

（许克亮）

案例 3

让学生自觉成为班级的主人

德育不能游离于学生的学习和生活，学生的求知过程也是实现其道德人格的过程，具有德育意识的教师能够很好地挖掘教材的因素，在学习的具体情景中发展学生的品德。

每一项德育活动的开展不只是活动本身参与了教育，其周围的氛围环境其实共同构成了德育的课程。一个场地杂乱的环境里，教育学生要讲文明，不可能取得好的效果。我创设和谐自然的环境，引导学生温馨、自觉地信服，不知不觉中认同，喜欢乃至践行。我与孩子们一起讨论班级的特色活动，根据学生们自己提议的所有活动。其中，孩子们最喜欢学生剧这项活动。孩子们自己创作剧本、自己准备道具、自己来演角色，本案例以学生剧的准备过程中发生的事为背景，对学生在活动中体现的管理能力的提高做一个详细的说明。

每个班级都有自己的特色。我们班级特色活动之一就是学生剧，学生剧这项活动的启动是由班级里的孩子们自己提议并全票通过的。在活动开展前期，我根据学生自己的意愿，以文娱委员为总导演、总负责人，班长为总编剧、副导演，形成了学生自主管理模式下的戏剧活动，让学生成了活动管理的主人。而在活动具体推进的过程中，孩子们更是全员参与，在总导演和总编剧的管理下，以编剧组、演员组与道具组的形式开展活动，首先在组内分派任务，其次，也形成组与组之间的交流协作，孩子们遇到困难首先自己解决，自己解决不了的难题，通过组内合作来解决，形成了自己的难题自己解，自己的伙伴自己帮的主人翁意识。

活动故事一：我们的故事很精彩

学生剧这项活动刚确定下来，孩子们就热火朝天地讨论了起来。

“我们可以弄布偶戏！”

“舞台剧也不错！”

“我们来场穿越吧！”

我听到了孩子们的奇思妙想后说道：“你们的想法都很好，我们可以把这些都融入进来啊!”孩子们恍然大悟道:“噢! 对哦!”然后脸上洋溢出了自信的笑容。

当天下午,我听到办公室外响起了熟悉的声音:“我来当反派! 到时候,我们就乘着时光机到语文世界闯关!”

说话的是我们班级的班长,也是这次学生剧活动的总编剧、副导演,她身后跟着编剧组的几名成员以及这次活动的总负责人,班级中的文娱委员。

孩子们的脸上带着抑制不住的笑容,总编剧的手里拿着一张写满了字的白纸走到了我的身边,我当时在想,难道是我们刚才商讨出来的任务布置得不够清楚吗? 不知道他们会带着什么样的问题来问我? 于是,我微笑着看着他们道:“怎么了?”

我耐心地等待他们开口,说出他们的问题与困惑。令我没想到的是,他们将一张写满了字的白纸放在了我的办公桌上。

我定睛一看,这上面清晰地罗列着剧本的背景以及主要的剧情更改,包括所涉及的主角名字他们都已经想好了。

作为总编剧的女孩儿显得非常高兴,神色当中透露出了一种满满的成就感,她咧开嘴笑着说道:“老师,这是我们几个人刚才想的剧情,主角名字我们都起好了! 老师,可是这是一部穿越剧!”

作为总编剧的小姑娘说到这里,眼神里透露出了一丝不确定,于是我很快鼓励道:“很好的! 穿越剧可以的! 你们做得不错啊! 继续说!”

“我们的故事主人公是通过一个高科技的时光穿梭机从一个没有语文的世界穿越到了一个有语文的世界……”女孩子们这个说完那个说,语气里透着欢快与自豪。

故事背后的思考:

我想,兴趣是最好的老师,是学生进行活动的内驱力,由学生自己来提议活动,通过学生投票来选出班级特色建设的活动,不但让学生真正地成了活动策划的主人,还能够充分地激发学生的活动热情,提升孩子们参与的主动性与积极性,让孩子们开展他们真正想开展的活动,孩子们通过这种形式来开展活动,既能收获快乐,又能在快乐中体会收获与成长。

活动故事二:自导自演我能行

“哇,哈哈哈哈!”课间,我班教室里的一个孩子很骄傲地仰天大笑,惹来不少其他班孩子探头探脑地张望。其他不明真相的孩子们显然很好奇:“咦？他们在干什么呢?”

原来,是我们班的孩子们正在排练学生剧。SAC特色活动之一的学生剧活动开展一个星期后,编剧组已经写好两个片段了,总编剧和总负责人在同学们自己报名后,已经确定好了两个片段的演员表。于是,在课间,总编剧已经开始给小演员们讲戏了。

“来,你站在这里,然后做这个动作,记住,这里一定要用很骄傲的语气说自己会弹各种乐器,然后到时候背景音乐会响起,音乐结束后,你走到这儿,指着那里的画说,这些画都是我画的,漂不漂亮啊！这个时候一定要做这个动作,然后,你到时候手里要拿着一把扇子,这样扇,看我的动作。”

而总负责人对小演员的表情、说话语气以及神态做指导,并亲自示范给有困难的小演员看。

“你这里要用这样的表情,要面带微笑。然后你接下来的那句台词语气应该是这样的,而不是那样的,来,我来示范给你看,你学我的样子。”

两个人既有明确分工又有合作协调,活动倒是在他们的领导下,有条不紊地开展着。总编剧主要就演员的走位、台词上做一定的指导,总负责人在一旁帮忙指导演员台词的语气以及表情。

总负责人还协调着编剧组与道具组的合作,道具组由一个道具组负责人进行统筹分配,首先,编剧组将场景中所有需要的道具罗列出来,然后将这些道具清单交给道具组,由道具组来想办法去完成道具的制作。孩子们在我创建的微信群中,已经发了不少制作完工的道具照片。

故事背后的思考:

我原本还担心孩子们是否能够胜任管理人员的角色,而在实际的活动过程中,孩子们的领导力比我想象当中的要强。这些活动的负责人均是班级中在班干部岗位做得相对比较出色的孩子,他们通过自己举荐成了活动负责人,在之前的班级工作中,他们通过班级岗位已经对班级、对学生的管理与领导得到过一定程度的锻炼,有一定的工作经验,因此,这样的领导者岗位,对于孩子们来说,做起来就显得相对比较得心应手了。当然,他们在负责活动的过程中,也并不是完全没有问题,在接下来的故事三中,我就会提到他们遇到的困难。

活动故事三:小演员们不合作

“哎呀!怎么人都跑了!小张和小周他们人呢?”总编剧在教室门口拿着剧本,犯愁地直跺脚!

我看到有许多学生在她身边默默地站着,像是在等待着什么,而她着急地满脸通红,于是我问道:“怎么了?”

总编剧显得着急而生气,她身旁的活动总负责人冷静地回答道:“老师,每次我叫他们排练,给他们讲戏,总是人不齐,都没有办法排练,有的人一下课就跑出去玩了。”

活动是不可能一帆风顺的,问题的产生是一个必然的过程,当我们活动的负责人和编剧在给小演员们讲戏的过程中遇到困难也是正常现象。

我了解了这个情况后,当时有了以下几点想法:

第一,当活动负责人与总编剧找他们排练,但有的人就是一直不见踪影,还需要负责人多与小演员沟通,确定好时间。

第二,课间是属于孩子们的时间,如果孩子们事先不知道自己要排练,跑出去玩了,那么这部分学生的行为也是在情理之中。

第三,如果负责人已经和他们确定好了时间后,他们再跑出去不排练的话,这就是对其他所有待在教室里等待排练学生的不尊重。

由此,我对两位管理者这么说道:“那么你们应该事先和那些要排练的人商量好排练的时间,你们不和他们说,他们怎么会知道要什么时候留下来排练呢?”

两位管理者听了以后认真地点头并付诸了实践,第一次的尝试并没有完全的成功,但是有更多的孩子留了下来,仅仅是更多的孩子留下,而不是所有参演的都留下了,依然有几个孩子缺席,所以第一场戏的排练就没有办法如期进行。

当孩子们再次找到我的时候,他们显得着急而失望:“老师,他们有的人一下课就跑出去玩了,都不听我们的,有的人,我们跟他们说了下课排练,他们也不听就马上跑出教室没影儿了,找都找不到!”

于是,我帮助这两位管理者在班级里树立威信,教育那些不听话的孩子说:“这个学生剧的项目是你们当初自己说要举办的,既然当初你们也赞成搞这个活动,而现在真的到了需要你们的时候,结果你们跑了，其他所有的小朋友都在等你们，你们是不是应该遵守约定呢？如果不想参加的话，当初商讨确定活动的时候，你们就应该提出意见的，不是吗？”

我和孩子们定下规矩，既然是当初自己同意的事情，那就应该遵守。与此同时，我也向这两位管理者提出了建议，整场戏太长，需要的演员太多，可能需要班级里大部分的学生，课间，有些小演员跑出去玩的话，很难把所有演员都找齐。而且，排练这样的一场冗长的戏太浪费时间，于是，我提出，把原本的一场比较长的戏，分成几个片段，分别排练，编剧把第一场戏再细细地分一下，每一个片段，所需的演员就只有几个，这样人数少了，演员也能到齐排练。

我在告诉两个管理者应该处理这些问题之后，他们很快就能灵活调控学生剧的排练。

故事背后的思考：

学生作为管理者的时候，也会遇到许多的问题，有的问题学生自己就能够解决，当学生自己解决不了问题的时候，他们来寻求我这个班主任的帮助，我也会从不同的角度去思考，如何能够帮助他们看清楚问题的关键所在，如何能够轻松解决问题，这不但需要班主任的教育智慧，也需要学生在学习中成长，在实践中领悟。

活动故事四：虚拟世界进现实

因为情节需要，编剧组在写剧情以及排练的时候发现需要道具，于是他们列出了需要的道具清单，并将清单给道具组，让道具组的孩子们来帮忙准备，给出的道具列表里有床和一些家具，这对于道具组来说，很难制作，这些道具没有办法制作完成。

孩子们是极具创造力的，当现实中没有办法制作的道具，他们就在我的提醒下，想到了用游戏中的虚拟场景来替代。于是在道具组下又新设了一个游戏组，专门负责提供一些现实中没有办法演出的效果制作。

“老师，我和小章前两天在游戏里做了一个很有技术含量的抽奖机！”

“老师，我们最近正在制作一种很有科技含量的游戏道具！”游戏组的孩子们都是些喜欢玩游戏的男孩子，他们对电脑技术、电脑游戏相对比较精通，他们经常会主动与其他孩子分享他们最近的进程，也经常会告诉我他们都做了些什么，他们所做的经常会让我对他们的创造力感到深深的佩服。

故事背后的思考：

作为活动各项目的管理者，孩子们已经在过程中自然而然地学会了分配、合作与沟通。在分配任务与完成任务的时候，统一由作为总负责人的文娱委员负责统筹整个学生剧的活动，她下属分管三个部门，分别是演员组、编剧组和道具组，每个组都有总的负责人，负责人下面又有一批学生帮忙。

孩子们各司其职，尤其是每个部分的负责人能够时常与其他几个组沟通，能够及时地针对遇到的困难经过通力合作去解决。

孩子们在实际操作的过程中，尤其是演员组和编剧组的沟通合作比较多，编剧组的孩子们经常会指导演员组的孩子们演戏，演员组的孩子们也能够给编剧组提供一些新的想法与创意。道具组给编剧组提供各种他们所需要的道具，他们还自己建立了一个学生群，专门用于本次学生剧活动的交流与信息的及时反馈。

通过这次的学生剧活动的开展，我发现了孩子们在各方面的能力，不少项目还是有难度的，但孩子们却乐此不疲。

作为活动的各分项与总项目的管理者，孩子们在实际的活动管理过程中，学会了沟通，学会了合作，学会了管理，得到了很大的锻炼。我们的学生剧活动还在继续中，我们的学生还在成长与学习中，我们的小小管理者们走在前行的阶梯上，不断攀升……

从这个案例中，我发现，因为学生是在不断成长以及发展的，其自身的主体能力以及意识也在逐步地增强，但是需要教师进行及时的引导，对于小学生来说，只有在融洽以及活泼的环境中才会使得学生自身感受到充实有自信，对于教师而言，为了更好地唤醒学生对于德育教育的需求，争取学生更好的支持与配合，不能仅仅进行相关的德育课堂教学，应当为学生积极创造多种多样的教学情境，是的学生自身的主体性在这样的情境中得到有效的发挥。以学生为主体同时以健康快乐的校园文化建设就是一种很好的方式和平台，能够使得学生自身的主体性在教育过程中得到充分的发挥，在整个教育的过程中成为学生的主人，继而使得学生自身的主体意识得到有效增强，自身的主体性也能够得到有效的发挥。

（顾梅芳）

案例 4

你的舞台，你表现

随着各种新思潮的涌入和教育教学管理上不断地尝试和调整，“表现性学习”的学习理念也渐渐地在我们的课堂中生根发芽，表现性的课堂中，教师为学生提供学习资源、学习手段、营造学习环境，他们更多的只是另一种学生学习过程中的有效资源，而真正的方向盘则落在他们自己手里，学生是表现的中心，在民主、和谐、宽松的氛围中，他们乐于表现的天性得到充分挖掘，在一个个任务的落实、思考、实践过程中，他们最终成长为一个个“敢表、乐表、善表”的活力少年。在表现性的课堂实践过程中，我们的教师、课堂、学生都在发生着转变。

一、主体式参与，学以致表

以往老师权威管理下的课堂中充斥着“满堂灌输”的氛围，学生需要时刻集中注意力跟着老师的思路和节奏走，他们似乎本就不该有什么自己的想法和尝试，这些被视作“浪费时间”的“多余实践”被教师的“精炼概括”所直接带过，这条“捷径”在当时看来顺理成章，处于“避免孩子走弯路”的善意考虑，而今想想，少了这份经历的我们的孩子们是不是真的“学到”“学会”了学习还是渐渐沦为课堂的附属品。短暂的课堂、精炼的总结，孩子们来不及慢慢消化便已吃撑；跟着老师、只懂盲从，他们在逐渐失去思考和质疑的能力，难道这就是我们要培养的孩子吗？是时候该思考如何让学生化“被老师牵着走”为“可学以致表”。

要改变学生的学习理念便要先从教师的教学理念入手。放手给学生更多机会，他们便能锻炼更多。以我教学的英语学科 1AM4U1 一课时的学习为例，为给学生更多可以消化吸收“新知识”的机会，我将电影元素融入课堂，学生对于观影兴趣盎然，前一周我就布置了“观看影片”的作业，这样，等到学生学到这课的内容时也会更有亲切感，对于观影这项作业，我也有明确的要求，提出问题并让孩子带着问题去看影片，这些问题都与我下一节课的教学内容部分环节有关联，答案可以是多种多样的，只要符合逻辑和影片内容即可，第二天到校后以小组为单位进行交流讨论各自的看法和观点，前一晚自由自主的自学和随即而来的针对性的思维火花的碰撞，孩子们早已有了自己的主张，在无拘无束、畅所欲言的交流环境里，孩子们爱表现的天性得到了充分的展示，强烈的求知欲带给他们的便是迫切期待老师给予的最终解答，他们俨然已经成了课堂的小主人翁了。

在英语的课堂中，老师通常还会进行文本的再构，在1AM4U1这堂课中，再构的文本需要有“角色”的配音，以往由教师承担的配音任务，今天我将他们权权给了我们的孩子们。听到要给自己观看的影片中的卡通人物配音，他们一个个都乐坏了，我提供给每位学生本课的再构文本电子稿，他们便成了一个个小演员，在限定人数的情况下报名自己喜欢的角色，彩排准备后接受全班学生的“筛选”最终确定配音演员。看似这是个娱乐项目，在孩子眼里也确实如此，但正是在这颗糖衣下包裹着丰硕甜美的果子。孩子为了在众多竞争对手中脱颖而出，认真学习模仿，对照我发给他们的“评分标准”自己斟酌调整自己的“配音”力求做到更好，以往反复强调而总记不住关注的语音语调让我眼前一亮，一些不敢开口的孩子鼓足勇气大声朗读只因为我的评分标准中有这样一条……无论他们是摘得“桂冠”的孩子抑或是“被淘汰”的演员们，他们都是最终的winner，他们并不知道，在悄无声息中，他们成了课堂学习资源的创造者，也正因为如此，原本费尽脑汁要被“填进”大脑的东西终于化身为甜蜜的果实被品尝、吸收、融入他们的血液。一轮又一轮的课堂外铺垫式“预热”，“知识”为学生“手到擒来”还会是难题？在教师提供的充分的表现机会里，每个孩子都得找到了属于自己的闪光点，各取所需，各展所能，课堂氛围空前活跃，个人能力得到充分发掘。

在1AM4U1这堂课的表达环节，我以小组对话交流的形式消除学生表达上的焦虑，在小组成员的安排上，我将不同能力层次的学生安排在一组，这样，能力强的学生能帮带能力较弱的学生，这样环环相助的方式让学生都能获得原有基础上的“提升”；在表达内容的安排上，我为孩子提供了一份内容丰富的“自助餐”，学生可以根据自己的胃口来选择搭配进行“表达”，在围绕本课表达核心内容的基础上，我为学生提供了更多表达的素材（以往所学过的单词和句型的补充），除了必须掌握的核心句型以外，不同能力层次的孩子便可以有不同的菜式搭配方式。假设我们的核心内容（单词、句子）是汉堡的两片面包，那么自选内容则是其中的夹心，能力极佳的孩子可以加上肉类、各种蔬菜、沙拉等组成“巨无霸”，而能力不及的孩子也可以稍添蔬菜以组成一个“蔬菜堡”……总之，孩子们各取所学，能吃多少选多少，这样，既可以避免“资源”的无意义浪费，也让学生这个个性化的资源得到充分的发掘运用，最大限度实现资源的优化配置。在这样的自助式课堂中，学生可以各展所想和所能，不同能力的孩子可以有不同的展现方式，小组、文字表达上的增删都是可以根据自己实际情况的灵活性调整，相信在这样的和谐氛围中，每一朵花苞都能开出最灿烂的自己。

以往的课堂中，我们总会发现，“善言”的孩子往往有很多发言的机会，原因无非：有难度的问题往往只有他们会，而难度不大的问题通常也只有他们举手最踊跃，常规来说，老师第一眼注意到的往往就是这些“爱表达”的孩子，这也就是为什么他们的表达机会会越来越多的原因。而仔细想来，对于其他众多“腼腆”或“有困难”的孩子，他们是不是也就在这个过程中被“竞争的机制”和“运行的规则”排挤到“越来越没有自信和动力”的角落。

“面向全体学生”这可不应该仅仅是一种口号，可孩子们都是独一无二的个体，各具特色，能力也不尽相同，恐怕以“一刀切”的形式来满足每个孩子的需要是不可能的，这正是在落实“面向全体学生”过程中极困扰教师的一部分。表现性学习的方式打破了这一瓶颈，鼓励我们让孩子通过各项实践活动掌握语言能力，而同时需要注意培养孩子“敢表、乐表、善表”的学习态度。如何才能让他们具备这“三表”的能力，教师教学设计的“灵活性”便是一个切入点，只有针对孩子的需要让孩子获得适合他们需要的个性化的展示才能让每个孩子都动起来，敢于说、乐于说，最终善于说。孩子们的能量是不容忽视的，关键是教师要如何将他们的长处发掘并妥当地将其充分利用到课堂中。当然，科学的安排、管理、统筹和细节方面的规划等都是教师在活动设计中需要精心揣摩和考虑的方面。

以上是我在一年级的孩子的教学中做的尝试，这个年级的孩子天真活泼、直接，兴趣是他们最根本的动力源泉，只有从根本上将“学”变成一件“快乐的事”，你所需要传授给他们的知识才可能在他们的小脑袋里扎根，而作为老师，需要做的是如何化“管着他们学”为“我想展示我自己”。

二、主体式评价，充分表好

以往的评价更多侧重最后的给分，对一些拿到“可悲”成绩的孩子可能会有一时的“震撼”作用，而过后他们恐怕更多要被一种“无奈”的情绪所影响。他们知道自己表现不好,却不知道该怎么做才能让自己变好,评价的作用在此并没有产生什么积极作用和价值。实际上,此时孩子需要的是给他们更多指引和建议的这样一份评价。基础素养评估(等第制+评语结合)的出现不仅淡化了分数的概念,更让教师和学生将更多的目光转向了评价的“文字”评估。在评价中,我们会对应等第制评价的各个板块内容进行针对性的逐条“点评”,为学生如何在下阶段进行改进提供细致的建议。如:建议你能在听力方面的加强音近、形近词的区分,多听磁带,注意发音的准确性。通过这些评价,学生便了解了自己在哪些方面需要改进,如何改进,为后续的自我提升提供了有意义的指导。同时,少了一份具体的分值,对孩子来说,彼此间的距离感大大降低,无疑减轻了孩子过重的学习的心理负担。综合评价方式体现了对学生们特长发挥和个性化表现的关注,也让学生的前进方向更具体化,更有可操作性。

以往我们的孩子通常只有在每次“期中”“期末”的时候才能得见教师对其的书面评价,往往这份评价的瞬时震撼力是强大的,但它的长期影响力恐怕微乎其微,原因在于学生很难将平时的某一个或某一些行为与最终教师对其进行的评价进行一个“匹配对接”。学生并不那么清楚是哪些原因导致了今天教师对自己给出了如此评价。其实,仔细想想,我们对孩子们的每一个评价不都是基于孩子们日积月累的表现而使你产生的恒定印象,假设一个孩子偶尔一次忘带作业,你会在评语中提到这一点吗?答案是否定的,那么如果我们在孩子还未将其发展为一个习惯之前就予以干预,是否结果就会大不相同?看来,一学期两次的评价显得有些“天高皇帝远”了。冰冻三尺非一日之寒,也许只有让孩子清晰地知道自己的每个评分的由来和依据,才能对学生的日常表现起到鲜明的指导作用。

1. 日、周评价:“活力银行”是我校基础素养评估的校本化实施的一次积极尝试。在这个银行里,储存的是孩子们每节课、每天、每周积累的“进步”。教师根据每节课上学生的表现,从兴趣、习惯角度来观察学生,给予表现出众或有进步的孩子以“五角星”的奖励存入银行(活力银行记录册),四人一小组,每一小组选择一位组长作为记录者,由教师、学生一同来进行评价,提高评价的公正性,同时每节课的评价能给学生极为直观地对自己表现的了解,并清楚哪些方面是需要自己改进的,明确下次的前进方向。我们可喜的发现，在孩子们自己的“自尊”意识的促使下，他们很善于调整行为，从明天他们的行为表现中你便能清晰看到你昨日点评的正面激励痕迹。从日到一周的积累努力换来的是 e 币（与五角星数呈一定比例关系）便是孩子们最好的奖赏，孩子们知道 e 币与日常他们的表现的关联，因而对于每一节课堂他们都有了更多一份的努力动力。

2. 月评价：对每周的表现乃至每月的表现我们都会进行记录，以往的一学期两次的记录调整为每月一次的记录，根据日、周表现，学生的月评价就脱颖而出，这个过程学生能很轻松理解，只是现在我们更多了两次评价，每月一次的对学生的评价或学生对自己的评价可以让教师为学生短期表现提供一个及时反馈，同时，学生也可以记录自己近期的表现以反思自己后阶段的前进方向。毕竟，一个长期的规划是离不开短期的一个个小规划来落实到位的，月评价正是起了这样一个作用。

3. 学期评价：经过了一学期的积累和改进，学期评价（期中、期末）便少了一份“刺激”，多了一份细水长流的从容感，因为孩子们知道自己的一点一滴的进步和积累，他们亲身经历，他们为之奋斗，结果已经不重要，重要的是过程中的经历和收获，这不正如学习一样，每日持之以恒，何须临阵磨枪？经过了一学期努力的孩子们在“活力银行”中积攒了财富，也同样该“犒赏”自己，孩子们可以用手头的 e 币换取福利章，而福利章可以换取心愿卡、免做卡或奖品，在自我发展的过程中他们懂得了用自己的辛勤换取奖赏，这不正是学校这个“小社会”该交给孩子们的重要技能吗？

这是一个由小到大，由点到面、超链接似的评价运行体系，神奇的是，学生的每一步成长都被见证，待到学期末学生获得的评价便是自然而然的积累结果的真实反映，在清晰知道其中的密切关联后，学生对日常积累的每一小步都有了更谨慎的“尊重”，这种态度上的转变，这种强烈的因果对应关系让孩子获得了更多思想态度上的转变，乃至最终在兴趣和习惯上都获得了正方向的积极调动，从而在行为上有了更多正能量的表现。教师营造了一个以班级为范围的小社会，人人都有展示自己的机会，孩子们在平等公正的竞争中获得“肯定”（加星，折合 e 币，换福利章，获得心愿卡、免做卡或奖品，等第制评价的重要依据），“自我管理机制”被调动激发，激励学生引领推动“优表现”，鼓励和引导学生朝着“更卓越”的方向表现发展。在给予孩子充分的表现机会的基础上，同样给予孩子细化的表现的评价方式，他们便能知道该如何进行活动才能让自己“表好”“表正”，在这套完整的“表现”与“表好”的学习实践过程中，历经“求知”“表现”“表好”，孩子们变得乐于表现自我、分享成功，优化表现，完善个性，这些品质的升华无疑会对学生未来学习道路上的成长创造不可估量的积极助力，让我们的孩子们在他们自己的舞台上绽放出更绚烂的光彩。

（陈晓诚）

（二）践行强化策略

表现性德育的指向是学生最佳的角色表现，即通过践行培养学生做好人做好事。践行强化策略强调践行中的操作、实施与实现。表现性德育主要是通过活动、任务达到学生能力的提高。践行强化原则就是要摒弃灌输，要创设学生学习活动或者情境，提供学生通过这些活动与任务中的充分表现机会，让他们获得发展道德践行能力的体验，引导学生在生活实践中学习，强调表现性德育过程中的践行，获得履行道德义务与责任的经验。

表现性德育模式强调实践，主要是依据表现性德育不是以认知为目的的，而是以提高学生的做事做人的能力。表现性德育不是让学生把书本上知识背出来，或者理解就行了，而是要切实具备适应未来需要的道德能力。这些道德能力与道德品质主要通过践行活动，也就是在实践活动中学习，能力是不可能灌输的。表现性德育的践行性在本质上是教育的实效性，强调学习不是从概念到概念，而是学生做人做事的能力，解决面临的具体问题的能力。

运用践行强化策略时要注意以下要点：

1. 践行强化策略实施需要为学生创设更多践行的机会。德育实践表明德育不能停留在书本到嘴巴，必须在德育活动中让学生主动表现出最佳的角色行为。良好的道德素养需要在活动中体验、感悟，并表现出来，也就是德育不能脱离践行活动。

2. 运用践行强化策略要求学生在学习过程中主动参与和自觉的作为。只有学生参与了各类学习表现活动，才可能获得经验，发展能力。

3. 强化践行要求德育关注操作性，强调教师应该善于设计与提供各种各样丰富的载体，要结合学生周围的实际生活，可以组织学生调查、观察、服务等。道德心理学指出，一个人的道德概念要转化为道德信念，必须经历情感的体验。因此我们要把道德概念、价值观等转化为学生的做人的能力，必须组织相应的教育活动，让学生在参与这些活动中，经历情感的感受甚至感情的强烈的冲击，引发他们的思考，逐步建构他们新的关于道德的信念与道德能力。

4. 在强化践行的同时要关注学生的道德感悟。在践行中对所学体会到的感知要有更深层次的理解和感悟。为学生从感性认识上升到理性认识打下坚实的基础，提高解决实际情境下的道德问题。这些经验不是书本上可以直接告诉学生的，学生必须通过自己的践行体验，经过认真的思考、反思，不断升华为合理的经验，从而是自己的道德经历转化为道德经验。

案例 5

建设良好班集体　强化活力好少年

我们运用“践行强化策略”，主要是学生通过一些实践活动，在活动中锻炼能力、习得习惯、养成良好的品质等，即通过实践使学生的行为朝着好的方向发展。斯金纳的强化理论认为行为之所以发生变化就是因为强化作用。根据小学生的年龄特点，在日常的教育教学中，为培养“敢表”“乐表”“善表”的“金小活力少年”，我们可以通过良好班集体的营造，让集体影响个人，进而实现强化学生的行为。此外，2017 年，教育部印发的《中小学德育工作指南》中指出：“充分发挥课堂教学的主渠道作用，将中小学德育内容细化落实到各学科课程的教学目标之中，融入渗透到教育教学全过程。”我们也抓住了课堂这一主阵地，通过开展趣味横生的主题教育课，强化学生的行为。

随着社会的不断发展和对新世纪人才要求和素质的不断提高，小学班集体建设的任务早已经不仅局限于“教书”，而是更加以开展各项班级集体活动为契机，教育学生如何做“人”。然而，一个良好的班集体不仅影响学生的智力发展，而且对学生的人格发展也有极其重要的作用。为建设良好班集体，我尝试了以下几种活动，效果甚好。

一、目标引领，强化集体建设总行为

小学班集体建设中，班级目标的制定是班主任出色完成教育教学以及班集体建设任务的重要保证。尤其是新成立的班级，目标的引领至关重要。在建班之初，我就告诉孩子们：我们班级的目标是书香班级。为激发学生的阅读兴趣，营造浓浓的班级书香氛围。我们进行了形式多样的课本剧表演活动。刚开始以小队为单位，进行集体活动，评选表演之星。后来学生熟悉了课本剧表演的一些技巧之后，进行自由组合，自主表演，每周的少先队活动课，成了孩子们期待的日子。课间孩子们变“无所事事”疯狂追跑，为课本剧排练，可谓别有一番风景。

围绕书香班级的目标创建，班集体中每一位成员规范自己的行为，同时也要为齐心协力把班级建设成为一个蓬勃向上、锐意进取的班集体而努力。

二、班委培养，强化个体发展内驱力

俗话说得好：火车跑得快，全靠车头带。一个良好班集体，离不开能干得力、有责任心的班委会。期初，在孩子们无记名的投票下产生了第一届班委。果真群众的眼睛是雪亮的，本届班委个个都能不负众望，不仅做好自己的表率作用，更是有着无私奉献向上精神。转眼，已经进入一年级的下学期，每每看到孩子们对班级的热爱，都由衷地感动。孩子们都很愿意为班级服务，尤其是班委们。每天早读，中午的分饭、天天扫，放学的收尾工作，几乎不用老师操心。就是因为有了这群得力的班委的带动，每次一个任务下去，孩子们“我来”“我来”声都是争先恐后的。前段时间，要出一期黑板报，我话音刚落，有几位同学举起了小手，经过同学们的一致推选，此次黑板报工作由班委成员小褚同学总负责。说起小褚同学，每次的美术作品都让大家赞不绝口。班级首次的黑板报工作非他莫属。当天晚上，小褚同学就将黑板报的草稿打出，图文并茂，让我感叹不已。

后来，在班委的相互合作下，我们学生独立完成的第一期黑板报效果非常好！

孩子们人小心却大。他们信息灵，观念新，脑子活，接受力强。每个孩子都有表现自己的欲望，展示自己的才华。所以，给予机会和评价，锻炼他们的胆量，提高他们的能力，完全是可行的。我们要做的是，保护孩子们身上那些积极的因素，引导他们做得更好。

三、班风营造，强化集体建设主渠道

班风正，学风浓，方能见成效。一个良好班集体的形成，优良班风举足轻重。有影响、有特色、有内涵的班级活动是活跃班级气氛，增强班级活力，促进班风建设的有效方式，也是展示学生风采、锻炼学生素质，提高学生能力的有效途径。开学初，让孩子们每人从家中带一些绿植来班级并分工，每日的浇水专人负责，每日的看护专人到位。一学期来，我们班级的绿植长得欣欣向荣，鲜少有打翻和枯死的现象。这期间，离不开孩子们用心的照料和精心的培育，他们在用自己的行动爱着这个班级，爱着这个集体。爱的能力在行动中体现。爱班级，不光停留在口号，而是变为行动。

此外，我还设计了“写下一句话，感恩父母情”活动，即在家长会前夕，每位同学为父母写下三言两语，表达一下自己最想对父母说的话。如今的孩子，生活在 6+1 的家庭模式了，从小习惯了被人的百般呵护。他们不能体谅父母，不懂爱他人。一年级刚入学，我一直在孩子耳边“唠叨”：父母很不容易，为给我们打下扎实的基础，一直陪伴着我们读书。但是孩子感受不到这种爱，为了使这种爱有形，在家长会上，我让孩子们每人说说对父母想说的话语，感动了每一位家长。

知道爱，践行爱，方可爱。以上，是我在班级成立之初，尝试通过良好班集体的建设，强化学生对集体的认识，对自我的认识，进而提升自己“敢表”“善表”“乐表”的能力。良好的班集体可以使个人的潜能和聪明才智得到充分的发展，它能够给予学生丰富的精神财富。

（徐海荣）

案例 6

光盘，I DO!

德育中的“节约意识”培养和教育属于重点内容，珍惜粮食、保护他人的劳动成果、勤俭朴实、艰苦奋斗的精神，又是德育中的关键部分。

现阶段，虽然二胎政策已放开，但目前的学生依然以独生子女为多，他们生活在“6+1”的家庭中，习惯了衣来伸手饭来张口，不懂为何节约。他们的家庭条件普遍都较好，我们班级的学生亦是如此，在家里是小皇帝，想买什么就买，随意浪费，不珍惜粮食，不珍惜别人的劳动成果。在学校午餐期间，餐盘里永远都留着很多没有吃完的食物。所以，有必要采取一系列的措施，来提倡学生珍惜粮食，践行节约意识与行为。于是，我从少先队活动课入手，延伸到每日"光盘活动计划"，结合激励机制，鼓励学生从每天的"光盘"行动中践行节约，培养了学生良好的珍惜粮食的意识与素质。

[**案例描述**]

参与主题活动，燃起光盘意识

为提倡学生珍惜粮食，让学生都参与到节约、珍惜粮食的行动中，首先就需要激发学生的节约意识与珍惜粮食的意识。于是，从学生实际生活延伸，我联想出主题为"光盘，I DO!"的少年队活动课程，让学生明白节约和珍惜粮食的重要性，促进学生都积极参与到光盘的行动中，在一日生活中渗透德育。

此次活动包括三个环节，具体内容如下：

环节一：图片引入，展开活动

1. 辅导员课件出示难民儿童和孩子们浪费食物的图片。

2. 队员讨论食物哪里来的。

3. 队员演唱《悯农》。

环节二：认知营养，合理饮食

1. 队员小品表演食物的心里话。

2. 抛出问题：好吃的食物一定健康吗？

3. 营养学博士介绍食物的营养。

环节三：光盘，I DO

1. 辅导员组织进行营养知识问答。

2. 观看小品，从他们身上你有什么值得学习的？

3. 宣读《光盘，I DO!》倡议书。

4. 午餐监管员宣誓和佩戴标志。

这次活动实施的过程中，先让学生观看图片，发现世界上还有很多孩子吃不饱、穿不暖，他们是不幸的，而我们是幸福的，但是食物得来不易，需要经过艰辛的劳动，激发了学生节约粮食的意识及关爱他人的意识。之后环节二中，让学生意识到好吃的食物不一定健康，饮食要注意各类食物都爱吃，不偏食，不挑食，且要少吃零食。环节三中，引出了营养知识问答的活动，并让全班学生一起宣读《光盘，I DO!》倡议书，从学生的情感上激发了学生参与"光盘"行动的积极性，并且委任了午餐监管员，让每个学生都有机会参与到光盘行为监管中，每个学生都是光盘行动的监管员，也都是光盘行动的执行人。

通过参与此次活动，学生明白了“光盘”的意义和重要性，也明白了自身的责任，调动了学生参与“光盘行动”的积极性。

实践“光盘”行动计划，养成良好习惯

“光盘，I DO”少先队活动课之后，学生燃起了“光盘”的意识。为确保“光盘”行动的真正落实，培养学生良好的节约粮食意识与习惯，进一步需要引导学生制订中队“光盘”计划。“光盘”计划与要求，由学生根据实际生活情况与表现情况，在提出问题并在全班同学的共同商议之后，一起制订出吃饭不挑食，吃光盘子中的食物的计划。

“光盘”行动计划制订后，师生一起参与到光盘行动中，每个星期安排一名光盘监管员，学生记录学生们在“光盘行动”中的参与与完成情况，以照片的形式辅助记录，作为证据参考，一个星期组织一次时间为15分钟的“光盘行动”活动总结，针对行动中表现优异的学生，给予表扬和鼓励，并发放“光盘行动”奖章，针对表现较差的学生，给予当面指导，鼓励改正与完善。

鼓励每个学生都参与到“节俭用餐、节约粮食”的行动中来，与家长一起合作互动，构建家校合作的桥梁，关注学生在家庭生活中的“光盘”表现。以一个月为期限，评选“最佳光盘标兵”，将优秀学生的照片张贴在展示栏中。

通过参与“光盘，I DO！”的少先队活动，及身体力行参与“光盘行动”实践活动，在一日生活中，学生都积极参与到一日三餐、平时生活的光盘活动中，养成了良好的节约粮食、爱惜粮食的习惯。本次活动让学生明确了光盘的重要性，调动了学生参与实践活动的积极性，激发了学生的光盘意识。结合“光盘行动”实践活动与激励机制，学生都积极参与实践活动，坚持了三个月之后，学生的“节约粮食”“光盘饮食”的习惯逐渐培养了起来，在生活中也学会了鼓励他人参与光盘行动，培养了良好的道德品质。

我的思考与收获：

“立德树人”是小学教育中持久不变的话题，也是非常重要的话题与任务。在小学阶段，需要关注学生良好道德品质与行为素质的培养。针对学生不珍惜粮食的问题，通过组织与实施此次“光盘行动”计划，有效培养了学生良好的节约粮食的意识与习惯。结合此次案例，需要进行如下反思：

1. 表现性德育渗透于一日生活，持久进行

德育应该具备表现性的特点，表现性，指的是人在日常生活中的行动、表演、展示、操作与实践等。德育实施过程中，不仅要让学生意识到节约粮食的重要性，节约是方法，从哪些方面节约，还需要鼓励学生在日常生活中参与“节约粮食”的表现。通过外在的行为体现，学生真正参与行动、操作与实践，让表现性德育落到实处，真正培养学生爱惜粮食的良好习惯。外在的行为表现，可以包括每餐吃饭，真正做到“光盘”，不剩饭不剩菜，不倒掉，节约粮食。并在这一日生活中持续实施表现性德育，让“光盘行动”持久进行，内化学生的行动为习惯。

表现性德育与学生的实际行动相关联，通过学生的行动来表现，与学生的日常生活紧密关联，还可以对学生礼貌用语、尊老爱幼、关爱他人、爱护环境等方面，展开表现性德育的渗透。与生活契合，鼓励学生参与表现行为，教师做好监督与鼓励，学生自身参与表现，并用照片、家长监督卡、学生日记等形式来见证学生的表现，即能培养学生良好的道德品质与行为习惯。

2. 围绕学生实际生活中呈现的问题，选择德育主题

除了“光盘”方面，需要加强对学生节约粮食意识与行为品质的培养，还需要围绕学生实际生活中呈现的问题，选择出德育主题，比如“关爱他人、遵纪守法、尊敬师长、爱护环境、节约资源、文明礼貌”等，这些都是学生日常生活中，通过一些日常、细微的表现，就能看出学生的道德素养的表现情况。教师只需要根据学生的表现，进行主题德育教育，让学生掌握更多知识，提升学生道德意识，促进参与表现性遵守道德规范的行为，即能落实表现性德育。德育向来是一项非常持久且艰苦的工作，它需要师生、家长一起努力，也需要教师实时观察、跟踪记录，做好对学生的针对性德育教育。

希望通过不懈努力，在“立德树人”理念下，通过科学的方法与举措，培养学生成为“身心全面健康发展的人”，也实现人与地球的可持续发展。

（朱任怡）

案例 7

表现中自信之花美丽绽放

“零——”放学铃声敲响了,小庄却一脸愁苦,他一边焦急地用橡皮擦擦着本子,一边嘟囔着小嘴“唉!我真笨”。过了一会儿,他的爷爷来到教室找他,爷爷见他又没做完课堂作业就大声责问:“你怎么老是像蜗牛一样慢吞吞?”听了爷爷的责问他就更着急了,额头上沁出了一层汗水。他爷爷接着厉声喝道:“你这个笨蛋,上课是不是没有听好?”原本急不可待的庄同学再也控制不住了,一行眼泪顺着他那急得发红的脸颊流了下来,并不断地说:“我真笨!我真笨!”

这就是我们班的小庄,经常眉头紧皱、唉声叹气,动不动就说:“我真笨!”其实这孩子挺聪明的,只是家长没有正确的引导,一做错事情就骂他笨,所以他自信心不够。表现性学习理论指出:“教师应对每一位学生充满信心。”作为他的老师,我要寻求一把开启心灵的钥匙,支持他走出自己设的心理障碍,重新振作起来。

一、开启自信之门

我搜索着关于他的记忆,终于找到了两点:“上周大扫除时,你擦窗不是擦得最快最明净吗?你的铅笔字不是写得很漂亮吗?”

他那紧皱着的眉头似乎舒展了一些:“可是,我题目总是写错。”

我笑了:“你什么问题都能正确解答,还要老师干什么?我也犯过许多错呀!可我一点都不觉得自己笨。”

他想了想,好像觉得我说得也对,但看了看爷爷,又说:“大家都说我笨,我真的很笨!”

“那是因为他们都不是十分了解你,他们都没看到你聪明的一面呀!”

他瞪着大眼睛疑惑地看着我。我心里暗想:有门!赶紧补充道:“你不笨!你一定可以做好的!”他半信半疑,但还是在我期待的注视中点了点头。我高兴极了,我想我正在为他打开一扇自信的大门。

二、提供表现机会

有一次他作文写不出,攥着笔一节课没写到一百字,看着人家交作文,他急得直咬铅笔头,嘴巴里又在说:“我怎么这么笨,连个作文也不会写!”我听后,赶快想办法,下课时,我拉着他的小手来到操场上,和他一起想象作文中的情境,他终于安安静静地坐在位子上畅快地写了起来,一个中午的课余时间,他就兴致勃勃地跑过来向我呈现他的“成果”。我把他作文中用到的“迫不及待”“忧心忡忡”等词划出来,高兴地告诉他:“你词语积累得真丰富! 有写出好作文的潜力哦!”他笑了。

看到班里还有几个同学看着作文本发呆,其中有一个是小庄的好朋友。我灵机一动,机会来了!

“你看,小冬肯定有困难,你能不能试着帮帮他?”

“我?”他有点犹豫。

“就是你呀,你不是他的好朋友吗? 应该帮帮吧?”我期望地看着他。

他吸足了一口气,大步走到张同学面前:“你想象一下……”

他们交流着,小庄俨然一副小老师的样子,小冬好像也受到了启发,不一会儿,就拿起笔写了起来。

“老师,我们一起想着、想着他就有思路了!”小庄骄傲地告诉我,那高兴劲儿好像自己考了一百分似的。

“恭喜,你可以收徒弟了!”

我们都笑了!

终于,他不再沉闷而苦恼地听讲,而是课堂上也会积极地发言;终于,他不再遇到难题就捶打自己的脑袋,而是安安静静地思考;终于,他不再徘徊在及格分数的大门之外,而是敢于向 90 分进军……一天,他拿着 96 分的考卷高兴地对我说:“老师,我相信自己! 谢谢您!”看着他自信的笑容,我的心也随之快乐起来!

三、扬起自信风帆

现在,小庄越来越自信,不但能完成自己的任务,还能主动帮助老师,成了老师的小助手!

一天下课时,课代表收好作业后对我说:“老师,还有 3 个人课堂作业没有做完。”那几个同学平时一直慢吞吞的,课堂作业经常要拖到放学时才能完成,真让人头疼! 我对课代表说:“麻烦你去催一下,让他们几个下课不要出去玩,快点写完!”话音刚落,忽然听到旁边的小庄说:“老师,我帮您催他们交作业吧?”当时我有点迟疑,想想他平时胆子那么小,怕他不能完成任务。可是,我又一想:表现欲是儿童的天性,为什么不能够给孩子一个机会呢? 于是,我带着信任的目光对他说:“好吧,我把任务交给你,你可一定要好好完成呀。”那孩子当时别提多兴奋了,一口就答应了。本以为今天的作业可能收不上来了,没想到才中午,小庄就蹦蹦跳跳地跑进了办公室,向我扬了扬手中的本子:“老师,作业本收齐了,我一上午都没有出去玩。”真是让人感到惊讶,怎么比我的课代表还神速。于是我对小庄说:“看来你的效率够高的,以后就协助课代表收作业吧,怎么样?”小庄眯着眼睛乐呵呵地就答应了。

案例反思:

一、保护学生的表现欲望

儿童的表现欲是一种积极的心理品质,当儿童的这种心理需要得到满足时,便产生一种自豪感,这种自豪感会推动儿童信心百倍地去学习新东西,探索新问题,获得新的进步。为了使儿童的身心健康成长,我们应该正确对待并留意保护儿童的表现欲,让儿童在不断地自我表现中发展自我、完善自我。

每个学生都希望自己在老师眼中是最好的,最喜欢听到老师的表扬,一听到表扬就会有更好的表现。在课堂中,教师要及时表扬守纪律的学生,使其他同学受到感染。当学生回答正确完整,老师即时对他们的表现给予肯定,也可以用“掌声”或“送小红花”等方法鼓励他们。在本案例中,小庄总说自己笨,为了鼓劲他,我对他说:“那是因为他们都不是十分了解你,他们都没看到你聪明的一面呀!”批改他的作文时,我赞叹地说:“你词语积累得真丰富! 有写出好作文的潜力哦!”他笑了。通过老师的鼓励,他感受到老师的信任、体会到成功的喜悦,觉得自己是学习的主人,从而更加坚定学习的自信和勇气。

二、创设表现情境和活动

表现性学习强调以学生的表现为中心,让学生在民主、和谐、宽松的氛围中活动、学习、探究,让学生无拘无束、畅所欲言,让学生爱表现的天性得到充分的展示。所以,教师要在教学中创设宽松和谐的氛围,设计生动有趣的表现活动,让学生有表现自我的机会。

一次作文课后,看见小庄的好朋友看着作文本发呆,于是我让小庄去帮助他,指导他如何写作文,为他提供了表现自我的机会,起初,他还有点犹豫,在我的鼓励下,他勇敢地走过去,和小冬一起想,就这样他们一起完成了作文,小庄很高兴,不仅如此,他还能主动帮助老师收作业。渐渐地,他不再像以前一样胆小,而是主动表现,不但能完成自己的任务,还能帮助别人。

儿童是天生的表现者、教师是表现的促进者。每个孩子都是有表现欲望和表现能力的,教师在教学活动中,既要激发学生表现的欲望,又要给学生提供表现和争取在表现中成功的机会,让学生有积极参与学习活动的爱好,那么学生就会有教师意想不到的出色的表现。

(孔繁杰)

案例 8

鼓励进步的表现,养成良好的习惯

一、背景分析

教育部《中小学德育工作指南》中指出,小学低年级的德育目标包含养成基本的文明行为习惯,形成自信向上、诚实勇敢、有责任心等良好品质。中高年级以学生行为习惯培养为主,引导学生养成良好的生活和行为习惯,逐步培养他们的规范意识。要培养学生的独立性和自控能力,加强学生对良好文明习惯背后所蕴含的道德规范的理解,使学生养成的习惯是能够在道德规范引领下的自觉选择。

现在的教育新问题是传授知识和学生德育品德养成之间的矛盾分歧。但两者又是相辅相成的。为此,我们要注重培养学生良好的行为习惯和养成教育,促进学生德、智、体、劳全面发展。我国当代教育家叶圣陶曾明确提出:“什么是教育?一句话,就是要养成良好的学习习惯。”

二、案例呈现

案例一:直言破狡

在《班主任兵法》这本书中介绍的众多“对付”有不良学习习惯的招数里,我用得最频繁、最灵活的一招就是:直言破狡。

三年级一班的一位男生,十分能说会道。小小年纪就能捕捉到大人的心思。可想而知,他是很聪明的,很会察言观色。他的聪明才智在一年级时就已表露出来。那时的他上课发言积极,听课也比较认真,只是偶尔会在有其他老师听课时,转头向听课老师做个可爱的鬼脸。可是由于其两位家长平时都十分热爱打麻将,对于孩子的管教欠佳,使得这位同学逐渐开始“放肆”。从二年级下学期开始,他便开始有了故意漏做作业的行为，当时我没有把这件事情放在心上，以为只是偶然现象，叫他将作业补上也就完了。可到了三年级，这种情况越来越严重，让我不得不加以关注。于是把他“抓”过来，一番讯问，答曰：写了，放在家中，明日取来。多么可怜的孩子啊，用老师以前常用的伎俩来糊弄老师！不过，我还是强忍着内心的怒火对他说：好，老师相信你，请你明天早上自己单独将这份作业送到老师办公室来。他说好。第一次谈话就这么结束了。我想，即使他的作业没做，通过今天的谈话，怎么着今晚上也会把作业补起来给我。

第二天早上，我进学校后一直忙着批作业，为上课做一些准备，就把昨天的事情暂时忘记了。他却也像没事人一样，没有给我送来作业。我想，他大概就是抓住我比较忙碌、时常会忘记这些小事的特点，想蒙混过关。不过这次我是有准备的，因为我把要做的事情都写在备忘录上。于是又把他“拎”过来，一番审问，又答曰：忘记带了。随后我打电话给他的爸爸，他的爸爸如此一番话让我哭笑不得：我们××（孩子姓名）在家说了，他首先要对付的就是音老师。我追问：为什么？他爸说：因为沈老师（英语老师）有小宝宝了。我无语。心想：算你会说，我不跟你说还不行吗？于是，我让其将昨天和今天发生的事情经过写成检讨形式放在我这里，写上姓名日期，放在我这里，并告诉他，会在适当时候贴在教室里的墙壁上，并让他回去将所欠作业补起来。（这里要说明一下，与万玮老师有所不同的是，他所教的是初中学生，而我面对的是小学生，仅仅让他写好事情经过就走，他感受不到太强的威慑力，我要让他明白他写的这份检讨可能会给他带来什么样的后果。）无论大人还是孩子，都希望获得别人的认可和赞同。如果我真的将他写的检讨贴在教室里公示，那就意味着以后所有同学都会远离他，那种内心的孤独是无法用其他东西弥补的。

此后，虽然他基本每次都能将所欠作业完完整整补好交上来，但这并不是他由内而外自愿去做的，是由外力强迫的。因此，针对这个情况我们中队筹备开展了一次诚信教育主题活动，让所有队员一起收集资料，收集有关诚信的名人名言、故事等，感受诚信的必要，并结合我中队实际情况形成《班级公约》，并设立了诚信小使者的岗位，大家轮流当诚信小使者，记录和监督他人的诚信和不诚信行为，同时也接受他人的监督，逐渐形成良好的中队风气。在这种良好风气的影响下，该生也感觉到了诚信的重要，作业基本上都是按时完成，对待学习更有兴趣和信心了。

案例二：数子十过，不如奖子一长

都说教育的艺术不仅在于传授本领，而在于激励、唤醒和鼓舞，因此教师要善于发现学生的优点和特长，进行正面诱导。我也十分赞同这一观点。可实际操作就不是那么容易了。

三年级二班的某位同学，是升三年级时才转到我校来读书的。还没有上课前，听说他是从私立学校转过来的，顿时对他没什么好感了。可能是因为前面接触过私立学校转来的学生，学习习惯不是很好。等到正式上课我和这位同学有了接触之后，发现结果不出我所料，第一次作业就做得一塌糊涂，字迹很潦草，新的作业本也很快沦为破烂不堪的一堆废纸。竖式计算也不按照我的要求用尺子画线。我很恼火，找他谈话，一顿训斥。他点头说知道了。如此几次以后，我找了他的家长谈话，发现他的父母离异，父亲的脾气也很暴躁，我一跟他反映孩子的情况，他就动手打孩子，非常暴力。而他仍然不见有什么好转，上课时仍是手上离不开东西，不是玩尺子就是玩橡皮、铅笔等，作业做得依旧那么差。时间久了，实在拿他没什么办法，也不敢再去找他的家长了。可是，有一次上课时，我提出了一个问题，全班没有人举手回答，我观望了一会儿，他竟然举手了，并且回答的内容相当有见解。我的心里立刻开始惊喜，并且当场大大地表扬了他。同时我也注意到，他十分开心，坐姿也更加端正了……再后来，我又开始慢慢关注他，发现他并不是我想象中的那么糟糕，他上课时挺专心的，只是偶尔会坐不住。对于我提出的大部分问题，都乐意举手，也都能够回答出来。

这个案例中的孩子，其实内心很善良，他的作业书写字迹差，分析原因主要是家长忙于自己的生意，对孩子的教育生活疏于关心和管理，导致孩子学习习惯不够好，对学习信心不足。为此，我们不仅要和家长做好沟通交流，还要在学校创设一些机会，帮助孩子建立对学习的信心和兴趣。为此我们先召开了一次中队队干部会议，通过他们收集整理我们中队里的一些信息，并组织开展一次相关的主题教育活动，从学生的视角发现问题，提出问题，并讨论出解决问题的方法，我们中队是个集体荣誉感较强，但个人能力差距较大的一个集体，因此，队干部们建议以大组为单位，结合学校的活力银行记录手册，开展每日一评活动，每天都会结合每位同学的作业完成情况，作业书写情况，上课回答问题等方面进行评价打分，对于表现最优的大组，给予减免部分作业的奖励。这个对于每个孩子来说都有吸引力，他们都想为自己的大组争光。试行一段时间以后，整个班级的孩子在规范书写、学习态度方面都有了较明显的进步。这个孩子也在这个过程中体验到了成功的快乐，对自己越来越有信心了！

三、感悟思考

每个人都希望自己能被表扬被认可，一味地否定、训斥会使学生对老师产生逆反心理，从而失去信心。所以在有些时候应该采用鼓励性评价，捕捉一些“浪子”的闪光点，使他发现自己的优点，并将这些优点发散扩大，逐渐形成良好的学习习惯。良好的学习习惯不能一朝一夕养成，也不能统统一下子养成，它是一个由简单到复杂的逐渐形成的过程。所以我们要根据学生的年龄特点，根据教学的具体情况，结合能力增长的需要，循序渐进，逐步提出具体的切实可行的要求，使他们良好的学习习惯由小到大，持续稳定地得到发展。那种不遵循习惯形成规律，幻想一朝一夕就养成某种高级学习习惯的想法是不切合实际的，也是极其有害的。

作为一名教师，不仅要教会学生掌握知识，更要教会学生做人。每个人都愿意把自己美好的一面展现出来，因此在我校开创的“表现性学习”大背景下，以生生、师生合作表现为拓展，共同营造“敢表、乐表、善表”的校园文化，才能形成“人人能表现，处处能表现”的充满生机与活力的校园精神，才能真正为每一位学生的健康人生奠定基础。

四、班级感恩氛围的渲染

学生每天在校生活的时间比在家里还多，为此，在班级中营造浓浓的感恩氛围，也能够很好强化学生的感恩意识。例如：墙面、黑板、手抄报、写感谢信、倡议书等，培养小学生良好的感恩意识，让感恩父母融入小学生的心中。设计“感恩父母情”的手抄报、黑板报，可以通过让学生分小组合作进行，让每个学生都有机会进行实践操作的机会。此外，课下让学生搜集感恩父母的名人名言、小故事，或是分享交流，或是张贴展示，以此强化感恩之情。相信，通过营造良好的感恩氛围，学生们一定积极参与到班级的感恩行动中来，感恩意识逐渐增强，感恩的幼苗也在逐渐成长。

在学科育德大背景下，为强化学生良好的感恩行为，立足课堂是主渠道。在语文学科教学中，通过组织学生解读文本，理解教材文本的内涵，培养学生的感恩意识，鼓励学生参与感恩行为。例如妈妈的无私付出、母鸡的爱子情深、爸爸的无声父爱的相关文章，通过这些典型的感恩教育的素材教育，强化学生感恩父母的行为，并通过教材这个例子，掌握一定的感恩方法。

（音晓媛）

(三) 能力指向策略

表现性德育强调培养学生的做人做事的能力，注重道德能力的发展。表现性德育的能力指向策略是指在德育注重践行对学生道德能力发展的价值，并通过"能力锤炼、行为表现"促进学生的角色最佳能力表现。

道德能力作为人的一种本质能力，对于个体道德主体性的形成，道德主体地位的确立，都具有重要意义。道德能力是人认识、理解道德规范，在面临道德问题时能够鉴别是非善恶，做出正确道德评判和道德选择，并付诸行动的能力。它是道德思维与道德实践、道德认知与道德行为相统一的特殊能力，而不只是一种道德思维，不仅是一种心理因素。从内容上说，道德能力是由道德认识能力、道德判断能力、道德践履能力、道德选择能力等构成的。对学生人格尊严的确立和对个人自主选择的尊重，既是表现性德育得以有效进行的前提，也是学生道德能力生成与发展的基础。

运用能力指向策略是要注意以下要点：

1. 学生的道德能力是学生成长得好的重要标志，也是健康成长所必需的支撑。因此，表现性德育在内容上要关注培养学生的成长需要的各种能力，例如，道德能力、社会适应能力、实践能力等。学生的道德表现是学生获得能力的过程，也是学生发展能力基本路径。道德能力只能在实践中获得与发展，要提供各种表现的可能与机会，达到"善于表现"。

2. 表现性德育实施时，要重视学生道德选择能力的培养。这是道德主体在道德判断的基础上，自觉、自愿、自主地进行善恶取舍的能力。在道德能力的系统结构中，道德选择能力是个特殊的且关键的要素，因为道德判断"表征着实践理性的裁定",而道德选择"则意味着从实践理性向实践过程的转换"。(杨国荣:《伦理与存在 ——道德哲学研究》,上海人民出版社,2002)要关注道德选择作为道德意识向道德行为、道德理性向道德实践转变的关键点,在表现性德育活动中促进学生实现这种转变。

3. 表现性德育过程中要注重培养学生的道德践行能力,促进学生作为道德主体达到道德目的、实现道德追求。要培养学生在学校与生活中随时对自己的言行进行思考、省察。如果缺乏道德践行能力,合理的道德判断,正确的道德选择,就难以成为真正的善行。

4. 必须将学生道德能力的培养过程与学生的生活过程相结合,将道德认知教育与生活实践活动统一起来,以道德的知识、理性和智慧去认识和理解现实的道德生活,在生活实践中去深化道德认知,发展道德理性,提高道德能力。

案例 9

十分钟队会十分有魅力

十分钟队会是金山小学少先队员自己创造的一种新颖独特的队活动。它的特点是全自主全自动,即队会的设计、主持、筹备、总结,全由队员自己做主、自己计划、自己组织安排,进行自我教育。自我教育是一种在外界教育影响下,从一定的信念和志向出发,对自己进行有目的、有意识的自我培养、自我进取、自我规范、自我发现的精神活动。这种"自我教育"就是我校的"表现性德育":是指为了培养敢于进取,善于表现,充满自信的学生,在学校生活、家庭生活、社会中培养学生在行为规范行为、道德人格行为、个性特长行为上有良好的角色表现的教育。

多少年来,学校教育较多的是"注入""包办""限制""束缚"了孩子的发展,所以开展"表现性德育",培养具有个人倾向性的智能的、具有自我学习及自主发展能力、具有敢表、乐表、善表品质,充满个性特征的学生。进而 形成"人人能表现,处处能表现"的充满生机与活力的校园精神。

"下次还能参加主持十分钟队会吗?"

我校双周四中午有一块少先队活动"十分钟队会"。2016 年的 8

月,我带的班级要进入三年级了,对于"十分钟队会",有点担心,时间短、内容不丰富等,会影响少先队工作,更会阻碍少先队员的健康发展。于是,我根据自己班级的情况,向队员们进行了倡议:把自己在暑假里所见所闻,喜欢的旅游、食品、活动等,制作成 PPT,简单的图文并茂,时间 5 分钟左右,开学时自己主持班级的"十分钟队会"。我期待着开学时的第一个队员自主的"十分钟队会"诞生。

三年级的第一次"十分钟队会"主持人是性格活泼的刘同学主持"游清华"感想。让我们"耳目一新""大饱眼福",图文并茂,内容精彩;主持人也激情昂然,口齿清楚,时而也会和队员们互动。我在旁边观望着 44 位队员,专注的眼神充满了喜爱;情不自禁地发出"啊",赞叹不已。当主持人问:"你们还知道哪些大学?""你们的梦想是考什么大学"下面小手"寥寥无几",发言的同学还会说错,我在旁边纠正(孩子对于知识是渴望的,但家庭的文化水平很低)。

第一次的尝试(活动后,我向几位队员进行私下了解,队员们都表现出了对"十分钟队会"的喜爱和跃跃欲试的想法。)让我更加坚定,把《十分钟队会》课搞好,为队员们实实在在地搭建一个属于他们自己的平台,从而激发他们的求知欲,丰富他们的学校生活,拓展课外知识(可以与语文、数学等学科的拓展相结合),更敢大胆地放手让队员自己构思,自己设计,自己组织,自己准备,自己主持,自己和队员评估来锻炼队员的能力。

第一次的实践,让队员们自信满满,跃跃欲试参与到"十分钟队会",内容自定,形式自由。我又找一位喜欢这个活动中队委员黄同学,认真做好每次的记录,同时帮助那些不善表达,胆子小(吴和刘等女同学)的队员,共同主持"十分钟队会"。课后,这两位胆小的女生对我说:"沈老师,十分钟队会真轻松,我们把自己喜欢的小狗品种、人和狗的关系,向大家介绍,同学们这么喜欢,下次还能参加主持吗?我们还有更精彩的内容。""当然可以,欢迎大家都参与,内容更丰富、精彩。"我情不自禁地说。

人人是"十分钟队会"主人

十分钟队会,时间虽然不长,但利用得好却十分有价值。通过开展"十分钟队会"的活动,培养了队干部的自主能力,培养了队员的参与意识,让校园生活更加的丰富多彩,拓展了队会形式的多样化。两年来,我班十分钟队会的活动中，每一个队员都是参与者，都是管理者。在中队中成立指挥小组，成员有：副中队长、文娱委员、宣传委员、组织委员。指挥小组主要任务是：确定方案，帮助修订；安排每次的主持人。每一次队会都有一名记录员，形成一本专有的记录本。通过小干部的反馈和自己的观察，基本能对各中队的情况做到心中有数。

每一次的"十分钟队会"结束，我和队员们都会简单评价，以表扬和鼓励为主，最后提出希望。比如：队会筹备：主题鲜明、题头画生动、标题突出、始终与过程呼应；材料丰富、用具齐全、呈现顺畅；使用媒体（音频、图照、视频等）效果；队会实施过程清晰：能围绕主题不偏题，队会过程完整，时间控制合理；形式多样：方法方式丰富并有一定变化，构思具有一定新意；主持人素养，举止大方：不扭捏做作，感觉到主持人的内在自信、语言流畅、声音响亮、吐字清晰、语速合适无明显停顿重复等语态情势具感召，能注重上下交流，有一定应变能力等方面。通过评价，队员们学学别人的"金点子"、好创意，并学以致用。

2017 年 5 月 17 日下午第三节课，我们中队开一堂展示课《神秘的金字塔》，队会的内容和主持是由班级队员张陆子谦和张陈轩承担。题头画生动、标题突出、始终与过程呼应、内容丰富，图文并茂、PPT 制作精致，让我惊讶他们都会做返回链接。在活动中，他俩虽然有点紧张，但是配合默契，表达流畅、还带着小幽默完成对埃及金字塔的介绍，有图片、数据、文字、诗歌。队员们专心致志听，被金字塔的宏伟而精致，而赞叹不已。这是一场原生态的展示，孩子们没有试教，也没有稿子。他俩只是对着 PPT，相互用自己的方式主持，自信的神情，声音响亮、吐字清晰、时而邀请队员互动，能注重上下交流，有一定应变。听课的辅导员们为他俩竖起大拇指。

快乐、丰富的"十分钟队会"

"十分钟队会"在活动时，不搞队仪式，直接进行活动。其最大特点就是时间短，主题小，内容简单，容易搞；按需夯实开展；队员轮流设计，轮流主持，灵活有趣。对于十分钟队会的内容设计，有学生感兴趣的内容《奇异的昆虫王国》《动物世界之水母》《学游泳给我的启示》等；有学生文明素养的《怎样做个懂礼貌的学生》等；有学校重点工作的《世界卫生日》《交通小知识》《我爱刷牙》等；有学科拓展知识的《神秘的金字塔》《南极风光之企鹅》《我是神算子》；有自己特长的内容《OP 帆船帅哥》

《黑白键的奇妙》,也有游戏《拷贝不走样》《画鼻子》等等;队员们喜爱动画片、木偶剧,中队开展“我来演”的活动,把课本上大家所熟悉的课文用木偶剧的形式表演出来,并通过文娱会演的形式在十分钟队会让队员们演出,他们真正体验到:创造确实是一种非常快乐的事情。十分钟时间短,它的设计不复杂,大家力所能及,人人都可以尝试,一般有5条设计思路:考虑个人的爱好特长;了解同学们的兴趣和心意;留意身边发生的各种情况和问题;收集信息,开阔视野;配合学校大队部的计划和任务。

在这个自由的天地里,让学生充分表现自我,就是给了他们一个兴趣的王国,快乐的天地,创造的舞台,成才的摇篮,让他们利用一切可以利用的时间、地点、条件充分表现,可以表现自己的口才,表现自己的特长,表现自己的智慧,还可以表现自己的能力,达到了开展此项活动的根本目的。

自信足足,敢于展示自己能力

三年级的第一次十分钟队会,队员小刘以“游清华”为主题开展活动。PPT图文并茂,内容翔实,小刘充满激情,表述流利,还不时与队员进行互动。队员们专注的眼神中透露出喜爱与认可,这不仅让辅导员感到欣慰,还带给小刘极大的鼓舞。第一次十分钟队会圆满成功。在小刘的带动下,队员们跃跃欲试,希望能够主持下一次的十分钟队会。这样,有辅导员的细心指导,有队员们的积极参与,有主讲人的充分准备,中队的十分钟队会开展得有声有色,不但内容丰富,而且形式多样,有以文明素养为主题的《怎样做个懂礼貌的学生》等,有围绕学校重点工作的《世界卫生日》等,有学科拓展类的《神秘的金字塔》等,有展示自身特长的《OP帆船帅哥》等,还有“课本剧我来演”等等。一次次的“十分钟”让队员们真真切切地体验到:这是一个展示自我的舞台,这是一个让自己获得成长的舞台。在这个舞台上,队员们从胆怯变得勇敢,从被动变得主动,他们的求知欲被激发,自信心也获得了提高。

十分钟队会越来越受队员们喜爱,被孩子们称之为“快乐的小天地”。两年来,班级93%的队员实现做十分钟队会主持人的愿望。

自主凸显　乐于表现

十分钟,时间虽然不长,但确是培养队干部自主能力一个良好机会。在中队十分钟队会走上正轨以后,十分钟队会内容和人员的确定便由中队委员负责。他们会学着辅导员的样子，采用队员自荐加他人推荐的方式确定每一次的主持人选，甚至就内容及形式提出自己的建议和意见。中队委员们那一本正经的样子，还真是像极了小辅导员。此外，中队委员还要负责每一次活动的记录工作。有时，还要帮助那些不善表达、胆子较小的队员，共同主持“十分钟队会”。逐渐地，十分钟队会的开展形成了组队形式：一个队干部加一至两名队员。这样的形式既确保每一位队员都能参与到活动中，确保十分钟队会的质量，又极大地锻炼了队干部的自主能力和责任意识。

校园“人人能表现，处处能表现”

经过两学年的实践，队员们觉得“十分钟队会”具有十个“十分”的优势：题材十分广泛、内容十分丰富、形式十分多样、时间十分好排、组织十分简易、活动十分自由、气氛十分活跃、队员十分高兴、队会十分有趣、主持人十分自主。十分钟队会，使队员们个个表真、表善、表美、表新，充满了自信、好学、积极、进取。友爱与鼓励在每个队员心中传递；活跃的课堂、端正的作业是他们回报老师的最好方式；整洁的教室、闪亮的奖状是他们热爱集体的见证。小岗位、十分钟队会、雏鹰假日小队活动是他们砥砺前行、锐意创新的阵地。他们在努力着，要走出一条宽阔的阳光大道！

（沈筱珺）

案例10

总有一天，天使会长大

女生小王，一个性格孤僻、懦弱、爱哭的女孩，很少与人交谈、交往，总是一个人蜷缩在座位上，怯生生地看着周围的一切。下楼梯时，她自觉地退到最后，等别的小朋友走完后，一个人慢慢地扶着栏杆下，对于教师的主动接近，她总是显得恐慌、紧张。班里好像根本没有她喜欢或喜欢跟她玩的人。在家不敢开录音机，因为怕掌握不好音量，放得过大，所以每次开时，都是一只手捂住耳朵，一只手去拧开关，拧一下就跑出老远。

天使在爱中启航

一个冬天的一个下午，小王因为没来得及上厕所，小便到了裤子里。我生怕她穿着湿裤子会着凉，希望她先到我办公室里待着，因为办公室里有空调，可哭得眼泪汪汪的她在厕所里使劲提着裤腰，哪儿也不肯去。我没有再犹豫，一把把她揽在怀里，抚着她的头安慰她："不要怕，先到老师办公室，要不会着凉的，妈妈一会儿就到……"渐渐地，她的情绪平静了下来。当她看到我裤子上沾到的一大片尿渍后，提着裤腰的手慢慢松开了，跟着我到了办公室。从这以后，小王开始愿意跟我讲话。尽管她说话很慢，可每次我都会耐心地听完她讲的每一个字，并认真给予回应。

天使在赛中蜕变

小王虽然胆小，但我发现她的字写得很漂亮工整，如果从这方面出发对她的信心培养肯定见效快。于是，我特地在班级举行了一次写字比赛，比赛时，我特意观察小王同学的字，确实属于班级里佼佼者。第二天，我拿着学生们的比赛作品，迈着轻快的步子走进了教室。教室里特别安静，我习惯地把教室扫视了一圈后，笑了笑，说："同学们，这次写字比赛许多同学写字都有进步，我非常高兴。"稍作停顿，我接着说："接下来，我宣布比赛得奖名单，一等奖，小王、郭××……"不待我讲完，同学们就一下子把目光投到小王身上。我再一次停顿了一下，激动地大声宣布："王—×—×—！因为她的努力，她这次写字比赛得了第一名。"从同学们的眼神和小声的嘀咕中，我看出了他们心中的疑惑。于是我拿起小王作品，把她的字迹展示给大家。"哇——真漂亮！"同学们也情不自禁地议论起来。"请同学们用掌声向小王表示祝贺！"我带头鼓起了掌，随即，教室里响起热烈的掌声。此刻，我望了一眼小王，平时缩头缩脑的她，这时就像旗杆似的，坐得笔直，脸上有些疑惑与不解。然而，我还是从她的眼神中捕捉到了兴奋与激动，就是这次第一名，让小王迈出了自信的第一步。

天使在小岗位中成长

为了更好地锻炼每个学生的能力，我在班级中设立了许多小岗位，比如：小小领读员，小小领操员，图书管理员，午餐管理员等等。

每次中午午餐时，细心的我发现小王总是用很向往的眼神看着午餐管理员分饭勺，我知道她很想试一试，可当我问她时，她却怯生生地拒绝"我不会。""你会。来，试试看。"当她摇摇晃晃地抱着饭勺向我走过来时，我看见闪在她眼里的兴奋。可饭勺却在半路上洒落一地，她害怕地愣在了那里，脸一下子涨得通红。"没事捡起来就可以了。"我用极为平静的口吻对她说,并走过去与她一起收拾。在吃饭前,我特意提到了今天的午餐管理员是小王,孩子们给小王鼓起了掌,小王的脸上露出了一抹笑容。此后,每天中午给大家分饭勺是她最开心、期待的事情,也让同学们认识了一个能干、有责任心的小王。渐渐地,她的朋友越来越多,性格也越来越开朗,还主动帮助图书管理员整理图书呢!

在我的观察下,我为小王设立了“午餐监督员”,让其为大家服务,分勺子看似简单,其实不简单,勺子怎么分?是有讲究的,一组组分,还是一排排分,还不能漏,无形中培养了其条理性和责任心。几个月下来,她的能力得到了大大提升,也增强了自信。

心理承受能力的不足

自卑畏怯的心理大家都不同程度的有,面对现实,觉得自己这也不行,那儿也不如别人,自卑的心理使得自己缺乏竞争勇气,缺乏自信心,一旦中途受到了挫折,更加缺乏心理上的承受能力,总觉得自己不行,在激烈的竞争中,这种心理障碍是走向成功的大敌。

该学生自卑畏怯的心理非常明显,并且这种不良情绪长期压抑,导致对于挫折的心理承受能力非常差。

通过一段时间的观察和积极交流,我发现小王长期受自卑、羞怯等负面影响,过重的心理负担使她不能正确评价自己的能力,一直怀疑自己的优点。即使面对偶然的成功,也难以体验成功的喜悦。这样就严重影响她的身心健康发展。

研究表明,影响孩子健康成长的不利因素除了孩子缺少关爱外,还有很重要的一点是孩子获得的“不需要的关怀”过多。父母所教授孩子的应该是生活与学习的能力,而不是代替她学习或者生活。与家长深入沟通后,我发现,该学生从小被保护得太好,吃颗桂圆也要把里面的核给挖出来后才把肉喂给她吃。另外,父母非常的能干,因此对女儿的期望也非常高,但是工作繁忙,平时将女儿送去托管,进行的是填鸭式的教育,周末还要学英语、奥数、作文、书法、绘画等八门功课,而该学生根本接受与消化不了这么多的知识。种种原因导致该学生在学校与家庭所承受的压力非常大,甚至内心非常的抗拒与害怕学校这个环境和学习这件事情。

在学校里,教师经常想到的问题是:自己怎样做才能制服、改变学生?很少想过,用自身的修养、知识、行为、语言去积极地影响学生,润物细无声。如果教师对一些同学了解不够,关注不多,就容易造成对这些同学的评价偏低，一旦如此，几个月以后，这些同学便逐渐产生失落感，在老师那儿他们得不到适时的表扬和赞叹，久而久之便否定了自己的一些行为和想法，慢慢不相信自己的能力与水平，也就越来越不自信，此时自卑感却慢慢占了上风。另外，老师对少数心目中的优等生日益产生的偏爱，对属于中间状态或后进的学生来说，是一份沉重的压力，普遍滋长严重的自卑心理。

多年的教学经验告诉我，该学生出现这种情况，极可能是心理有一定问题。如何帮助她克服自卑心理，走出这个阴影呢？我始终相信：老师所有的一举一动，关键的一句话、一个赞许、一个鼓励的眼神都或许会让学生铭记在心，成为学生心目中的楷模和学习的榜样、成长的动力，这些都会体现在学生的行为之中，甚至会影响着她的一生！

信息来自表现的进步

发现特长，树立信心。我发现书法相对来说是她的特长，书法是她课外辅导时唯一比较感兴趣的科目，也得过一些奖项。碰巧我是语文老师，所以打算从培养她的兴趣入手，逐步建立她的信心。在课堂学习时，我特别观察了她的学习状态，发现她在写同一张作品时，水平发挥表现出非常大的差异，有部分字写得非常老练，有部分字却写得像初学者一样毫无章法，仔细观察后我发现影响她水平差异的就是她的情绪，有时她状态较好，写了一个很不错的字，接着这一行或者两行字就写得非常好，接着一个小挫折，把其中一个字写差了，然后就无法再集中精神，越写越不敢写，越写越差。而这时，我便上前给她鼓励，缓解她的焦虑，等她情绪平复后，水平又得到了正常的发挥。

创造机会，坚定信心。她在书法方面进步还是比较大的。有合适的校外校内比赛我都鼓励她参加，并亲自指导她创作，近期她参加了校外的一个展览，我建议她父母在她作品展览时全家人一起去参观、拍照，对她是一种非常好的侧面鼓励。新年将近，我又找出一些春节对联让她创作，写好后分给亲戚朋友老师同学，相信在亲戚朋友的赞叹声中，也能让她对自己的自我评价有一定的提高。

非常高兴，从该学生的父母那里得知，最近该学生的心情开朗了不少，亲戚朋友纷纷反映她像变了个人似的，对人说话也抬头挺胸了，声音坚定清楚了，也不脸红了，这是非常正面的效果，相信继续用上述方法跟进,她还会有更大的进步!

(马云霞)

案例 11

以活动为载体培养学生能力

——以《告别丢三落四》少先队活动课为例

[案例背景]

刚上一年级,小朋友们每天背着书包来学校,有了自己的课桌和书包柜,许多东西都需要自己动手整理。但是有的小朋友还不会自己整理,平时也没有养成用完的东西放回原处的好习惯,因此经常在教室地上看到掉落的各种学习用品。为了处理这个情况,我们教室里设置了两个笔筒作为"失物招领处",小朋友们捡到东西可以放到那里,丢了东西的小朋友也可以去那里找。但是这两个笔筒都渐渐装满了,大家丢三落四的行为仍在不断出现。为了帮助刚入学的小朋友学会如何整理、保管好自己的物品,我们班开展了一次《告别丢三落四》的少先队活动课。

[案例片段]

一、情景再现,寻找根源

(一) 活动片段

1. 情景剧

(1) 下课了,小朋友本来还在写字,突然想去上厕所,就把铅笔往桌子上一扔,跑去上厕所了。回来的时候,铅笔就不见了。

(2) 小朋友下课着急出去和同学玩,就把桌子上的文具都直接塞进了桌肚里,没有好好地放回铅笔盒,后来橡皮就找不到了。

(3) 体锻课的时候,小朋友们玩双人跳,一人就把绳子放在地上,和同学一起跳了,最后忘记在操场上了。

2. 辅导员总结原因:我发现,大家丢东西归根结底还是两个原因,一是不能好好整理自己的东西,二是没有养成"物归原处"的好习惯。

(二) 设计意图

在课前,我找一些小朋友谈了谈,总结分析了大家丢东西的原因。活动课上,请三组小朋友来表演一下这几个情景,让同学们看看大家的东西都是怎么丢的。

我请了几位平时丢东西比较多的小朋友来参与表演,让他们自己更深刻地明白问题出在哪里,也给其他同学客观地展示出来。这些情景都是取之于同学们实际的日常,许多同学都有类似的情况。这既普通又常见的场景,无论是表演者还是观看者都能认识到这样一个马虎随意的习惯是丢三落四的主要根源。

二、正面引导,敢表乐表

(一) 活动片段

1. 介绍整理书包

(1) 理书包小达人介绍

小钮(边整理书包边介绍):在整理书包前,我们可以根据课程表确定第二天要带的书,把书根据大小叠好;最大的书放在最下面,一层层往上放;作业本放在作业袋里,放在最上层;铅笔、橡皮和尺等准备好后放入铅笔盒或笔袋,水壶放在侧边袋子里面,餐巾纸、餐布根据大小放在一个个袋子里面。

(2) 念一念《理书包儿歌》

小小书包作用大,我来把它整理好;看课表,拿好书,根据大小层层放;

作业本,最上层,交给老师不忘记;空水壶,餐巾纸,袋袋里面来安家;

文具盒,准备好,我们学习离不了;最后放本课外书,高高兴兴把学上。

2. 介绍整理书包柜

小陈同学的书包柜得到过最多的五角星,让她来介绍一下整理书包柜的好方法。

小陈(边整理边介绍):我把美术材料袋放在最下面,上面放书,最上面放书包。拿书包的时候要注意,不能把下面的书一起抽出来了。我还有一个小秘诀,我的美术材料袋是不平的,我就把大大的一头放在外面,这样我的书和书包就是朝里面斜的,不容易掉出来。

3. 介绍整理抽屉

你们的方法真巧妙!接下来,小洪同学也给大家示范一下怎么整理抽屉。

小洪(边整理边介绍):整理抽屉和整理书包柜一样是把书整齐地叠放在左边,右边放我的铅笔盒、跳绳、毽子毽拍、餐布、餐巾纸等。把常用的铅笔盒放在外面,不常用的餐布放在里面。东西用完要放回原来的地方,千万不能随便塞在抽屉里。尤其要注意,铅笔橡皮和尺一定要放在铅笔盒或笔袋里,直接放在抽屉里就容易掉。

4. 辅导员总结:你提醒得对!看了这些小朋友的介绍,大家一定都学会了吧!每样东西都有自己的位置,用过的东西一定要“物归原位”!

5. 理书包大赛

6. 改正坏习惯:原来的情景剧改正

(1) 下课了,小朋友本来还在写字,突然想去上厕所,先把铅笔放回铅笔袋再去。

(2) 小朋友下课想出去和同学玩,先把铅笔橡皮放回铅笔盒再去。

(3) 体锻课的时候,小朋友们玩双人跳,一人先把绳子系在腰上或折起来握在手里,走的时候就不会忘记了。

(二) 设计意图

我们在指出问题、分析原因后,一定要告诉孩子们正确做法是怎么样的,这样才不会让他们感到迷茫,不知所措。于是我请大家公认的整理方面的小能手,讲讲自己的好习惯,归纳总结方法给大家借鉴。这样一来,孩子们就知道什么样才叫“会整理”。最后,我给大家提个醒,不仅整理的时候要整理地井然有序,拿出来用过之后还必须放回原位,这样才不至于总是在反复弄乱再整理,要保持物品的摆放秩序。之后我请之前表演情景剧的同学再演示一个正确做法的版本,我想这对他们来说是一个难忘的经历,能促使他们去改变自己的行为习惯,起到积极正面的作用。

三、正确处理,表善表美

(一) 活动片段

1. 捡到东西该怎么做

捡到东西放到“失物招领处”,这是我们班的约定,这样大家也很方便找到丢失的东西。可是有的同学一捡到东西马上放到“失物招领处”了,这样也会有一些问题,你们想想会怎么样呢?

生1:有次我东西掉到了地上,因为正在喝水就想喝好水捡,可是同桌看到了马上捡起来放到“失物招领处”,结果我低头找不到了,过几天在“失物招领处”看到才拿回来。

生 2：上次我捡到的橡皮，我一看就是小王同学的，我就直接给他了，没有放到“失物招领处”。

生 3：我觉得我们捡到东西应该先问一下周围的人是不是他们丢的，因为东西丢在这里一般都是周围的人丢的。

辅导员小结：你说得对，我们捡到东西应该先找失主，找不到再放到“失物招领处”，“失物招领处”可是给我们提供方便的地方，如果使用得不妥当反而把事情变得更麻烦。

2. 新主人的怀抱

我们把这些铅笔和橡皮领回家吧，好好照顾它们，不能再让它们丢在地上了。

(1) 分发“失物招领处”的铅笔橡皮。

(2) 对你领到的铅笔橡皮说一句话。

例：“接下来让我们做好朋友，我一定会好好照顾你们，不会让你们再丢失了。”

(二) 设计意图

小朋友都有些心血来潮的时候，也有特别较真的时候，设立了“失物招领处”后，有些小朋友非常严格认真地执行“捡到东西就放到这里”的原则，而没有领悟到设立“失物招领处”的真正用意。因此，这节课上要让大家知道这是给人提供方便的措施，放到那里不是目的，帮助丢失物品找到失主才是最终目的。如果直接找到了失主，就不必再放到那里再让人家去找了。第二个环节，将“失物招领处”那些无人认领的丢失物品发到每个小朋友手中，让他们带回家再利用，这样既不浪费又让小朋友们珍视自己的物品。请同学们对领到物品说句话，不是简简单单地发给大家，这样他们才能更加珍惜手中的物品。这能激发他们的爱心、保护欲，同时也是在下决心。

[**分析反思**]

一、以真实问题为前提，锻炼学生自理能力

对于一年级的小朋友来说，自己学会整理是一件需要学习的事情。本课从实际的问题出发，从学生的身边寻找资源，帮助学生解决真实的问题。本课中，学生不仅能正视自身的问题，也能在课上学到正确做法。在这节课的准备过程中，学生就已经开始重视整理这件事，在之后的日常中，学生的自理能力有了一定的提高，“失物招领处”的东西不再总是满满当当的了。在学习整理的过程中，学生对有序做事也有了一定的感知。

二、以表现性活动为载体，展现学生自我风采

本课借助学生的活动来展现真实问题、示范解决问题、学会正确处理等。这些活动不仅帮助学生解决“丢三落四”的问题，养成良好的整理习惯，更是一个学生展示自我的平台。

情景再现中，几个经常丢三落四的学生进行表演，在这过程中帮助他们面对自己的问题，正视自己的不足之处，展现真实的自我。面对问题是解决问题的前提，只有先认识到问题所在，才能下定决心、找到方法去纠正。请整理习惯良好的小朋友来示范整理方法的活动中，这几位小朋友因为自己平时的优秀表现，得到了表演的机会，他们非常珍惜，介绍方法的台词改了又改，动作熟练。“小马虎们”再次表演了同一情景的正确做法，实际有效地指引同学们该如何做。最后大家领到了“失物招领处”无人认领的文具，不仅有一种仪式感，还展现了孩子们善良柔软的内心，听孩子们说的时候，我的内心也颇为感动。

在这节课上，展示了优秀的同学，帮助了有困难的同学，传播了自己的东西保管好的理念。孩子们不仅培养了好的整理习惯，更得到了一个展示自己的平台。

（冯晓婧）

（四）差异动态策略

差异动态策略是指在实施表现性德育过程中要关注学生在道德品质以及道德心理品质上的个体差异，并不断促进这些差异的优化，或者转化。这条策略强调学生在道德上的差异是客观存在的，学生间的道德表现也是有差异的。对这些差异要积极对待，积极的差异要使之凸显，让其表现得更充分。消极的差异要消解，促进转化为有意义的差异，使道德表现良好起来。

人是一个特殊的个体，并且正是它的特殊性使它成为一个个体。对教育来说，每一个学生都是平等的，教育最大的使命，就是尊重学生的个性特点，关注他们的差异，创设适当的条件，促进学生在相应的优势领域内得到发展。实践告诉我们，某个方面的薄弱者，往往是另一方

面的强势者。表现性德育是优势发展的教育,追求人人能成才的德育。传统教育忽视学生的差异性,追求人的发展的同一性,导致学生主体性的萎缩。学生的先天潜能和后天的良知的优势是不同的,但是每个学生都可以获得充分发展,最终一定在某方面形成相对优势。

与传统德育强调共性、忽视个性相比较,表现性德育强调尊重学生差异,让学生充分显现角色最佳表现。各种智能是以潜能的形态存于我们心灵之中,只要给予适当的鼓励、机会、环境和教育,几乎每个人的所有多元智能均能达到相当高度的发展,而且可以远超乎我们所预期的境界。因此,要依据不同群体的个体的差异运用适宜的方式开展表现教育。

运用差异关注策略是要注意以下要点:

1. 表现教育强调尊重学生的个体差异,要承认学生的差异的价值。个体差异是一种资源。承认学生发展存在着差异性,不能搞平均发展,不搞"填平补齐",让每个学生在原有基础上、不同起点上充分展现自己的能力,表现自己的人性和个性,获得最优的发展。

2. 要更多地关注学生的优势,而不能只看到学生的弱势。要承认学生在发展上的独特性,我们要尽可能发现每个学生在道德认知、道德情感与道德行为上的差异,尽量捕捉他们身上表现出的或其潜在的火花,让每个学生形成自己的特色和鲜明个性。

3. 在表现性德育中要处理好共同性与个别性关系,不能按统一模式去塑造学生。我们不仅要关注共性,而且也要关注学生个体差异。这种差异要体现在表现性德育的内容和方法上。不同学生在道德品质与个性的发展水平上表现出不同,而且在道德品质与个性的方方面面表现出来的状况也有差异,因此,在实施表现性德育时要关注统一性与灵活性的关系,要依据不同学生个体、不同年龄、不同发展水平的差异性,对不同的学生提出不同要求,运用不同的方法。

4. 要正确对待"问题"学生。所谓的问题学生中有相当一部分仅是教师教育观念上偏差而"制造"出来的,他们在本质上是有个性或者特长的学生,可能是教师看不惯而已。也有一部分学生可能存在一定的问题,但是不能因为有这些问题而否定学生的差异价值,因势利导进行教育是必要的。

案例 12

我就是我　不一样的花火

孩子就像那稚嫩的幼苗,需要父母和老师精心地栽培。幼苗所需要的生长条件是不同的,就像柳树需要生长在水边,松树却可以生长在岩石中一样。每个孩子因为成长环境以及自身的原因,有着不同的性格特点。根据孩子不同的性格特点,因材施教,进行个性化教育是很有必要的。瑞士的心理学家荣格按心理活动的倾向性,把性格分为内向型和外向型。美国儿童心理学家经过多年的研究发现,注重培养孩子快乐的性格,有利于孩子健康成长。所以内向或者是外向的性格本身没有好坏之分,只有因材施教地培养孩子快乐的性格,才是关键。作为教师应该根据孩子们的不同性格特点,开展多种不同的活动来促进其获得良好个性和人格的发展。

雏鹰假日小队——自信的舞台

我们班的×同学,是一位性格很内向的男孩子。记得第一次去他家里家访的时候,也是他的妈妈喊了他好几声他才肯出来见老师。家访的这半个多小时里,他就安静得坐在一旁,不管是我向他打招呼或者是问他一些问题,他都不说一句话。班级里的每位同学都有自己的小岗位,他是我们班的电脑管理员,我一进教室看到电脑还没开就知道他还没到学校,这可有点反常。那次他上学迟到了。我打电话给他妈妈,他妈妈说,以前吃早饭都是奶奶把早饭端到房间里吃的,现在他妈妈想让他自己出来吃,孩子不愿意了,一发脾气,就是不吃饭,话也一句都不肯说,和家人冷战。孩子的这种性格,久而久之已经养成了习惯,一时半会很难改回来。有人说,如果上帝为你关上了一扇门,那么他一定也会为你开一扇窗的。虽然×同学少言寡语,但他在围棋方面有着特殊的天分,在围棋比赛上也拿过好多奖。有一期的小队活动主题,我就定为“我是小能手”,让每个孩子都去展现他的特长。在他们的小队里,我通过家长发过来的视频资料以及新闻稿,看得出平时少言寡语的他,在教同一小队队员下围棋的时候,变得如此健谈。

因为他在围棋领域的出色表现,使他变得自信,而自信就是打开他心扉的那把钥匙。过了几天,我就因×同学在小队活动时候的出色表现在全班面前对其进行表扬,他得到了大家的掌声,脸上露出了灿烂的笑容,这时候,他就会感到无比的骄傲与光荣。事实告诉我们,要善于去发掘每一个学生的"闪光点"并对其赞美。赞美就似一把金钥匙,有了它,就能开启成功教育的宝藏,赞美就似一种肥料,它能给学生以营养,使自信的体验常青。老师和家长要多给他们创设与同学交流以及展示自己才华和能力的机会。雏鹰假日小队就是这样一个很好的平台。雏鹰假日小队是面向全体,让每个队员都能参与,使得人人都有表现自己的舞台,锻炼的机会。在活动中,既要发挥优秀队干部的能力去组织、引导,也要看到那些平时表现一般的队员的优点,创造机会鼓励他们去展示能力,使队员们增强自信心,学会发现和赏识自己和对方的优点,做到互相学习、互相合作,形成一个快乐的集体。

小岗位——我是讲台收纳管理员

我们班上的 H 同学,是一个活泼开朗的男孩子,大大咧咧的性格。课堂上积极举手发言,大部分的时候都说得很好。但也有些时候老师的话还没说完,他就举手了,性子比较急,自认为老师后面要说的他都知道,其实并不然。H 同学有极强的表现欲,课堂上特别愿意回答老师的问题,要是公开课的时候,自己没有被老师请到回答问题的话,课后他恨不得大哭一场。在自己情绪的管理上有所欠缺。也比较好动,小动作蛮多的。他的抽屉里都是"宝"。拿掉笔芯的空笔壳、三四个可爱的笔套,还有小的修正带、刻有他名字的印泥……真的是哆啦 A 梦的口袋,应有尽有。有一次大课间因为下大雨,所以就改在室内进行大课间的活动。活动结束以后孩子们稍作休息准备上第一堂课。我看见 H 同学走向厕所,这时预备铃响起。我就叫住他,问他为什么之前让你们休息的时候你没有去上厕所呢?他说刚刚忘记了。我又问他,要上厕所,那你手里拿的又是什么东西呢?和上厕所有什么关系吗?他手里拿了一个吃蛋糕用的塑料叉子。他没回答我,班里的其他同学笑了,他不好意思地把叉子放回了他的书包。后来我就给他安排了一个小岗位——讲台收纳管理员。讲台上经常会有老师用过的粉笔、笔,也有发剩下的练习卷或者通知,也会有墙壁上飘落下来的装饰品或者是图钉以及吸铁石……如果不去经常整理的话,讲台上真的会显得有点脏乱无章。这和 H 同学的桌子倒真是有几分相似呢,所以请 H 同学来出任我们班的讲台收纳管理员是再合适不过的了。每节课下课铃一打,他就主动去收拾讲台,也获得了其他同学的一致好评。在班干部改选的时候，他主动竞选小队长，他自己也说作为讲台收纳管理员，他工作认真负责，希望大家投他一票。

外向型性格的孩子性格爽朗、倔强，对事物能直截了当地提出自己的看法和想法，遇到问题敢于向别人请教，这些都是对学习十分有利的性格特点。不过，由于这类孩子自信自己"领会得快"，所以对待问题往往不求甚解，即便请教别人也不认真倾听对方的回答，往往别人话还没说完，他就觉得自己已经明白了。自从H同学出任我们班的讲台收纳管理员的小岗位以后，慢慢地，他自己的一些小东西也收拾得很好。所以对外向型的学生，注重培养学生沉着、稳重的精神品质，进行有说服力的教育。对于外向型学生适当进行心理控制训练，养成既反应迅速又考虑全面的思维习惯。小岗位实践一直是我们学校常规管理得一个抓手，我们班也使人人有岗位的。更重要的是，我觉得老师要针对孩子不同的特点来安排这个小岗位，真正体现小岗位大责任。

（何倩倩）

案例13

特别的爱给特别的他

——差异分层实施表现性德育

[**案例背景**]

一个班由几十个学生组成，由于这些学生先天素质不同，家庭背景不同，尤其是后天社会实践活动以及所受教育的影响不同，因此，无论是思想观念、行为习惯，还是兴趣爱好、个人特长都存在差异。正如苏霍姆林斯基所言，"有300名学生就会有300种不同的兴趣和爱好"。然而，传统教育所实施的"齐步走"的教育模式，"一刀切"的教育要求，"同一标准"的教育评价，无视学生个性差异对教育的不同需要，使得教育模式的不符合现象及教育效果的不明显性随处可见。基于此，我通过借鉴一些先进的教育理念，在班级教育中进行了"分类控制与分层指导"的研究性教育实验，满足了学生个性差异发展中对因材施教的需求，特别是通过分层教育让眼中行为偏差的孩子教育有了实质性突破，取得了令人欣喜的成效。

[**案例描述**]

班级中的小张同学既在班级中属于特殊体质也是一位行为偏差学生，身体由于心脏和脚内翻做过 4 次手术，目前行动能够自理，走路稍有影响，不能走得太快。在学校里，他往往以自我为中心，做任何事情只凭心情，在课堂上不能够做到遵守课堂纪律，并伴有学老师同学讲话、跟老师顶嘴、随意喝水敲桌子制造或发出各类噪声等不良现象。小张的口头禅就是“不要”，对于老师提出的任何要求，只要他不想做就会用“不要”加不理睬来拒绝。特别是这位小张同学身体发育迟缓，又是足内翻，在学校他的大便是不能自理的。足内翻导致他不能像正常孩子下蹲如厕，只能坐在马桶上大便，发育迟缓使他的自理能力跟同龄人相比较弱，到了小学二年级他还不能完全能够把自己的屁股擦干净。

[**解决措施**]

1. 给予舞台，表现自信

像小张这样的孩子，一定还要让他和家长感受到一种归属感，觉得孩子就是班集体的一分子，跟其他孩子没有区别。甚至有的时候让班级中的孩子觉得老师对小张可能更加偏爱一点，还要教育其他孩子对小张更加包容。

正好，作为德育工作坊的成员，我要展示一节少先队活动课，我就想在这节课上给小张一个自我表现的机会。刚好这节少先队活动课跟健康饮食有关，需要小朋友朗诵一首古诗《悯农》。我就把这个朗诵的机会给了小张，并让他妈妈在家里面给他准备准备。开课那天，小张的表现特别出彩，当他朗诵完古诗的时候，听课的老师和全班小朋友给了他最热烈的掌声，他整个人都不一样了。这节课他表现得特别好，没有插嘴，认真听，认真思考，积极表现。课结束的时候，我们班一位女生就告诉听课的方老师，小张今天把他自己最好的一面表现出来了，方老师你要给他发奖品的哦。下午在给小朋友发奖品的时候，我特意给了他准备了两份，我说这是方老师奖励给你的。小张听完高兴得不得了。晚上，我跟他妈妈沟通这件事情的时候，他妈妈说一放学回家，已经跟全家每一位成员宣传了自己今天的表现。也是从那天开始，小张的情况有了一个明显改善，就是上课的注意力集中的时间有所延长，学习的积极性有了提高。我用这节少先队活动课点燃了小张的热情，同时也用老师和同学的热情温暖了小张和他妈妈。

也从那时候起,发现小张是一个特别有表现欲的孩子,也特别想融入这个集体当中,有的时候他怪异的举动就是为了吸引老师和伙伴的注意。也正是这样,我尽量创设机会给予小张表现的机会,不管什么活动都尽可能给他一个表现的舞台,让他能感受到自己是集体的一分子,在班集体中找到归属感。冬季运动会上趣味运动项目中你能看到他参与项目的身影,虽然他是最后一名,但是操场上的所有人都会为他呐喊加油,那一刻他就觉得自己为班集体增光添彩了,心里是特别满足和自豪;合唱比赛时,他不愿意站在队伍里,他要站在我的身边跟我一起指挥,成为我的小助手;长绳比赛时,他是计数员,把他也算进长绳队队员之中,每次长绳队训练的时候,他就和伙伴一起训练给他们计数……

在参与各种各样活动的时候,小张从中找到了自信,越来越能发现自己的长处,越来越有归属感。

2. 给予岗位,表现自我

小张很想给班集体做事情,但是由于他属于发育迟缓的孩子,各方面的能力和心智都相对于同龄的孩子来说较弱。因此,如果你像班级正常学生那样认领小岗位的话,他是没有办法在自己的小岗位上做好本职工作。同时,时间长了,小张的自信心会受到打击,反而不利于他的成长。而且小张还比较任性,高兴的时候,小朋友提醒他什么,他都能欣然接受。如果他不开心的时候,或者他不想做这件事的时候,你要跟他提要求,他会发脾气,甚至会打人。因此,基于小张的这种情况,我就给小张在班级设立了一个特殊的小岗位——老师的小助手。

小助手这个岗位一开始是没有固定的工作内容,我只是根据每天他的空余时间和情绪随时随地进行调整,主要目的就是让小张在学校感到无聊的时候,要发脾气的时候来转移他的注意力的。例如:班级里的植物角需要每天浇水,我每天提醒小张把洒水壶里面接满水,并让他看我如何给植物浇水。每次我让他去接水的时候他就特别开心,觉得自己是在帮老师做事情,是老师的小助手。有时候,小张的课堂作业完成之后,他就觉得一天的学习任务完成了,其他同学需要完成的任务跟他是没有关系的,他就会感觉特别无聊。然后就想找伙伴跟他去楼道里玩耍,或者跟他聊天。其他同学一方面还有自己的事情要做,另一方面其他孩子觉得跟他能聊到的话题几乎没有,兴趣点也不一样,因此基本跟他交流、沟通得不多。这时候,小张就会在班级里走来走去,嘴巴里喊着“我无聊,我无聊,谁跟我玩呀……”小朋友觉得烦了,说他两句他就会发脾气,甚至会动手打人。为了转移他的注意力,我就让他去帮我数数作业本是否收齐了,到办公室去取样东西,检查个别小朋友的古诗背诵……这类很小的事情,通过这些事情,不仅培养了他的责任心,还让他的情绪得以疏导,让他越来越跟老师亲近,在班集体中的存在感得到加强。

渐渐地,小张的责任意识越来越强,只要他完成课堂作业之后,看到我在批作业,就会特别主动地帮我数本子,帮我把批好的本子整理好,没有批好的本子拿过来。特别是情绪得到了很好的疏导,因为要帮我催没交的小朋友抓紧时间完成作业,他跟伙伴之间交流的话题也多了。遇到动作慢的小朋友,他还会鼓励他们说:“加油,我都做完了,你肯定也能完成。”就这样,现在的小张能够做到跟伙伴友好相处,也能主动去做老师的小助手,做一些力所能及的事情。

随着时间的推移,一转眼,小张已经是一个四年级的大孩子了。现在的他不仅身体长高了,长壮了,心智也比以前成熟了。更重要的是他已经能够融入集体之中,懂得跟伙伴友好相处,懂得尊敬师长,特别是见到谁都会主动问好……

[**案例反思**]

从小张的案例中我们不难发现,特殊学生的行规养成教育是一个漫长而艰巨的任务,都需要一定的时间和过程。但是作为老师我们要给这类学生创造表现氛围,搭建表现舞台,从而托起他们的表现信心,激发表现欲望。就像小张同学,他的心智是不成熟的,思维定式又是比较简单的,做任何事情只会以自己的喜怒哀乐为基准,不会从其他方面去思考问题的。因此,对于这类特殊的孩子我们就要采用特殊的手段,选取适合他们的教育手段和方式,甚至是有别于其他孩子的方法,才能达到较好的教育结果。我想这也是差异分层教育的初衷,因材施教,不同层面的学生给予不同层面、不同程度的教育。今后,我将继续探索表现性教育让更多的孩子受益。

（张　静）

案例 14

不同的表现　不同的进步

“走 火 入 魔”

班级里有位叫朱某某的男生，今年 9 岁，长得高高大大，一双大眼睛充满了灵气。但随后的几天接触。就觉得他和一般孩子有些不同，似乎做什么事情都显得很不安宁，脾气浮躁，小动作多。

他很“执着”：开学后第一周，做操排队时发现他特别爱踩人家脚后跟，只要前面有人，他就会不由自主地贴上去，眼睛死死盯住人家的脚后跟，每一脚都能准确地踩住人家的鞋后跟，惹得前面孩子哇哇乱叫，告状不断，路队毫无整齐可言。我几次提醒，可他总显得一脸无辜，说“不小心的”；最后我只好牵着他的手一起走才算息事。

他“走火入魔”：上课时，朱某某能持续保持注意的时间大概也只有十分钟，但只要是感兴趣的事，他的注意力又变得百分之百的集中——比如桌面上的任何东西，一块橡皮，一支铅笔都能成为他的玩物，除此以外，上课要么低下头吃手指，吃领巾，这时的他完全沉浸在自己的世界里，不被周围的任何事物影响。用“走火入魔”来形容他一点也不为过。

好几次找他谈话，他都委屈地说：我知道这样不好，可我就是管不住自己……

一段时间下来，我发现朱某某还具有一些其他的行为特征：

比较冲动——老师有问题，只要他能回答就会毫无顾忌地大叫，如果老师请别人回答，他会很不耐烦地把别人打断，然后用高八度的音量让所有的人把他的答案听完，可是一激动、又表现得结结巴巴。

有攻击行为——下课时，他会突然抱住小朋友的腰或者脖子，然后导致他再次成为众矢之的，问他为什么这样做，他说其实他喜欢和他们玩，可他们都不愿意。

忘性大——只要查谁的作业本未交，准是他，这时他会翻遍整个书包，其实完成好的作业本乖乖躺在抽屉里忘交了。

协调能力差——广播操动作多数不标准，作业本上写的字歪歪扭扭，个别笔画极不规范，看得出很认真写了，也还是写不好！

认识自我　鼓励转化

针对该名同学的个性心理特点,经调查了解,我认为他的个性问题来源于家庭环境的影响和学校教育的影响两个方面:

为什么朱某某老是会“身不由己”? 我找来朱某某的妈妈进行沟通。通过和他妈妈的沟通、观察,我发现,朱某某是家里的独子,从小娇生惯养,被捧为掌上明珠,在家里比较自由放纵的,爷爷奶奶、爸爸妈妈都很宝贝,孩子爸爸的话基本没有效果,只有妈妈的话还能起到一点作用。凡事随心所欲,过于放纵,使他衣来伸手,饭来张口。缺乏自理自立能力,养成了依赖别人和惰性心理。

在班级里,缺乏认真、刻苦的学习精神,对较难的问题不愿意动脑筋,又不肯问别人,不懂装懂,长期发展下去,知识掌握不牢。就产生了自卑心理。认为反正也就这样了,甘拜下风,自暴自弃,致使成绩下降,凡事总觉得自己对,对自己认识不清,出现情绪不稳定现象。

所以对其进行转化不是一件容易的事,需要学校、家长、教师的密切配合,寻找其闪光点,多鼓励、多肯定,用集体的力量帮助他,使他重新认识自我,健康成长。

得到家长的支持后,我将自己对朱某某的长期教育目标定位为:在一段更长的时间内持续保持并集中注意力,在控制冲动方面表现出明显的进步,发展积极的社交能力,以保持长期的同伴友谊。

创设展示自己的机会

我又将以上目标进行细化,制定具体实施过程中的操作策略:更多地使用成功的奖励制度来加强积极的行为,父母设置一些家规,并保持适当的亲子界限。

保持家校联系。约定朱某某父母与学校保持定期沟通,内容包括当天的学校作业完成情况、在校行为表现,并协助朱某某妈妈制定了一个在家的日常时间表,交流近期的收获和需要改进的地方,监控他的学业、行为、情绪和社交的进步。

建立良好的师生关系。融洽的师生关系是教育成功的先决条件。我就尽量找出与他的沟通点,抓住其“吃软不吃硬”的性格特点,每天让其查看1号楼我们班级行为规范的得分情况并向我汇报。这样就增加了与他对话的机会,便于及时了解该生的思想动态。几次沟通之后,该生还是愿意与我交谈,对我还是比较信任的,可以借此机会对其进行教育。

悉心教育进行个别辅导。因为朱某某上课时很难安安静静地坐着,学习时很难长久的集中注意力,写作业时经常是虎头蛇尾,写一会儿玩一会儿,字迹歪七扭八,经常抄错题,而他并没有意识到这些问题。所以有必要教给朱某某一种有效的学习技能,帮助他消除分心的事情,在平时我就逐步实施一些小策略以改善他在学校里的表现:

将座位安排在一个安静的女同学旁边,保证他能在相对安静的地方学习。在课堂中有分心的表现时,就用眼神或课堂提问的形式使其重新回到学习中,为了达到更有意义的长期目标,刚开始允许他有适当的走神。为了培养其长久的意志力,每天我让其观察班级的行为规范表并向我汇报。积极提供反馈,如有进步及时表扬。经常提问,或者复述同学的回答。安排一个聆听的同伴,及时满足他的倾诉欲望。教授作业策略:作业时先读两遍题目,完成后再检查一遍。要求能有规律地回顾学习内容。教授冥想和自我控制技巧:告诉他控制冲动行为的四步法——停下来,看一看,听一听,想一想。

我千方百计地给该生创设展示自己的机会,让他获得进步。集体教育加个人辅导,经常利用班队讲一些热爱集体的积极事例,抓住其闪光点进行在班级表扬,值日生态度认真表扬,上课回答问题表扬等等,使他体会到了成功的喜悦和自信。一段时间后,该生也正在向好的方面转变。此后,他还经常主动帮助有困难的同学。

改变教育手段,对症下药

只要浇灌,就能开花结果。经过一段时间的了解及教育,他有了一定的进步,正如人的性格不是一朝一夕就能改变的一样,它具有稳定的特点,要彻底改变是要经过长时间的努力。现在,他能遵守课堂纪律,上课也能积极举手发言,成绩逐步提高。他对生活也满怀信心,情绪较稳定,冲动事件逐渐减少,对劳动有了初步认识,值日主动、热心肯干,犯了错误能认识到错误在哪儿。任性、固执得以缓解,办事有责任心,逆反心理在减弱。但仍缺乏刻苦学习的精神,对较难的问题易放弃,缺乏坚强的毅力,抗挫折能力较弱,对于他今后的教育仍是长期的,我希望他会成为爱学习,阳光、自信的人。

其实,学生都明白遵守纪律、学习的重要性,不但口头知道,而且心里也很明白,家长和老师天天挂在嘴边的观点他们怎么能不知道呢?

明明知道遵守纪律很重要？那为什么还是提不起劲呢？其实，一个人认识到一件事的重要，并不能保证他做这件事就有劲头，更不能保证做得好。大人亦如此，何况是八九岁的孩子呢？

那该怎么让他遵守纪律，变成一个行为规范正常的孩子？我想：这里面就需要一种教育智慧。爱心固然重要，但没有教育智慧相伴，爱心也换不来学生的真心。常常看到家长来找老师教育他们的孩子，难道家长对孩子的爱比老师少吗？答案肯定不是，家长们缺少的是一种教育智慧和科学的教育方法。爱只能给孩子提供一个良好的心态基础，并不能解决具体的学习问题。就像医生与病人的关系好并不能治好病人一样，要治好病人，医生还需要专业能力，能对症下药。

只有弄清楚状况后，我们老师要改变教育手段，对症下药，冷静地分析学生的心理问题，他的困难到底在什么地方？从何处突破能提高学习成绩，建立自信，从而改变行为，爱上学习？

虽然到目前为止，这还算不上是一个十分成功的案例，我的教育工作中智慧还不够，但我想至少通过这件事，我和那位学生都成长了……至少让我明白了，教育需要爱心，但更需要智慧。

（音晓媛）

（五）活动创设策略

表现性德育的活动创设原则就是指通过学生的表现活动进行学习，取得经验。表现性德育以学生的主体性活动的经验为中心组织学习，以学生的兴趣、需要和能力为学习的出发点。表现性德育以活动、任务为主要形式，强调践行，以亲身体验生活的现实，获得直接经验。这就是为什么学游泳不是给学生讲授游泳知识就能学会游泳的，必须在水中练习获得游泳的体验，学习技能，熟能生巧，然后学会游泳。

世界著名教育家、心理学家都十分重视活动对学生的成长的作用。杜威十分重视儿童的经验和活动，指出，“教学应从学生的经验和活动出发，使学生在游戏和工作中采用与儿童、青年在校外所从事的活动类似的活动方式”。（瞿葆奎：《曹孚教育论稿》，华东师范大学出版社，1989，P145）皮亚杰认为：“从一般教育方法的观点来看，的确潜存着一种具有双重原则和辩证的矛盾。人们若强调成人社会生活的创造作用，就会把重点放在教师给学生传授知识上，若强调的是同样具有建设性的动作作用，就会把学生自己的活动看成重要的方面。”皮亚杰在论及人与环境的关系时，特别强调活动在人的发展中的意义。人事活动着的个体，在人与环境、人与教育、人与遗传这三者关系中，活动是最关键的因素。一切影响都只能通过活动而对人格发展产生作用，离开了活动就无法使这些关系互动。皮亚杰还认为儿童认知发展是有规律的，活动是儿童认知发展的关键。离开了儿童作用于环境的活动就无法构建知识结构。儿童的活动不仅包括身体动作，还应该包括三种活动方式：一是获得物理性知识的活动方式；二是获得逻辑数学性知识的活动方式；三是获得社会性知识的活动方式。因此皮亚杰十分重视儿童的动作、活动和社会经验。情境认知观把知识视为情境活动中认知的产物，也是活动和情境的产物。每一个知识概念都会因使用情境的不同而被赋予不同含义，如果离开具体情境，就无法达成对事物的准确理解。

运用活动创设策略是要注意以下要点：

1. 活动创设要关注从道德知识认知转到道德情境认知，也就是道德表现必然有情境，特定的情境才能出现与展开不同的行为表现，显现不同的行为表现所具的意义。情境和认知具有不可分离性，它们总是交织在一起。

2. 活动创设要关注活动与环境的有意义联结。道德学习要经由个人与环境之间的互动才得以真正发生。人的活动与环境都是相互建构的整体的一部分，个人与环境的适应是相互调整而不是静态匹配。活动(activity)会促进个人与环境之间的相互调适。表现性德育中的表现不是为了表现而表现，而是与道德学习情境，特别是道德学习内容情境链接。

3. 活动创设策略关注丰富学生道德经历，进而发展成为学生的道德经验。学生通过活动作用于外部世界，同时通过内化过程建构起自己内部的道德认知结构。创设活动策略旨在让学生获得道德体验，本质上是以体验为主的学习方式。体验即经历、经验(experience)。杜威认为，经验是人的有机体与环境相互作用的结果。杜威指出，“教育是以经验为内容，通过经验，为了经验的目的”。体验必须立足于表现，没有表现也就没有了体验。学生从活动的表现中得到良好的积极的能力学习的体验。

4. 活动创设策略,注重活动提供“做中学”,也就是“从活动中学”“从经历中学”。学生在学习中的表现活动中体验的方式需要多元化,改变死方法,尤其要运用学生喜闻乐见的形式开展,例如,现场考察、现场服务等。

5. 活动创设策略实施强调活动的丰富性,不依赖书本知识的系统传授,课堂内外、学校内外结合,增加学生实践活动,增加直接经验,增强自主学习。表现性德育要求充分运用教材中、生活中的,与学生学习相连的活动或者任务作为主要学习内容,克服传统教育的封闭性,为学生提供广泛的表现活动方式和途径。

案例 15

给她一个舞台,还你一片精彩

心理学家曾经做过一个调查:孩子最怕什么?研究结果表明:孩子不是怕苦,也不是怕物质生活条件差,而是怕丢面子、失面子。从生命科学的角度看,每一个孩子都拥有巨大的潜能,但孩子诞生时都很弱小,生活在一个巨大的世界里。在生命成长过程中,都难免有自卑情结。

腼腆的小女孩

语文课上,“谁愿意把这篇课文读一读?”话音一落有十几双手举起来,我又鼓动了一番,又有十多个人举手,我迅速浏览一下,把机会给了平时不太爱发言、今天却积极举手的女孩小桐。只见她站起来,双手捧书开始朗读起来——声音甜美,抑扬顿挫!没想到!我怎么也没有想到平时课上默默无闻的她体会课文这么好以至于朗读起来让人陶醉了。掌声响起,她却红着脸坐下了。下课了,我忙把小桐叫到跟前,鼓励她说:“今天你给了老师一个惊喜,没想到你朗读得这么好。看来平时老师小看了你,相信你还有许多潜能没被挖掘。愿意让大家了解真正的你是什么样的吗?可以给老师更多的惊喜吗?”小桐听后激动地使劲地点点头并告诉我自己在少年宫学习朗诵,但是因为胆小,总是不太敢展示自己的才华。

让活动给予她自信

不久后正是班级举行迎新活动,为了给她一个展示自己的机会,我建议组织活动的班干部把主持的任务交给小桐。从那以后她好像从睡眠状态进入了激奋状态,每天都保持着旺盛的斗志,课堂上不再是有我没我无所谓的态度,发言积极、小组讨论激烈。班级活动更是积极参与,不时还会背后给我出几个小点子。她把一连串的惊喜捧到了我眼前,在迎新活动中的主持再度让她秀出了自信。

紧接着,班里进行小队长的改选。以她原先的表现,我揣摩着是得不到同学支持的。于是,我在大家面前大力表扬了她的改变,对她为班级的付出给予了肯定。在我的“拉票”下,同学们都愿意给她机会,选她为小队长。从她自信的笑容中,我感受到了她的自豪,我知道她一定能胜任。的确如此,在接下来的一段时间里,她积极主动地开展各种小队活动,禁烟活动、勇敢者道路、节目排练、交通安全宣传……她在各种活动中得到了锻炼,得到了成长。

挖掘潜力　敢表乐表

学生的潜力不是我们大人可以想象的,他们中有少数佼佼者才华横溢,性格比较外露,愿意展示自己;有少数学生反应比较迟缓,思维不活跃,处于弱势;但大多数人是那种默默无闻,中流一族。给他们机会,他们会发光发热;没有机会,他们也许就这样平凡度过一生。所以我们的教育除了要关注那些尖子生,为己、为班级、为学校出彩;关注差生,避免他们落队外更要很好激发和启动处于中流的大部分学生。让他们也能把身上的闪光之处展现,让他们也有机会提高,更快更好地促动我们工作的开展。因此千万不要对任何人和事过早下结论,特别是教学、班级工作中不能只依靠少数优生或班干部,大部分学生不一定有惊人之举或特长,但他们是你教育教学工作的主流,一定要在平常中给予他们表现的机会,善于发现他们的闪光点,放手让他们尝试,他们会创造惊喜、回馈惊喜。班级活动、管理、教学中除去班干部、尖子生多启动多数学生,多设立能展现、锻炼他们才能的窗口。

创造机会　敢表善表

平时多在班级管理和教学中采用小组合作形式,强调小组合作成果,让每一个成员都有机会参与到活动之中,发挥出自己的才能;课堂上,活动中多给予那些学生发言、表演、展现的机会,让他们有可以展示的可能,有可以展示的舞台;把一些班级工作合理进行分配,给那些同学胜任的工作,发挥出他们的潜能;班级学校的活动,多给予这部分孩子参加的机会,相信给他们一个舞台,一定会还我们一个精彩;掌握学生心理，巧用语言的魅力，激发出他们积极向上的火花，敢于表现、善于表现，积极投入学习生活中去。

在我们的身边，常常会有让我们忽略的中等生，他们的身上也存在着巨大的潜力。只要我们适时地给他们提供展示的平台与展示的机会，他们就会在各种学习活动中展示出优秀的一面，甚至带来惊喜！作为教师，我们要做的就是多关注、多包容，根据不同的情况提供这样的平台给他们，相信我们的孩子一定能具有敢表、乐表、善表的品质。

（夏玉鑫）

案例 16

小岗位、大作用

——胖胖阿宝的“进步史”

[案例背景]

圆圆的脑袋，胖鼓鼓的脸颊，细细的小眼睛，他就是班级出了名的小胖墩，阿宝。胖胖阿宝的胃口可大了，一顿早饭可以吃三两面条；在学校吃午饭，总是第一个吃完。别看他体型偏胖，但奔跑、举重都是他的强项。如果说到他的学习成绩，语文、数学和英语老师都会连连摇头。胖胖阿宝的父母都是普通的外地来沪打工者，家里的学习环境很不理想。由于父母每天早出晚归，无暇顾及孩子的学业。他们又目不识丁，根本没有能力辅导孩子的作业。胖胖阿宝的智力水平(理解能力和逻辑思维能力)偏低。在学习上还比较懒惰，上课懒得动脑筋，也不举手发言；作业能少做就少做。

对于在阿宝身上出现的种种问题，可以归纳为这样几点：其一，对自己要求不严格，学习态度较马虎。其二，得过且过，没有明确的学习目标。其三，自我管理能力较弱。

长此以往，必将会影响阿宝今后的能力发展和学习成绩的提高。在短短半年的时间里，我通过小岗位的途径，对阿宝进行针对性的指导与培养，他也有了很大转变。

[案例描述与分析]

对班级来说，小岗位能保证班级日常生活的有序开展；对学生而言，通过在小岗位上为班级服务、出力，能强化自身“我为人人，人人为我”的思想，不仅锻炼能力，增强责任意识、小主人意识。

阿宝比较喜欢吃，所以我和阿宝先开始寻找适合他的班级小岗位。首先，让阿宝认识班级就是我们的家，管理服务靠大家。想一想哪些事情需要大家经常去做。阿宝告诉我：擦黑板、开关电灯、午餐管理……根据阿宝的回答，我一项一项罗列出来。接着，我让阿宝自己选一个自己喜欢的班级小岗位。我对阿宝这样说：“阿宝，你是一个能力比较强的小朋友，如果老师请你为班级服务，你愿意吗?”“当然愿意。”阿宝一下子大声说出来。我继续问道：“那你觉得你可以担任班级中的哪个小岗位啊?”阿宝转了转小脑袋瓜：“我想做午餐管理员。”就这样，阿宝就成了班级中的“午餐管理员”。

一开始，阿宝的热情很高。每天快速地吃好饭，然后按时站到指定的负责午餐监管的小岗位上。他主动指导小朋友们怎么摆放餐盒。有时候，他也帮助一些小朋友摆一下餐盒。当看见地上有一些洒落的垃圾时，阿宝也会及时的打扫干净。小朋友们都夸阿宝能干，能为大家服务。阿宝心里可开心了，不仅如此，阿宝每天上课开始认真听讲，有时候，还能够举手发言、回答问题。

但是，过了一段时间后，阿宝可能对“午餐监管员”的热情没有一开始的高。于是，我找阿宝进行了一次沟通。我这样对阿宝说：“阿宝，作为午餐管理员，你能够在自己的小岗位上认真工作，主动为班级小朋友服务。但是，你知道吗？虽然是一件小工作，但是要每天做、坚持做、认真做。你能坚持下来吗?”阿宝想了一想：“老师，我知道了，我会坚持把这个小岗位的工作做好的。”

一学期下来，阿宝平日里默默无闻，学习成绩一般，基本上老师都不会注意他，但阿宝在小岗位上工作认真负责，不仅能够管理自己的日常生活，在学习方面也有很大的进步。阿宝还获得了“优秀午餐管理员”的荣誉称号。在各个方面也更自信、更主动了。通过这件事他也知道自己有很大的潜力，极大地增强了自信心，胆子大了，表现欲也强了，各方面能力都有所增长。

以学生为主体，积极以小岗位建设为抓手，通过主体性德育，使学生进一步提高主体意识，参与自身发展，在学习中充分发挥自身的能动力量，不断地调整、改造自身的知识结构、心理状态和行为方式。通过人人为班级出力、认真负责、积极进取的小主人意识的培养，努力形成团结协作、相互欣赏的生生关系，从而把班级创建成温馨的集体。

班级小岗位的设置遵循“需要”原则，在老师的指导下，由学生根据班级管理实际需要去设立。尽可能地给每位学生提供适合其潜能开发和个性充分发展的和学习机会和践行条件，以学生主体发展为前提，以创新精神和实践能力为重点的素质教育，培养学生在社会化和个性化协调发展。首先，引导学生认识：班级就是我家，管理服务靠大家。接着，组织学生讨论：哪些事情需要大家经常去做。然后，讨论制定适合班级的小岗位。学生能够积极主动认领和承担班级中的各个岗位工作。我们班级岗位设置分成“三大岗位”和“五小岗位”。三大岗位，分别是纪律岗位、学习岗位和生活岗位。每个“三大岗位”又分成“五小岗位”。由老师和学生一起给每个岗位起好听的名字。对学生而言，通过在小岗位上为班级服务，能强化自身“我为人人，人人为我”的思想，不仅锻炼能力，增强责任意识、小主人意识，还有利于学会团结协作。人人都有小岗位，每个学生就能做到自主管理。

1. 通过班级纪律岗位，进一步抓好班级学生的行规教育，培养良好行为习惯，形成健康、向上的班风。纪律岗位分别为“礼仪监查员”“课检查员”“课间协管员”“护眼小天使”“放学路协作员”。通过一学期的努力，学生们能够主动向老师、同学问早、问好。出操队伍、路队和到专用教室进出的队伍，以及放学路队，做到“快”“静”“齐”。两分钟预备铃要做好课前准备工作，背诵课文。每次能够认真做好眼保健操。

2. 通过班级学习岗位，进一步培养班级学生的学习习惯，提高学生学习的主动性，养成勤学、好学的学风。学习岗位分别为“早读检查员”“作业收发员”“报刊发放员”“图书管理员”“学习互助员”。通过一学期的努力，学生们能够做到上课认真倾听，积极思考，做到不插嘴。能够积极主动举手发言，大声说出自己的想法。养成按时完成作业，及时订正的习惯。养成正确的写字姿势，书写端正。

3. 通过班级生活岗位，进一步加强学生的自我保护教育，增强自我安全意识，有效提高学生自我管理的积极性、主动性。生活岗位分别为“卫生大管家”“植物园艺师”“节能小能手”“桌椅小管家”“午餐小督察”。通过一学期的努力，学生们能够保持座位、地面和桌面清洁，桌椅整齐，做好值日生工作。爱护校园的一草一木。随手关灯，做到节约用电。离开座位，能够做到桌面整洁、桌椅整齐。午餐时，能不浪费粮食，基本做到“光盘”。

通过班级小岗位建设，根据学生的身心发展特点和规律，给学生提供可以自主抉择、自由探索、积极参与、充分交往的活动表现机会，增强学生主动发展自身的意识与主体能力，优化学生的个性，锻炼基本能力，促进学生自我实现。通过班级小岗位建设，发挥学生的积极主动性，及时表扬，从而提高每一位学生的自信心。然后，再善意、耐心地指出孩子的一个小小的不足，再加以具体、细致地指导。也许，孩子会感到自己能进步，也有进步的方法和路径。这样周而复始、循序渐进的鼓励和指导，可以帮助孩子扬起自信的风帆，不断地、慢慢地一步步进步和成长！让学生在学习和实践中增长才干，提升能力，为今后终身发展打好良好基础。

（寿翠燕）

案例 17

转变“嘴”的教育　拓宽表现渠道

曾听过这样一句话：“体育不好出废品，智育不好出次品，德育不好出危险品。”可见，在我国大力发展经济、增强综合国力、全面建设小康社会之际，中小学的道德教育尤显重要。然而，长期以来，我国的小学德育教育还存在着“成人化”“灌输式”的痹症，缺少适合小学生心理、生理特点的活泼、生动的育人方式的探索，老师教得苦口婆心，学生却听得索然无味。小学生正处于教育启蒙和教育塑性的关键时期，该如何让儿童的道德生命自由生长？如何让学生在行为规范、道德人格、个性特长上具有良好的角色表现？我想，在全球中小学德育发生重大变革的时期，我们有必要变“嘴”的教育为“表现性”教育，因此，笔者也有了以下的一些思考。

一、游戏渗透，激发表现欲望

传统的“灌输教育”往往只能硬性地向学生灌输某些道德知识，方法上机械化和简单化，情感上否定进取冒尖，学生往往只能被动接受，然而内心根本没有收到触动，行为上表现退缩，教育的效果是极其微弱的。而表现性德育旨在转变传统的教育方式，改变以说教灌输为主的德育为学生践行为主的德育。游戏是人类生存方式,更是儿童展现其生命存在和活力的舞台。在这一前提下,德育游戏化不仅不知不觉地改变了学生羞怯、退缩的心理和行为,有效地激发了学生的表现欲望,而且善于搭建平台,把道德教育变成学生的家园,让孩子在自己家园树立正确的认知、快乐地成长。

有一次,我发现班级里有的同学出现了闹矛盾、不团结的情况。一些孩子往往因为一点鸡毛蒜皮的小事便会闹矛盾,很长一段时间,彼此见了面,都会像见到仇人似的,一句话都不讲。也在班级里展开讨论,但孩子已经高年级了,关于团结合作的道理也讲过不少,孩子们不仅不愿意参与讨论,即便愿意讨论,说的也是一些大道理,从而收效甚微。可是这可怎么办呢?

在这种情况下,我觉得不如化"被动说教"为学生的"自主认知",让学生在游戏中积极参与,自我认知、进而明理。于是,在班会课上,我并没有和孩子们长篇阔论他们以为会到来的说教,而是决定让孩子们通过游戏"踩报纸"来理解团结的重要性。我告诉孩子要做游戏,他们先是一愣,进而欢呼雀跃。是啊,孩子们怎么能不喜欢游戏呢?乘势,我让孩子们分成几组,每组 10 人左右,将报纸看作本小组在落水时唯一的一艘救生艇,请小组想办法让更多的人站到报纸上获救,每个人都必须踩到报纸作为支点。我特意让几个闹矛盾的孩子成为同一小组的成员,为了"逃生脱险",有的同学只站了一个脚尖;有的同学主动让别人踩在他的脚背上;有的同学甚至背起了别人……游戏结束后,我再让同学谈谈获胜的经验和自己的感受。这下不再是支支吾吾,退退缩缩了,孩子们踊跃地举起手来,我又指明让几个闹矛盾的孩子回答,孩子们本来就没有什么深仇大恨,在游戏中早就一笑泯恩仇,还自己很容易地得出了要团结一致的道理,并把游戏的名称改为了"同舟共济"。

看到这一结果,我想:游戏大概就是一种对小学生进行道德教育有效合理的选择吧!在这个游戏表演中,学生战胜了羞怯、退缩的心理,通过角色扮演逃生脱险的故事,亲身体验,表真、表善,把团结这一观念有效地融入自己的学习和日常生活,真正做到寓教于乐。游戏是孩子的天性,在孩子们看来游戏是那样的合理,孩子学习离不开游戏,游戏中蕴涵着道理,正如高尔基所说:"游戏是儿童认识世界的途径。"这一表现性游戏的方式不正是对传统德育的有效补充吗?

二、活动体验，加强表现实践

在转变观念的前提下，重点在于创新实践。没有行之有效的方法和途径，“表现教育”只能是一句空话。根据目前中小学生思想品德状况的新特点，针对德育实践中存在的德育方法陈旧和德育的实效性低下等问题，本校的表现性德育倡导以学生为主体，从学生的兴趣和需要出发，创造特设的道德体验情景，提高学生的道德认识，丰富道德体验，促进道德行为习惯的养成。

人总要在角色中生活，生活即教育，社会即学校。因此，让学生进入或充任一定角色，进行生活体验，符合积极发展自主道德的现代教育原则，角色教育激发了学生的参与意识，让学生学会表现、乐于表现、善于表现。比如，我们根据不同的教育主题，可以开设“主体角色体验”活动，开展“我是小小老师”“小小交警员”“清洁工的一天”等生活体验活动。一位孩子在体验了一回小小交警员后在作文里这样写：“那天，我们小队的几位朋友走上街头，做了一回小小交警员。我们分成 3 组，每组 6 人，每两人在一处站岗。我们的任务就是劝阻不遵守交通规则的行人。就这样，我们站在岗位上，观察着行人，突然我发现一个背着背包的年轻叔叔正匆匆地走过来，果然，他在红灯前并没有停住脚步，而是两边看了看，准备继续往前走，我连忙拉住了他的衣服，说：‘叔叔，请稍等一会儿，马上就是绿灯了，闯红灯很危险。为了我们的安全，请遵守交通规则！’那个叔叔不好意思地对我笑了笑，停住了脚步。这天上午，我劝阻了八位行人，我心里觉得美滋滋的，很有成就感。从过马路这件事中，我感觉到国民素质还要提高，所以我们应该加强教育，同时我们也深刻感受到警察叔叔的工作确实挺辛苦的，有时顶着火热的太阳，有时冒着刺骨的寒风，也依然站在那里，好像一个顶天立地的‘巨人’。我希望更多的人能够遵守交通规则，给大家一个安全的环境。遵守交通规则，人人有责。今后我还要继续劝身边的人遵守交通规则。”

从上面这一情景可以看出，正因为孩子亲身体验了交警这一角色，所以更能够感受和理解这交警一角色的道德境界，并能将之与自己的生活和道德相关联，促使体验者进行道德反思，从而有利于体验者的道德发展。这一表现性德育的举措符合青少年心理特征，促进学生自我意识迅猛增强，让学生敢表、乐表、善表，在体验中呈现出角色的最佳表现以满足其发展需要。

三、提高能力，优化表现行为

长久以来，我一直想：只要给学生一根“杠杆”，就一定能激起他巨大潜能。培养学生学会表现从激发心理动因入手，还要让学生学会表现，最终以充满个性的善表行为为外显特征，循环往复，这样形成学生个体自主的良性的表现个性。那么，怎样才能提高学生能力，优化学生表现行为，让学生表真、表善、表美呢？我觉得还得从班干部入手，以点带面，最终形成“人人能表现，处处能表现”的充满生机与活力的校园常态。

首先我对班干部的培育，班干部坚持实行竞选上岗制度，要求学生能够大胆地表现自我，能够建立良好的人际关系。对学生干部进行定期例会培育，教育做人正直，做事热忱，善于交流，从而让他们表善、表真、表美。其次，我们经常性地进行班团干部的培训，请优秀的班干部给大家做经验介绍，或大家一起进行经验交流。这里成了班干部表现的沃土、成长的沃土。除此之外，班干部的交流学习也是我们经常组织的培育活动之一。向优秀班级学习管理经验，取人之长补己之短；到野外学习大自然的奥秘，了解大自然的同时，也为学生提供了一个很好的释放自我表现自我的空间。我们坚信，星星之火可以燎原，每一个有突出表现的学生领袖都能带动一大批乐表、善表的同学。

我想：只要教师和学生要建立一种新的关系，从“独奏者”的角色过渡到“伴奏者”的角色，起到“帮助”“引导”“指引”学生的作用，托起学生表现信心，激发其表现欲望，为学生创造表现氛围，搭建表现舞台，为学生拓展表现渠道，真正变“嘴”的教育为“表现性”教育，一定能让德育更有实效性！

（李　静）

案例 18

以活动为载体　开展表现性德育

小学时期是学生成长过程中的关键阶段，这个时期的德育工作显得尤为重要。实践证明，通过实践活动、文体活动等各种活动载体，开展各种形式活泼、贴近学生生活的活动，以此借助活动的特殊魅力，把德育贯穿于只管生动、具有强烈感染力的互动之中，能取到事半功倍的效果。本学期,根据学生的年龄特点,开展了读书节、数学节等一系列的活动,借助学校的这些活动,来做好德育工作。

一、搭建各类舞台,展示队员风采

(一) 通过社会实践活动进行表现性德育

活动的开展让学生走出校园,深入社会,多参与一些必要的实践活动,通过深入调查、社区服务等方式,通过亲身实践,让广大学生更好地理解社会,理解国情,引导学生树立正确的人生观、价值观和社会观。

1. 社会调查活动。通过组织和引导学生深入实际,做社会调查,努力提高学生的与效果。比如,每个假期的综合实践活动手册上,学校都设置了相应的调查活动,有家谱的、小区环境保护的、年味等等,结束后需要完成相应的调查报告。同时学生也根据自己小队的实际情况,自行设计小队活动,来开展社会调查活动。这一系列活动,都有利于引导学生更好地走向社会,对社会形成正确的认知,提高学生的判断和分析能力,培养学生良好的品德。

2. 校外参观活动。本学期根据学校要求和中队的实际情况,多次组织学生开展参观教育活动,比如参观区博物馆、革命烈士陵园等教育基地。中队中的彩虹梦小队、蒲公英小队也相继组织和开展了活动,通过参观教育活动,把深刻的教育内容和生动有趣的课外活动有效融合。

3. 社会服务活动。组织学生开展社会服务活动,比如:shingflower小队开展的"学雷锋"活动,组织小队成员到小区搞的公益活动,清扫小区,宣传垃圾分类等。还有开展的"尊老爱老"活动,彩虹梦小队去敬老院为老人们表演节目、打扫卫生等。同时我们中队和金域蔚蓝的孤寡老人结对,带领队员们一起去看望孤寡老人,给老人带去欢乐,扫去孤独。通过一系列的社会服务活动,学生们爱老敬老,为他人服务的意识也在慢慢滋长。

(二) 通过主题活动进行表现性德育

本学期,学校开展了读书节、数学节、体育竞赛、六一集会等一系列生动活泼、富有意义的文体活动,这些活动既可以培养学生的竞争意识,又可以激发学生奋发向上,从而培养团结和进取精神。

1. 举行学科活动。本学期,开展了读书节、数学节、运动会、唱歌比赛等一系列和学科紧密相连的活动。在三月,我校第八届读书节拉开了帷幕,各种读书活动如火如荼地开展了起来。五年级学生开展了"阅

读经典 感悟人生”的读后感撰写活动。同学们认真阅读老师推荐的图书,并撰写读书笔记,表达自己的心得体会。本次读后感撰写活动在学生中引起较大反响。大家纷纷表示,这次活动不但让他们感受到了经典书籍的魅力,更让他们走进了文学的世界、思想的海洋。在四月,学校大屏幕上有趣的数学小棒故事拉开了本届数学节的帷幕,带领同学们开始遨游在为期一个多月的以“数学为伴、智慧同行”为主题的数学节活动。在开幕式上,各年级的学生代表介绍了本年级精彩纷呈的活动并且观看了《莫比乌斯环》的小视频,同学们在莫比乌斯环神奇的变化之中发出了阵阵感叹之声。这一系列的活动,也让学生们有了丰富的收获和深刻的体会。

吴高蕾写道:这一学期参加了许许多多、各式各样的活动,让我受益匪浅。我还被评委了“阅读之星”,也荣获了“劳动之星”,并且我在读书节活动当中,获得了“读书小达人”的称号,虽然那些知识有些困难,但我依然克服了重重困难。今后我一定要加倍努力学习。

戚诗祺写道:在数学节中,我获得了“百题无错”的奖项,这使我兴奋不已。为此我付出了很多的努力和心血,写作业时计算更仔细了,审题更认真了。这个经历让我明白了,只有努力了才会有收获的道理。

2. 举行节日纪念活动。本学期开展了很多的节日纪念活动,有“学雷锋”、清明节、端午节、六一儿童节等。结合着一系列的节日,举行主题班会、知识竞赛、演讲等各种庆祝纪念活动,学生从中有所收获,净化心灵,引发思考,增强对祖国、家乡、生活的热爱,增强民族自豪感,激发学生的学习积极性,激发爱国热情。

3. 开展演练活动。本学期,在学校的组织下,开展了一系列的演练活动,比如:消防演练、地震演练、安全疏散演练等等。警报声响彻校园,同学们在老师的组织下有序地按照规划的逃生路线撤离校舍。短短2分多钟,全校师生在操场上整队集合,完成了各种演练。一次次的安全演练,让师生更深入接触安全、认识安全的重要性、了解更多安全知识,让演练常态化,人人居安思危。

二、开展各类活动,丰富学校表现性德育

实践证明,以活动为载体,发挥其优势,在全面激活学校德育工作中有着它的现实意义和巨大作用。

1. 以少年儿童为主体,有自我教育的优势,有利于调动队员的积极性,增强主人翁的意识。学校德育工作是以教师为主体,教育工作从上而下地进行，而活动是从下而上地配合，使队员主动地接受教育，使德育工作收到更大的实效。特别是活动注重发挥队员的自主精神，能够更好、更快的参与到活动中，发挥主体作用。

2. 以各类活动为基本形式，有实践教育的优势。所采取的德育活动形象具体，更符合孩子们的喜爱，课内外活动教学和学校的课堂教育相辅相成，不仅可以巩固，扩大课堂知识，帮助加深理解开发智力，还可在实践中把道德认知转化成行动，陶冶磨炼意志，更好地贯彻提高道德认知和行为训练相结合的原则，达到整体优化的目的。

3. 以活动为载体的德育教育活动的开展，一方面加强了学校的德育教育活动，另一方面也拓宽了学校少先队工作的途径，促进少先队活动在学校、在社区的蓬勃开展，为活动在社区的开展找到了有力的抓手，提升了学校少先队工作在学校教育中的地位，为活动的开展开辟了新的天地。

总之，德育工作是一项纷繁复杂而又非常重要的工作，我们应该根据不同年龄学生的特点，精心设计和开展内容鲜活、形式新颖、吸引力强的各种德育活动，不断提高学生德育工作的针对性、实效性。

（许克亮）

（六）互动促进策略

互动促进策略强调表现性德育的内容与形式是整体，其各要素的交互，才能促进整体效应。美国著名的后现代主义思想家斯普瑞奈克(Spretnak, 1991) 指出，真正的后现代主义应该拒斥人与自然、肉体与精神、自我与他人等诸多的二元对立，应该是以一种联系、整体的“生态的”观看问题。(Spretnak C：The Recovery of Meaning in the Postmodern Age, Collins Publishers, 1991：150)具身认知理论把认知看作是人的身体、感官以及大脑与我们周围世界的互动过程。从社会心理学来看，具身认知包括“认知过程的具身性、感知与行为的链接、情感—认知的交互影响、不断进化的心理机制”。

具身认知理论认为，认知是身体的认知，心智是身体的心智，离开了身体，认知和心智根本就不存在。认知是包括大脑在内的身体的认知。我们的认知是被身体及其活动方式塑造出来的，它不是一个运行在“身体硬件”之上并可以指挥身体的“心理程序软件”。它同传统认知主义视身体仅为刺激的感受器和行为的效应器的观点截然不同，它赋予身体在认知的塑造中以一种枢轴的作用和决定性的意义，在认知的解释中提高身体及其活动的重要性。具身认知的思想家主张思维和认知在很大程度上是依赖和发端于身体的，身体的构造、神经的结构、感官和运动系统的活动方式决定了我们怎样认识世界，决定了我们的思维风格，塑造了我们看世界的方式。因此表现性德育强调身体的外在活动与大脑（心智）活动的互动、强调人与环境的互动，只有强化这些活动才能促进学生的身心整体发展。

1. 互动促进策略实施时要重视情境与认知的一体化，强调情境与知识、学习与应用的统一，一人一环境的相互建构。知识的"意义不是客观的、普遍的，它具有智能体的生存或适应的意向性，它是在智能体一环境的相互作用的整体中显示出来的"。[盛晓明、李恒威：《情境认知》，科学学研究，2007，(5)]只有在一定情境下的操作、实践、活动等学生与环境、个人思维与体验的交互作用，只有在互动中教与学才彰显其价值与意义。

2. 重视以双向活动促进表现性德育实效。表现性德育不是纯粹发展个体的抽象认知能力，也不是教师单向的知识传输，而是以互动为特征的相互适应、相互调适的师生共同建构意义的过程。表现性德育突出学生的做人做事的能力与经验是一定的情境中互动的、建构的过程，任何去情境化的单向表现缺少教育价值。增强师生、生生间活动中的表现。表现性德育是教师引导、帮助下的学生能动地认识世界使自己获得发展的活动。在这一活动师生双方表现出能动性、自主性、创造性。在教育活动中，通过教师与学生的交互活动，将教师主体和学生融合，以作业、活动的表现方式为中介，促进学生的智力、行动能力的发展。

3. 重视表现性德育实施的时空的交互。表现性德育不仅是校内的课堂内外，而且在校内外都要互动，整体实施，为学生提供更多的表真、表善、表美、标新的时机与条件。

4. 表现性德育的交互性策略还体现在学生表现的整体性。学生的能力表现是多元的，各种表现之间要建立关联性，注意能力的迁移，要加强表现的心理、能力、行为要素的融合，使学生在知识与能力、过程与方法、情感态度与价值观等方面整体发展。

5. 表现性德育的内容与形式要交互，只有内容与形式的匹配，才能获得良好德育效果。同时，表现的内容本身要需要根据内在联系交互，而应该避免单一性，例如只讲表真，而不讲表善，这样的教育内容容易出偏差。表现性德育的形式也应该是多样的，让学生通过适当的、丰富的表现形式去获得成长的体验，积累成长的经验。

案例 19

走出自己的世界　成就更好的自己

表现性对象具有的表达情感的结构性质和情感意味。阿恩海姆认为，不仅有意识的人具有表现性，就是那些不具意识的事物，如一块陡峭的岩石、一棵垂柳、落日的余晖、墙上的裂缝、飘零的落叶、一汪清泉，甚至一条抽象的线条、一片孤独的色彩或在银幕上起舞的抽象形状等都和人体一样具有表现性。因而作为一名教师要学会从学生的各种表现中发现他们的内心想法，从而进行深层次的沟通，来帮助学生进步成才。

以我所任教的班级为例，班级中的学困生比较多，而这些学生还有一个共同的特点，那就是内向，不太与老师甚至是同学交流，经常默默地坐在自己的位置上沉浸在自己的世界中。这样的学生不但在学习方面令人担忧，在人际交往方面更令人担忧。

为了使这些学生能够走出自己的世界，变得大胆，形成自己的人际交往圈，我将班级分成了三个小组。小组中的学生除了需要他人帮助的一位学生之外，剩下的由班级中人际交往和成绩均比较优秀的孩子构成。从而通过与其他同学的交流互动，来提升需要帮助孩子的能力，尤其是交往和沟通能力。

一、第一组和第二组

第一组和第二组中需要帮助的学生拥有相同的特性。首先，她们都是女生。在学习上，这两个孩子有很大的提升空间。上课时，这两位同学都是非常安静地坐着，不影响课堂纪律，但听课认真程度却不高。其次，这两位同学非常内向，不太与同学和老师交流。因而，这两个小组成立的目的首先是要让这两位同学学会沟通，学会与其他同学交流。针对这一目的，为她们设置了一系列活动。

1. 手拉手,围圈圈,交朋友

“哪个小朋友愿意做第一个玩游戏的人呀?”我问道。

“小韩! 小韩!”其他同学们异口同声地说。

然而此刻的小韩却不愿意,这时有个同学又说了:“你上体育课时,跑步跑得那么快,这个游戏你可以玩得很好!”听了这个同学的鼓励,小韩勉勉强强地开始了。渐渐地,我发现她从原来的不愿意,不参与,变得能够享受游戏的过程。

“小韩,哈哈,你被抓到啦! 你要去圆圈的中间表演一个节目。”同学说。

“我可以念首古诗吗?”

“当然可以。”我说。

就这样,小韩鼓足勇气为大家念了一首古诗。念完古诗后,同学们都给了她响亮的掌声。我看到小韩的脸上洋溢着喜悦。

这虽然是一个游戏,但是对于一个内向的孩子而言,要让她走出第一步非常困难。所以,要从学生的角度出发。他们喜欢玩游戏,那么就从游戏出发,以游戏为契机,让他尝试走出第一步。因而这个游戏的目的是为了让小组的同学们能够互相了解,提高熟悉度。让学生们围成一个圈圈,进行丢手帕的游戏,被丢到手帕的同学在圈子的中间介绍一下自己。其中,需要多次让内向的孩子上来说一说。由于他们的胆子不够大,因而可以使让他们说的内容少一点,多说几次。每当他们说完,其他同学对其进行表扬和鼓励。这样可以增加他们的自信,让他们明白,同学们对他们都是友善的,一定要敢于走出自己的世界,这样会有更多的朋友。

2. 画一画,我的好朋友

当完成第一个游戏之后,孩子们之间变得熟悉了。接下来,就让他们选择自己喜欢的小朋友来画一画。

“哪位同学愿意交流一下你的作品?”

“我来! 我画的是小韩和小张。因为我觉得她们很善良,下课当其他同学有困难时,他们都十分愿意帮助。”

“我也画了小韩和小张。因为她们做事情很认真。”

……

就这样,小张和小韩会发现,原来班级中的每个同学都喜欢她们。

增加了她们的自信感，让他们能够在课间敢于和其他同学交流，提高他们的沟通能力和人际交往能力。此时，让他们尝试着说一说自己的感受。而令我惊讶的是，他们真的愿意和同学说出自己的想法，展现自我，勇敢地跨出了第一步。

3. 找一找，我的小老师

短暂的游戏起到的效果是一定的，要让一位内向的孩子变得活泼开朗所花费的时间一定是长久的。因而，我让小组中的每个小朋友都找一位朋友成为自己的老师。而这位需要帮助的小朋友也不例外。通过手拉手，互相帮助，让这位活泼的同学引导内向的同学慢慢地走出自己的世界。同时，还可以引导他们上课认真听讲，积极听课，效果十分明显。对于内向的孩子而言，一定要让他选择自己喜欢的同学成为老师，唯有这样，他们才会有兴趣去学习，去敞开心扉。而这时，老师也起着关键性的作用，一定要多鼓励，多发现他们的优点，并将其放大，从而使他们进步。

二、第三组

第三组中需要帮助的学生家庭条件优越，但是父母离异，孩子在爷爷奶奶的照顾下成长，所以，这个孩子可以说是在缺爱的环境中成长的。因而对于这个孩子，重点在于如何让他感受到学生以及老师对他的爱。同时，与他的家长交流，使得孩子渐渐地有安全感，不再缺爱，从而能够有信心学习，成为一个合格的小学生。以下，是我为这个孩子设置的教育环节。

1. 手拉手，围圈圈，交朋友

与一、二两组相同，刚开始时同学之间的陌生感需要消除，所以通过“丢手帕”这个游戏，让大家互相了解，并感受参与班级活动，共同游戏时快乐，让其打开心里的第一道防线。

2. 手拉手，我们一起来“齐心协力”

这位同学与前两位相比，他对于人的接触有一定的抗拒。因而他需要和同学们有一定的肢体接触，才不会害怕与人接触，才敢与人接触。而“齐心协力”这是一个特别需要肢体接触的游戏，通过这个游戏还可以培养团队之间的默契。因而，我让这位同学参与到这个游戏中，让他明白他也可以和其他小朋友一样成为班级的一员，成为前进的动力。在完成这个游戏的过程中，他起先有些不情愿，不愿意。但是，通过其他同学和老师的鼓励之后，他迈出了第一步。渐渐地，他脸上的不情愿变成快乐。果然，完成这个游戏以后，我发现他渐渐地愿意和同学们交流了，不再像以前坐在自己的位置上，沉浸于自己的世界。

3. 手拉手，请你成为我的好朋友

由于这个孩子的生长环境，他缺少可以说知心话的朋友。因而，我需要让他走出第一步，找到自己的好朋友，这样对于他打开自己的心扉将起着至关重要的地位。班中有一位心地善良且热情活泼的好学生，十分愿意成为这个孩子的朋友。一段时间后，在这位同学的引导下，他变得不再拘束，沟通能力有了明显的提高。他的朋友也不再只有一个，而是有了很多。

要想改变一个学生长久的交流方式需要大量的时间与精力，并不是几次游戏活动就能够达成。而其中，我给“特殊生”找的小老师也必须是一位有责任心，乐于帮助他人的人。老师要关注学生的结对，能够做到适时地指导。同时，当发现孩子的交流能力有所提升以后，在课堂上应当给予更多的关注，让他充分地感受到自己的进步。

同时，我也时常和这个孩子进行交流，了解他的内心想法，并根据他的想法提出适当的建议，让他知道老师一直关心他，同学一直爱护他。他是一个有优点，值得成为别人朋友的好孩子。

作为一名教师，对于学生的德育教育应该是存在于教学中的各个方面。尤其是对于班级中的“特殊生”更要常常进行德育教育。但现在的孩子自尊心都比较强，因而要从侧面进行德育教育。而游戏，特别是充满互动的游戏就是一个非常好的方式。我觉得游戏是一个契机，是让孩子走出来的一个机会。以游戏为践行方式，将德育教育渗透在学生的生活中。通过这样的德育教育方式，不但可以重塑学生的自信，还可以提高学生的各项能力。所以，提高学生与学生，老师与学生之间的互动是一个非常有效的方法。

（金丽丽）

案例 20

表扬激励在表现性德育中

每个孩子都期待你的表扬。著名教育学家陶行知先生说过：“你的教鞭下有瓦特,你的冷眼中有牛顿,你的讥讽中有爱迪生。”美国心理学家特尔福德认为,驱使学生学习的基本动机有两种:一种是社会交往动机,另一种是荣誉动机。前者表现为学生愿意为他所喜欢的老师而努力学习,从而获得教师的称赞,增进友谊;后者则是一种更高级的动机,它是人们要求在社会上取得一定地位、待遇的愿望体现,如追求别人对自己的尊敬,希望获得别人的肯定、赞扬、称颂等,这两种动机是学生学习自觉性和积极性的心理基础。

从上面的理论看,孩子们似乎很在乎老师的表扬,我想:如果恰当地运用表扬,引导孩子们学会正确的表达方式,鼓励他们表现自己,是不是能在教育上起到更积极的作用呢?我这样想着,就试了试,在班级里,收到我表扬的学生渐渐地多了起来,我惊讶地发现,表扬的作用真不小!他们真的变了!

课堂上露出的笑容

小盛是一名五年级学生,学期初刚刚转过来。她性格内向,课堂上从不举手发言,功课不能按时完成,成绩差强人意。任课老师与她谈话,她总是不开口,老师和家长十分着急。

按理说,这个年龄段的孩子表现欲望应该是很强的,小盛之所以不敢表现是因为平时很少得到周围人的肯定,导致她对自己缺乏信心,不敢开口。

我采取了发掘闪光点,多表扬,建立自信。

从那以后,我开始找机会表扬她。有一次,开火车轮读课文,轮到她时,她站起来,依旧怯生生的,可是我听出来,她的声音比平时略微响了一点儿,于是我大声对她说:“你今天的声音比昨天响亮,你有进步!”她抬起头望着我,眼神中有一丝惊讶。我对同学们说:“让我们为她的表现鼓鼓掌!”掌声响起,她更加惊讶了。我继续说:“继续努力,你会更棒的!”她坐了下来,似乎没想到这样也能得到表扬,一时间有点呆住了。从那以后,我注意到,课堂上,她的注意力比以前集中了很多,坐得也格外直。跟她讲解题目时,她听得比以前认真多了,听懂了,她会点点头;听不懂,她会露出疑惑的表情,我就为她再讲一遍。过了些日子,我看到了她在课堂上露出笑容,看到她偶尔举起的小手。虽然她的声音还是很轻,但是答案基本八九不离十。看到这样的表现,我悬着的一颗心终于放了下来。

对于缺乏自信，不敢表现自己的孩子来说，表扬可以帮助他们建立自信，让他们鼓起勇气，勇敢地表现自己。因此，我们要善于发现他们身上的闪光点，抓住机会，表扬他们。

更好地表现自己

小马撒谎成性，常常为自己不交作业找借口。一次偶尔的谈话中，我发现他对爸爸的感情很深，很爱爸爸。我觉得从这一点入手，加以表扬，说不定能把他引到正路上来。

孩子爱撒谎，一方面是因为以前撒谎的习惯没有得到及时纠正，另一方面是因为正面引导不够，从而导致他养成了不良的品德。对于屡教不改的孩子来说，施加正面影响更加重要。而且，孩子身上也有好的一面，从这里入手，加以表扬，可以很容易打动孩子，帮他们建立正确的是非观，培养良好的品德。

我采取了深入了解，趁热打铁，给予表扬，巧妙引导。

谈话过后，我悄悄联系了小马的家长。我了解到：在家里，小马的妈妈不大管他，他的生活起居多由爸爸一手照料。爸爸腿不好，有一次为了骑车送他，大冬天摔了一跤，还是坚持送他到学校。过了两天，我再次找到他谈话。我诚恳地对他说："老师知道，你很爱你的爸爸。因为爸爸腿不方便，你主动帮爸爸做了很多家务。你真是一个孝顺的孩子！"他没想到我会因为这件事表扬他，一时呆住了。我接着说："但爱爸爸不只是口头说说而已，还需要行动。爸爸希望看到的是一个诚实、勤奋的你，不是撒谎、懒惰的你，对吗？你准备用怎样的行动来回报爸爸呢？"他低着头沉思了一会儿，坚定地说："我会改正错误的！"之后一连好几天，他都没有拖拉作业，态度很认真。有一次，我布置了一篇作文——《记一件难忘的事》，他就写了爸爸骑车送他上学这件事，写得很有感情。我随即在课堂上朗读了他的作文，同学们也很惊讶。我趁热打铁，说："看得出来小马是在用心写这篇作文，文章中充满了对爸爸的爱。他平时的作文成绩不是很好，但这一次，他用心了，写得很棒！只要用心，没有做不到的事！"说完，我带头鼓起了掌，底下掌声响成一片。小马红着脸站起来，不知说什么好。从那以后，他妈妈告诉我，那天我表扬他之后，他回到家特别高兴，吃饭时一直说个不停，之后也常常提起这事，一说起就一脸兴奋。我明显感到，他完成作业的态度比以前端正多了，特别是写作文，事例很真实，遣词造句也很用心。而且他不再撒谎,偶尔没有完成作业就老实承认,其他老师也都反映他的进步很大。

对于经常犯错的孩子来说,表扬是一盏明灯,指引他们走向正确的方向,更好地表现自己。

激发表现的积极性

小夏是一名一年级的小学生,不爱说话,却很调皮捣乱,经常和周围的孩子打闹,朝他们吐口水,还有一次要用铅笔戳一个孩子的眼睛。很多孩子都不喜欢他。但是有一次,小夏主动把自己的油画棒借给一位没带的小朋友,让我很吃惊。通过家访我了解到,小夏在家里也不爱说话,习惯用肢体动作来表达他的需求。我觉得这可能是父母长期忽视和孩子的语言交流造成的。小夏的语言表达能力不够,所以选择用肢体动作来表达。他的本意不是想伤害周围的人,有的时候他恶作剧,只是想引起别人的注意,让别人陪他玩,但他不知道这样的表达习惯是错误的。

我采取借助表扬,消除误会,持之以恒,帮助改正。

首先,我借助这次机会,在班级好好表扬了小夏,我说:“虽然小夏平时有些调皮,但他是个乐于助人的孩子,看到谁有了困难会主动帮忙。”然后我分别找平时讨厌小夏的几个孩子谈话,告诉他们:小夏并不是想要欺负同学,他只是想找人陪他玩,只是他不知道怎么跟你们说。希望你们不要生气,多陪他玩。我也对小夏说:“你想跟大家玩,要好好说,不能动手动脚,这样谁都不喜欢。”小夏点点头答应了。之后,他努力地学着跟大家沟通,交流,渐渐会说“谢谢”“对不起”“请借我一块橡皮”“我们一起玩”等简单句子了。每次我发现他的这些小小进步都会及时给予他表扬:“小夏,你说得真棒!”“你是个讲文明懂礼貌的孩子!”日积月累,虽然他的口头表达能力比起同龄孩子还是有一定的差距,但是已经有了很大进步。大家都反映小夏比以前懂礼貌了,开始跟他玩了。

有些孩子不善于表达,他们只是没有掌握正确的表达方式。我们不应该打击他们表现的积极性,而是要交给他们正确的方法,用表扬的方式加以引导,持之以恒,加以巩固。

鼓励积极的表现

刚和孩子们接触,我认为“严是爱,松是害”,一直板着一张脸,严肃地对孩子们。渐渐地我发现，孩子们都很怕我，见到别的老师都是有说有笑的，只要一见到我，立马收住笑脸，规规矩矩站在一边。平时在路上遇到我，能躲就躲，实在躲不过了才出来叫一声"张老师"，让我感到很无奈。

一年级的孩子正是表现欲望最强的时候，在我面前却不敢表现，应该是我平时对他们太严厉，没有及时给予他们表扬和肯定。久而久之，伤害了他们表现的积极性，让他们看到我都不敢说话了。

解决方案：转变方法，表扬肯定，微笑鼓励，拉近距离。

我决定转变方法，实行"表扬教育"，抓住孩子们平时的闪光点、进步加以表扬。"某某，你今天的字写得很漂亮！""某某，你的声音真响亮，能再读一遍吗？""某某，你真是个讲文明，懂礼貌的孩子！""某某，你的作业比以前认真了，加油哦！"一声声表扬打消了孩子们的顾虑，课堂上举起的小手渐渐多了。课后，我也经常和孩子们聊天，听他们说说自己家里的有趣事，时不时地夸两句，孩子们觉得很放松，和我的距离渐渐拉近了。有一次，在公交车上，两个小姑娘正在吃糖，见我上来了，窃窃私语了一番，其中一个不好意思地过来说："张老师，这是我爸爸从桂林带回来的糖，您要不要尝尝？"我接过糖道了谢，她不好意思地跑开了。还有一次，一个孩子给我带来一朵栀子花，说："老师，送给你，这是在我家小区里摘的。"我感谢了他，但也委婉地告诉他不该摘小区里的花。他不好意思地承认了错误，表示以后不会再摘了。

对孩子严格是一种爱，但不应该打击孩子正常的表现积极性。这种积极性一旦受到打击，孩子就很难敞开心扉，表达自己的真实想法，不利于孩子的身心发展。

经过这些事，我明白：孩子的心其实很脆弱，就算表现再不好的孩子也渴望着你的认同；孩子的心也很敏感，你对他的好，他感受得到，你对他的讨厌、失望，他也感受得到。现在为人师表的我们，为什么不能体谅一下孩子的心情，多一些表扬，少一些批评；多一分宽容，少一分严厉。鼓励他们勇敢地表现自己，敢表、乐表、善表、表真、表善、表美，秀出自己的精彩人生！

（张　莹）

案例 21

圈子模式下的互助成长

圈子化管理模式即以若干学生为一个单位，形成一个小圈子，以"圈子"的形式进行工作、学习的自我管理、服务管理以及评价管理，用圈子化管理模式为每位学生的健康成长和潜能开发提供平台、机会、丰富资源的班级生活。在圈子化的管理模式中，学生们没有好差之分。以圈子的形式共同学习管理班级的方法，通过建立广泛的参与机制，使人人在班级管理中得到锻炼和提高。特别是对于那些平时锻炼机会较少的学生，努力创造良好的氛围，激发他们的自信心和勇气，给予更多的鼓励和扶持，在圈子成员的互助成长中，逐渐形成独立自主管理的班级的能力，体验到自我服务、自我管理带来的收获，使学生乐于自律、乐于服务，享受自我管理带来的成就感。

圈子化管理模式已经实行了若干年，从高年级到低年级，其中对管理的方法和实施办法也随着班级学生特点及年龄特点进行着相应的调整，但最终达成的目标是一致的。

圈子化管理需要老师时时刻刻关注每个学生的发展，并对其做出相应的调整，以便孩子朝着正向趋势发展。

［**案例描述**］

勇 敢 评 价

（一）

一年级小朋友活泼好动，对自我认知比较模糊，他们很难对自己的需求做出准确的判断，因此，我们设立了星星榜，比如礼貌之星、用餐之星、卫生之星、发言之星、书写之星……这样学生不仅能真正寻找到自己的闪光点及长处，也能找到同学间的共同点及差异，可能会有个别学生这些都评选不上，我们将根据他的特点设立星星榜，从而让每一位学生通过星星榜对自我及他人有一个正确的认识，为每一位学生打造一颗专属之星。

每个月末我们将对小朋友将进行自评和互评，程序比较简单，自己认某一方面做得好的就请在老师念到的星星时站起来。

小黄开学以来各种可爱、各种调皮捣蛋表现得淋漓尽致，每次老师说到的小星星，他总是第一个站起来，自信心爆棚。可是每次都被其他同学评价得一无是处，只能灰溜溜地坐下。不过，他依然很乐观，很阳光。临近结束，小黄什么也没有评到，但他依然乐呵呵地看着其他同学站起坐下。于是我提议把“勇敢之星”送给他，同学们纷纷表示赞同，并给了他热烈的掌声，小黄乐得合不拢嘴。

“不过，老师也要给你提个意见，想一想自己刚才哪些星星平时做得还不够好，所以小朋友没有选到你，我们下个月争取改进一点点，争取被评上好吗？”

小黄高兴地直点头。

（二）

小金是个颇为内向的女生，平时在教室里沉默不语，可她也有着自己的专长，那就是字写得跟印刷出来的一样，才一年级，这功夫了得。可是评小星星这事好像与她无关，全班小朋友几乎都已经上了榜，但她自始至终稳稳地坐着。

“还有谁没有评到小星星？”

“小金没有，她都没有站起来过。”

小朋友们开始议论起来，有的小朋友甚至控制不住自己大叫了起来：“小金，站起来，快点站起来呀！”

“小金，你觉得什么小星星最合适你呀？没关系，勇敢说出来，要像小黄同学学习。”

“你的字写得这么好，刚评书写之星时干嘛不站起来呀？”小朋友们七嘴八舌地说开了。

小金听着小朋友们的夸赞，扭扭捏捏地站了起来，低着头，小脸羞得通红。

“你终于肯站起来了。吴老师给你点赞！你要勇敢一些，看看那么多小朋友支持你。要正确认识自己，觉得属于自己的要试着去争取，好吗？”我拍着小金的肩膀说。

“好！”小金用她那独特的轻柔的嗓音回复了我。

之后的几个月中，小黄开始能够认识到自己的不足，小星星评比时能实事求是根据自己的特点对自己进行较为正确的评价了。小金也变得勇敢了，敢于主动站起来对自己评价了，真是了不起的进步！

学 着 管 理

随着小朋友对自我有了一定的认识，圈子化管理开始启动。圈子雏形建成后，由学生自己为自己的小小圈子起个自己喜欢的圈名，再根据自己圈子的弱点自行商议本月达成的小目标，向着目标前进。

起先，学生自己制定目标是有困难的，笔者从第一个圈子开始，带领着大家一同制定月目标，比如诺诺圈有的小朋友吃饭比较慢，你们就可以制定每个小朋友要按时吃完饭作为你们的月目标；乐乐圈有个别小朋友胆子比较小，他们制定的月目标是上课要积极举手发言……“老师我们想到了，我们圈个别小朋友的书写不太好，那我们就制定认真写好字的目标吧？”“很好啊，那再加上争取不用橡皮好不好？”……慢慢学生找到了制定目标的方法——看着星星榜的要求哪些自己圈内同学还没有达成。就这样，每个圈都能为自己量身定制了奋斗目标。每月一个目标，恰好将圈子中每个学生的优势发挥得淋漓尽致，同时让成员之间进行相互评价，每个成员都有机会对自己的圈子成员表现进行评价。

可是几天下来，我发现很多圈子不停地在画三角形，很少出现五角星。于是利用午会课我对学生进行了互评指导：“首先每天的评价要实事求是，在评价前发现小朋友存在的问题应该及时告诉他，提醒他改正，再进行观察，如果他有进步依然可以给他五角星。如果你经过提醒，他还是没有改进，甚至于不接受批评，这样就不能给他五角星。”

“吴老师，有些圈子都不是每天评价，那天我看到彩虹圈他们一下子评了三天！”

“哇，你们的记性可真好！能一下子记得小朋友前几天的表现呀？老师还是建议你们每天及时进行评价好吗？”

彩虹圈成员们惭愧地点点头。

“老师还想提醒圈子负责人们能够做好提醒组员及时评价，公平公正很重要。期待看到有更多小朋友的进步。有没有信心？”

之后的日子里，每一圈子都在微妙地发生着变化，有的小朋友下课围在评价表前商量着；有的圈子负责人在提醒当天参与评价的小朋友及时评价；有的小朋友的行为习惯进步了……这一切都在圈子化管理的模式下想要达成的效果。

［**分析与思考**］

圈子化管理对于一年级小朋友来说只是起步阶段，他们还要走很长的一段路，在此期间我们需要根据学生情况的变化对进程做出相应的调整。

圈子化管理模式的起步阶段主要想达成学生对自我认识，即培养学生的自我意识，只有学生对自我有了足够的认识，知道自己努力的方向，通过圈子化管理时，自己对他人及自己的观察再评比，提高自身的观察能力，自我分析能力，和自我评价能力，使自己能对自己有一个清晰的认识，并对自己的状况及时反思。

在此片段(一)中，通过活动使他们认识到自己眼中的“我”并不一定就是别人眼中的“我”，对自我认识不够准确。

小黄和小金两个性格截然不同的学生对自我都做出了极端评价，一个过于自信，认为自己样样都好；一个过于自卑，觉得自己什么都不如别人。两位学生借助了他人对他们的评价，老师的指导，对自我有了更清晰的认识，使他们学会与同伴进行比较，借助别人的评价来评价自己，通过比较做出较为准确的评价，提升自我评价能力，同时也进行了自我意识的训练。

片段(二)中，通过圈子的评价行为提升学生的管理意识。评价不是为了评价而评价，在整个过程中，每个成员都能参与到评价之中，通过评价活动让学生再一次对自我和他人有了新的认识，通过对比使学生能在评价的过程中，互相帮助，互相监督，互助成长。

这正印证了美国加利福尼亚大学的哥拉斯说的那一句话——我们都被潜伏于基因中的四种心理学习所驱动，它们是归属的需要、力量的需要、自由的需要和快乐的需要。每一位学生指导着圈内其他同学，真正体现了共同进步。每一位学生都在自己的小圈子里发光发热，小小圈子雏形的生活正在发挥着大大的作用！圈子成员在相互帮助、相互商量、相互磨合的过程中逐渐成长。他们快乐、自由，他们为自己的小圈子自豪，他们感受到了团结的力量。

(吴旭崧)

案例 22

互帮互助，携手共进

表现性德育中的互动促进策略是指我们在对学生进行思想品德教育的过程中，通过设置表现性活动，让学生之间相互联系，相互作用，从而促进学生在提高学生的认知、行动能力，让学生正确认识自己，认识他人,敢于表现,乐于表现,善于表现的策略。

俗话说:“一个篱笆三个桩,一个好汉三个帮。”作为班主任、德育工作者,我们要帮助学生树立正确的思想观念,养成良好的行为习惯,靠一个人的力量是很难完成的。学生不是单独的个体,他们的学习、成长都是在群体中完成,因此他们的思想和行为都很容易受到周围人的影响,如果能恰当组织周围人的力量,让他们与学生产生积极向上的互动,用榜样的力量来对学生产生积极的引导,相信我们的工作一定能事半功倍。

[**案例描述**]

本学期,我们每月都要例行开展一次“讲优点说不足,手拉手共进步”的少先队例会。这是队员们开展批评与自我批评,团结互助,共同进步的大好时机。很多队员都会借此机会结成互助小组,互相帮助,共同进步。

案例一:情境+书信,转变表达模式

小林和小陈是班级里出了名的“冤家”,互相看对方不顺眼。小陈仗着学习成绩好,看不起成绩落后的小林,而小林总是调皮捣蛋,到处惹事。两人一前一后,小陈总是说坐在后面的小林故意把桌子往前推,挤着他了,小林说小陈太苛刻,故意针对他。两人经常一言不合就开打。两人都是独生子女,常常以自我为中心,不顾及他人的感受,想说什么说什么。怎样才能让他们学会为别人着想,说话之前先考虑别人的感受,为此,我考虑了很久。

在一次“说优点讲不足”的主题队会上,我将本月的主题定为“宽容”。就小林和小陈的问题,开展了一系列教育活动:

1. 游戏互动,引起思考。

首先,我组织了一个游戏——照镜子。两个同学面对面,一个同学做出各种表情、动作,另一个同学跟着模仿他。我请了好几组同学,其中就有小林和小陈,只不过他们不在同一组。游戏结束后我让学生谈谈自己的感受,大部分同学明白了“自己怎样对别人,别人就怎样对自己”的道理。小林和小陈不吭声。

2. 创设情境,引导表达。

接着,我以校园中、生活中的发生的事件为基础,创设情境,排演了两个小品,让学生判断并思考:他们做得对吗?

小品一：学生 A、B 均为独生子女，二人都以优异的成绩考入同一所初级中学，编在同一个班学习。一天下课，A 从座位走出教室，一不小心将 B 入学时刚买的新文具盒碰翻在地，笔盒里的文具撒了一地，A 一边说“对不起，我不是故意的”，一边就弯腰去捡文具。这时 B 不由分说，跑到 A 的座位上，将其所有的书和文具全部丢在地上，这时，A 一气之下将已经捡起的文具丢在地上。接下来两人便扭打在一起，对同学的劝阻置之不理，直到老师到来，才停止“战斗”。

小品二：学生 C 准备参加学校田径运动会，平常训练很吃苦，想为班集体增添荣誉。比赛的前一天，她叫妈妈买一双运动鞋，她妈妈马上答应了。可是她妈妈那天的工作很忙，一直加班，连午饭和晚饭都没有回家吃，晚上回家时也就没有为她买到运动鞋。她妈妈向她做了解释并请她原谅，保证第二天比赛前买到鞋，可她就是不理，还闹得不可开交！

小品结束后，很多同学都发表了自己的看法。我特意请了小林和小陈。他俩在看到第一个小品时表情就有些不自然，因为小品里的情节跟他们自己身上发生得太像了。小林诚恳地说两人不应该打架，小陈表示同意。

3. 榜样引领，尝试换位。

然后，我让班级的“宽容大使”——小张同学介绍一下自己平时跟同学们交往过程中，处理矛盾的经验。小张的经验就是——换位思考，体谅他人。听了他的话，同学们展开了热烈的讨论。我将小林和小陈的矛盾讲给同学们听，同学们畅谈了自己的看法。在大家的帮助下，两人终于试着敞开心扉，谈了自己对对方的一些看法，虽然有些地方还是不到位，但看得出两人已经在尝试理解对方，并对自己的行为做出一定反思。

4. 每周一信，加强互动。

为了巩固效果，我提议小林和小陈每周通信一次，在信里可以畅谈自己的想法，把自己对对方的看法写出来，同时相互督促：绝对不能打架。一旦出现打架行为，两个人都要受到惩罚。两人接受提议，开始通信。从一开始的寥寥数语到后来无话不谈，仅仅用了两个月。

案例二：利用互动评价，培养表达习惯

小郑和小高是班级里两个性格截然不同的同学。小郑热情开朗，讲起话来滔滔不绝，课堂上也忍不住在下面讲悄悄话；小高性格腼腆，沉默寡言，课堂上鲜少发言。怎样激发小高的表达兴趣，让他乐于发言;怎样引导小郑,让她改善自己的表达方式,学会遵守课堂纪律呢?我觉得光靠老师的教育远远不够,应该发动他们周围的队员,用队员们的评价来不断提醒、鼓励两人,让两人逐步改变自己的表达习惯。

在一次"讲优点说不足"的队会上,我将主题定为"团结"。希望能让队员们学会团结,帮助身边的伙伴。为了鼓励更多的队员来帮助小郑和小高,我有意识地进行了引导:

1. 游戏体验,感受团结。

第一步,我组织了一个游戏:海中孤岛。在地上铺一张报纸,让队员们站在报纸上。报纸代表一座海中孤岛。现在是涨潮时分,孤岛的面积在不断缩小(将报纸不断对折、再对折),在规定时间内,看哪一组队员留在孤岛上的人数最多。我特意请了小郑、小高和他们前排的两个队员来参加。由于游戏规则的规定,几个队员到最后都紧紧地抱在一起,单脚站在报纸上,他们获得了胜利。游戏结束后,我再让他们谈谈感受,他们不约而同地谈到了团结。

2. 开诚布公,集思广益。

第二步,我展开小组讨论,让队员们在小组里谈谈目前自己在学习上、生活上的困难和缺点,让其他伙伴来帮助自己。我特意去小郑这组参与他们的讨论,针对小郑和小高的课堂表现,请队员们给他们提提意见。队员们热情高涨,有的鼓励小高要积极发言,有的提醒小郑课堂上不要讲废话。

3. 多元评价,对症下药。

为了能够扎扎实实改变两人的表达习惯,我建议大家给两位同学设计一张评价表,由组里的同学轮流对两人课堂上的发言情况进行评价,两位同学自己也可以给自己评价,或是给对方评价,一个月后,看谁的进步快。经过讨论,我们制定了以下评价表格:

小郑课堂发言情况记录表			
	举手发言	插话、交头接耳	一周点评
自评	☆☆☆☆☆	☆☆☆☆☆	
同桌评	☆☆☆☆☆	☆☆☆☆☆	
伙伴评	☆☆☆☆☆	☆☆☆☆☆	

小高课堂发言情况记录表			
	举手发言	插话、交头接耳	一周点评
自评	☆☆☆☆☆	☆☆☆☆☆	
同桌评	☆☆☆☆☆	☆☆☆☆☆	
伙伴评	☆☆☆☆☆	☆☆☆☆☆	

经过一个月的坚持评价，小郑和小高的情况渐渐有了起色。小郑的进步更加明显一些。课堂上交头接耳的情况减少了很多。小高的举手发言次数也有了实质性的突破。小郑还主动帮助，鼓励小高，赢得了周围同学的好评。

[**案例反思**]

1. 对于即将步入青春期的小学高年级男生来说，他们中的很多人敏感而冲动，面对突发事件往往先动手再动口。而且很多孩子都是家里的“小太阳”，被家长宠坏了，不会为他人着想。所以在对他们进行教育时我常常通过游戏、小品等方式模仿生活中的场景，创设情境，展开教育。这样既保护了他们的自尊心，又让他们体会到只为自己着想、一时冲动的后果。同时，这个年龄段的男生在语言表达方面能力不如女生，面对面交谈往往不能化解矛盾，反而容易制造摩擦。所以我选择用通信的方式让两人加强互动交流。这样可以给双方充分的时间冷静下来，认真思考后再表达自己的看法。从互动的结果来看，这个方法很成功。两人在通信的过程中逐步消除了误会，理解了对方，关系缓和了不少。

2. 上述案例表明成功关键在于扬长避短，发动周围的力量。小郑和小高的性格截然相反，各有所短，却正好互补。我所做的就是引导他们互补，首先用小高的性格影响小郑，让小郑逐渐习惯认真听讲，不讲废话；然后鼓励小郑来帮助小高，增长自信，大胆发言。当然也多亏了一帮“神助攻”的队友，在旁边加油鼓劲，集体的力量是无穷的，让他们共同成长了起来。

俗话说“单丝不成线，独木不成林”。一个人的成长离不开周围人对他的影响。我们德育工作者，就是要好好利用这个规律，将教育对象放在团体之中，让他与其他学生产生积极互动，良好影响，一步步帮助教育对象养成良好习惯,树立正确的人生观、价值观。在这条道路上,我们要做的还有很多,很多。

（张　莹）

第四章　表现性德育的实施路径

一、表现性德育实施的载体

德育需要有效的载体，即在德育过程中能承载并传递德育内容或信息的所有事物、活动及过程。德育载体是指承载和传导德育教育因素，并能为教育者所运用，使教育者和受教育者发生互动的一种德育教育活动形式。德育载体是在德育过程中，德育工作者为实现一定的德育目标，选择、运用承载一定德育信息的中介。德育载体是进行德育的承载工具，德育载体是德育工作中不可缺少的重要部分。

在德育过程中，教师对德育载体的重视程度、认识程度、使用方式等都直接关系到德育载体的运用效果，这就需要教师不断提高自身的德育素养，熟练运用各种德育载体，这样德育效果就会事半功倍。

德育载体是为德育内容服务的，是为了进一步将德育内容与信息更好地传递给受教育者而采取的一种形式。如果我们不顾德育内容而一味追求德育形式，那么德育载体就失去了它原本存在的意义。在德育过程中要重视载体承载的德育内容，反对形式主义，要把承载德育内容的具体载体形式与形式主义分清楚，不要让过多的形式把本质的内容给掩盖掉，若过多的重视形式，本末倒置，形式大于内容，会很大程度上减轻德育的效果。“现在我们在德育过程中往往要求德育形式多样化，要新颖，要对学生有吸引力，貌似这样我们就会更好地达到德育目的，德育效果会更好，但是结果往往是差强人意的，因为我们将过多的注意放在了德育载体的形式上，而忽略了载体承载的德育内容，这样就是本末倒置。比如活动载体，在开展的过程中一味地追求活动形式的新颖、趣味性、吸引力而忽视德育内容的育人性，这样就会使德育效果不强，从而失去了此次活动开展的意义。"（张莉娟：《小学德育载体研究——以郑州市某小学为例》，郑州大学，2019.5）我们可以发现学校德育载体在运用过程中仍存在一些问题：对德育载体重要性认识不足、载体运用不平衡、载体运用缺乏综合性、载体运用片面追求形式、运用与创新德育载体能力不足等。

表现性德育针对德育口号多，空转缺少实效，缺乏个性培养的经验，更缺乏对培养学生个性的教育载体、形式、方法、途径的现状，探索德育的创新。表现性德育旨在让学生会做人——社会角色的最佳表现。德育要培养学生的社会能力，例如，爱不仅是情感也是能力；责任不仅是一种道德品质，也是能力。让学生具有积极的做人做事习的能力表现。强化践行培养学生道德能力，必然需要强化德育载体。

表现性德育的实施时要高度重视提升德育载体认知度。提高教师对表现性德育德育载体内容的认知，提高对德育载体新形式的认知。同时要提高教师对德育载体与内容适切性的关注度，只有内容与形式相匹配，才能提高德育实效，更要引导教师及时将反映时代精神的德育内容注入德育载体。在保持传统德育载体优势的同时，不断创新载体的形式和方法，只有适宜于学生的德育载体才是有生命力的。教师应该不断提高对德育载体使用策略的认识，以便达到更好的德育效果。

实施表现性德育要遵循德育规律，一要符合青少年学生心理发展特点，学生有表现的欲望，随着自我意识越来越增强，自我实现的需要更迫切，学校应该创造条件满足学生的发展需要。二要符合德育心理学的原理，道德概念发展为道德信念，表现通过情感体验，体验产生于活动与实践，即表现。三要德育方法创新。德育不应是灌输，而是体验、感悟达到践行。这就需要让学生在生活中、学习中表现，在学校做好学生，在家庭做好孩子、在社会做好公民。突出践行——做人的表现。

表现性德育是学校表现性教育的深化，从行为规范培养，向道德行为表现发展，层次更高。学校明确了德育发展方向，让学生表真、表善、标美，培养学生的做真人的能力；明确了德育途径，要让学生践行——自主表现，敢表、善表、乐表。表现性德育不仅关注学生行为改变的结果，更关注学生行为发展的过程，它的方向是让学生表真、表善、表美，培养学生做人的最佳表现能力，它的途径是让学生践行敢表、善表、乐表，实现自主表现。在“每一个学生都能有良好表现”教育理念引领下，我校以表现德育为载体，尽可能地给每位学生提供适应其潜能开发和个性发展的教育条件。

在表现性德育的视角研究过程中，我们认为以下五个问题是使用德育载体是需要关注的：

1. 关注德育载体的目的性。德育载体，特别是德育活动必须有明确的活动目的，活动才能更圆满地展开，必须避免为活动而活动，当活动结束后，学生根本不明确这次活动学习指向。德育活动是在教师指导下，根据德育目的，有计划、有组织地开展一些活动形式，具有较强的目的性。德育工作需要一定的载体形式，因为没有具体的形式，内容就表达不出来，但是需要把握适度原则，不能搞形式主义。避免形式主义，除了丰富德育载体承载内容外，最根本的就是要做到实事求是即根据德育目标和任务，认真仔细地分析受教育者的需求，并根据实际出现的问题及时调整，需要做到具体问题具体分析。

2. 关注德育载体的实践性。表现性德育具有强烈的实践性，与此相应的，其德育载体更需要设计性。与其他载体相比较，活动载体的实践性是最突出的，因为就活动本身来说就是一种社会形式。比如，在课程载体这一形式中，学生主要就是接受教育内容，而在活动载体这一形式中，小学生不仅接受教育内容，而且还亲身实践这些内容。在活动载体这一形式中，接受知识和实践知识是同时的，并且是相互促进的。

3. 关注综合运用各种载体，形成载体合力。表现性德育的实施需要各种德育载体形式，不同的载体形式具有不同的特点。所以，我们在选择德育载体的时候要以实现表现性德育的效果最大化为原则，这就需要教师根据各类德育载体形式的特点去选择和运用最为合适的载体形式来开展表现性德育工作。比如，行为规范教育，我们可以选择课程载体和活动载体综合提高学生的行为的道德认知与践行。但是由于德育目标和内容的广泛性和复杂性，单靠某一种载体形式是远远不够的，需要教育者把握各种载体形式的适用性综合使用多种载体形式，使各类载体形成教育合力，以实现德育效果的最大化。

4. 关注德育载体的参与性。开展德育活动需要教师与学生双方都能积极地参与其中，这样德育活动才能顺利地开展。如果教师和学生不能够积极地参与其中，或者只有教师的指手画脚，而学生的被动应付，那么开展的活动就达不到预期的目的。德育载体的学生参与度往往与这个载体的学生兴趣性有关，也就是学生化（儿童化）程度有关。由于学生精力充沛，活泼好动，富于想象等特点，教师组织的德育活动需要符合学生的年龄特征，能够吸引学生积极地参与其中，更有利于学生把道德认知运用于实践中，更好地促进学生个性的发展。

5. 关注表现性德育中活动载体的运用。活动载体是德育载体系统中的一种重要载体形式。活动载体可以激发学生参与积极性，能够充分发挥学生在学习与践行中的主体地位，能够使德育内容通过各种活动形式更加的形象、具体、生动地展现出来，使学生在参加活动的过程中产生直接经验，更好地内化德育内容。活动载体可以使教师和小学生产生双向互动，促使教师在活动中更好地认识学生，了解学生。

表现性德育要求在学校生活、家庭生活、社会生活中培养学生行为规范上、道德人格上、个性专长上良好的角色表现，具有敢表、乐表、善表品质的充满个性特征的学生之教育。表现性德育强调德育关心学生的道德品质成长的需求，强调引导学生品行发展的过程。我们在表现性德育的实践中归纳出了："创设道德情境、充分践行表现、发展做人能力"。我们在三年多的表现性德育实践与研究的过程中，概括出了六条实施表现性德育的途径。

二、表现性德育的实施路径

我们学校经过近年来的"表现性德育"的实践，总结出了"二主、二大、二活"的实施途径——"主渠道：课程学习；主阵地：主题教育；大时空：日常教育；大课堂：展现平台；活教室：校本节日；活平台：社会实践"。

（一）主渠道——学科教育融合

学校学科课程由人文课程、社会课程与科学课程组成，其中包括德育课程。德育课程丰富，其中包括表现性德育。表现性德育与课程教学整合是学校实施表现性德育的基本途径。通过表现性德育课程建设，夯实德育主阵地。学校课程是学校办学目标和培养目标的集中体现和落实的根本保障。学校的课程是组织学校教育、教学活动的主要依据，是集中体现和反映学校教育思想和教育观念的载体，是实现学校教育愿景的重要途径。表现性德育的校本课程群体现了我们的课程文化诉求:“让每一位学生都能表现好”的教育理念,从工具走向本体,确认课程满足学生发展的需要。开发校本课程,使学校课程具有动态性、适应性和选择性,使学生在掌握专业知识与技能,发展职业行动能力的同时,学会学习,具有积极主动的学习态度。

表现性德育必须在课程主渠道中结合展开,在学生知识技能的学习同时,通过学校课程提升学生的道德素养,培养学生做人、做事能力,也是德育工作的首要内容与重要目标。我们学校依据表现性德育与课程教学整合,把表现性德育课程分为两大类:

第一类是融合性课程,即以学校的基础课程、拓展课程与探究课程为载体,在关注学生知识的同时,培养学生最佳角色表现,落实学生能力表现,让学生在价值观、态度和情感上提升。这就是结合表现性德育,以校本化二度开发三类课程,融合表现性德育。

第二类表现性德育课程,即以让学生“最佳角色表现”为导向,培养学生表真、表善、表美、表新能力与乐表、敢表、善表心理品质的课程。我们开发与实施这类表现性德育课程促进学生的做事做人能力,提升学生敢表、乐表、善表的心理品质以及表真、表善、表美、标新的道德能力。我们开设了“行为礼仪”课程作为校本德育课程,以提高学生行为规范水平。学生在表现性课程过程中体验积极表现的乐趣,丰富精神生活,提升生命活力。我们通过这类课程实施表现性德育,旨在让每一位学生在学好课程的同时,都有培养特长和实践成功的机会,尽可能地发挥自己的专长和内在潜能,在教师的帮助下尝试成功,进而获得自主成功,争取成为知识、能力、情感价值观全面并且能适应社会发展需要的人才。

教学过程是对教学的各要素的展开,并走向教学目标的实现过程。教学过程在客观上是有其一定范式,只是人们意识到与否。不同的教学过程反映了一定的教学观念、一定的教学内容与教学方法结构。

传统的教学过程注重教师的教学过程以学生理解、记忆一定数量的现成知识为目的,与此的相应产生的教学过程必然以“灌输式”为主,导致学生的思维越学越僵化。苏霍姆林斯基指出:“学生的主要精力用于消极的掌握知识,即用于死记教师说讲的现成东西,背诵教科书中的东西,这实在是许多学校可怕的灾难。”学生掌握知识过程与学生能力发展过程常常脱节。教师把学生掌握一定数量的现成知识当作教学目的，没把能力发展作为事实上的教学目标，因而传统教学出现了“高分低能”的现象。

传统教学的课堂教学方式主要以“教师讲学生听”或者“教师问学生答”这样的形式进行，基本上是教师讲授——学生接受的灌输式、注入式。教师用自己的教学代替学生的学习，即教师用自我认知成果去喂学生的记忆，代替或者取消了学生的自我认知活动。传统教学过程中缺乏学生能力的培养。教师传授知识过程与学生掌握能力过程相脱节，学习过程的发展与学生思维能力的发展相脱节。灌输式的教学不需要知识与能力的过程与方法，更不需要学习的过程与方法，只要记忆。教师在教学过程中只管讲解不管学生怎样思考。教师用自我操作代替学生操作。在教学过程中教师讲解、演示，动口、动手用自我操作代替学生操作。即使给学生实际操作的机会，例如练习、作答，学生也是处在被动的地位。而教师的活动成了主要内容，教师成了教学过程的中心。教师在课堂上占用大量时间讲来问去、演来示去，结果锻炼了教师的自说自话的本领，而学生的本领得不到及时的培养。传统教学过程中对学生学习的反馈主要以知识是哪个获得的分数为重，忽视学生对所学的内容的尝试操作、实践操作、独立操作的反馈信息，并及时做出应变。传统教学忽视从学生的个性差异、兴趣爱好、能力的差异上因材施教，难以实现让每个学生都能表现好。（张裔凭：《确立新型教学过程观》，http://club. jledu. gov. cn/? action-viewspace-itemid - 219）传统的教学过程失效的根源在于教学过程缺乏丰富性，展示的知识具有严格的确定性和简约性；对教学过程的思考停留在表层描述性居多，缺少学生学习的深度；教学过程以直接传递信息为主，缺乏学生动手动脑的表现，缺失为学生提供由经历转化为经验之机会。表现性教学就是针对课堂教学中的这些失范，强调注重学生运用知识解决实际问题的能力发展，学生的个性潜能的开发；学生的创新思维培养。一句话：要变学生是课堂里的“听众”，为在课堂中大显身手的“演员”，有出色的学习表现。

实施表现性德育与教学整合时，要关注以下要点：

1. 关注课程教学范式转变，让学生获得主体性表现。当课程领域转向“实践理性”和“解放理性”的时候，课程就成为教师和学生的经验、成为师生所建构出的自己的“意义”。我们的表现性德育主张的表现范式是一种以教学过程为中介复演与适应社会生活，以学生学习为中心，其本质是对学生终身发展负责的教学范式。在表现的特定教学情境中教师和学生的主体性充分发挥的时候，这种以表现为重点的教学情境的进行过程必然是富有创造性的，必然存在许多非预期性的因素。这些创造性的、非预期性的因素拥有无穷的教育价值。

2. 关注表现教学过程是把教学要素整合于教学情境之中，使之促进而不是抑制学生学习愿望和能力。表现范式是属于教学过程范式，主要揭示教学过程的特征。表现性教学范式强调教学过程，其关键就在于关注学生的表现过程，促进学生敢表、乐表，并发展善表的能力。我们认为表现范式确立了一种新课堂观，更新教师的教学理念，着重关注建构课堂生态，改善学生学习生态，让学生表好、表美、表新，强调提高教师的教学过程能力，注重教学方法，优化教学过程。

3. 实施表现性教学，培养做人做事能力。我们坚持了教学的教育原则，认为课程教学之中本身就有着德育，因此不是“德育渗透”阳春面加浇头，而是更关注学生课程学习中的德智的均衡发展，表现性德育与表现性教学整合。通过表现性教学促进学生的表现性学习，学生的表现性学习指向能力培养在不同学科表现形式也不同，我校特别注重学生职业技能的培养，我们认为提升学生的专业技能水平，培养学生做人、做事能力，是德育工作的首要内容与重要目标。

4. 在教学中实现表现性德育，要关注学生培养的能力目标，并以此配置相应的作业，让学生以此为载体充分表现。在课堂教学中通过作业让学生表真、表善、表美，在人文培育与技能培训中引发学生的内心与教师、同伴进行对话，激发学生思考、讨论、创新，不断提升职业技能水平，让学生切身体验到积极表现的价值。

5. 在评价内容上，要通过对学生的学习表现来考量教师的教，是否促进学生的最佳表现。学生在课堂中学习表现，应成为表现性教学评价的主要内容，即关注学生是怎样表现的。表现性教学评价标准中学生在课堂的“表现”应包括“学生表现内容”“学生表现广度”“学生表现深度”以及“学生表现心理”等内容。表现性教学评价在内容上还要关注对教学过程的评价，既评价学生的学习表现过程，又评价教师引导学生学习参与表现过程。表现性教学评价强调教师在课堂中如何组织、引领学生参与课堂表现，是否提供学生表现的经历，使学生获得体验与感悟，产生有意义的行为改变，促使学生在知识与技能，过程与方法，情感、态度与价值观这三个维度上得到全面、充分的发展。评价要考查教师的教是否促进学生的最佳表现，教学目标指向、教学内容组织、教学方法匹配、教学过程的展开是否有利于学生的表现性学习。表现性教学评价标准中教师"表现"的行为，应体现在教师如何确定专业或者学科能力目标、设计表现性作业并组织学生在课堂中充分表现的行动上。

6. 在评价方法上，既要重视课堂观察，又要重视课后收集有关信息。表现性课堂教学评价标准重视课堂观察，要观察学生在课堂中的表现情况（表现内容、表现广度、表现深度、表现心理），同时要观察教师在课堂中的表现（表现性作业的设计、组织活动的过程、对学生表现的评价方式、教师的素养、教师的课堂机智等）。同时，表现性教学评价标准还重视课后随机访谈与观察。课后随机访谈可以在本堂课结束后进行，也可以在若干天后再进行。主要是通过与学生交流了解学生的目标能力是否得到提高，了解课后作业完成的适宜性，了解知识技能的落实巩固情况。

实例 1

金小少年爱金山　金色课程添精彩

——金山小学"金山情"主题教育课程建设计划

一、指导思想

以《"金山情"主题教育课程实施方案》为指导，围绕"为每一位学生的健康幸福人生奠基"的办学理念，立足校情，立足金山特色，努力以三大"金色课程"为载体、以专题教育、体验实践、特色课程为途径，积极推进"金山情"主题教育的开发和实施，引导金小少年将爱金山、爱家乡的精神内化于心，外化于行，深化金山情结，升华金山情怀，激发金山情感。

二、课程目标

以金山地理、历史发展、特产为载体，以家乡文化、资源为中心，以各学科为教育阵地，帮助学生了解家乡，进而培养学生热爱家乡、热爱祖国的情感。以丰富多彩的实践活动为主要手段，引导学生亲近乡土自然，感悟到家乡的魅力与可贵，进而对家乡文化产生自豪感和认同感,激发“我是金山人,我骄傲”的情感。

三、课程设置

金色课程之一:专题教育课程

认知篇——牵手英雄

年　级	单　元	主　　题	实施途径
三年级	第一单元	让祖国拥有自己的天文台	
		医学史上的奇迹	
		生命的最后时刻	自然学科
		一名中医的理想	
		第 25 号方案	语文学科
		在云南的日子	美术学科
	第二单元	深夜里的烛光	语文学科
		关在藏书楼里的孩子	
		用铜笔练就的书法家	书法学科
		香未尽,不入睡	
		冷水泡脚	
		蚊帐顶上的棋盘	体育学科
	第三单元	编外学生的抢答	
		状元小时候的遭遇	
		宝贝石头	美术学科
		移灯绘兰	书法学科
		属虎的功夫小子	
		奇妙的世界	自然学科
	第四单元	心中装着老百姓	
		孩子是地里的种子	
		他的家里有十万册图书	
		为人仁厚的神医	
		爱心满分	
		一支神奇的铅笔	美术学科

续　表

年　级	单　元	主　　题	实施途径
四年级	第五单元	据理力争保两镇	
		力排阻挠改漕运	
		革新教育办新学	
		“愚蠢”的读书人	
		女子也是人	
		洋过海来的兔子	自然学科
	第六单元	敢叫皇帝认错的宰相	
		横刀跃马真将军	
		血战金山卫	
		一片丹心辨忠奸	
		一项特殊的使命	
		英勇善战的抗日团长	
	第七单元	一生正气斗邪恶	
		一生戎马，无愧生平	
		甘洒热血求解放	
		永不枯萎的工运秀苗	
		不做亡国奴	
		大海里的搏斗	
	第八单元	巧计灭倭寇	
		智斗小汉奸	
		裤裆里的炸弹	
		海上秘密交通线	
		打字谜	
		虎口接头	

金色课程之二：社会实践课程、兴趣探究课程

践行篇——探寻家乡

走遍金山(社会实践课程)

年级	模块主题	活动内容	建议课时
一年级	金山区烈士陵园	以入团仪式为契机,组织孩子们走进位于漕泾镇的金山区烈士陵园开展参观教育活动。在活动中引导孩子了解漕泾的历史,在缅怀烈士的同时中能珍惜现在来之不易的幸福的生活	12月5日 3课时
	活动地址	金山区漕泾镇东海村镇南2042号	
二年级	金山卫历史文化公园	以入队仪式为契机,组织团员们走进金山卫历史文化公园。通过参观抗战遗址,让孩子们能铭记1937年农历十月初三惨案的日子,增强民族自豪感	6月1日 3课时
	活动地址	金山区南安路87号	
三年级	金山区图书馆、文化馆	以年级为单位,组织队员走进图书馆和文化馆。通过参观了解场馆的服务功能和馆藏资源,在感受金山文化建设的巨大变化的同时引导队员认识到知识的重要性	4月23日 3课时
	活动地址	金山区蒙山北路280号	
四年级	金山区博物馆	以年级为单位,组织队员走进金山区博物馆。结合活动前队员收集整理的信息,展开参观攻略的大讨论。通过小队自主参观的形式,让队员们在领略历史文化底蕴的同时了解金山地区的悠久历史,进而感受精致和谐、大气开放的新时代人文精神	5月18日 4课时
	活动地址	金山区金山大道1800号	
五年级	金山嘴渔村	以小学毕业为契机,组织队员走进渔村,了解渔村历史与海渔文化。通过活动让队员在实践体验中感悟勤劳勇敢的金山渔村人民,在悠久的历史长河中,不仅用双手创造了巨大的物质财富,又用聪明的智慧,创造了取之不尽、用之不竭的精神财富集体生活,进而增强对家乡的情感	6月底 4课时
	活动地址	金山区山阳镇沪杭公路6394号	

家乡民俗我寻访(社会实践课程)

年级	活动主题	内 容 与 要 求	活动形式
一年级	金山美食	家乡传统美食反映了这一地方的饮食文化,更凝结着一份“月是故乡明”的家乡情。在家长的带领下,让孩子了解家乡美食的制作过程,品尝其口味,用照片的形式向大家介绍了解的过程	亲子活动 中队活动
二年级	金山方言	金山方言浸透了江南水乡孕育的民俗民风,闪烁着金山人民的襟怀睿智。“漂亮”,金山话说“去来”;“厉害”,金山话说“着力”……在父母的帮助下设计一份调查问卷,向长辈和小区居民了解金山方言,用自己学到的金山方言说一段话,向伙伴们展示你的学习收获	亲子活动
三年级	金山古镇	人们往往用“沧海桑田”来形容历史久远、沉重。金山区共有9个镇,它们的背后都有一段委婉动人的故事,这些美丽古镇你都去过吗?请你在父母的带领下游一游古镇,寻一寻古镇中藏了许久的往事……将美丽的古镇拍摄下来,并配以简单的文字介绍	小队活动 亲子活动
四年级	金山古桥	金山,以山为名,而实为水乡泽国,历来是鱼米之乡。至2006年,全区有各类桥梁5 318座,其中古石桥58座。一座座历经千百年的古桥,不仅诱发人们的思古忧情,更凸显出金山的历史文化底蕴。金山尚存的古石桥中,年代最早的有位于吕巷镇的玉秀桥和寿带桥,建于宋代。请与你的伙伴们一起寻一寻金山还有哪些古桥。制作一份古桥介绍媒体,将那悠远的故事向大家娓娓道来	小队活动 亲子活动
五年级	金山人物	金山钟灵毓秀,人文荟萃,涌现出大批名垂千古的历史人物。从魏晋南北朝的顾野王到当代著名漫画家丁聪,他们都是对金山历史重要影响者,尽显旷世雄魂。一片桑梓情,美在我辈乡邦,请结合《金山情》读本的人物介绍,与你的小伙伴们一起开启寻访之旅,用你自己最喜欢的表达方式将你的寻访过程以及人物故事与大家一起分享	小队活动 亲子活动

悠 悠 乡 情

金色课程之:体育特色课程

寻梦篇——玩转帆船

千帆进校园

年级	活动主题	内　容　与　要　求	活动形式
一年级	小船行驶的秘密	通过“帆船外形真奇妙、创意折纸船、小船航行大比拼”三部分的内容，引导学生在观察模型、分组交流体会小船行驶的奇妙中，培养学生的观察和简单表达能力。通过小船的设计选材和制作开展创意折纸船活动中，培养学生的同伴合作能力	探究课 小队活动
二年级	帆船模型DIY	通过“帆船知多少、我来做帆船”这两个部分的内容，引导学生设计帆船，收集制作帆船的材料，观察、交流和实践，掌握制作帆船的基本技能；在实践测试自制的帆船模型中，探索制作帆船的技巧；在实践、制作、交流分享中感受制作帆船的乐趣，陶冶审美情操，培养学生收集整理资料，动手操作、观察分析实验，同伴间的合作的能力	
三年级	帆船外形探秘	通过让学生观察帆船的外形，各类帆船资料的收集，了解帆船的基本构造。同时，利用“奇妙的帆船、我是小小设计师、航行大比拼”等活动，引导学生在观察、设计、选材，制作帆船的过程中，养成耐心细致、善于合作的良好品质。培养学生的观察能力、收集信息能力、使用工具、操作能力等	
四年级	帆船与风的秘密	通过观察和实践模拟操作，学习如何辨别方向、风向的判断、风速的判断、了解海风形成等知识，进而判断风对帆船的影响，掌握基本的帆船运动员利用风驾驭船的知识。培养学生观察能力、问题与假设的能力、实验能力	
五年级	帆船与水的秘密	通过学生收集气象资料，观看潮汐变化的视频，尝试进行漂浮实验，让学生在五官体验中，感受水流的推力、阻力以及方向对帆船的影响。围绕如何减少这些外部因素对帆船行驶的影响，让船行驶得又稳又快为主题，让学生设计制作帆船模型，并通过帆船模型比赛，初步感受物理学的魅力，体会知识给生活带来的改变。培养学生观察预测、实验验证、分析总结的能力	

海浪中的勇者

年级	活动主题	内 容 与 要 求	活动形式
低段（一、二年级）	争当OP小将	通过参观训练基地、《玩转帆船》课程的宣传与学习，让学生对帆船运动有了初步的了解后，能对帆船运动产生兴趣。积极参与帆船项目的选拔、试训活动，以成为OP小将为光荣	日常训练 假期集训 各级比赛
中段（三至五年级）	我是OP小将	学会游泳技能，通过水上训练后，正式加入帆船基地，开始常规训练。经过不断地训练与各级各类的比赛，积累驾船经验，提高各项体能，培养坚韧不拔的精神。积极争取参加上海市帆船队的集训选拔，以成为帆船运动员为骄傲	
高段（初中）	帆船上的精彩	通过进一步的训练，不断提高驾船技能，在坚持与拼搏中成为小队员们学习的榜样。积极争取参加上海市帆船队的集训选拔，在海浪中尽显风采	

四、课程实施

1. 凸显课程的表现性。秉承学校“金色童年课程”的实施要旨，通过表现性学习来丰富学习经历。“金山情”主题教育课程实施过程要关注学生的发展需要，让学生通过充分的表现来转变学习方式，发展多元能力。

2. 注重课程实施与学科教学相结合。根据各学科教材内容，挖掘教育内涵，找准结合点，使课堂教学与德育教育有机结合，使学生在学习掌握知识、技能的基础上润物无声的渗透德育教育。

3. 充分开发校内外课程资源。建立学校、家庭、社会三位一体的共育机制，依托各类社会资源，利用学校共建单位、雏鹰假日小队等，为学生搭建实践体验、展示自己才能的平台，开展社会实践活动，让学生在社会实践中展现自我。

4. 注重表现性阵地系统建设。根据需要有效组合多种表现性阵地，把家庭、社会、学校的教育融为一体。

5. 制度保障，建立评价与改进机制。建构综合性表现性评价机制，通过学习表现、成果展示、参与态度等不同的表现，对学生进行过程性和发展性的评价。在课程不断实施、推进的过程中逐步建立课程改进机制，在多方听取意见的基础上，通过分析、反思、梳理等方法，不断完善、改进课程方案，从而能为学生创设他们需要的课程。

五、课程评价

1. 评价依据

"金色童年课程"的表现性评价，强调以能力表现为导向，打破唯书面成绩的评价。要综合实施多元、多方法、多途径的评价，发挥评价促进学生发展、改进表现性学习的功能，使评价的结果转化为激发学生学习与表现的动力。

2. 评价方式

1) 实施多主体参与学生活动评价。在各种形式的教师评价、家长评价、同伴合作评价、自我评价等整合中，让学生通过自己的表现展现自己的学习成果。

2) 建立多维度学习评估内容。通过学生的多种表现注重过程评估、综合评价学生的认知度、参与态度、情感体验等，做到评价内容的综合性、分层性，以评价提升学生道德能力。

3) 创设表现性综合评价平台。创设4+×"金山情"主题教育课程操作模式，开展跨学科式专题教育课程、全校性综合实践活动课程和活动性长课程，通过课内和课外两条途径实施，为学生提供丰富多元的活动机会、展示平台。

案例 23

《热闹非凡的市场》教学案例评析

[**案例背景**]

三年级上册的品社书中，有《热闹非凡的市场》一课，教学目标中要求学生了解各种商业场所，学会调查、比较商品的不同价格；学会选购商品的一些初步知识；具有独立购买简单生活用品的能力，具备初步的消费者自我保护意识。正好学校即将组织一年一度的秋游活动，在秋游活动的准备课上要给孩子们布置购买秋游物品的任务。我灵机一动，就将这两项活动相结合。

在设计本课教学的过程中，我让学生们在理解课文的基础上，以小组为单位，真正走进市场，进行调查研究，大胆交流，提高交往能力。在活动中充分发挥每个孩子的主体性,让大家积极参与讨论,集思广益,达成共识,让学生在活动中感受到合作的力量。在完全自主的体验中让学生把书本上学到的知识,灵活运用到生活中,让课堂焕发出生命的活力,同时也让学生在亲身体验中体会到文明礼貌、诚信友善的重要性,体现了人性化教学。

［**案例片段**］

一、引导学生大胆进行市场调查、自主探究

在现实中生活中,我们每个人都会去超市、百货商店、专业市场等场所按照自己的需要购买物品。让学生尽早学会一些选购商品的知识,培养他们独立选购生活用品的能力就显得格外重要。下周我校将组织深受学生喜爱的一年一度的秋游活动。在周五的少先队活动课上,我把学生按照6人一组,分成了7个小组,选出了小组长,并布置了与购买秋游物品相结合的市场小调查任务,学生们很感兴趣。通过调查,使学生学会:

1. 自主调查、比较商品的不同价格。

2. 积累初步的选购商品的购物经验。

3. 培养多渠道收集资料的能力,以及小组合作、交流、学习的能力。

镜头一

10月15日　三(5)班

老师笑容满面地对同学们说:“上周五,老师让大家做了一回小小调查员,去调查一些商品的价格。下面请大家以小组为单位进行交流,并派一名代表来汇报一下你们小组的调查结果,组员可进行补充。”

同学们拿出调查表相互交流,兴致很高。然后选出代表进行汇报。

老师巡视了一下各个小组交流的情况,大家都兴致勃勃,讲述调查结果。各个调查表设计得也很有个性,很别致。学生们自告奋勇地上台展示自己小组的调查表。

表1　三个小组在不同购买点调查的不同结果

组别	商品	购买场所	价　格	购买场所	价　格	购买场所	价　格
水精灵	怡宝矿泉水	罗森便利店	3元/瓶	欧尚超市	1.2元/瓶	小区商店	2元/瓶

续 表

组别	商品	购买场所	价 格	购买场所	价 格	购买场所	价 格
星梦	蒙牛纯牛奶	乐购超市	2.5元/瓶	可的便利店	4.5元/瓶	天猫超市	2元/瓶
梦想	香蕉	欧尚超市	3.8元/斤	子朝水果店	3.2元/斤	蒙山菜场水果摊	3.5元/斤

老师微笑着说:“老师也对这几种商品进行了调查,价格和你们调查的也有差别,来看看吧。”

表2 老师的调查结果

商 品	购 买 场 所	价 格
怡宝矿泉水	欧尚超市	1.2元/瓶
蒙牛纯牛奶	欧尚超市	2.3元/瓶
香蕉	橙小呆水果店	3.3元/斤

【评析】以“商品价格比较”的调查活动为基础来展开教学。比较调查结果的差异性,激发学生探究商品价格的奥秘,同时学生参与此项活动非常积极,各种调查表设计得也很有个性,很别致。在交流环节中,学生们自告奋勇地上台展示自己的调查表,课堂氛围活跃。课堂教学给予了学生大胆发言的机会。

镜头二

为什么购买同一种商品,价格会不一样呢?请大家找一找原因,认为说得有道理的可以给他(她)鼓励的掌声。(数十双手立刻举起来)

学生1:小店和超市的进货渠道不同。

学生2:零售价和批发价不同,一般来说,批发价比零售价便宜。

学生3:每个商店的营业性质不一样。

老师:“同学们分析得都很有道理。听了大家的发言,老师和同学们明白了同一种商品价格不同的原因。大家还有什么疑惑吗?”

有一个学生站起来说:“我发现在超市买一斤新鲜的桂圆只要9元,可买一斤桂圆干却要30元。这是为什么?”

老师也故作疑惑:“是呀,这是什么原因呢?谁来帮我们解除这个疑惑?”

二、进一步探讨价格的秘密

老师顺势出示思考题:新鲜桂圆9元/斤——桂圆干30元/斤?

(学生们开始热烈地讨论起来)

生1:因为桂圆干的保存时间比较长,所以制作工艺比较复杂。

师:有道理。

生2:桂圆干一年四季都可以吃,所以贵。

生3:桂圆干比新鲜桂圆轻,它所需要的原材料更多,所以贵。

生4:我看了书本上的介绍,也查找了一些资料,知道了桂圆变成桂圆干的过程,中间经历采摘→加工→流水线→包装→运输→上架销售等过程,每一道程序都需要人力、物力和财力,所以桂圆干要比新鲜桂圆价格高。

(老师对学生们的发言进行充分的肯定,并出示商品的一般性流程图进行进一步的讲解。)

【评析】通过价格探讨让学生感知价格的规律,充分肯定同学们的认真思考,大胆发言。加深了学生们对商品价格的认识,同时也让学生们体会到了自己运用知识解决问题的快乐。

三、合作讨论购买商品的学问

镜头三

师:在购买商品时,除了要了解商品的价格,我们还要学会购买商品的知识。同学们认为我们在购买商品时要注意些什么呢?

(学生马上以四人小组为单位进行讨论,气氛热烈。)

(老师来到学生们中参与讨论,聆听学生们的汇报。)

生1:买东西时,要注意看合格证,不能买“三无”商品和过期商品。

(老师随机对全班进行提问,什么是“三无”商品?)

生2:买东西时要货比三家,一般情况下便利店最贵,超市比较便宜,批发市场最便宜。

生3:在购买商品时要文明有礼,尊重他人,超市是公共场所,不可以大喊大叫,随意奔跑。

生4:如果遇到拿了又不想买的商品,要放回原处,以免增加工作人员的负担。

生5:找钱时,要看清假币。上次我和妈妈去买水果就遇到了假币。

……

(学生们讨论热烈,内容众多,不一而足。)

教师根据学生们的汇报出示PPT,简要小结板书:

要货比三家。要讨价还价。要看清找零,注意假币。买东西要看秤。

不买过期商品。不买“三无”产品。不买无证小摊贩的东西。

不要轻信广告,要看产品质量。小心“网上购物”“电视购物”。

四、模拟购物,深化感知

师:我们懂得了这么多关于价格、关于购物的学问。现在,我们班级的小超市开张了,请大家以小组为单位购买秋游物品,看看哪一组购物最合理。

学生:

1. 以小组为单位进行现场模拟购物。(学生自主能力较强)

2. 组内自行分配服务员和小顾客。(学生们踊跃参与,情绪激动)

3. 邀请听课老师进行购物评价。(师生互动和谐)

4. 评选“最佳购物小组”。(课堂气氛活跃)

【评析】在了解购买商品学问的前提下,进行购物体验,不仅活跃了课堂氛围,使课堂气氛达到高潮;而且活学活用,用书本上的理论知识指导了生活,加深了学生们的感官体验,给学生们搭建了展示才能的舞台,让他们在实践中反思和成长。学生们很开心。

[**反思**]

在教学中,教师根据学情适当补充充实的教学内容、注重与学生生活和社会的联系,增进教学的现实性和亲近感,丰富想象、激发学生乐意购物、热爱生活的情感。为学生的自主学习和生动活泼的发展提供充分的空间、模拟现实生活情景、创造条件,让学生积极参与实践、体验生活,在体验中学习、获得经验,逐步提高认识和参与社会的能力。

在活动中,创设问题情境,学习对生活中遇到的问题做出正确的判断、选择和处理,使学生具备初步的消费者自我保护意识。尽可能地给每位学生提供适合其潜能开发和个性充分发展的学习机会和践行条件,充分发挥他们的主观能动性,让他们自主参与、自主学习。

在课堂实践中,让学生享有充分的自由,真正发挥他们的独立性、合作性和创造性。在合作与竞争中培养发展他们“敢表、乐表、善表；表真、表好、表新”的外显能力，使德育与教学融合，让学生在学习和实践中增长才干，提升能力，为其今后终身发展打好良好基础，增强了教学的实效性。

（张静怡）

案例24

基于网络的表现性学习助力学生良好习惯的养成

随着电子产品和网络技术的飞速发展，网络学习已悄然进入千家万户，网络阅读也逐渐成为学生阅读的一部分，由于网络内容丰富，及时更新，搜寻方便；价值多元，平民化；多种媒体结合，生动形象；网络阅读过程从搜索、选择到传播、评论，更突出阅读的表现性、互动性与个性化，因此，被越来越多的孩子喜爱，甚至网络阅读量已渐渐超越文本阅读量。但是，目前网络内容的管理还比较薄弱，各类信息鱼龙混杂，辨别困难，过多的成人化语言，能让孩子听到各种人群的声音，也会接触到大量负面信息甚至不健康信息，有些网站为“抢眼球”，表述追求新异，不规范。而且孩子在阅读中，更多的是随意浏览与泛读，精读较少，网络阅读是为了娱乐消遣居多。如何正确引导学生网络阅读，进行表现性学习，培养孩子们良好的学习习惯是摆在语文教师面前又一个迫切需要研究的现实问题。

一、基于网络的表现性学习设计策略

我们根据语文新课标的要求，确立了“教师不是教学生知识，而是搭建学习平台，让学生自主决定学什么，怎样学，成果怎么表现”的网络阅读教学和评价研究的核心思想。在评价时，首先引导学生对自己在活动中的各种表现进行“自我反思性评价”，强调师生之间、同伴之间对彼此的个性化的表现进行评定、鉴赏。采用主题式学习跟踪档案袋的形式进行评价，具体来说就是指导学生根据自己的喜好和研究内容，收集、整理、记录自己在五个阶段的学习过程的表现、作品、感想，并将他们放在“小荷才露尖尖角”学校博客上，在网络平台上自己的学习伙伴、家长、老师或其他关注本次实践活动的人员可以对学生的活动作品进行鉴赏与分析；可以记录学生自我反思；学习合作小组成员对来宾进行

答辩;教师通过日常活动的观察进行随机点评等。

1. 创编表现性学习方案,分层指导

例如:我们根据四年级学生的阅读能力和学习兴趣,我们创编了《走进水浒》跨学科语文综合实践活动方案。该方案中的学习内容,不仅拓展了统编教材《武松打虎》这篇课文的教学内容,还根据《水浒传》涉及的审美教育,语言文字等诸多方面,通过五个阶段的跟进式阅读指导和适时评价,引导学生选择数个感兴趣的问题,小组合作,进行探究式阅读,在与文本对话的过程中,引导学生采用喜欢的方式个性化表达自己对文本的理解,可以是一幅画、一张书签、一篇读后感、一份小报甚至是一套武术等。

2. 多元化的表现性评价,张扬个性

在整个阅读和评价的过程中,教师根据学生不同阶段的阅读需求,利用计算机与网络进行个性化的阅读活动。通过网络进行评价,由于网络评价人群的多元化;对作品评价角度的多元化;评价方法的多元化,激发了学生阅读的积极性,增加了阅读面,大大提高了阅读的有效性。

例如:从内容上看:有同学在网上写阅读评论;有的收集了各种《水浒传》背景资料;有的推荐博客;有的阅读电子书等。从表现形式上:有的是一个图标,有的是一句话,有的是一段补充内容;有的是一篇文章等等。在互动交流中,借助论坛进行多元评价,个性化的阅读打开了孩子们的眼界,各类互动交流主题引领学生有目标地学习,在过程性评价中,教孩子一些品读名著的基本技能和方法,让学生尝试运用已有的语文知识来解决阅读和表达中的问题,在与伙伴合作、分享、交流的体验过程中寻求最佳答案,享受经典作品的文字之美。

3. 表现性的奖项设置,培养习惯

两个多月的学习探讨经历,我们不断尝试,调整评价内容和形式:(见下表)

阅　读　内　容	表现形式
英雄故事、读后感、故事梗概等	电脑小报
英雄妙语、歇后语、成语、人物绰号等	阅读书签

续　表

阅　读　内　容	表现形式
我心中的英雄(包括哪些改邪归正的人物)	演讲比赛
给电影配音、课本剧、水浒歌曲联唱、水浒人物表情模仿秀、武术表演等	才艺表演
自己设计的图画、收集的水浒人物图、水浒连环画等,在作品下面写几句自己的感言……	水浒画展

丰富多彩的学习内容,激发了学生阅读经典名著的兴趣。多元的评价方式,(见下表)给每个学生充分表现的机会,让他们不仅爱上了《水浒传》这本书,还创造出了许多意想不到的作品,口头表达能力、合作探究能力、搜集资料、筛选信息、整理归纳的能力得到了全面的培养。在取长补短中,学会合作、交流、接纳,综合素养得到了全面发展。

团队综合奖	个人单项奖
❖ 最佳策划奖:在活动中,主动参与,主动探究 ❖ 最佳合作奖:在活动中,小组成员能积极参与,团结合作,通过共同努力完成任务 ❖ 最佳创意奖:在活动中,能有自己的独特的创意,并得到大家的认可 ❖ 最佳作品奖:在活动中,出色地完成一项任务,得到同伴的赞赏	❖ 最佳创作奖:能在实践中,创作出令人满意的作品 ❖ 最佳书画奖:能通过图文等方式表达自己的见闻、想法、成果等 ❖ 最佳表演奖:能通过绘声绘色的表演,表达自己的观点 ❖ 最佳人气奖:在活动中,受到大家一致好评 ❖ 最佳配合奖:能参与小组活动的设计,乐意接受分工并完成任务 ❖ 麻辣点评奖:能对自己或他人的学习成果做比较正确的评价

二、表现性评价助力良好习惯的养成

利用网络的快捷便利,引导学生体会剧本和故事续写的情味感、畅达感,培养学生的语感;分析美术和书法作品的分寸感、形象感,培养学生的美感。在"作品上传→佳作欣赏→多方点评→全班交流→年级评奖"的过程中,我们将学生整个阅读学习的过程都记录了下来,这对学生而言不仅是评价自身成长的一个教育过程。这种动态的、多元的、过程性的评价,能尊重学生的思考和创新,接纳他们寻求个人理解和表达知识的方式,能比较客观地评价每位学生的学习成果,逐渐形成一种敢表、乐表、善表的学习氛围，在分享交流中，培养了学生与他人合作共读、交流分享、互助激励，共同进步的习惯，让孩子感受到——学习因意外的生成而变得更加美丽。当然在整个评价过程中还有以下几个小窍门：

1. 角色互换，入境入情，引生“敢表”

一开始，学生放在网上的作品有很大的随意性，放入学习跟踪档案袋的作品往往是根据自己的喜好来确定的。因此在评价学生作品时，要善于把握契机指导学生放作品时要有所取舍，可以放你的新发现，一篇打动你的作品等，让学生根据自己研究的主题有选择地放入一些作品，引导学生开始审视自己的作品。例如：谈到武松杀嫂嫂潘金莲时，老师在评论栏内提问：“如果你是武松，面对杀兄仇人，你会怎么做?”引导学生结合现在的生活实际谈解决方法。结果跟帖的人很多，他们提出了许许多多新的做法，然后再让学生讨论：“谁的办法好，当时武松为什么不用其他方法，而选择了自己亲手杀仇人的犯罪行为呢?”在激烈的网络口水之战中，道理越辩越明，整个思辨过程让学生理解了“逼上梁山”这个词语的真正含义；了解了当时的社会背景，为正确理解文本和文本中的人物性格和特征做了铺垫；同时，结合现代的法制教育知识，也让学生明白，当下我们应该如何为人处世，采用合适的方法解决问题。

2. 玩中品位，入文入心，让生“乐表”

兴趣是学习的先导，当学生的学习积极性高涨，求知的欲望在心中荡漾，以学为乐欲罢不能时，我们还用担心孩子们不去好好读书吗？我充分借助网络博客评价(如下图)的优势，设计“另一种视角”“我的创意DIY”等小栏目，让学生根据栏目自主确定探究目标，选择表现内容和方式，说说自己选择这类作品的理由，引导学生开始对自己的作品进行鉴赏。让学生在动手实践的过程中，明确自己想要学习什么和获得什么，确立个自能够达到的学习目标；协助学生设计恰当的学习活动和行之有效的学习方式，进而诱发学生的阅读内驱力，促进学生在阅读体验的过程中，个性得到张扬；在阅读实践中，体味阅读的价值，逐步培养学生的反思能力和独立性，让他们人人乐于表达。

3. 层层递进，挑战自我，助生“善表”

正是有了学生对文本的感悟，才会有网络上，学生异彩纷呈的作品，活动瞬间的精彩表现，才会有那么多妙趣横生创作灵感。但是学生这样的灵感和激情往往会昙花一现，需要老师不断地搭建更高的平台，帮助学生维持那份学习的求知欲和兴趣。因此，在五阶段的学习中，评价要求也是螺旋式上升的。我们以网络评价记录等资料作为依据，采用学生互评、教师协同商讨和师生民主评议等方法，鼓励学生大胆表现，说出自己独特的观点，在交流互动的过程中，迸发出不同的思维火花，让意想不到的新问题和新答案带着学生走向新的阅读高地。在交流评价结果时，可以采用别出心裁的方式表示，例如：可以是“一次有趣的读图课”“一次好玩的画书课”“一次激烈的辩论赛”“一次紧张的竞赛课”等，多元化的个性评价，让学生明白自己的长处，认识到自己存在的不足和努力的方向，进而激励学生不断改进自己的作品，提高他们的阅读与表达能力。

在整个学习过程中，每每看到同学们超乎想象，层出不穷的创新作品时，我被感动了。在交流与评价中，学生、教师、文本的思维碰撞，阅读的热情高涨，灵感频现，孩子们“百花齐放，百家争鸣”的个性化见解，让我明白了成功的评价应该是这样的：教师只是学习顾问，评价的目的不仅是判断对与错，善与恶，而是激发学生的学习兴趣和潜能。先前看似浪费时间的阅读体验过程，带给孩子的是一次难忘的阅读旅行，带着他们在走走停停中，巧妙地将预设与生成融合起来，现场捕捉瞬间的灵动，使孩子们发现了沿途美丽风景，让我们一起静待花开。

（肖　兰）

（二）主阵地——主题教育活动

主题教育活动是实施表现性德育的重要途径。表现性的主题教育是指以培养学生表现品质与心理为目标，以具有表现内容或者表现形式的活动展开的教育形式。让学生在主题活动中表现，在表现中发展做人能力，促进道德行为习惯的践行。

主题教育活动的主题有两种情况：一是主题直接指向培养学生表真、表善、表美的能力，提升敢表、善表、乐表的心理品质。这种形式我们称之为表现性内容主题教育。二是主题尽管教育内容是多方面的，即不是直接指向表现性内容的，但是采用表现性的方式展开主题教育的。这类活动没有直接指向表现，但是这类活动提供了学生充分表现的机会，我们称这种形式为表现性活动主题教育。这类主题教育活动很多，例如安全主题教育、法制主题教育活动等。在这些活动为学生的表真、表善、表好提供展现的舞台。这两种方式都具有表现性教育的价值，没有前者，学生的表现品质缺少直接的培养；没有后者，表现性德育的路径就非常狭窄。这两种形式应该互补、互动、交融。

表现性主题教育活动一般有：依据学校安排组织的活动，另一类是班级组织的主题教育活动，可以根据班情确定主题，设计活动内容和活动形式。除学校定期举行主题教育活动之外，每个班级也有每两周一次的主题教育活动，让学生在活动中充分地表现自我，进而感受生活感受教育。这两类主题教育活动各有所长，要根据情况选择。在这类活动中让学生充分表现自我，进而感受生活。

开展表现性主题教育活动的要点：

1. 表现性德育的主题教育活动主题确定要有学生。学生不是因主题而存在。教育主题设计要关注学生的成长的需要、经验，以及学生的现实生活。教育主题确立不是取决于教师能够做些什么，决定于学生应该学些什么，而是研究学生需要什么，可以获得什么能力发展。表现性德育的主题确定要重视那些来自学生的主题，要以学生关心的事物为主题展开教育活动。

确定表现性主体教育活动的主题要考量对学生的价值。Sylvia C. Chard 提示我们，应当以“问问题”的方式思考主题的价值。[Svlvia C. Chard：《走进方案世界(1)》，(台湾)光佑文化事业股份有限公司，1997.63.]这些主题是否具有教育价值，有利于学生的道德践行的发展，是否能根基于孩子已具有的经验及能力。透过这些问题的考量，主题的价值得到活动参与者的认同、质疑或否认，活动主题是否确立便有了实在的答案。

2. 关注学生表现主题教育中主体地位。在目标设计、内容选择、形式式确定以及实施过程中都应该体现学生的自主，教师不能包办代替，以教师的愿望代替学生的需要。主题教育活动要突出自主、自愿、自觉。

表现性德育活动是一种创造性活动，主体性是其灵魂。在主题教育活动中要提倡学生“自编、自导、自演”，即学生自主设计活动、自主组织活动、自主实施活动。教师要注意通过主题教育活动培养学生的独立思考、独立活动、独立创造的精神与能力,增强学生的主体性。在突出学生的“三自”时,教师不能放弃教育的责任,要热忱地指导和帮助学生展开主题教育活动。

3. 关注主题教育的实践性。主题教育活动不能采用教师的灌输,以说教为主要形式,不能从道德概念到概念。主题教育活动应该通过多种有价值的实践活动,让学生体验道德,发展道德能力,并促进学生的道德践行。没有教育活动,就没有道德学习的经历,“一切学习因经历而生”(王钰城,2011)。我们常发现有些主题教育活动过多地采用唱歌朗诵的形式,而缺乏针对学生实际的教育内容,导致这样的主题活动流于形式。

4. 合理采用表现性德育主题教育的活动组织方式。这些主题教育大致有以下三种方式组织:

第一,横向统整。以学生现实生活为背景,选择学生经验的连接点作为主题内容,统整和综合运用学生知识、能力与经验、态度、价值观念,从与学生现实生活的连接角度结合点,建构主题之间的关系。

第二,纵向递进。围绕主题,向纵深方向层层推进和展开。一般而言,要求主题综合性强,主题统整程度高。

第三,多元展开。注重观念、规则的统整,事实是观念、规则统整的基础。以主题为中心,思考主题与学生兴趣、主题与经验、主题与生活之间的连接关系,确立反映主题内容的多元理解。

5. 关注主题活动资源的可获得性。主题教育活动展开需要资源,如果由于相关教育资源贫乏而预期教育效果较,这样的主题应该考虑不能确立。所确定主题教育活动的表现所需要的资源应该是学生经过努力能够获得的适宜资源的。

我们通过丰富的主题教育活动,让学生有良好的角色表现。不是说有了活动一定有学生的积极的表现。主题活动要能让学生充分参与,为学生提供发展能力的充分表现,并在参与过程中进行道德学习。在活动的目标设计、内容选择、形式式确定以及实施过程中都应该体现学生的自主,教师不能包办代替,以教师的愿望代替学生的需要。这与主题教育设计的质量有关,高质量的活动才能为学生提供充分表现的可能。

案例 25

“拉响绿色的手风琴”主题活动案例

一、活动背景

文明礼仪是一个人乃至一个民族、一个国家文化修养和道德修养的外在表现形式，是做人的基本要求，也是一个人生存、交往的基础。孔子曾说：“不学礼，无以立。”就是要“立于礼”。讲究文明礼仪，在社会生活中具有重要的意义。小朋友从幼儿园踏入小学的校门，面对新鲜的小学生活，他们既开心兴奋，也会紧张害怕。以前，许多事情大多是由爸爸妈妈、爷爷奶奶帮助他完成，甚至是不动手大人也会帮忙做。但现在，他们要自己理书包，自己清洁教室，自己完成作业，还要学会遵守学校纪律，学会与人交往，其中的要求大部分孩子能够出色地完成，但小部分的孩子会出现各种各样的偏差，导致一些不良的行为习惯。进入小学后，学校通过“表现性学习”活动，为一年级小朋友搭建了一个良好的平台，这比传播知识、训练技能更重要。通过创设表现性活动，使每个孩子都“敢表，善表，乐表”，养成积极乐观的生活态度、活泼开朗的性格和良好的社会品德，增强社会性，提高社会适应和交往能力。通过表现性活动更好地培养和提高学习和生活能力，以便孩子能更好地融入社会，融入生活。

二、活动目标

1. 通过回顾校园生活的点滴，发现发生在身边的不文明行为。

2. 通过小组讨论，懂得不文明行为弊端，找到合适的方法提升文明行为。

3. 制定“我和文明手拉手”细则，边做边修改完善，和伙伴们一起努力按细则践行，养成文明好习惯。

三、活动思路

通过小品，引发了学生对不文明行为的关注，鼓励学生大胆诉说身边的不文明行为，感受到美丽的家被破坏后带来的后果，为下一节解决问题提供了素材和动力。在讨论中，积极大胆地说出自己的想法和解决问题的方法，找到养成好习惯的方法。在实践环节中，根据自己所选择的项目参与设计和宣传，听取其他同学给予的意见后，自主完善和修改自己的方案，提升了解决问题的缜密性，让解决问题的方案可操作性越来越强，最后把自己的设计方案推广给大家，一起参与践行活动，养成文明好习惯。整个活动通过“表现性的活动”让学生更具有小主人的使命感，与同学在解决问题的能力不断加强，尊重他人、理解他人、矛盾互谅和亲密合作的综合能力不断改进。运用主体、激励过程性等原则，充分发挥孩子的主观能动性，让孩子自主活动，既锻炼了小组合作学习的能力，又让孩子在活动中提升自主解决问题的能力。

四、活动过程

(一)“我们”的发现——寻找青涩

1. 教师：我们在金山小学学习和生活已经将近一年的时间了。小朋友们，喜欢我们的家吗？(喜欢)

2. 教师：你喜欢家里的什么地方？(学生说说自己喜爱的地方)

3. 教师小结：小朋友们，我们每天生活在大家庭里，家里有很多温馨和谐的故事，但也会有许多不文明的行为的行为发生。

4. 表演情景剧《校园里的哭声》。

(1) 小组讨论后交流

A 小品里有哪些不文明的行为？(上下楼梯不靠右走，走廊奔跑，小便后不冲厕所，水龙头没关紧，在桌椅上乱涂乱画等)

B 这些不文明行为可能会带来哪些不良的后果？(受伤、厕所有异味、浪费水资源、桌椅损坏等)

5. 老师小结

你们有一双善于发现的眼睛，找到了家里这么多不和谐的声音。既然有了这些问题，我们就得想办法解决，和不文明说再见！

【说明】引发了学生对不文明行为的关注，感受到美丽的家被破坏后带来的后果，为下一节解决问题提供了素材和动力。

(二)“我们”的思考——如何养成

1. 分类不文明行为(成立小组，自由认领)

名　称	具　体　现　象
文明用厕	
文明休息	
教室保洁	

续 表

名 称	具 体 现 象
爱护花草	
爱护公物	
节约粮食和水电	
礼貌用语	

2. 制订文明行为养成方案(各抒己见,具体问题具体分析)

文明名称	解 决 方 法	支 持 理 由

【说明】我国著名的教育家叶圣陶先生认为:“习惯有好坏之分,好习惯终身受其益,坏习惯终身受其累。”这是对习惯影响人生最精辟的概括。鼓励学生大胆诉说身边的不文明行为,通过自由组合,和伙伴们一起把不文明进行归类,为下一步解决问题做好梳理工作。

(三)“我们”的行动——实践导行

“我是文明小天使”——文明闯关活动

活动一:“记者在行动”(解决突发事件)

同学扮演小记者:我是金山小学的小记者,听说你们这里正在开展文明礼仪活动,我特来采访各位同学,大家欢迎吗?

(场景一)当你想向同学借笔时,你该怎么说?怎么做呢?

(场景二)如果你不小心碰掉了同学的文具盒,你该怎么办?你的铅笔盒被碰掉了,你生气吗?

(场景三)如果你在上楼道时,有同学被撞到了怎么办?

(场景四)如果你回到家,发现忘了给小朋友发作业本,你怎么向老师打电话询问呢?

小记者:通过采访活动你都知道了哪些文明用语?

小记者:文明和我们共同生活在这美丽的校园,共同学习在这个大家庭中我们和谐相处,团结互助,互相谦让,才能说得开心,这个大家庭就会越来越美好。

活动二:“班级小娘舅”(解决突发事件)

情景1:洗手后水龙头没关紧。

情景2:在厕所里摇门。

情景3:下课冲上楼梯大喊大叫。

情景4:在书桌上乱涂乱画。

活动三:“我的文明我维护”(分组践行设计方案)

节约粮食、水电组:根据不文明内容,制作展示温馨提示卡,普及节约的小常识。

文明用厕组:大家学唱文明用厕的歌曲,根据歌曲自觉文明用厕。

文明休息组:同学会玩课间文明游戏,减少奔跑打架事件,鼓励大家不断创新游戏。

教室保洁组:制作校园分类垃圾桶,学生会自觉垃圾分类,不乱扔垃圾,并设立监督机制和环保理念的宣传。

爱护花草组:发动小伙伴多种植物并精心培育,在过程中培养爱心,推荐观看相关植物书籍,学习自然知识,如《奇妙的植物世界》《天天爱科学》等。

爱护公物组:懂得物品对大家的帮助,自觉爱护,设立监督员,制作监督员卡牌,制定监督员职责,轮流上岗。

礼貌用语组:用社会放大镜(拍自己或者他人的照片或视频),会在不同的环境中正确的使用礼貌用语。提醒自己和他人,养成好习惯。

【说明】根据自己小组的能力,选择能够胜任的文明行为,制定养成习惯的细则。在实践环节中,积极大胆地说出自己的想法和解决问题的方法,随后,听取其他同学给予的意见,逐步完善和修改自己的方案,更好地应用于实践中。

(四)“我们”的传播——与文明签约

1. 与文明签约

文明誓词

我们是(　　　)中队的好团(队)员,我们保证做到:人走灯熄,排齐桌椅;见到垃圾,主动捡起;课间文明,做好榜样;爱护花草,节约水电;让校园开遍文明之花,拉响绿色的琴音。

宣誓人:

2. 与文明同行

节约用水组：把制作好的警示牌和宣传语贴在每层楼厕所的醒目位置。

文明用厕组：在小浪花广播时教会大家学唱文明用厕歌曲。

文明休息组：在升旗仪式上展示并教同学玩课间文明游戏。

教室保洁组：在十分钟队会或少先队活动课上展示垃圾分类，并在班级垃圾桶旁边做好提醒。

爱护花草组：人人动手清洁包干区，为植物浇水修剪。

爱护公物组：定期检查学校公共措施，及时报修或组织不文明行为。

礼貌用语组："大手牵小手"，高低年级伙伴结对学会使用礼貌用语。

【说明】在推广环节中，运用主体、激励过程性等原则，充分发挥孩子的主观能动性，让全校的孩子行动起来，养成良好的文明行为，并且成为一种习惯。

五、活动总结

大家用实际行动爱护我们的家，用爱心去关注家的变化，用热情去传播环保的理念，用行动肩负起护校的责任。让我们天天坚持，天天进步，把我们金山小学变得更和谐，更美丽！

六、活动分析

整个活动始终紧扣"文明校园"这个主题，根据表现性学习的特点，让学生先感受学校的美丽，再关注不和谐的行为，大胆地说出不文明行为对校园造成的危害。接着通过小组合作，找到改善不文明行为的具体方法，付诸行动，养成文明好行为。闯关活动中，大家敢于说出心中的想法，善于质疑心中的不解，更通过与小伙伴的合作找到解决问题的金钥匙，既解决了发现的问题，又提升学生解决问题，尊重他人、理解他人、矛盾互谅和亲密合作的能力。

（一）传播文明理念

学生们通过活动，不仅自己养成了好的文明礼仪，还把自己的金点子推广到年级和学校中，带动更多的同学一起参与，让更多的学生养成良好的文明礼仪。在整个表现性活动中，让自己的活动能力再一次升华。

（二）践行文明行为

在全班展示行动方案时，每位同学都要用说一说、做一做的方法，展示自己小组的解决方案，让大家看看可操作性是否合理，大家是否愿意跟着自己小组所设想的内容去践行。这样的方式提升了解决问题的缜密性，让活动的方案可操作性越来越强。学生们在实践中更加具有小主人的使命感，与同学在解决问题能力上也进一步提高，提升自主解决问题的能力。

每个小组所呈现的内容各有不同，种类繁多。他们会制作温馨提示卡，唱唱自编“文明用厕”儿歌，展示“文明休息”小游戏，学会垃圾分类等浅显易操作的小活动，让学生们都能积极行动起来，为文明行为添彩，成了活动的小主人。

（三）提升活动能力

在制订方案环节中，学生先大胆地说出自己的想法和做法，再听取其他伙伴的意见和想法，碰擦出思维的火花。然后自主选择感兴趣的内容，参与相关解决小组解决问题。在小组讨论过程中，继续针对所选的问题大胆说出自己的设想供大家参考，给予其他同学自己的意见，逐步完善和修改解决的方案。在整个过程里，每位同学都积极行动起来，尽量把解决方案做到更成熟，更易于操作。

（邵诗欣）

案例 26

“学会友善待人”主题教育活动案例

一、活动背景

友善，指朋友之间的亲近和睦。友善，是处理人际关系的基本准则，公民的基本道德规范，是核心价值观中的公民个人层面的价值准则之一。团结友善是中华民族流传千古的美德，互助友善更是一名队员应该具备的良好品质。虽然已升至四年级，但是集体内的队员们在男女交往中并不友善和谐。女队员尤其是中队委员投诉男队员对于别人的善意提醒总是置之不理，甚至直接顶撞，严重者还会说脏话；几位男队员又说中队委员有时不问青红皂白就记学号，甚至会出手掐他们。男女队员的关系向着水火不相容的态势发展，在表美、表好方面非常欠缺。正好借本次主题队会，通过讨论，改善中队男女队员的关系，希望中队内人人能够善表，会用一颗友善的心去善待每一位队员。

二、活动目标

1. 通过活动，使队员对友善有更加全面、深刻的认识，知道友善是社会主义核心价值观的内容之一。

2. 通过活动让队员知道，友善待人就要从别人角度出发来化解彼此之间的矛盾。

3. 通过活动，使队员能够正视以往的不友善行为，向队员表达歉意，能够用友善的心去赞美别人，下决心做一个讲友善的好队员。

三、活动思路

本次少先队活动课突出了贴近性、主体性和实效性，立足于每一个队员个体，着眼于队员的健全发展。活动从游戏互动开始，让队员在游戏互动中感受与同学的相处时间很长，彼此需要相互帮助，友好相处。随后创设情境，引出所要讨论的话题，使队员能深入角色进行思考，并说一说，议一议，撞击队员们的心灵，知道要换位思考。在学以致用这一环节，选择中队实际存在的事例，让队员运用已有的经验和本节课所学解决实际问题。随后引导队员去发现别人的优点，赞美别人的优点。最后将本次活动与中队建设有机联系起来，朗诵《快乐公约》，并将活动延伸至核心价值观的学习中，使队员能对友善有更加深刻的认识及践行。

四、活动过程

1. 互动热身，揭示主题。

(1) 互动小游戏。

(2) 中队长总结，引出本次活动课主题——友善。

(说明：这一环节的设计旨在让队员在游戏互动中感受到与同学的相处时间很长，知道生活在一个大家庭里，队员之间需要相互帮助，友好相处。)

2. 创设情境，提出困扰。

(1) 观看情景剧。队员们观看《本子掉了以后》和《笔被摔坏以后》两个情景剧。

(2) 队员谈感受。队员们针对两个情景剧中发生的不友善现象，结合自身谈感受。

(说明：本环节，用队员喜欢的小品形式引出要讨论的话题，所演的情景剧也是比较典型的矛盾冲突，能使队员深入角色进行思考。)

3. 换位思考，与人友好。

(1) 继续观看情景剧。队员们继续观看“换位思考”后演员表演的情景剧。

(2) 队员再次谈论。针对“为什么换种想法，换个‘位置’，结果竟会有如此大的变化呢?”这一问题，队员充分讨论，自由发表意见。

(3) 中队长小结。解决矛盾的密钥：多为别人想一想，多站在别人的角度去看问题。

(说明：这一环节意在通过具体实例，让队员演一演，说一说，议一议，撞击队员们的心灵，将心比心，换位思考，友善待人，化干戈为玉帛。)

4. 学以致用，解决问题。

(1) 抛出问题，引导学生讨论。辅导员提出中队内男女队员相处不和谐的现象，请队员们共同想办法解决。

(2) 小组研讨，共同解决问题。小组研讨，队员们充分发表自己的意见和见解，每个小组有一位队员记录。

(3) 集体交流，队员发表看法。每个小组的记录员发表本小组的意见，辅导员及时总结并板书。

(4) 队员之间化解存留的矛盾。队员解决存留的矛盾，说清楚事情原委，主动承认错误。(如果没有学生行动，辅导员小声提起队员曾经遇到的问题，鼓励他们大胆去解决问题。)

(说明：学习的目的是用学到的知识解决生活中的实际问题。在这一环节，我选择中队中实际存在的事例，让队员运用已有的经验和本节课所学解决实际问题，回归学习的最终目的，既锻炼队员的能力，又引导队员树立正确的友谊观。)

5. 互相赞美，和善待人。

(1) 写下赞美之词。队员在爱心纸上写下对其他队员的最真诚的赞美之词。

(2) 说出赞美之声。写好的队员大声朗读，并把纸条贴在黑板的爱心树上。

(3) 中队长小结。善于发现别人的优点，适度赞美别人，才能有更多的朋友陪伴左右。

（说明：这一环节的设计旨在引导队员去发现别人的优点，赞美别人的优点，让队员们从小就学会赞美。因为，用一颗真诚的心去发现别人的优点并加以赞美，也是友善待人的表现。如果队员们从小学会并具备了这种品质，他将终身受益。）

6. 齐声朗诵，延伸活动。

(1) 集体朗诵《快乐公约》。

(2) 重温社会主义核心价值观。

(3) 辅导员总结。出示班级活动图片，让队员感受到我们不仅是友善的一家人，更是相亲相爱的一家人。

（说明：这一环节将本次活动与中队建设有机联系起来，并将活动延伸至核心价值观的学习中，使队员能对友善有更加深刻的认识及践行。）

7. 友善践行的延伸。

根据《快乐公约》，学生相约在一周后，把大家的友善事件互相写出来，互相欣赏我们的友善。

（说明：这是本次主题活动的关键，让学生表现出友善的行为，互相鼓励，体现表现性德育总在表现的行动。）

五、活动分析

1. 本次少先队活动课目标设计合理，从改变队员的认知出发，在创设情境中，让队员深入了解友善，知道如何与人友善相处的基础上，更加侧重队员的行为改变，让队员为解决集体内存在的不友善行为出谋划策，为自己以往的不友善行为道歉，为与同学友善相处而大声说出赞美之词。既定的活动目标全部得以落实。

2. 整个活动过程实现全员参与，队员们开展讨论活动以小队为单位，保证了每个队员都是这次活动的主角，都有表现自己的机会，大家能够积极主动地参与活动。不仅如此，队员们不但敢于大胆表现自己的真实想法，而且信心十足，真正做到了乐表、善表。教育效果明显。活动后，班级的男女生关系得到明显改善，大家都懂得要谦让、友善，即使遇到问题，仅提一提本次少先队活动课，队员们便能自我反思，知道该如何处理与队员间的问题，无须老师过多的说教。

3. 本次活动不是一次孤立的主题活动一节课，而是重在课后的延伸。教师一定要抓好学生践行的反馈，共同分享。队员们一定会更加认真地聆听与表现自我，这一环节的活动效果会更好。

（曾佳佳）

案例 27

“互赠‘好朋友卡’”主题活动

主题背景：

待人友善是中华民族的传统美德，和谐是人类社会永恒的主题。友善是个人层面价值观中基础的部分。“七彩”苗苗中队的班风积极健康，学生团结向上，大部分孩子都能做到尊敬老师、礼貌待人、相处融洽，集体荣誉感很强，也有部分学生由于家庭环境及父母的培养，待人接物都有很强的能力及很高的品行，敢于并乐于表现自己友好的一面。而“友善”正是人际交往中必须具备的道德规范，是人们的良好品质。要成为一个受欢迎的小学生，应当要有良好的品质，要懂得友善待人。

活动目的：

1. 通过本次活动，让儿童团员学会互谦互让、互帮互助，体会集体生活的乐趣，增强凝聚力，充分感受班级生活的温暖、校园生活的幸福。

2. 经历情景剧、游戏、互赠卡片等表现行为，从中得到快乐，真正学会友善待人。

活动思路：

以小记者采访为引子创设中队里互为友善的情境，让学生参与发现、交流、感悟身边的事迹，明白什么才是友善。采用情景剧的直观引导法意在让学生明白什么样的行为是友善的，什么样的行为是不友善的。要正确对待同学间的矛盾，将“友善”贯穿于自己的言行中，学会换位思考，体会“友善待人”的真谛，以此转化成内在的动力，收获快乐。而互赠“好朋友卡”则将这种快乐进行彼此之间的传达，儿童团员们的内心感受都得到了一个情感的升华，培养互谦互让、互帮互助的能力。

活动过程：

环节一：记者采访话友善

小记者采访：中队里谁最受欢迎？

儿童团员们举例说出受欢迎的人和事例。

小记者归纳品质并提出倡议：以诚待人，团结友爱，乐于助人，互帮互助。

（评述：小团员们通过对学校日常生活的观察以及身边事例的说明，培养他们要善于用发现的眼光去挖掘身边伙伴的闪光点，形成榜样作用，使得中队里形成互相学习、人人友善的良好氛围。）

环节二：情景剧中寻方法

中队情景剧《本子的故事》：

① A发本子时被B撞到，两人争吵互不相让，打成一团。

② 甲发了一本脏的书给乙，乙不肯，双方争论不休。

儿童团员们交流：遇到不愉快的事情该用怎样的好办法去解决矛盾？

辅导员正面引导：中队是一个大家庭，我们都是相亲相爱的兄弟姐妹。当你遇到这种情况，如果我们能将心比心，站在别人的角度去想一想，结果就会变得不一样。

情景剧中的演员换位，继续表演：

① B因撞到别人导致本子散落一地而连忙说对不起，并弯腰去捡散落在地的本子，A也连声说没关系，你也不是故意的。二人一起发完本子，高兴地走出教室。

② 甲主动把这本脏书留给了自己，拿了下面的一本好书发给乙，乙看到了说："那本书应该是轮到发给我的，还是给我吧。"两人互相谦让。

辅导员讲话：团员之间、朋友之间，应该相互谦让、相互帮助、相互理解，这样大家的感情才会越来越好，我们的班级也会越来越温暖！

（评述：利用反面教材，加以正面引导，让每个小团员们通过观察与思考，感悟相互谦让、相互理解的美好情谊，我们都是相亲相爱的一家人。）

环节三：快乐游戏促感情

《好朋友，站起来》游戏方法：在地上铺有四张报纸，每组各派5名同学出来比赛。首先，打开报纸，让5名同学都站在上面，而且脚不能踏出报纸。第二轮，将报纸对折，5个同学继续要站在报纸上，但脚绝对不能踏出报纸。脚踏出的组出局。第三轮，再将报纸对折，5个同学要想尽一切办法挤在一块小小的报纸上，哪一组坚持的时间最长，哪一组就获胜。

（评述：团员们经历游戏活动的参与过程，身临其境，既能让大家深切体会到团结齐心力量大，又激发队员参与活动的积极性。）

环节四：互赠卡片情谊深

每个团员拿出事先完成的“好朋友卡”，互赠卡片，传递祝福与友情。

（评述：活动进行到这里，小团员们已经体会到了尊重、真诚、友爱、谦让所带给我们的快乐体验，而将这种快乐进行彼此之间的传达，团员们的内心感受都得到了一个情感的升华。）

活动思考：

本节活动课从在校日常生活入手，内容富有针对性，通过观察身边的好人好事，创设有效情境，培养他们要善于用发现的眼光去挖掘身边伙伴的闪光点，使得中队里形成人人友善的良好氛围。通过情景体验法、模拟练习法、情感升华法等方式丰富小团员们的感官，让大家敢于表达自己的想法、乐于表现自己的行为，以此践行自己友善待人的良好品质。

通过这次活动课，学生逐渐体会到了“友善”的重要意义，让学生学会善于挖掘身边的优点并做到友善待人，真正做到培养学生互谦互让、互帮互助的能力与品格。

（于雅兰）

（三）大时空——行为规范教育

我们的学生在日常生活之中，学校生活尤其是班级生活中每时每刻、无处不在地不断表现着。学生每时每刻、无处不在地表现着，学生的表现是客观地存在于他们的日常生活之中。因此表现性德育必须关注学生日常生活中的表真、表善、表美。学校生活，尤其是班级生活具有很强的日常性。教育本身具有时间性，教育过程在时间中展开，表现性德育要融于学生的日常生活中、日常的教育中。日常教育主要通过学校与班级的日常的教育活动与日常的管理。日常行为规范养成教育不是靠突击或者运动式教育能有效进行的，需要长期持之以恒开展的。

日常行为规范教育要改变传统教育中的以教师为中心的教育模

式。传统教育的行为规范教育的功利特别突出，导致班主任主要采取管、卡、压。有的受功利驱使，采取不当的教育行为，对学生主体性发展起到负面影响，甚至是一种压抑。传统教育中，教师在日常行为规范教育上采取简单化和强制的办法，以教师为中心的管、卡、压的方式，只要求学生服从教师的命令，不给学生自主发展的可能，学生的主体性日益萎缩，行为表现水准日益降低。传统的行为规范教育，包括内容、方法、评估标准等方面的一些规定不符合以人为本的教育思想，不能适应培养具有个性、人格健康、富有创新精神的下一代。传统的行为规范教育较多强调整齐划一，不少过细、过死的要求与形式主义的做法已不符合学生主体性发展的需求。用新观念与新方法进行行为规范养成是教育改革的重要任务。以表现性教育的原则与方法来实施行为规范教育是行为规范教育新发展的需要。

表现性德育中的日常行为规范教育的要点：

1. 日常行为规范的表现教育要突出主体性。日常表现是学生的表现，是为了实现学生实现个性化与社会化协调发展，而不是为了教师的需要，恰恰在这一点上不少教师总是以“学生听不听自己话”为标准评价学生，这样学生表现就异化为教师而表现。我们应该使日常教育成为学生自己教育自己、自己发展自己的实践活动。学生在日常生活与学习中通过自律、自学、自强、自励，不断表现出最佳的角色行为。

2. 日常行为规范的表现教育突出学生的表现，即践行。我们应该鼓励学生在日常生活与学习中表现出良好的行为。行为规范教育不能光说不练，只是说大道理，行为规范不能成为挂在嘴上的口号，或者当作“经”来念。我们应该鼓励学生在日常生活与学习中表现出良好的行为。教师的行为规范教育不能光说不练。说大道理的教育方法教师最方便，张口就来，不需要精心设计与组织，这就是为什么行为规范教育仍然是灌输式而难以改变的重要原因之一。日常行为教育中要让学生不断表现出最佳的角色行为。

3. 行为规范教育要处理好外显行为与内隐精神品质整合。学生行为规范教育不仅要注意学生的外显的行为表现，更要关注其表现的道德价值。有时一个规范的行为不一定是道德的行为，这涉及行为的动机。行为规范的表现性教育应当从行为层面深化到精神层面，注重人文精神的培育，使行为规范教育由外需到内需，以内养外，成为学生自觉需求而形成自动化了的行为习惯，着力建构学生以最佳的行为表现的规范教育。

4. 关注在群体中的行为规范教育。日常行为规范的表现要关注在群体中的行为表现。联合国教科文组织国际发展委员会的一份关于《教育世界今天和明天》的报告中指出，具有良好的群体合作能力，并在群体的共同生活和工作中能对自己提出教育要求的人，才能获得更好的生活。行为规范常是涉及人际关系，也只有在人际关系中才能显现出个体行为的道德意义，也就说可以对学生个体行为规范做评价。同时，学生个体也可以其他学生的行为作为自己的参照，及时发现、评估自己的行为表现是否合乎道德。在日常行为规范养成教育中，培育尊重别人的品质，接纳他人的心理，真正使每个学生都能享受到民主、平等、自由的权利，唤起和激发学生参与学校、班级生活的责任感、使命感和义务感，并在参与这些日常活动中表现出自己的能力。唤起和激发学生参与学校、班级生活的责任感，并在参与这些日常活动中表现出自己道德能力。

5. 要为学生提供有意义的日常表现机会。为学生参与学校或者班级的日常活动与管理提供可能。例如学校行为检查员、班级卫生保洁员、社团负责人等。这既让学生在这些管理活动中充分地表现自己，养成良好的角色规范行为。例如我们学校每天有一个班级的学生轮流参加学校值日工作，全员参与学校的日常管理。从校门口的值日岗到食堂秩序的维持，从卫生保洁工作的监督到课余活动的督查，校园的每个角落都有值日班学生的身影。这既让学生在这些管理活动中充分地表现自己，发挥自己的社会参与与管理能力，又培养了学生主人翁精神和社会责任心，为学生今后适应社会做好必要的准备。

6. 编制日常行为表现评估的制度。学校做出制度性安排，制定学生日常行为表现的基本要求，以及班级日常行为表现的评价制度。通过导向性制度安排激励学生在日常生活与学习中敢表、善表、乐表，使学生的良好的行为表现融于学校和班级的日常生活之中。

案例 28

用行动说话，以表现证明

优良的师生关系是进行正常教育教学活动、提高教学效率的保证。

如果能建立良好的师生情感关系,师生相互关爱、真诚交往、彼此信任、充分沟通,这不但为教育教学活动增添宝贵的动力,而且,也在一定程度上关系到学生的意志情感、价值观的养成。而对于时刻奋战在前线的班主任而言,“顽疾”最可怕。

Q 同学是班级里个性较鲜明的一位学生。上学期间,勉强跟着班级学习活动的节奏,其中大部分时间我行我素,行规习惯不容乐观;课间特别活跃,“业绩非凡”,不是故意踩着同学的椅子过,就是串通好友捉弄他人,也不乏非善意的肢体接触……因为孩子很有主见,最初想通过谈话来拉近距离,从他的立场出发,了解原因,解决问题。可是小 Q 怎么也不愿敞开心扉,任我白脸红脸通通唱罢,他是“虚心接受,屡教不改”。对于初任班主任的我而言,真是雪上加霜。可这学期,我似乎找到了解决问题的思路。

发现问题——处处身影多无礼

每当国歌声响起,大部分同学都能立正,快速而有力地敬礼,眼睛注视着国旗。Q 同学则是身体依靠着桌子,双眼无神,小脑袋倾斜,双手无力地耷拉着且位置摆放不正确。总之,在庄重严肃的升旗时刻,这一“镜头”非常扎眼。

这个时代的小学生,没有经历过战争,也还未能学习体会到幸福生活来之不易,更不必谈及全球化竞争大背景下的爱国。可能在 Q 同学的眼中,升旗敬队礼的礼仪每周循环,无趣,没有价值。倘若他已有这样的思维定式,以他的个性即便跟他谈及敬礼背后的神圣意义也无济于事。其实在其他的校园活动中也有着类似的问题:“吊儿郎当,随心所欲”。病灶太多,我决定以此为第一目标,先治标。

分解问题——通过竞赛学敬礼

每次行礼,在环视班级情况后,我的目光总是停留在 Q 同学身上。这回,他仍旧是老样子。待国歌响毕,我请他单独再次行礼,并一边讲解,一边用手辅助纠正,教他学习敬礼:挺胸收腹,以立正姿势站立,精神饱满。右手高举过头,五指并拢,掌心向左前下方,与头部相隔一个拳头。

小 Q 是个调皮的孩子,以立正的姿势坚持站了几秒,就挪动脚步,靠回桌子。我挪开桌子,他微微一颤,忍不住笑了一声,其他同学也哄笑大堂。为了不演变成闹剧,我转换思路,决定试着以全体学生参与竞赛评比的方式来学习敬礼。

“同学们会敬礼吗?”“会!”“好的,那就请几位同学来示范一下。”教室里热闹极了,敬队礼对四年级的孩子来说毫无难度。“Q同学第一位,小王、小朱……”我请了四位同学站在讲台边,座位上的同学则为评委。“敬礼!”当四位同学一敬礼,底下就炸开了锅,有的说某某最标准,有的说某某手指没并拢……而作为老师,当然希望是学生首先看到他人的优点,让每一位学生都敢表、乐表,于是我说“这四位同学有勇气走上讲台,愿意和大家分享,已经值得我们鼓掌了,掌声送给他们!评委们个个认真负责,请告诉我谁是你心目中的冠军说说理由。”第一位同学在夸奖声中走下讲台,其他三位就结合同学的点评调整自己的姿势,第二位,第三位纷纷回到座位,剩下Q同学。我知道他一定有些累了,便请他放下右手,同学自由发言,说说应该如何敬礼。你言我语后,我提议如果Q同学做到位了,就请评委们鼓掌表示通过。听到能回座位,Q同学来了精神,立马站直了。“敬礼”“Q,你的手要再高一点”“Q,你……”我看着他们互动,小Q不断调整姿势,见差不多了便问道:“评委们,Q同学能通过了吗?”Q在掌声中微笑着坐回了座位。

如果能通过一个人的改变而改变全班,那是最好不过的由点到面——辐射效应。习惯需要不断地强化巩固,班队活动则是对全体学生最广泛的养成教育时机。因此,在队章学习的相关班队活动上,我就开展了相应的练习。可喜的,班主任日常对个别同学的唠叨,让学生们在做听众、观众的同时,潜移默化地掌握了敬礼的要领。你瞧,一说队礼姿势,二做敬礼示范,三说队礼含义,这一点儿也难不倒他们。

解决问题——敬礼师父教徒弟

Q同学只要端正态度,是可以认真完成每一项任务的。可不,从那以后,但凡敬礼,只要我的目光注视着他,他就调整到标准姿势。因为他知道,老师舍得花时间纠正他这一不良习惯。原本,只想以此来强化他的改变。谁知有一天,他给了我一份惊喜,也让他当上了敬礼师父。

那天,我环视了教室一圈,Q同学精神饱满地站立,敬队礼姿势标准。这是第一次不需要老师强调,他自觉地做到位了。“Q同学,今天是班级最美的少先队员。我请他来改改那些不够标准的队礼。Q同学请你教教小李。”他有些迟疑,隔了好久,才走出自己的位置,但是我看到他转身时嘴角上扬,忍着笑意走向他的第一位徒弟。因为自己之前接受过老师、同学们的帮助，他教起别人来有模有样：柔声细语地说“手抬高，再高一点……”；握起拳头放在同学额头丈量距离；用自己的手紧握同学的手使其五指并拢……这一回，我和他总算不是对立的两方了。

纠正教育总怕有反复，又一次升旗仪式，我首先看了Q同学的敬礼，还是标准的，松了一口气，愉悦地再环视班级情况。第三次，第四次……他也成了我的“专用先锋”，教室里、操场上都有他授教的身影，他的徒弟也有所增加，有时徒弟“屡教不改”，我就“投诉”，请他做好“售后服务”，逗得他和同学们哈哈大笑。纠正一项不良习惯，老师和同学不必脸红脖子粗，双赢！

至此，我发现敬礼他不再懈怠了，能自觉地认真地敬好每一次队礼。从第一次略有尴尬地做师父，到后来，自信坦然地做师父，善表的Q同学让我看到了他在这一问题上的长足进步。

回顾案例——表现中不断改变

第一，创设表现学习的心理环境。“教育不能没有爱，没有爱就没有教育。”“尊师是爱生的结果，爱生是尊师的基础。”在这么多理论和实践的学习操作中，不难发现只有热爱学生，才能正确对待、宽容学生所犯的错误，才能耐心地去雕塑每一位学生，才能使教育发挥最大的作用。

和谐的师生关系应该是教师和学生人格平等，在交互活动中民主。它应该体现在学生与教师相互尊重、合作、信任中全面发展自己，获得成就感与生命价值的体验，逐步完成自由个性和健康人格的确立。尤其是个别“刁钻”的学生，给他们以尊重，学生才能感受师生的平等，才能感受自尊的存在，他们就会获得向上的动力源泉。反之，一旦他们认为失去自尊他们就会失去向上的动力，精神的支柱，由此导致消沉。

明确了这些，在接纳学生后，教师该为他们创设的第一层学习环境应该是心理环境。众所周知，教师的表扬或批评往往会给学生造成很大的影响，在学生的内心起着重要的作用，也许直接左右着师生的感情。因此，学生在各方面稍有进步表现时，就要及时地、公开地给予表扬，让他感到成功的喜悦，让他们树立一种成功的心理定式，使他感觉到老师在关心着他，培养正向的情感态度，这也是表现性学习的内容体现。

第二，创设表现学习的展示平台。表现性学习就是通过在一定情境中的表现(主动作业)获取知识技能、培养情感态度的一种学习方式，其关键是在应用中、实践中学习，并落实到课堂教学中，给予学生真正的、平等的表现机会。

表现性学习指向能力的表现，也就是学生学习能力表现，而在不同的学科中表现形式不同，为此，教师应积极创设展示平台，让学生在一定的情景下进行学习，这是一种个体的生成性活动。不是作秀式的表演，是由内而外，以内养外，是从求知转向表现的学习。这里的内是个体的理解，有了这个基石才能向外表现，练习会更有实效，孩子们也将从单纯的乐表，有能力善表，以他们的自我生成表现学习。

表现性学习中的表现不是预设的，而是学生的自我理解性的表现。要引导学生按照自己喜欢且擅长的方式交流自己所学的内容。在表现中获得经验，通过表现检验已获得的经验。如此，在学校，我们注重孩子的各项行规细节，以某次偶然表现为教育契机，为他们量身打造恰当的角色，关注学生变化的过程，在学生角色扮演的过程中发挥其最佳表现的作用力。再以这些同学为轴心，通过同学间的亲密度，发挥其他同学的示范力，创设表新、表美、表好的班级大氛围。表现，本质上是实践与应用。让他们在其中不知不觉地改变自己，敢表、乐表、善表，共建和谐关系，共筑温馨教室！

(张晨虹)

案例 29

让迟开的花朵一样绚丽多姿

苏霍姆林斯基曾感叹："从我手里经过的学生成千上万，奇怪的是，留给我印象最深的并不是无可挑剔的模范生，而是别具特点、与众不同的孩子。"教育的这种反差告诉我们，对后进生这样一个"与众不同"的特殊群体，我们必须正确认识他们，研究他们，帮助他们，让这些迟开的"花朵"沐浴阳光雨露，健康成长。在我的教师生涯中，就有这样一个孩子的身影却始终留在我的心中，让我时常会想起，因为是他让我深刻体会到给予学生一个舞台，可以改变一位学生的一生。

"我会背了……"

小戚是我所教的四年级学生,虽说成绩马马虎虎让人头疼,但是最让人头疼的还是他与同学之间的人际关系,经常会有同学向我投诉小戚,说小戚总是想方设法地欺负他们,而小戚看到他们气急败坏的样子,他就偷乐。当我批评教育小戚时,他又一副无关紧要的样子,让我真是欲哭无泪。

可还记得有一次,8 点铃声还没响,我便照例走进教室。学生已来了不少,一些自觉的孩子,已经捧着课本开始早读。听着那琅琅的书声,望着那认真的小脸,我欣慰地笑了,尽情沐浴着早晨的第一缕阳光。

还没等我走上讲台,小戚走出座位,兴冲冲地来到我的跟前,把语文书往我手中一塞,忽闪着大眼睛,对我说:"金老师,我要背书,这篇课文我已经背熟了。"

"哦,是吗?"说实话,我真有点不敢相信。小戚,他能行吗?再说,这篇课文的篇幅比较长,我昨天并没有要求学生背诵。于是,我问他:"这么长的课文,你能背出来?"

"嗯!我真的会背了!"被我这么一问,他似乎有些急了。

"你看,同学们都在认真读呢!这样吧,你再去准备准备,我第一个请你上来背,可以吗?如果背得好,就请你为背书组长。"我把书还给他,想给他个台阶下。

"老师,我真的会背了。"不由分说,他又把书塞到我手中,并转过身,闭着眼睛背了起来……

我一边听着,一边惊讶——他真的会背了!尽管中途有几处停顿,但已经算得上很流利了!他可从来没有如此自觉地背诵过,更没有如此流利地背诵过一篇课文呀!我欣喜地望着他,圆溜溜的小脑袋上,肉嘟嘟的小脸,那一刻,觉得他是天底下最可爱的孩子。当他全部背完,我禁不住轻轻摸了摸他的脑袋——记忆中,这是我第一次这样温柔地抚摸他。我真诚地夸奖道:"小戚,你真了不起!继续加油!"

"我是榜样……"

"不,这没什么。我很聪明,我要成为全班同学的榜样!你昨天说的呀!"他憨态可掬,得意之色溢于言表。

"昨天?昨天我……?"我一时没反应过来。

"昨天语文课上,你不是夸我厉害的吗?"他似乎有些着急。

哦，我终于想起来了，并有些忍俊不禁：昨天，有个学生出了个歇后语让我对一对，于是我也试着出了一个歇后语，让学生对一对，"外甥打灯笼"。话音刚落，他就举起小手，也不管我是否同意，站起来就说："很亮……"还没说完，全班哄堂大笑："哈哈！真笨！""一天到晚瞎说！"……他有些不知所措了，站在座位上抓耳挠腮。

说实话，我对他的发言所带来的轰动效应和喜剧的效果早有心理准备，但当时，我忽然对他有些同情，还有些欣赏——欣赏他的勇气，欣赏他的快速反应。于是，我一改平时对他发言后可能做出的反应，微笑着对大家说："我觉得小戚同学很聪明！你们看，我刚把上半部分说完，他就举手了，说明他在专心听讲，没有开小差！专心听讲是聪明学生的做法。如果以后，他不光专心听，还能用心想，那他一定会成为大家的榜样。同学们，你们说是吗？"

"是——"同学们高声应和着，有些同学竟给他鼓起了掌……

真没想到，我那不经意的一番表扬，竟化成了他神奇的学习动力！

下午放学时，我在校门口遇见了小戚的妈妈。她高兴地说："昨天我儿子特别兴奋，特别自觉。一回到家就拿起语文书读了起来，读得可认真了！还给我们背了好多遍。这可是从未有过的啊！他还不停地对我说：以后不允许你和同学一样说我笨，我是很聪明的！这是我们金老师在全班面前说的。"

告别小戚的妈妈后，很长时间，她那带有感激意味的话语还在我耳际萦绕；小戚背书时那可爱的模样，也时常在我眼前浮现。我仿佛一下子豁然开朗，明白小戚行为产生偏差的原因。第二天，我赶忙找来小戚与"原告"个别交流，我确信了原来小戚以前一系列欺负同学们的行为出自同学对他言语上的攻击，说他笨之类的，他想通过自己的行为进行"回击"。

小戚变化了……

了解到了小戚行为偏差的原因，对于他的教育，我转变了以往批评以及说教的模式，而是让他在自我表现中，收获同学们对他的赞美，对他的肯定，让他在同学面前敢表、乐表、善表，改正自己行为上的偏差，深受同学们的欢迎。

碰巧机会来了，下周需要我们班执勤，于是，我以上次背书进步为由，不经意似地指派道："小戚，你下周当执勤队员吧！"他睁大一双眼睛不相信似地看着我,问道:“老师是我吗?”这时,我的心一颤,以前我是多么忽略小戚。“对,就是你,你一定要认真做。”我给了他肯定并带有鼓励的答复。我看到了他那双原本含有敌意的眼睛露出了一丝得意的笑容。这是我很少见到的,看来我已经成功了一半。为了事半功倍,我又与他促膝长谈了一次,希望他能认真对待这次执勤,他点头了,从他的眼神中,我也感受到他的坚定。正如我期待的那样,这次的执勤队员一职他出色地完成了。为了他在同学们面前能够有足够的信心敢于表现自我,于是我在执勤后展开了一次“优秀执勤队员评选”,一开始同学们都没有推选小戚,我可以看得出他失落的神情,于是,我起了个头,说道:“老师要推荐一位同学,因为有一天老师因为有事,很早来校,但是居然有一位执勤队员比我还来得早,站在了走廊上,你们想知道他是谁吗?”同学们连忙点头。我不紧不慢地说:“小戚。”这时,我看到小戚里上浮现出受宠若惊的表情。我话音刚落,同学们也纷纷举手,居然也夸奖起了小戚。同学们每说一句,我发现小戚的脸更红了。但是我能感觉到小戚的“背”比以前挺直了一点。最终结果可想而知,小戚顺利当选。而当我让他发表自己获奖感言时,他居然开口对同学说一声:“谢谢!”这是我没有想到的。但是更让我惊喜的就是那一周同学们对他的“投诉”几乎没有了。我想我已经成功了一大步,但是任何好行为的养成还是需要不断强化。

于是,碰巧我们班需要补选“纪律委员”,我对孩子们说:“只要这段时间有着很大的进步,而且自认为能够管好自己,管理好同学们的都可以参选。”让我欣慰的是小戚同学自信地举起了他的手。这也证明他战胜了自己,乐于在同学们面前表现自己了。在同学们的一致同意下,小戚当了纪律委员,专门负责班级纪律。我用一种极为信任的态度对他说:“听说最近班级纪律不太好,老师想让你来当班级的纪律委员,老师相信你是有这个能力的。”他再次流露出被赏识的喜悦。果然,他上任后整个班级一片井然。偶尔出现混乱局面,也主要是因为他把持不住自己带头引起的。我也明白,让他一下成为优等生,想改正他一身的坏毛病,必须给他充足的时间。而我能做的便是耐心地等待,随时地加以引导。每当他一有犯错误的苗头,我便及时地找他谈话。谈话时我会用一种信任的表情和语气,夸奖他这段时间表现得很好,帮了老师很多忙等。平时课上或课下我与他眼神相遇时,总会给他一个赏识的微笑,每当他一有进步便加以表扬。看他擅长跑步，于是我便经常组织课间活动，主要以跑步、接力为主，当他取得成绩时便大加称赞，并经常称赞他为班级“小飞人”，以此来增强他的自信心。慢慢地，小戚变化越来越大……

每一位孩子需要展现自我

詹姆斯说：“每个人都具有在生活中取得成功的能力。每个人天生都具有独特地视、听、触以及思维的方式。每个人都能成为富于思想与创造的人，一个有成就的人一个成功者。”在教育中，要把握一切教育时机，有意识地帮助学生挖掘自己的潜能，开发内在的动力，帮助每一个学生找到适合自己发展的空间，最大限度地开发出每个学生的内在潜能，树立自信心。

儿童心理学给我们指出：儿童都有表现自我，期望成功的心理特征。在以往的班级管理和班级活动中，那些能力较强，有特长的“好学生”往往占据了舞台，而那些所谓“差学生”似乎只能当观众的份儿，这样一来，能力强的学生机会也就多，能力也就越强；能力弱的学生机会似乎没有，因此他们对各种事情往往报以冷眼旁观。

一开始的小戚亦是我所认为的“差学生”之一。“背书”事件后，让我真切意识到了自己在教育上的偏差，“差学生”不是“差”，只是我们教育者没有发挥学生的潜能，给予他们展示自我的空间。所以我转变了以往批评以及说教的模式，而是让小戚在自我表现中，收获同学们对他的赞美，对他的肯定，从而成为他进步的动力。

我抓住契机，让小戚当那光荣的执勤队员，并且获得了“优秀执勤队员”的称号，让同学们对他刮目相看。在同学们的一致同意下，小戚还当了纪律委员，专门负责班级纪律。我经常组织课间活动，充分发挥他的特长，当他取得成绩时便大加称赞，以此来增强他的自信心，同学们对他的态度也发生了明显的变化。他也开始注意自己的行为了，整个人发生了很大的变化，他善于在同学们面前表现自己了，对于班级的事情可谓是积极主动。看着他正在逐步提升的成绩，不断端正的品行。这就是表现性德育的力量。

每一位孩子需要展现自我，因为每个孩子都有闪光点，都希望得到他人的认同和肯定，哪怕是屡犯过错的孩子。他们的学习潜能，像花，有的开得早些，快一些，有的可能迟一些，慢一些。作为教师，应该多给学生一份关心,多给学生一点赏识,让他们充分表现自我,体验成功,以便让他们的潜能、他们的生命本质力量被最大限度地挖掘出来。

所以对教师而言,面对一个个欢蹦乱跳的孩子,尤其是问题学生,我们教师首先要立足爱心,积极地面对,了解他们,分析他们,抓住一点(典型的人或事),对症下药,找到一个问题的突破口,给他们创设表现自己的机会,让他们在活动中看到自己能行,让他们敢表、善表、乐表,不断增强他们的自信。给学生一次表现的机会,或许就是给他一生快乐与成功的起点;给学生一次表现的机会,学生收获的是快乐,我们又何尝不是在收获快乐呢?

(金兰娣)

案例 30

"旋风小子"变形计

一个人能否成为祖国栋梁之材的标准是什么?什么是评价人才的重要标志?人的最基本的素质又是什么?这些问题都指向了学生阶段的良好的行为习惯和美好的人格修养。不容否认,现在的教育新问题是传授知识和学生德育品德养成之间的矛盾分歧。但两者又是相辅相成的。为此,我们要注重培养学生良好的行为习惯和养成教育,促进学生德、智、体、劳全面发展。

在教育部制定的《中小学德育工作指南》中,小学低年级的德育目标包含养成基本的文明行为习惯,形成自信向上、诚实勇敢、有责任心等良好品质。中高年级以学生行为习惯培养为主,引导学生养成良好的生活和行为习惯,逐步培养他们的规范意识。要培养学生的独立性和自控能力,加强学生对良好文明习惯背后所蕴含的道德规范的理解,使学生养成的习惯是能够在道德规范引领下的自觉选择。

综合以上两方面,我们希望通过各种表现性活动让学生养成良好的行为习惯:以各种活动为载体,学生在表现中吸取教训,从而在校园生活中自觉养成良好的思想道德品行。

"旋 风 小 子"

Q 同学是班级里个性较鲜明的一位学生。上学期间,勉强跟着班级学习活动的节奏,其中大部分时间我行我素,行规习惯不容乐观;课间特别活跃,“业绩非凡”,不是故意踩着同学的椅子过,就是串通好友捉弄他人,也不乏非善意的肢体接触……因为孩子很有主见,最初想通过谈话来拉近距离,从他的立场出发,了解原因,解决问题。可是小 Q 怎么也不愿敞开心扉,任我白脸红脸通通唱罢,他是“虚心接受,屡教不改”。

又一次升旗仪式,当国歌声响起,大部分同学都能立正,快速而有力地敬礼,眼睛注视着国旗。Q 同学则是身体依靠着桌子,双眼无神,小脑袋倾斜,双手无力地耷拉着且位置摆放不正确。总之,在庄重严肃的升旗时刻,这一“镜头”非常扎眼。

我决定以此为第一目标,在入队教育过程中为他设立小岗位,在实践中尝试改变。

岗 位 新 秀

每次行礼,在环视班级情况后,我的目光总是停留在 Q 同学身上。他仍旧是老样子。待国歌响毕,我请他单独再次行礼,并一边讲解,一边用手辅助纠正,教他学习敬礼。小 Q 是个调皮的孩子,以立正的姿势坚持站了几秒,就挪动脚步,靠回桌子。我突然挪开桌子,他微微一颤,忍不住笑了一声,其他同学也哄笑大堂。为了不演变成闹剧,我转换思路,决定试着以全体学生参与竞赛评比的方式来帮助他学习敬礼。

“同学们会敬礼吗?”“会!”“好的,那就请几位同学来示范一下。”教室里热闹极了,小朋友刚学会敬礼,积极性很高。“Q 同学第一位,小王、小朱……”我请了四位同学站在讲台边,座位上的同学则为评委。“敬礼!”四位同学一敬礼,底下就炸开了锅,有的说某某最标准,有的说某某手指没并拢……而作为老师,当然希望是学生首先看到他人的优点,让每一位学生都敢表、乐表,于是我说:“这四位同学有勇气走上讲台,愿意和大家分享,已经值得我们鼓掌了,先把掌声送给他们! 评委们个个认真负责,请告诉我谁是你心目中的冠军说说理由。”第一位同学在夸奖声中走下讲台,其他三位就结合同学的点评调整自己的姿势,第二位、第三位纷纷回到座位,剩下 Q 同学。我知道他一定有些累了,便请他放下右手,同学自由发言,说说应该如何敬礼。你言我语后,我提议如果 Q 同学做到位了,就请评委们鼓掌表示通过。听到能回座位,Q 同学来了精神,立马站直了。“敬礼”“Q,你的手要再高一点”“Q,你……”我看着他们互动,小 Q 不断调整姿势,见差不多了便问道:“评委们，Q 同学能通过了吗？”Q 在掌声中微笑着坐回了座位。

习惯需要不断地强化巩固，班队活动则是对全体学生最广泛的养成教育时机。因此，在入队教育活动上，我就开展了相应的练习。可喜的，学生们在做听众、观众的同时，潜移默化地掌握了敬礼的要领。

敬礼师父教徒弟

Q 同学只要端正态度，是可以认真完成每一项任务的。从那以后，但凡敬礼，只要我的目光注视着他，他就调整到标准姿势。因为他知道，老师舍得花时间纠正他这一不良习惯。鉴于他迈出了第一步，我抛出了第二块砖，请他担任“队礼代言人”一职。

一次升旗仪式，我环顾教室一周，Q 同学精神饱满地站立，敬队礼姿势标准。他不需要老师强调，自觉地做到位了。“今天，Q 同学是最美的少先队员。我请他来改改那些不够标准的队礼。Q 同学请你教教小李。”他有些迟疑，隔了好久，才走出自己的位置，但是我看到他转身时嘴角上扬，忍着笑意走向他的第一位徒弟。因为自己之前接受过老师、同学们的帮助，他教起别人来有模有样：柔声细语地说“手抬高，再高一点……”；握起拳头放在同学额头丈量距离；用自己的手紧握同学的手使其五指并拢……这一回，我和他总算不是对立的两方了。

纠正教育总怕有反复，又一次升旗仪式，我首先看了 Q 同学的敬礼，还是标准的，松了一口气，再愉悦地环视班级情况。第三次，第四次……他也成了我的御用先锋，教室里、操场上都有他授教的身影，他的徒弟也有所增加，有时徒弟“屡教不改”，我就“投诉”，请他做好“售后服务”，逗得他和同学们哈哈大笑。纠正一项不良习惯，老师和同学不必脸红脖子粗，双赢！

至此，对于敬礼他不再懈怠了，能自觉地认真地敬好每一次队礼。从第一次略有尴尬地做师父，到后来，自信坦然地做师父，善表的 Q 同学让我看到了他在这一问题上的长足进步。

[**案例分析**]

（一）把握学段目标

二年级的学生在集体学习、游戏活动中学会遵守规则、懂得规范，在此基础上养成基本的文明行为习惯。通过习惯培养，借助习惯养成，让学生对基本的为人做事的道理有一定的认识。如：

这个时代的小学生，没有经历过战争，也还未能学习体会到幸福生活来之不易,更不必谈及全球化竞争大背景下的爱国。可能在Q同学的眼中,升旗敬队礼的礼仪每周循环,无趣,没有价值。倘若他已有这样的思维定式,以他的个性即便跟他谈及敬礼背后的神圣意义也无济于事。

而借助升旗仪式,让Q同学在养成升国旗就应该正立站好、目视国旗、规范敬礼、高唱国歌的习惯的这一过程中,知道规范的姿势,严肃认真的态度就是对国旗的尊重,就是对祖国的尊重。

正是在这样的习惯养成中,学生的道德认知和道德理解得到加深,学生积极融入社会、参与社会的能力才能得到提高。

(二) 尝试实践育人

实践育人主要是让学生通过参与岗位锻炼等活动获得道德体验。而任何岗位都是责任、权利与义务的综合体。只有明确自己的岗位职责,才能更加清晰地认识自己的岗位定位和岗位内容,进而更好地承担相应的责任。

这和表现性德育不谋而合。养成教育是一个长期逐步提高的过程,学生良好行为习惯的形成不是一次班队教育就能形成的,是“知、情、意、行”相互联系、相互协调、相互助进的过程。而对于时刻奋战在前线的班主任而言,“顽疾”最可怕。面对“重症患者”找到适合学生的锻炼岗位,使他在一次次实践中体验、表现、改变,优于不痛不痒的谈话说教。Q同学从顽皮小孩到岗位新人再到能力新秀,就是他学习规范、提升能力、内化品德的表现见证。

(三) 饱有爱与尊重

在多次理论学习和实践操练中,不难发现只有热爱学生,才能正确对待、宽容学生所犯的错误。也只有热爱学生,才能深入了解学生,才能耐心地去雕塑每一位学生,才能使教育发挥最大的作用。这也是班级新岗位诞生的源泉。

和谐的师生关系应该是教师和学生人格平等,在交互活动中民主。它应该体现在学生与教师相互尊重、合作、信任中全面发展自己,获得成就感与生命价值的体验,逐步完成自由个性和健康人格的确立。尤其是个别“刁钻”的学生,给他们以尊重学生才能感受师生的平等,才能感受自尊的存在。一旦他们认为失去自尊他们就会失去向上的动力,精神的支柱,由此导致消沉。反之,他们就会获得向上的动力源泉。

Q同学听惯了老师的批评教育，已无法在内心泛起波澜。而当他在规范敬礼时，我及时地、公开地给予表扬，让他感到成功的喜悦，反倒能树立一种成功的心理定式，使他感觉到老师在关心着他，从而融洽师生关系。在请他担任“队礼代言人”一职的过程中，他从最初的迟疑、缩手缩脚到后来的大方、自信，也让我感受到学生“亲其师，信其之道”的成就感。

如此，在学校，我们注重孩子各项行规细节，以某次偶然表现为教育契机，为他们量身打造恰当的角色，关注学生变化的过程，在学生岗位锻炼过程中发挥其最佳表现的作用力。其间也展现其他同学的示范力，创设表新、表美、表好的班级大氛围。让他们在其中不知不觉地改变自己，敢表、乐表、善表，共建和谐关系，共育美德少年！

（张晨虹）

案例31

设置一个小岗位　养成一个好习惯

著名教育家叶圣陶说过：“什么是教育？简单一句话，就是养成良好的习惯。”的确，良好的行为习惯是养成健全人格的基础，是学生成人、成才的前提。二年级的学生自身年龄小，自律性差，良好的行为习惯还没有形成。但是家长们对孩子的行规要求却放松了，不再是一年级入学时的谆谆教导。所以作为班主任老师，就要想方设法，培养学生养成良好行为习惯。我在这一工作上主要是采用了设置小岗位的方法细化行规要求，坚持落实到位。

一、创设丰富岗位，鼓励学生积极参与

小岗位实践一直是我们学校常规管理的一个抓手，我们二(2)班也人人有岗位。开学第二周，我就细化和强化了一些行为规范的要求，如：“整理队伍快静齐”“预备铃响坐端正”“安静吃饭不挑食”“课间休息要文明”等一系列的行为规范，利用班队、午会让全班同学讨论，明确小学生应做到哪些，不能做哪些。为了加强自我管理，我设置了“护眼小天使”“节能小卫士”“文明小纠察”等许多小岗位让学生自由认领，他们的职责涵盖了午餐管理、卫生监督、眼保健操检查、课间休息的文明劝导等一日行规。学生们对这样的工作非常好奇，争先恐后地通过推荐或自我认领的方式落实了岗位并确认了岗位职责。我还把小岗位职责表打印后张贴在班级公务栏里。

二、实施岗位责任，增强学生自主意识

第二周小岗位职责开始实行，一开始，几乎所有的负责人都能认真主动地履行自己的职责。让我印象最为深刻的是曹菲菲同学，她是两分钟预备铃的组织者。为了保证自己能准确听到上课铃，在铃响后能够以最快的速度提醒同学回到座位，带领大家唱儿歌、背古诗，她牺牲了自己课间玩耍的时间，经常等候在班级广播前面，竖起耳朵倾听。她的高度责任心深深打动了我，我大张旗鼓地表扬了她，号召所有同学向她学习，自觉做好自己的小岗位工作。几天下来，班上形成了“人人有事做，事事有人做”的好兆头。我趁热打铁，利用每天午会课上做反馈小结，树立典型，并且每周五进行奖励，找出不足并及时改正。同学们的自我管理意识大大增强了，岗位积极性也提高了。

三、开展主题班会，评价学生差异表现

但是经过一段时间的观察，我发现有的孩子对岗位的热情慢慢减退了，工作的态度也马虎了，岗位工作完成的质量差异性比较大。为了激发他们对岗位的热爱，促使他们更好地履行自己的岗位职责，真正地愿意为班级服务，我决定开展一次针对性的主题班会。为此，我做了两周的准备工作，将孩子们在小岗位上的各种表现做了详细的记录，拍摄了大量的存在问题的小岗位照片和认真负责岗位工作的照片，并且悄悄地请了一位最尽职的学生A准备好发言，说说他对自己工作的付出和收获。

在评比活动中，第一环节是：我的岗位我来说。我出示所有的岗位导图，让学生简单回顾自己的岗位实践工作并做自我评价——给自己打分(优良、合格、须努力)。学生们兴高采烈，大部分都给自己打了优良，少数是合格，没有人是须努力。

为了让学生懂得怎样才是真正的认真负责，认识到自己的不足，我播放了准备好的视频——学生A平时做岗位的照片，又请他读了自己的故事。学生们看得目不转睛，听完故事后我请他们交流感受。在他们发言的基础上我写下了大家对学生A的高度评价：细心、坚持、公正、互相帮助、勤动脑……在大家的已知同意下，学生A成了班级第一位岗位小明星！

接着，我又请学生观看了一组照片：班级中存在的一些问题。结束后，再次交流观看后的感受。有的学生脸红了。他们意识到：虽然我们每位小朋友都能对自己的岗位认真负责，但总有疏忽的时候，把岗位工作做好需要我们做到的还有很多很多，归根到底还是需要小朋友们有一颗责任心。只有责任意识强了，才能把我们的岗位做得更好。有的小朋友很努力地在完成任务，可惜他并不是很擅长这个工作。那么对此你有什么好的建议吗？

学生根据班级的实际情况，提出了自己宝贵的建议。有的表示自己一定会改正缺点，有的小朋友申请换一个岗位，有的寻找伙伴一起来担任。我按照大家的意见将班级的岗位做出调整，更好地完善了小岗位设置，也做出了约定：每月评选一次岗位小明星，由大家投票产生。

在新岗位的实施过程中，我采取的是"师帮徒，徒帮徒"的策略，先由教师和岗位小明星带着做事有条理、有计划、有想法且服务意识强的学生，把这部分学生培养成一人一岗的中坚力量，再由这些老徒弟帮助新徒弟适应自己的岗位，如果有难解决的问题，可以请求教师给予指导帮助。

在活动中我带领学生分享了小岗位的故事，引导他们反思了自己的岗位工作，看到了自己岗位工作的不足，也发现了身边的"岗位明星"，更结合了班级现状和个人实际情况，为班级增设了新岗位。岗位在承担责任的大小上有差别，但都是由全班学生自主服务与管理，既做到各司其职，又关注整体协调，让人人在班级中都是管理者与服务者，又是被管理者和被服务者，把班级发展服务的义务和荣誉感还给每个学生，使学生们的自主意识、责任意识和服务意识都得到了提升。

这样的活动提高了孩子们参与班级自主管理的积极性和主动性，他们乐于自主管理，善于自主管理的浓厚氛围，得到了学科老师们的称赞，小伙伴们的肯定。孩子们在活动中，实实在在地感觉到自己是班级中的重要一员，能正视自己在班级中的角色，变得更自信了，他们觉得"我很重要"！每个孩子都各尽所能，挖掘了他们身上的潜能，充分调动了他们的积极性，他们找到了自己的价值，每天既快乐又充实。他们学会自己管理自己，教师也感动轻松，实现了双赢。

正如苏霍姆林斯基所说："真正的教育是学生的自我教育。"在班级管理中，班主任应做好引导、点拨、调控工作，给学生更多的自主权，充分唤起学生的主体意识以及对班级的责任感、荣誉感，尽情表达他们的意愿，充分挖掘他们的潜能，使之真正成为班级管理的主人。

（王永英）

（四）大课堂——表现展现平台

表现性德育需要良好的教育场：表现性德育平台。

表现性德育需要创设学生展现自己德行与才干的平台。表现性德育不仅要有内容上的考虑，还需要建设表现性平台，让学生有广泛参与表现的场所，展现自己的才华与风采，并在这个过程获得个性与特长的发展，良好人格的发展。表现性德育平台与表现性平台展示的是表现德育的重要实施途径。表现性德育平台从内容性质看，可分为两大类：一是德育类活动阵地，例如感恩活动、社会实践活动等。在这类活动中，学生学习表真、表善、表美，发展乐表、敢表的品质。这样的表现阵地可以促进学生做人能力发展。另一类是表现性平台，包括音乐演唱会、美术作品展览、体育竞技等。这些平台的一个很大的特点是鼓励学生的创新，富有创新活动。开辟学生表现阵地，提供表现的环境与条件，让学生在活动中表现，在表现中发展能力。表现性德育不仅要有内容上的考虑，还要有时空上的安排。校本节日是从时间维度上展开提供学生表现的空间，而表现性德育平台则是从空间维度上展开提供学生表现的时间，学生表现的经常性。表现性德育需要建设表现性平台，让学生有广泛参与表现的场所，展现自己的才华与风采，并在这个过程获得个性与特长的发展，良好人格的发展。

表现性德育阵的是一个特定的教育场。教育场的创设意味着教育应该放在创设的特定的教育环境与场景中展开。“教育场”是指教育者和受教育者在一定的时间和空间内，通过各种教育媒介和教育活动，进行相互作用和影响，达到信息能量的转换、增生的综合条件。教育场是由多种能产生教育影响的资源，以动态能量、信息或物化状态方式交互作用，形成具有时空统一性的立体组合式的教育资源存在形式及其在认识主体中投射的心理状态和意识形态。教育场具有实体性存在，是一种互动性存在，具有交互作用性，具有时空统一的立体组合的结构关系性。学校各类活动人人参与的非选择性，以及表现展现平台参与经常性、广泛性和学生参与的选择性，两者结合有利于实现“人人都可以表现，人人都能表现好”的理念。表现性德育阵的是一个特定的教育场。在一定的教育时间和空间内，通过各种教育平台和教育活动，进行相互作用和影响。优化组合表现性平台，发挥综合教育功能。我们通过丰富创设多种表现性教育平台，形成较强的具体空间教育场。通过多种多样的静态与动态交织的教育阵地来扩大教育场，具体空间场所可以用来开展教育活动，扩大教育影响，使教育场成为辐射教育影响的空间范围，成为具有育人作用的教育环境。

优化组合表现性阵地，发挥综合教育功能。我们通过丰富创设多种表现性教育阵地，形成较强的具体空间教育场。要建构综合高效教育场，应该从整体观念出发，把各类表现性阵地建构成一个立体式组合教育场，多层次发挥教育场的功能。学校通过努力使校内校外各种教育阵地构成广阔的、统一的、协调的整体性情境，把家庭教育阵地、社会教育阵地纳入教育中来，使之组成一股巨大的教育合力。学校为学生专门创设表现阵地，鼓励学生的创新。创设学生表现阵地，让学生在践行中体验通过表现增强能力的意义。

表现性德育平台建设的要点：

通过这些展示平台，在校园中逐步形成“人人参与表现、人人都能表现”的氛围。在建设学校表现性德育阵地时要注意：

1. 创设多种校园文化平台，为学生提供展示自己才能的平台。学校通过6个平台为学生提供展示自己才能的平台：校园展示平台，学校经常开展艺术、科技、体育的各类竞赛等文化展示活动；爱好展示平台，通过学生自己的爱好活动，形成人人有爱好，个个有发展，使师生个体素质得到提升；网络展示平台，通过校园网展示学生的活动，展示学生的人格、才能；交流展示平台，组织学生校内各种活动展示活动，开展学生与学生的交流、班级与班级的交流、校外交流活动；校外展示平台，积极组织参加校外组织的各种对口比赛展示交流。通过这些展示平台，在校园中逐步形成“人人参与表现、人人都能表现”的氛围。

2. 表现性平台要系统建设。要有一个场的观念，不能就事论事，缺少全盘考虑。我们应该从整体观念出发，把各类表现性阵地建构成一个立体式组合教育场，多层次发挥教育场的功能。要有一个场的观念，不能就事论事，缺少全盘考虑。关注不同层次的教育阵地的组合。从不同层次的教育阵地统一性上进行把握,根据需要有效组合表现性阵地。不同系统教育阵地之间的组合。我们通过努力使校内校外各种教育阵地构成广阔的、统一的、协调的整体性情境,具体空间场所的组合,把家庭教育、社会教育、学校教育融为一体。把各种教育阵地组合成广阔的、统一的、协调的整体性特征突出的高效立体教育场。关注表现性阵地的心理教育场效应。表现性阵地要创设教育情境,促进学生心灵和谐发展。把表现性阵地看作心灵交流和情感体验的教育场。

3. 合理用好表现性德育的阵地。我们要关注不同类型、不同层次的德育平台的组合。我们学校的表现性德育的阵地从运作形式看主要有两大类:第一类是动态的表现性阵地,例如:"音乐广场"、学生论坛等;第二类是静态的表现性阵地,例如:展示橱窗、学生作品展等。从内容性质看也可分为两大类:一是文化类活动阵地,例如,"班班有歌声"等。二是表现类活动阵地,例如:"书法秀"、作业展示活动。这样的表现阵地可以促进学生表真、表善、表美、标新能力发展。从不同层次的教育阵地统一性上进行把握,根据需要有效组合表现性阵地。不同系统教育阵地之间的组合。具体空间场所的组合,把家庭教育、社会教育、学校教育融为一体。把各种教育阵地组合成广阔的、统一的、协调的整体性特征突出的高效立体教育场。

4. 重视表现性阵地的资源综合开发。表现性教育阵的是一个动态的立体综合环境,并对主体产生实效性影响,要把教育活动及其环境作为一个大系统,来认识教育与环境的物质、能量和信息的交换与转化,以此实现表现性教育资源的交叉与综合,从而把各方面教育资源组合成一种整体结构,构建具有综合教育功能的环境,为学生综合利用表现性教育资源提供条件。

5. 关注表现性平台的心理教育场效应,着力培养学生的乐表、敢表与善表。教育场具有心理作用功能,能产生心理同化作用。表现新阵地一是从教育情境的创设,能促进学习者心灵和谐发展的角度,创造美的教育境界,激发学生的乐学情趣和专注精神,使美与乐整合,强化乐学心理,形成美乐教育场。二是把表现性阵地看作心灵交流和情感体验的教育场,看作对人的精神具有无形作用力的存在物。

6. 关注表现性阵地运作的群体助长作用。群体助长是指群体成员在场或群体成员在一起从事同样的活动时,个体活动效率提高,使个体活动出现增量或增质的现象,如赛跑、歌咏比赛,因有人观看或有拉拉队的助阵,往往比个人独自跑步和唱歌的效果要好。个体在图书馆阅览室看书学习,其效果要比单独一个人看书的效果好,这称为"共同行为者效应"。当我们在表现性德育活动中,要充分利用群体参与活动,以及群体对个体活动的促进作用。群体其他成员在场或参与活动对个体活动的促进作用,其作用大小要视具体情况而定,常与个体从事的活动的难易复杂程度,个体所表现的是不是优势行为,个体的认知风格及个体与群体成员的熟悉程度等因素有关。

案例 32

"让我当家"让学生更精彩

现代教育倡导发展学生的需要,重视促进发展学生的优良个性和培养学生主体性,从而使学生充分发挥自己的聪明才智,敢于表现、善于表现、乐于表现。学生随着年龄的增长,生理和心理日趋成熟,他们的独立意识和表现欲增强,热衷于独立自主地进行各种活动。因此,教师就要掌握学生生理与心理特征,注重学生的自主意识,培养其自主能力,以适应学生身心发展的需要。

一、营造民主氛围,激发学生"表现"勇气

教师要转变观念,为学生自主意识的形成创造良好的心理空间,教师应从感情上尊重,相信学生,明确自己既是学生的良师,更是学生的益友。因此,我有意识地从语言上,行为上转变对学生的态度,态度上多一点宽容,表情上多一点笑容,语言上多一点商量,行为上多一点协调,在处理班级事务中注意安排要求少一点,商量指导多一点,严词批评少一点,倾心交流多一点,让学生真正感受到作为教育主体的小主人应有的尊重、权利,以培养他们自尊、自信的人格,为学生自觉主动地参与活动创造一个良好的心理空间。

队长我来选

俗话说:"火车跑得快,全靠车头带"。一个成功的中队,必须有一支能干的干部队伍。五(6)中队每学期的队干部都是通过个人自荐、民

主选举的方式产生的。从明确职责到开展组织管理,从羞涩拘谨到落落大方,队长们在辅导员的鼓励与伙伴们的支持下越来越自信。从初出茅庐到精干老练,队干部们一步一步走得扎实、干得漂亮。

经过几年的磨炼,我们形成了一支工作主动、责任心强、创新活动的干部队伍。在他们的领导下,各部门各司其职,互相配合,中队实现了自主自动化管理。小辅导员杨怡纹荣获校"当代好先生",小队长陈嘉懿荣获校"优秀小队长",中队长余嘉敏荣获"金山区好苗苗"……一张张奖状证明了队干部的能力,见证了队干部的工作成果。

阵地我当家

小队作用发挥好,中队集体才能创建好。三年级时,我们组建了四支小队:"龙腾凤舞小队""七彩阳光小队""天马小队"和"双子星小队",各小队队名、队标和口号都精彩纷呈。四年级时,队员们又凝心聚力,用聪明才智设计出中队队标,进一步增强了集体的凝聚力。从三年级到五年级,各小队开展活动争上游、志愿服务比赶帮,这使我们的中队始终洋溢着奋发向上、生机勃勃的气息。

队务我参与

没有规矩不成方圆。这五年中,在队干部们的组织下,广大队员共同参与、讨论,先后制定了《行规评比我最棒》《值日班长我来当》《小小岗位人人爱》《快乐队会我主持》等一套完善的管理与评比制度,人人设计制度,人人遵守制度。队干部还会每周召开例会,部署具体的工作任务,各项队务都是人人知晓共同参与。在大家的齐心协力下,中队工作有条不紊,多次获得校"流动红旗""优秀中队"和"行规示范班"。

二、搭建多彩舞台,提升学生"表现"能力

岗位我来管

中队建设要细致入微,必须发扬民主精神。"小岗位"就是我们中队民主化管理的一大特色。队员依据中队的实际需求,自主创建小岗位,各项工作都有人干:晨检小医师、晨读小老师、发报小能手、领操小健将、雨具小管家、板报设计师……五花八门的"小岗位"是集体智慧的结晶。队员根据自己的意愿和能力,自主选择小岗位,明确岗位职责,形成岗位约定,形成了"人人有事干""事事有人干""人人能成才"的良好局面。每个月,"小岗位"还提供"轮岗"机会,相互去体验新的岗位,从而发掘自己的潜能,并在实践中得到锻炼。

队会我主持

自三年级起，每周的队会由队干部承担，他们声情并茂地讲解，图文并茂的课件让队员们听得津津有味。随着年级的升高，队员们主持队会的愿望越发强烈，队长们就面向全体招聘小辅导员，眼看部分队员经验不足，有所顾虑，便灵机一动，主张“老带新”，推荐“双人组合”式主持，调动了大家的积极性，使每位队员都战胜了自我，登上了表现的舞台，过了一把小主持的瘾，给自己留下了珍贵的回忆。

队课我设计

2014 年 11 月，中队以市级辅导员研训班研讨为契机，进行了题为《快乐少先队 美丽童年梦》少先队活动课展示活动，四个小队分别从校园美、家乡美、上海美和祖国美四个维度开展调查，并分别设计出诗朗诵《美丽金小我的家》、脱口秀《舌尖上的金山》、相声《阿拉上海好地方》和知识竞答赛《祖国山河多壮美》等四个节目，以多样的节目形式呈现了各小队的调查研究结果，队员们的智慧、能力和表现获得了市级辅导员研训班领导和学员们的高度好评。该课还代表学校参加了区“少先队活动课”评比，荣获了优胜奖。

活动我组织

二年级时，在校外辅导员的带领下，我们参观基地、家务劳动，尝试着开展小队活动。自三年级起，队员们充分发挥自主自动，人人参与小队活动，分工合作，有小记者、小编辑、资料员、小主持、小秘书、记录员……而且轮流组织小队活动，五年来开展了主题鲜明、丰富多彩的雏鹰假日活动，校园网上留下了我们成长的足迹：

(1) 参观学习类：参观金山卫城南门侵华日军登陆处遗址、走进金山消防总队、参观金山博物馆、规划展示馆和农民画院等校外教育基地、强丰生态农庄、南社纪念馆、金山嘴渔村……队员们开阔了眼界，增长了见识，受益匪浅；

(2) 综合实践学习类：寻找小数点、“迎圣诞 做蛋糕”、“我眼中的春天”小调查、“宣传垃圾分类，共创美好生活”、交通徒手操、阅读《美丽中国我的梦》并撰写读后感等，学习由课内走向了课外，由课堂走向了社会，由书本走向了实践；

(3) 少先队活动类：走进敬老院、快乐植树节、制作感恩卡、剪窗花、创意灯笼、万副春联赠万户人家……感受少先队活动的乐趣，在少先队集体中成长！

这五年中，我们感受着成功的喜悦，创造的快乐，迸发着热情的活力。队员们在自主中不断增强能力，在创新中不断增长才干。“七彩阳光”“龙腾凤舞”和“天马”三个小队先后获得校级“优秀小队”的荣誉称号，中队多次获得校“优秀中队”，中小队所获荣誉在校内遥遥领先。

三、综合实践唱主角，评价也有“表现性”

寒暑假，学校一改传统的作业，综合实践作业唱起了主角。在综合实践记录册的带领下，学生们开展了一系列“多彩学习、金色生活”为主题的综合实践活动，让他们在快乐的活动中学到了知识、掌握了本领。

自从学校开展了“多彩学习、金色生活”为主题的一系列小学生基础素养综合评估和实践活动，小陶经常回来津津乐道地向我们讲述他快乐的学习经历。这让父母既惊喜、又有些羡慕。寒假里，学校下发了《综合实践活动记录本》，号召家长和孩子一起开展活动。即将迎来马年新春，小陶家结合实践活动本的内容和要求，进行了一次“马年赛马”的家庭趣味比赛。“马年赛马”趣味比赛分成三个部分：分别是“马字成语大比拼”“活灵活现剪马大比拼”“你追我赶画马大比拼”。第一回合，比赛谁掌握的带“马”字的成语最多。“一马当先”“马到功成”“马失前蹄”……比赛很激烈，大家绞尽脑汁，还不时互相帮助，写了满满一张纸。虽然小陶没有获胜，但是这个活动激发了他的兴趣，比赛结束后他还在不停地琢磨着，翻出成语字典仔细地搜索，几乎把所有带“马”字的成语都找了出来。第二个比赛的项目是“剪马”，目的是了解中国的传统剪纸艺术。这是智慧与动手能力的比拼，很有挑战性。通过这个环节，家长和孩子一起了解了“剪纸”这个民间艺术，也见识了各种各样的马儿形态。第三个项目是小陶的强项“说马、画马”，要求每人画一匹马，还要说出关于马的故事。小陶非常喜欢历史故事，尤其是三国演义，他毫不犹豫地选择画吕布的“赤兔马”。画完以后，他把赤兔马的故事滔滔不绝地讲给我们听。学生们在综合实践中成长起来。作为综合实践活动主体的学生，通过活动，见识广了，能力强了，脑子活了，这就是综合实践活动的优势，我们教师也要注意争取社会有关方面的关心、理解和参与，开发对实施综合实践活动有价值的校内外教育资源，为学生开展活动提供良好的条件。

四、在表现中成长，共筑这片"星"天地

五年来，我们同心协力共筑这片"星"天地。当他们迷失方向时，我就是一盏灯，指引着前进的方向；当他们灰心丧气时，我就是一把火，点燃他们的信心；当他们一筹莫展时，我就是一艘船，指点迷津……"星星之火，可以燎原。"我相信"满天星"中队的队员们能成为一颗颗光芒四射的未来之星，即使不是最耀眼的明星，他们也会带着一颗爱心，一份责任，一种坚强在平凡的岗位上发光发热，成为人们心目当中的闪亮之星。

总之，要求学生表现，不是让他们放弃倾听、观察和思考，而是强调必须经过"表现"这一环节——亲身经历、主动体验，知识才能够真正从书本、硬盘或网络，从教师的头脑中走进学生的内心世界，真正内化为自己的财富，真正具有迁移价值。在表现性学习的实践过程中，教师们积极地工作、思考、研究，积极地与他人合作、实践，不断地促进学生与自身的发展；而学生在表现性学习的过程中展示自己，肯定自己，完善自己，如同一棵小树，伸枝、展叶、开花、结果，飘散芳香，奉献甜果，留下绿荫，并在自己经历参与体验中不知不觉中长成为一棵参天大树。在这样的氛围中，谁都有机会"表现自己"，谁都愿意"表现自己"，谁都可以出色的"表现自己"，表现已沉淀为学校的一种文化，一种具有幸福特质的校园文化。

（王　燕）

案例 33

给他一个舞台，还我一片精彩

良好的道德品质是一个人的灵魂，也是一个民族的灵魂。随着社会的不断发展和进步，德育教育也被上升到了一个新的高度，德育教育的好坏，关系影响着学生未来的发展，是一个人养成良好习惯和思想品德的重要教育，加强德育教育，对学生未来的发展有着不可或缺的重要性。对学生进行良好的德育教育是广大教育工作者所肩负的使命，对学生未来良好的发展起到了奠基作用，所以应把道德教育放在所有教育工作的首要核心地位。

德育工作如何渗透，有何良好的途径，如何解决"高、大、空"的现象，能否通过实践活动，让孩子自我教育呢？

“新官”的六次小队活动

小曹是一个聪明的男孩，一天到晚，总好像又用不完的劲儿。无论是上课还是下课，他总是要弄出一点儿动静来引起你的注意。例如：上课的时候，大声地移动凳子，开关铅笔盒，“嗒嗒嗒”的揿笔声；下课时，教室、走廊奔跑、追逐打闹；连上个厕所还要抱住在一起玩上一玩。总之，一天到晚，像只小蜜蜂忙个不停，也不嫌累。他的胸中好像有一团烈火，谁靠近他，就会被灼伤。

这学期初，班干部改选，他主动要求当选小队长，看看他一脸灿烂的笑容，想想他平时浑身的力气没处使。我忽然觉得，这或许是改变他的一个契机，便欣然同意，他也满心欢喜。我告诉他，你的愿望就是老师的奋斗目标。

新官上任，一切是那么的新鲜、新奇。他给自己的小队去了一个热辣辣的名字“火焰小队”，就像他的人一样，心中有一团烈火。“我希望你能把这团到处点火的火，变成热情、团结的火。”我看着小队记录本的封面说。翻开小队记录本，映入眼帘的是一个插上一对翅膀的车轮，车轮身后带上了一团火焰在飞翔。不但整个画面生动美观，而且画面的笔调流畅潇洒。可以看出，从队名到队标，小曹同学都花费了一番心思，而且，处处体现了他火一样的性格。此时，我更加确定，他一定能带好他的队员们开展小队活动，小队长这个岗位很适合他。

我告诉他，凡事都应谋定而后动，做事前制订计划是一种良好的习惯。每次活动前，他都要先向同学、老师征询活动内容，并寻得家长们的支持。例如：为了开展“安全大调查”小队活动，他事先在同学们中间收集调查问题，设计调查问卷，给队员们分组，选择调查地点、调查对象，做了充分的准备工作。

万事俱备只欠东风。

4 月 1 日傍晚，他带上火焰小队的队员们来到了金山石化最热闹的万达广场进行“安全大调查”活动。

为了吸引群众的注意与热情，队员们手里拿着事先准备的气球，一会儿，就有很多大人孩子围了过来。凡是参与调查的大人和孩子都可以拿到一只气球作为奖品。活动过程中分成了两个小组，A 组是葛琦菲带队（郭雨薇、俞屹翔），B 组是张尧杰（曹子涵、黎维德），大家手上分别拿着好多气球，跑进了人群中寻找调查对象，俞屹翔最积极了，他认真地问着,小朋友也都认真地回答,最后开心地领取了自己喜欢的气球。调查结束后,队员们看了看自己的手中,气球虽然没了,但是调查纸上的“正”字多了,我们的安全意识也有很大的提高,这次活动意义非凡!

最后,通过大家的整理,活动调查情况如下:

1. 请问你的孩子是否在学校受过伤害?有:0(票)没有:18(票)

2. 请问您的孩子有没有闯过红绿灯?有:0(票)没有:19(票)

3. 请问您的孩子有没有吃过坏的东西?有:0(票)没有:17(票)

4. 请问您家里是否装有防盗网或防盗窗?有:12(票)没有:11(票)

由此看出,安全对于未成年人的重要意义,家长们也有较强的安全防护意识。通过活动,队员们也受到了教育。小曹在活动感受中写道:通过这次活动,我这才发现自己平时不好好走路,横冲直撞,不仅把自己置于危险的地界,还会影响到周围同学的安全,真是大错特错。渐渐地,那团伙不再灼伤自己和周围的同学,而是能温暖周围的人。

本学期,小曹同学,带着队员们开展了六次小队活动,每次有文字和照片的记录,还有同学们的感想,他的小队活动记录本比别人厚了一半。我给了他一个舞台,他还了我一片精彩。

给予他为同学服务的机会

对小曹而言,给他实践活动的表现性任务很有必要。从他在完成任务过程中的表现来看,他的实践能力得到了提升,非常需要多在类似的实践活动中去做发展多种能力。同时,通过表现性评价,学生可以不断地反思,不断地自我评价,明确努力方向。对教师而言,通过表现性评价,可以了解情况、发现问题、调整教学,更好地让小曹发挥他的长处,给予他为同学服务的机会,产生自我教育的需求,规范自己的行为。

从小曹的总体表现来看,具有这些特点:

1. 有乐于表现的心理愿望

小曹是一个乐于表现的孩子,平时他的所有表现都是为了引起大家的注意。从小队名字和队标的设计我们可以看出,他终于找到了表现自己的舞台,快乐的、尽情地挥洒自己的热情。

2. 提升调查研究、整理资料的能力,善于表现

活动前,小曹同学制订计划、设计调查表,活动后,又整理资料,写

下活动记录。小曹的收集信息能力、选择有效策略解决问题的能力得到了培养和提升。

3. 提高交流、合作的能力

小曹同学通过给队员们分组,学会了和同学交流,而不再像原来那样横冲直撞,惹是生非,并对同学的批评龇牙咧嘴。在和队员们分组问卷的时候,增进了同学间的情感,也学会了与人和谐相处。他的交流能力、合作能力、逻辑推理、自我认识、情感态度等都在活动中得到了培养和发展。

德育教育是人心和灵魂的教育,是一个人内在修养的教育,是一个能否成功的教育。中国五千年文化,从我们出生就在强调尊老爱幼,强调要养成良好的品行,传统思想品德教育思想以儒家思想为主流,中国人民在长期的道德教育实践和对道德教育规律认识过程中逐渐形成了具有中华民族特色的道德教育思想。通过思想品德教育,培养学生具有先进的思想、高尚的道德,就能充分发挥精神力量对社会发展的促进作用。同时,德育是促进人的全面发展教育的一个重要组成部分。人的全面发展教育的核心就是教会学生做人和创造性的工作,良好的思想品德会使人有博大的胸怀、远大的志向、高尚的情操。否则就会失去动力和方向,难以成功。

表现性德育以学生外显的表现行为的发展,优化学生的个性,锻炼基本能力,培养学生的创新精神与实践能力,促进学生自我实现。

(俞敏华)

案例 34

领略阅读风采　展现自我魅力

琅琅读书声,悠悠伴我心。在这个信息发展的时代,书,仍然成为人们不可或缺的精神食粮。金山小学每年都举办读书节活动,营造良好的读书氛围,精心设计积极可行的读书嘉年华。在读书节活动中,全体学生能够增强了读书兴趣,拓宽了自己的知识视野,开阔了自己的眼界,提升自己的思想高度,让学生亲近书本,喜爱读书,学会读书。我校把培养学生良好的读书习惯定为养成教育的重中之重,把培养学生的读书习惯作为一项重要工作。活动中,学生不仅能够感受书的魅力,养成良好的阅读习惯。学校也为金小的每一位孩子搭建了展示自我的平台,在活动中孩子们能够锻炼自己,展现自我魅力,从而达到育人的目的,获得双赢。

一、利用学校资源,搭建分享平台

1. 设立图书角,搭建沟通桥。

在班级设立图书角,学生从家里带书,选择自己最喜爱的图书,大家一起交流分享。孩子们对自己的图书都有话要说。学生们热情极高,挤在一起还书、借书,都不免要讲讲自己所获得的新鲜知识,推荐自己看过的好书。对于一年级的孩子来说,同学之间存在着陌生感,通过书为彼此建立起交流的桥梁。渐渐地,学生们谈论书的现象多了,读书的风气渐渐形成,交流的习惯逐渐养成,同学之间的话题也围绕着所看的图书内容展开,彼此交流更加融洽。

2. 小小故事会,树立信心舞台。

以班级为单位,召开小小故事会。在故事会上,让学生谈谈在故事中受到真善美的感染和熏陶;谈读书后的体会、收获。不仅如此,每个孩子都要站上故事会的舞台当一回“小小故事家”,更要当好“小听众”的角色。这样的故事会,也给孩子们展现自我的机会,学会读书,学会分享的同时,更要孩子们学会大胆说,学会自信;也要学会认真听,学会尊重他人。“讲”和“听”的转换,也让学生能够明白什么是“换位思考”,这也是小小读书会举办的价值所在。

3. 图书小管家,责任无限大。

不仅班级设立的图书角能让孩子们借到书籍。我校图书室,藏书丰富,种类多样,都是适合小学生年龄特点的优秀图书。为了充分利用学校现有图书资源,我校开展了图书借阅活动。学校以班为单位定期进行图书借阅,学生可以根据自己的需要和爱好选择图书。在此过程中,选出本班负责而又热心的同学,做图书管理员,负责登记、保管和借阅等,培养学生的小主人翁意识,学会爱护图书,保护学校资源。这个小小的岗位,孩子们需要承担大大的责任。

二、多彩活动延伸,展示多方才能

在阅读中,领略经典魅力;在活动中,激发文化情感。为了调动学生读书的积极性,激发学生读书的兴趣,促使学生各种读书习惯的养成,我校开展了丰富多彩的读书活动,为学生搭建了一个个读书成果展示的平台。力求落实各年级读书活动以收到实实在在的育人效果，彰显我校素质教育的办学特色。

1. 挥毫泼墨展才能。

在读书节中，二年级和四年级的学生分别进行了硬笔和书法比赛。通过本次比赛活动，同学们提高了对正确、美观书写的认识，明确了正确、美观的书写对学习、生活的重要作用，增强了对祖国语言文字的热爱，甚至掀起了同学们对书写正确、美观汉字的积极性，使自己的书写水平更上一个新台阶。

2. 诗画创作显创意。

博大精深的优秀诗词传统给炎黄子孙留下了宝贵的财富，为使学生进一步感悟经典文化内涵，让孩子们给所学古诗配上优美的图画。为古诗配画，可以加深学生对古诗的理解，培养学生的想象力和创造力，促进学生对古诗的欣赏和想象绘画能力。通过古诗配画的创作，使文学和艺术有机地结合起来，"诗中有画""画中有诗"，进一步培养创美能力，提高学生的艺术素养。

3. 奖励机制树榜样。

为了进一步扩大书香校园建设成果，引导学生养成热爱读书的好习惯，让同学们在读书中增长知识，陶冶情操。学校共评选出"阅读之星"和"书香家庭"，并要求"阅读之星"分享自己的阅读心得与收获，向我们展示了他们的读书风采。这些热爱读书的学生，将这份对图书的热爱传递给他人，起到了引领和榜样作用，促进孩子之间相互学习。

4. 书声琅琅诗词会。

学校要求各班利用午读及德育校本课加强经典诗文的诵读与背诵工作，要求学生理解经典诗文的大意，并熟读成诵。早上的早读时间，成了学生们的诗词会，学生们个个精神饱满，声情并茂，他们以优美的语言为大家诵读了名家们脍炙人口的传世美文，从而培养了小学生对阅读的兴趣，逐步形成良好的阅读习惯。经过参与，提升了学生的欣赏品位、审美情趣和文学艺术修养，丰厚校园人文底蕴，培养了学生的爱国情感、民族精神，形成积极正确的价值观、人生观，更提高学生的朗诵水平。

5. 节目展演秀魅力。

在读书节闭幕式上，一个个围绕着主题的精彩节目给读书节的闭幕式画上了一个圆满的句号。小主持人落落大方,进行主持;小演员们演绎着一个个精彩的节目,这都是孩子们自己的才能,读书节给孩子们提供展示才艺的平台,无形当中增强了他们的自信心,自己相信自己的信心将是孩子独立人格的重要起点,这在他们最初形成的性格中起着重要深远的影响。孩子们的成功演出也让他们体会到团队合作的重要性。

三、延伸校外活动,精彩活力加倍

1. 三年级快乐体验课程。

在读书节中,三年级的孩子离开学校来到金山图书馆开展“品书香乐成长”的快乐体验活动。活动中,孩子们增长知识,开阔眼界。在参观过程中,学生们学习查阅书籍、借阅书籍、消毒图书,争做一名文明礼仪小使者。在此基础上,学生还可以利用周末时间,参加志愿服务活动,提升社会实践能力。

2. 亲子童谣创作。

今年,语文教材改革,其中增添了一个新环节名为“和大人一起读”。对于低年级的孩子来说,阅读非常重要,而家长则是带领孩子走进阅读世界的领路人。孩子是家长的一面镜子,所以读书节活动中,也充分调动了家长的积极性。大人的陪伴才是阅读最大的魅力。学生和家长一起创作,充满情趣,充满智慧。大手牵小手,孩子在阅读中感到快乐,收获幸福;大人在阅读中体会亲情,包裹温暖。由“阅读”到“悦读”,将慢慢遇见!

读书节活动激发了学生对阅读的热爱,尤其是在诵读中华传统经典中,收到了熏陶,传承中华传统美德。丰富多彩的活动已经能够让学生感受阅读的魅力,拓展知识面,培养学生读书热情,提高学生的思辨的能力和审美情趣,更是能够从潜移默化中渗透育人作用,帮助学生树立正确的世界观、人生观和价值观,有助于学生形成良好的道德品格和健全的人格。为孩子搭建一个舞台,为他的未来人生奠基。金山小学也倡导孩子成为“敢表、善表、乐表”的孩子,不仅能够在学习中,更能够在他们的人生舞台尽情展现自我,发挥出金小少年的无限魅力。

(周　琳)

案例 35

从利己到利他的双赢

[我的故事]

学校开展了"一四牵手"活动,要求四年级的孩子辅导一年级小朋友进行值周工作。听到这个消息,孩子们一下子兴奋起来,谁不想过把做小老师的瘾,在弟妹面前耍耍威风呢!原以为任务能够顺利完成,没想到,在分配岗位时,我却遇到了不小的阻力。值周岗位众多,有升旗仪式主持人、升护旗手、文明小礼仪、课间小天使、眼保健操小督察等。作为最光荣的主持人和升护旗手,需要一定的经验和能力,无外乎就是那几个人,孩子们很快就推选出了适合的人选;眼保健操小督察报名者众多,几个调皮的男生特别积极,真是出乎我的预料,事后悄悄一问,才知道很多人竟然是为了逃避做眼保健操!淘汰下的人都选择了课间小天使这个岗位,其实暗地里也是为了不做午间作业吧。岗位定好大半,只有文明小礼仪无人问津,我鼓励了半天,仍然没有人报名,我很是失望,带着怒气问他们为什么不想选择这个岗位。一个孩子小声地说:文明小礼仪早上 7 点 30 分就要到校门口了,我起不来。另一个孩子说:每天早上要说那么多遍"Good morning",实在太累了。没想到孩子们的理由竟然是这样的!我觉得如此下去肯定不行,教育了一番之后,两个中队委员举起了手。这次风波虽然平息了,但我心里却一直有一个疙瘩,怎么才能转变孩子们的行为,让他们变得乐于助人呢?

机会来了,不久之后,班里开展了争爱心章的雏鹰争章活动。我告诉孩子们:只要做一件好事,就能得到一枚爱心贴纸,集满 10 颗爱心之后,就能争到爱心章。我话音未落,孩子们就热闹起来,大家都想得到这份荣誉,平时经常做好人好事的孩子信心满满,好像爱心章已经触手可及,有的孩子已经开始暗暗盘算做哪些好事了。看到这个场景,我暗喜在心头,这下孩子们的行为该有所改善了吧!果然,在接下来的一段时间里,班级里涌现出了不少好人好事:植物角里多了几盆绿色植物,餐巾纸和垃圾袋用完了有人补上,汤洒了、同学呕吐了,都有孩子主动打扫干净,某位同学钢笔没带,立马数支钢笔从四面八方聚拢而来,让人感动不已……事后,在爱心章的评比中,大部分孩子也如愿以偿地争到了这枚章。

自从这次事之后,孩子们学会了同伴互助,体会到了帮助别人的快乐，班内的气氛融洽了，凝聚力也增强了不少。在后来的爱心捐衣、运动节前期准备等活动中，孩子们的表现也十分积极，大家都很乐于为班级服务，把做贡献当成了一件乐事，甚至轮到自己班值周时，再也没有争抢或是嫌弃某个岗位的现象发生了，大家都根据自己的实际情况选择岗位，一派和谐景象。没想到一次争章活动竟能带来如此大的改变，作为班主任，我感到十分幸运，也很欣慰。

［**我的思考**］

伟大的教育家苏霍姆林斯基说过：成功的快乐是一种巨大的情绪力量，它可以促进儿童好好学习的愿望，请你注意无论如何不要使这种力量消失，缺少这种力量，教育上的任何措施都是无济于事。因此，作为教师，我们要巧妙地引导和利用学生的利他行为，如果每个学生在利他同时，又能够表现自我，又能获得快乐，那么我们的教育就获得了最大的成功。

利他行为是社会心理学中的一个概念，是人际交往过程中的一种特殊行为，泛指不期望他人任何回报，或获得良好印象的一种自觉无私、有助于他人和社会的行为。小学教师如能对自己的学生进行利他行为的培养，对促进小学生健全思想品格和高尚审美情趣的形成将是十分有益的。

从我们之前学生的行为来看，孩子们在一开始并没有这样的意识，大家都是从自己的角度出发，选择对自己有利的岗位。其实，有这样的现象并不奇怪。我们班的孩子大多家境良好，身为独生子女的他们，平日里娇生惯养，家里处处以他们为先，连打都舍不得打一下，天长日久，孩子必然有了"唯我独尊"的想法，除了利己思想外，丝毫没有利他的思想，长此以往，后果不堪设想。

因此，在校园里对小学生进行利他行为的培养很有必要。想要一步到位，让孩子真心帮助他人，那是不现实的，也是十分困难的。针对我们班的情况，我采取了由浅入深，循序渐进的方法。浅的，也就是让学生先通过"利己"来"利他"，像案例中的争爱心章活动，就是让孩子为了"利己"(为自己赢得荣誉)，而"利他"(去帮助同学)。要做到这一点，教师就必须在班内营造浓浓的助人氛围，如自己率先垂范。教师是孩子心目中的榜样，即使弯腰捡起掉在地上的一块橡皮这样小小的举动，也会在他们心里埋下种子，生根、发芽、开花。同时，可以利用午会、班会，开展相关教育活动，让学生懂得，自己是班集体的一员，关心班集体，乐于助他人，维护班集体利益和荣誉都是高尚行为；那种只替自己考虑,而不去替别人着想的想法是错误的,是不可取的。当孩子有了这样为他人着想的行为之后,要及时反馈,给予肯定和表扬,使更多的小学生明白这种行为是正确的行为,应坚持和发扬。等他们体会到了助人的快乐之后,再逐渐深入,把带有功利性的行为变成一种习惯,这样孩子们就能源自内心对同学关怀了。有了学校基础,教师就能把触角伸向更广阔的领域,看到地上的纸屑捡起是好事,在公共汽车上主动让座是好事;在家里帮父母做家务是好事,如果这样坚持下去,相信对孩子的健康成长是非常有帮助的。

"路漫漫其修远兮,吾将上下而求索。"培养学生的利他行为,不是一时一事的事情,我们每个教育工作者要将正能量源源不断地输入孩子们的体内,使人更向善,使社会更和谐。

(朱肖红)

实例 2

学生在校内外活动中尽情表现自我的截屏展示

金山小学 → 雏鹰展翅 → 大队部

阅读新闻 背景:

彩虹桥中队彩虹飞龙小队:制作教师节贺卡

[日期:2015-09-08] 来源:大队部 浏览次数:92 次 [字体:大 中 小]

一年一度的教师节快到了,为了表达对老师的祝福,五(5)彩虹桥中队彩虹飞龙小队决定亲手制作教师节贺卡以表心意。

9月4日上午,队员们相约欧尚肯德基。经过大家的热烈讨论与细心挑选,每个人制作的贺卡各有特色。有的在刮画纸上认真刮画,有的在用心折纸,还有的在卡片上画画。一个多小时候后,一幅幅漂亮的作品诞生了。为了表达对老师的祝福,大家还写上一句句祝福语。看着自己的作品,大家不约而同地笑了。相信队员们的这一份"礼物",老师一定会喜欢。

五(5)班学生动手做教师节贺卡

新一代安全上网导航 × 上海市金山区金山小学 × 金山小学 >> 新闻快递 >> 校 × 金山小学 >> 雏鹰展翅

大拇指中队彩虹小队开展制作《海洋动物小报》活动

[日期：2015-06-22]　　来源：大队部　浏览次数：24 次　　[字体：大 中 小]

三（1）大拇指中队的彩虹小队队员们来到欧尚超市肯德基餐厅，开展制作《海洋动物小报》的主题活动

队员们首先确定以"海洋动物的生活习性"为主题，接着每人选好一个海洋动物，分头去网上寻找该动物的相关资料和照片，复制到电脑里。大家挑选的动物真多呀：有水母、有海蛇、有海龟、有鲨鱼、有海马、有鲸。最后在家长的帮助下，顺利地完成了一张漂亮的《海洋动物小报》。

通过本次活动，队员们不仅增长了海洋动物的知识，而且也锻炼了借助互联网，自我学习的本领。

三(1)班学生制作海洋动物小报

新一代安全上网导航 × 上海市金山区金山小学 × 金山小学 >> 新闻快递 >> 校 × 金山小学 >> 雏鹰展翅

月亮船中队流星小队：DIY等你来

[日期：2015-06-08]　　来源：大队部　浏览次数：52 次　　[字体：大 中 小]

5月22日，四（3）月亮船中队流星小队的队员们齐聚红树林家园动手DIY，制作了自己的"蛋宝贝"和"不倒翁先生"。

你瞧，我们分工合作，各司其职。一个队员负责用细针戳洞，将蛋清和蛋黄流尽，再把空蛋壳冲洗干净晾干。一个队员负责将大米投放到空蛋壳里，我们一起见证不倒翁的"站立"。其他队员早就摩拳擦掌，又是彩笔又是彩纸，盛装打扮。

当然前几次尝试遇到不少"拦路虎"，但是队员们运用智慧，团结合作，从失败走向了成功。大家都来试试吧！

四(3)班学生在红树林动手 DIY

阅读新闻　　背景：

旭日中队曲奇饼干小队：小鬼当家

[日期：2015-08-19]　　来源：大队部　　浏览次数：41 次　　[字体：大 中 小]

为了丰富队员们的暑期生活，7月23日上午，四（4）旭日中队曲奇饼干小队的队员们在郭乐队员家开展了"小鬼当家"活动。

郭妈妈兼当校外辅导员，教大家包馄饨。几个女队员个个心灵手巧，早就学会了。男队员也不示弱，大显身手，一下子也学会了。大家包好的馄饨放在一起，大大小小，各式各样，大家不约而同地笑了。

包好的馄饨下锅，队员王淑婷和陶芯炎一直守候在厨房，煮馄饨。一会儿香喷喷的馄饨上桌了！大家品尝着自己亲手包的馄饨，每个馄饨都是那么有滋有味！

发送到手机

四(4)班学生在校外辅导员带领下开展“小鬼当家”活动

金山小学 → 雏鹰展翅 → 大队部

阅读新闻　　背景：

大拇指中队龙凤小队：多肉植物

[日期：2015-07-15]　　来源：大队部　　浏览次数：47 次　　[字体：大 中 小]

时下流行的多肉植物栽培，大家一定不陌生吧。6月22日，三（1）大拇指中队龙凤小队的队员们就开展了一次"多肉植物移盆"活动。

家长一边介绍多肉的生活习性，一边跟队员们讲解植物移盆的意义。然后演示了怎么移盆，先把盆底覆盖一层营养土，然后把老盆中的多肉植物连泥土一起移到新盆中，继续添上营养土，与盆口差不多的位子就算完成了。但是，种好后不能急于浇水，一个月内不能施肥，得让"多肉们"在新环境里适应一个礼拜左右，才可以浇水哦！

在家长的讲解和示范下，队员们也蠢蠢欲动了，真是看人挑担不吃力，这小小的植物移植并不是那么简单的，盆底放太多泥了，植物移过去都塞不下了，只好重新再来，在反复的过程中，有家长的指导，也有旁边队员的关切，还会比一比谁心灵手巧。

在一片欢声笑语中，大家不仅亲手移植了多肉，还知道了不少多肉植物的名字呢！

三(1)班学生在家长辅导下开展“多肉植物移盆”活动

（五）活舞台——社会实践活动

让学生在社会实践中展现自我。学校依托各类社会资源，利用校内外各类公共资源，开展以学校为主体、社区为载体的社会实践活动，促进校内与校外、社区与家庭的合作，使表现性德育延伸到社会，共同推进表现性德育的实施。

开展学生志愿者活动，丰富学生社会性表现，促进道德观念转化为道德信念。

德育的基本原理告诉我们，一个道德概念必须经历情感体验，才能真正转化为道德信念。我校秉持“施比受更有福，予比取更快乐”的理念，发挥“助人最乐，服务最荣”的精神。鼓励本校各个专业、各个学生俱乐部主动参与社会服务、社区服务。以此提高学生的专业实践能力和树立服务社会、奉献社会的意识。鼓励各个专业、各个学生俱乐部主动参与社会服务、社区服务，提高学生的专业实践能力和树立服务社会意识。计算机专业师生主动到社区、村居开展义务电脑培训、义务电脑维修活动。会计专业师生主动下企业了解企业在财务管理、仓储管理等方面的情况，及时帮助企业解决管理中存在的问题。艺术专业学生主动进入兄弟学校、村居、社区，为学生、为百姓献上精美的文化盛宴。这些活动既丰富了农村居民的文化生活，也为学生提供了锻炼的机会。青年志愿者协会利用周末时间自筹资金购买慰问品、药品、礼物等到水头镇敬老院慰问孤寡老人并参加卫生打扫、内务整理、梳洗陪聊等活动。学生很积极参加镇各级组织的义务植树、消防宣传、法制宣传、爱国卫生、文明创建、平安创建、体育创强等社会活动。

表现性德育教育通过学生的志愿者活动，拓展学生学习的课堂，把社会、把生活作为学生发展的大课堂。志愿者活动是在有计划、有目的的组织下，学生自主参与为社会无偿服务的实践过程。志愿者活动实践的形式很多，例如社会服务、社会调查、社会考察、社区服务、参观访问等，为学生提供施展表现自己才能的空间，促进学生的积极发展。

在志愿者社会实践中，学生可以拓展自己的生活领域，有着更多的社会角色，有助于学生更好地了解社会，关心他人，增强责任感、义务感和使命感，有多种机会可以表现出自己的道德品质与做人的能力，促进学生社会化发展。通过社会实践把学生的发展置于比课堂、比学校生活更广大的社会背景中，把学生的学习场所从学校拓展到社区乃至整个社会，改变学生单一的学习方式，使课堂学习和社会体验学习结合起来。

学校组织学生利用休息日走进社区开展社会实践活动。学生走进福利院为老人们带去了丰富多彩的文娱节目，走进小区一起参与创建文明城区的行列中……这是进行文明礼仪教育的最佳契机。此外，学校现有“欧尚超市、山阳食品监督所、山阳文广中心、山阳东方村、中兴村、山阳工商所”等6个共建单位，欧尚超市成为我校的“消费维权实践基地”。学校经常与共建单位保持沟通，组织学生开展有益的活动，如队员们经常走进欧尚超市开展学科调查、摆放物品等小队活动。学校为学生搭建了一个实践体验的舞台，营造了良好育人环境，学生感受到了体验和参与这种学习方式的乐趣，不但促进学生提升综合素养。

在社会实践活动中表现性德育实施的要点：

1. 增强社会实践的自觉意识。

教师首先要明确学生社会实践的教育价值，端正“为社会实践儿社会实践”的观念，避免学生社会实践走过场，应该树立通过学生积极的社会实践活动培养学生的社会意识、主动应对社会实践中问题的能力、面对社会生活应具有的个体品质。这有助于学生形成积极向上的情感体验和健康充实的生活态度，增强学生对社会的使命感和责任感，通过社会实践使学生走入社会生活，获得生存体验。我们应该让学生以积极的姿态表现自己，体验社会价值，为自主地走进社会职业生活获得深刻的生存体验，为面向今后的职业工作做好必要的精神上的准备。

2. 创设开放性社会实践活动。

社会是个大课堂，千姿百态，要让学生通过社会实践活动去亲身感受社会生活。社会实践虽然离开教室到社会上去，但并不能说这样就一定是学生可以面向社会。在实际上，不少社会实践仍然是学生扎堆，学生和学生在一起活动，并没有真正实实在在地接触到社会生活，社会实践要提升教育价值必须密切联系社会生活，实现社会实践的内容和方式的开放，使社会实践活动具有触发学生自我体验，增强自我意识的作用。在社会实践活动的过程中，要促进学生用课堂上所学的知识，去观察社会，分析社会，也可以发现问题，寻找解决问题的方法，提高学生的观察、思考、解决问题的能力。在这开放的大课堂里，让社会实践活动为学生不同的角色锻炼自己最佳的角色表现，要让学生更深切感受到自己的责任，增强社会责任感，在社会化的过程中促进个性化的发展，张扬主体精神。

3. 创设主动参与自主实践的环境。

社会实践是主体性活动，教师的作用在于引导，具体的实施要由学生自主，学生可以根据条件，自主决定社会实践的项目、内容、时间、地点、伙伴，教师不要包办，代替学生做出安排。学生的主体性体现在从活动的计划、组织到活动反馈的全过程中。教师要充分让学生有权主持社会实践活动，在实践中展现自己的才能。教师要通过自主的社会实践活动培养学生的主体意识、主动应对社会实践中问题的能力、面对社会生活应具有的个体品质，而不要为“社会实践”而去组织活动，成为走过场的活动。因此学生的主动性与自主性是衡量社会实践活动质量的一个重要标准。

4. 关注社会实践的体验感悟。

社会实践活动是基于学生的直接经验，密切联系学生自身生活和社会生活，体现对知识的综合运用的一种学习形式。它是一种以学生的经验与生活为核心的实践活动。只有在以实践为主流的体验活动中才有利于培养具有独立和创新精神的人才。“纸上得来终觉浅，绝知此事要躬行”。社会实践活动具有触发学生自我体验，增强自我意识的作用。只有通过学生对社会的深入、深刻的，才能引发学生自身的深入思考。

在社会实践中，学生通过亲身体验让学生消化书本知识，增强对理论知识的感性认识，加强对课堂上获得的间接经验的检验、理解和掌握，同时要使学生运用所学知识与现实生活和学生的思想实际紧密结合，使抽象知识更形象、生动，更易于理解和掌握。通过社会实践活动让学生接触社会，深入实际学习更多的新知识，开拓学生的知识空间，扩大视野，陶冶情操。通过社会实践改变学习方式，拓展学习空间。通过社会实践把学生的发展置于比课堂、比学校生活更广大的社会背景中，把学生的学习场所从学校拓展到社区乃至整个社会，改变学生单一的学习方式，使课堂学习和社会体验学习结合起来。这有助于学生形成积极向上的情感体验和健康充实的生活态度，增强学生对社会的使命感和责任感。

通过社会实践使学生走入社会生活，获得生存体验。学生的社会化与个性化需要体验性学习。我们应该让学生自主地走进社会，参与实践活动并由此获得深刻的生存体验，发掘学生学习和成长的资源，使学生的学习生活更充实、更有趣、更有意义和富有创造性。

5. 关注通过社会实践培养学生良好的表现心理素质和品德。"百闻不如一见"，让学生在实践中自己教育自己，自己说服自己，澄清某些模糊认识，更好地实现知、情、行的转化。例如，结合教学内容开展演讲、讨论、表演、社会调查，撰写小论文等活动，可以培养学生完善的"最佳表现"的人格、健康的个性，大胆创新，勇于探索，开拓进取的良好心理品质。通过实践活动促进学生更好地了解社会，关心他人，增强责任感、义务感和使命感。社会实践活动有利于促进学生自主学习、自主发展。如果没有让学生以主人的姿态积极自觉的参与，任何一种教育活动都是不可能收到预期效果的。学生在社会实践中可以对现实问题有独立的见解，一百个学生就有一百种思维，每个学生的心智都可以获得发展。同时，学生有好奇心和求知欲，让学生动手参与活动可以激发他们的兴趣，变被动为主动，变"要我学"为"我要学"。

案例 36

文明心行动　禁毒一起来

为打造"和谐金山"，贡献青春力量，我区开展了"文明心行动，禁毒一起来"的主题周宣传活动。我有幸带领本班学生积极参与到石化百联这个站点的活动。在本次活动中，我在实践的过程中力求理论与实践相结合，开展了安全有意义的"文明心行动，禁毒一起来"的社会实践活动。

禁 毒 宣 传

宣传是教育的重要手段。本次社会实践活动的主要任务是前往百联向人们分发禁毒宣传单。活动前，我十分重视对学生的禁毒宣传教育，大家只有对毒品的危害有了一定的了解，才能明确本次任务的主要目的,更好地参与到本次禁毒宣传活动中去。同学们在蓝天白云下成长,在宽敞明亮的教室里学习,生活是多姿多彩的,生命是灿烂的。通过一节班会课宣传,通过观看禁毒宣传片,同学们了解什么是毒品及毒品的种类,以及防毒的几种方法。同学们知道了毒品令许多人痛不欲生,丢掉了宝贵的生命,令无数的家庭支离破碎。毒品是人类的公害,它不仅危害人民群众特别是广大青少年的身心健康,而且严重威胁着社会稳定,影响经济发展和社会进步。在中国的近代史上,毒品曾给中华民族带来深重的灾难。如今毒品问题已成为全球性问题,它与恐怖主义、艾滋病并称为当今世界三大公害。有些地方,贩毒、恐怖、黑社会三位一体,已构成破坏国家稳定的因素。近几年来,毒品已经进入我们中小学生中间,并且呈上升趋势。在了解毒品以及其危害后,更明确了本次活动的目的,激发了大家参与活动的积极性。

了解志愿站

6月22日,我们来到石化百联的志愿者服务站点,开始了志愿者活动。刚到志愿者服务站,同学们还没等志愿者叔叔阿姨们开始上课,便先炸开了锅:“大姐,你那彩虹爱心胸针好好看哦,怎么得来的呀?”“叔叔,你们穿的衣服怎么不一样?可以挑颜色吗?”“阿姨,您这个胸针为什么那么大?”“为什么挂牌上有条形码?要出钱买的吗?”志愿者叔叔阿姨一一告诉了大家。通过他们的解说,同学们知道了志愿者叔叔阿姨只要参加7天服务活动就会得到7个胸针,第一天的胸针有一朵五彩爱心,第二天有两朵,以此类推,在一个志愿者服务站中有一位穿橘黄色志愿者服,他/她就是这个服务站的领导;其余的为天蓝色。志愿者们首先为大家介绍了服务站点的设备。接下来,大志愿者们给同学们看了一枚枚奖章,还讲了这些奖章的发法,只要做志愿者贡献一周,就能得到一枚奖章。一枚,两枚,三枚……他们得到的奖章实在数不清,令同学们钦佩。大志愿者在烈日炎炎下挨过了那么多天,无声无息地为禁毒工作做出了那么多的奉献,感动了在场的每一位同学。大家纷纷表示,要向那些“小蓝莓”和“小白菜”学习,做一个合格的“小小禁毒志愿者”。

志愿者行动

据禁毒专业人员介绍,根据近年来的相关统计资料,我区吸毒人员的刑事治安案件犯罪率明显高于普通人群,吸毒上瘾的人,有的人铤而走险,抢劫,盗窃,为筹集毒资而不择手段。一个个健康的躯体被摧毁,一个个美满的家庭被毁灭,所以加强禁毒宣传教育是我们世博期间营建“平安社区”的一个重要组成部分。得知活动的重要性后,分发宣传单的活动开始了。小小志愿者人手一叠关于禁毒的宣传单,边走边发。“叔叔您好,我们是金山小学的‘小小禁毒志愿者’,这是关于禁毒的宣传单,请参与禁毒! 为了打造和谐文明的金山城区,请妥善保管这份宣传单。”“阿姨,您好! 我是小志愿者,我们最近在宣传关于禁毒的知识。这是宣传稿,请妥善保管。”“爷爷奶奶,请参与禁毒。”稚嫩的声音缭绕在耳边,他们的举动引起了大人好奇的目光,多数游客愉快地接过传单,微笑赞赏说:“禁毒是要从小做起,小小志愿者真棒!”孩子手中第一张传单终于发出去了,看得出,原本紧张的心不由得轻松了许多。很多小志愿者迈开了“表真、表善、表美”的第一步,一口气发出了十几张传单。当然在发送禁毒传单的过程中,小小志愿者也会遇到一些困难呢!一位小志愿者在活动感受中这么写道:

三位结伴同行的叔叔走来,我迎面而上,送上传单。一位叔叔拿着传单粗略地看了看,说:“对不起,我们不吸毒,不需要。”我愣了愣,有点尴尬。本想收回传单,但我想:此次的任务就是宣传这项禁毒活动,人人都要知道毒品的危害,毒品的蔓延,可以影响到整个国家的安危甚至整个世界的兴衰。我一定要完成好本次任务。我便硬着头皮,不觉从口中冒出了一句话:“这宣传稿是拿着看看的,让大家了解毒品的危害,谢谢配合。”这位叔叔就接受了这张传单,另外一位叔叔也好奇地要了一张。临走时还说了句:“谢谢小朋友,我支持你们的活动。”这句温馨的话语让我重拾信心,让我有勇气继续把传单发下去,送到每一位游客的手中,继续完成这项有意义的工作!

合格志愿者

通过实践活动,有的同学刚开始有些胆小,不敢将传单送出,但在互相鼓励下,鼓足勇气,以“金小禁毒志愿者”的身份将传单送到了过路人的手中。在这一过程中,虽然碰到了各种各样的困难,但大家都想方设法克服了自身的羞涩,体验了发传单的艰辛,尝到了成功的喜悦。他们用善滋养美,表现出丰富的爱心;用美滋养善,表现出心灵之美,激发了学生“向真、向善、向美”之心;与此同时,过往人们也开始关注这群可爱的禁毒志愿者，有的还主动向小志愿者们要宣传单，并高兴地一起加入这个宣传禁毒的大部队里。一小时后，同学们的腿跑酸了，却坚持发完了手中的传单。尽管天气很热，烈日直射，同学们的上衣被汗水浸湿，汗水从额头上淌下来，冲走了孩子们脸上几分不该有的羞涩。小小志愿者们胜利完成了这项工作，在这个活动中，大家体现出了“敢表、乐表、善表”的好品质。同学们向商家和过路群众发放禁毒宣传手册、禁毒宣传告市民书等宣传资料四百多份，认真讲解各种新型毒品的特征、毒品的危害、如何远离抵制毒品等。群众纷纷表达了对志愿者们禁毒志愿服务活动的认可，并表示通过小志愿者的讲解提高了自身对毒品危害的认识和抵制毒品的意识。

“你们的任务圆满结束，你们是合格的志愿者了。”“我已经是一名合格的志愿者了，我的努力没有白费，太好了。”当同学们得知自己成了一名光荣的志愿者，贴上了那一枚神圣的奖章时，不亦乐乎。通过本次活动，同学们了解毒品的危害，了解志愿者服务站的设备和作用，了解关于禁毒的知识，并且在发传单这项尝试中体会到了当“小小志愿者”的光荣与艰辛，培养了大家的社会责任感和神圣的使命感。

此次活动的开展，有利于全员识毒、防毒、拒毒的意识和能力的提高，也为优化育人环境、传颂社会正能量、推动和谐社会的稳定发展做出了应有的贡献。

（朱阳炯）

实例3

2017学年“我与山区伙伴结友谊”手拉手志愿活动方案

一、指导思想

为充分发挥城市学校在志愿者教育的积极作用，培养广大学生乐于助人的情感和强烈的社会责任感，学校将通过形式多样的实践活动，引导学生积极参与“快乐蚂蚁”志愿服务活动，培养学生乐意为社会、为他人、为有困难的小伙伴献一份真诚、献一份真情，树立“团结协作、共同成长”的互助意识，帮助孩子们在关心他人、服务他人的同时，形成友爱待人的情感，乐于助人的品格，展现我校良好的精神风貌。

二、活动主题

我与山区伙伴结友谊

三、活动时间

2018 年 5 月—2018 年 6 月

四、活动内容与安排

第一阶段：宣传动员　5 月中旬

利用午会课或少先队活动课，向学生介绍我国西部地区留守儿童的现状，引导学生尽己所能，积极参与志愿活动，在为山区孩子送出自己真情的同时，体验与感悟现在生活的弥足珍贵，学会感恩与给予。

第二阶段：实践体验　5 月下旬至 6 月上旬

5 月底之前，分年级以各种形式与山区的孩子交朋友。

★二至五年级：在上学期互通书信的基础上，各中队开展“我远方的朋友”书信分享会，交流通信的感受。

★一、二年级：制作节日贺卡，为山区孩子送去节日的问候。

★三、四年级：给山区孩子写封信，说说自己的生活现状，问候山区孩子，送上自己的祝福。

6 月 11 日(周一)开展全校性的募捐活动。

募捐物品：闲置的学习用品、衣物、书籍、玩具等

要求：学习用品建议没有使用过的；衣服、玩具请保证它们是干净的；书籍能保证八成以上的崭新度，各班做好募捐物品的分类与统计。

第三阶段：打包、总结　6 月中旬

打包：家长、老师志愿者对全校募捐的物品进行分类打包装箱，分别寄往山区。

总结：对于活动中表现突出的个人与优秀作品，将在休业式上进行表彰。

五、活动要求

1. 各中队引导队员积极参加手拉手体验实践活动，让队员感受服务他人的快乐，帮助孩子树立正确的人生观和价值观。

2. 5 月底前完成做贺卡、书写信、分享会的活动。各年级组做好对优秀作品拍照留底、上传的工作。

3. 6 月 19 日完成募捐物资征集工作。

4. 各中队结合少先队民主评议活动，对孩子的参与度及时地进行反馈与总结，各中队评选“志愿之星”。

六、通信地址与形式

地址：

1. 贵州省台江县施洞镇良田小学　张元平校长　邮编：556301

2. 贵州省毕节市七星关区洪山路蒙治学校　李娴静校长　邮编：551700

形式：

二年级以亲子形式，三至五年级以小队形式进行信件邮寄，各中队做好写书信、寄书信照片收集、汇总工作，各中队将活动照片于 6 月 10 日之前上传 FTP。

案例 37

募捐：人性表现彰显人道

一、活动背景

金山小学非常注重红十字工作的开展，能够把红十字工作有效融合在各类教育教学活动中，发挥着红十字的育人作用。其中，人道资源募集的合法妥善使用，是学校红十字工作的亮点之一。

根据《国际红十字与红新月运动章程》，普遍原则的定义是：“国际红十字与红新月运动是世界性的。在这个运动中所有红十字会享有同等地位，负有同样责任和义务，相互支援。”普遍性说明人类痛苦是普遍的，所以对于苦难者的人道援助也应该是普遍的，普遍性又反映出国际人道法的性质及适用范围，超越了不同国家、不同意识形态的分歧，更体现出红十字的全球性参与和活动，因此本原则亦是现实的写照。

几年来，学校开展了“省下压岁钱”“爱心义卖筹善款”“红领巾志愿服务”“与山区孩子结友谊”“把欢乐带进敬老院”等活动，从而推动了公益志愿活动的常态化。活动中，学校倡导爱心不分大小，捐出的物品不在于它的数量和价格，只要在力所能及的范围内，献出爱心，慷慨捐助那些热切期盼帮助的人。”为使学校的募捐善举合法，我们根据中国红十字会的有关准则，按照红十字会的捐赠办法，负责宣传和组织，并联系中国扶贫基金会等机构，邀请家委会处理募捐衣物和款项，账目贴在全校公示栏中，接受家长、老师和学生的监督，以保证募捐活动的独立性和纯洁性。

二、活动实施

我校成立了“快乐蚂蚁中队”，自 2015 年开始至今，便积极响应学校号召，通过各种渠道为贵州、云南等贫困山区的儿童募集资金、物资，开展献爱心募捐活动，短短几年时间里，参与募捐活动多达 9 次，共募集衣物、书籍 53 箱。

同时，孩子们还在欧尚超市开展爱心义卖活动，筹得千余元善款，为贵州山区学校购置一套乒乓球桌，为果敢安邦小学学生购买课本，分批发给贵州毕节两所留守儿童学校。班级的部分校外辅导员带着捐赠物资和学生代表，走访了贵州山区的孩子们，送上了慰问品。

在各类资源募集、爱心捐赠过程中，学校严格遵守《中华人民共和国公益事业捐赠法》。每一次接受捐赠后，我们都将受赠物品进行登记，公示捐赠内容和数量，并将捐赠物资及时发送到需要救助的地方；每一次物资到达受赠方后，我们都会通过各种渠道和方式，将分发物资的场景告知捐赠方，并关注受赠方对物资的处理，使整个捐赠过程透明化、公开化。规范、公开、合法的捐赠活动，使更多的人加入献爱心的行列中。爱心活动给山区孩子送去了温暖，贵州学校发来的锦旗和山区孩子的感谢信，让参与活动的孩子们感受着帮助别人的快乐，收获着精彩的成长经历，在心中播撒了“红十字精神”的种子。几年来，这项捐赠活动不断扩大和延续着。

三、活动实效

红十字会是全世界影响范围最广、认同程度最高的国际组织。之所以认同程度最高，在很大程度上是因为红十字跨越了国界、种族、信仰，始终按照七项基本原则行事。这一案例集中体现了募捐过程中的“普遍”和“志愿服务”原则。

在这一案例中，学生能积极响应学校号召，通过“爱心教育”让学生进行自我管理、自我教育和实践活动，在助学帮困的活动中，学生知道该如何珍惜幸福、学会如何力所能及地去帮助别人，更体现出了红十字是全球性的参与活动。学生在志愿公益活动中培养了社会责任意识。

2. 志愿服务。它是一种无私的表现，它体现出人与人之间一种出于自愿的助人为乐的精神。志愿服务的实质是对他人提供服务而不索取报酬,这就是对人道原则的直接表达。虽然红十字会工作人员如同其他的工作人员一样都有报酬,然而红十字会人员工作的动机绝非金钱,而是个人对人道观念的信仰和奉献。

在这一案例中,不论是学生、老师和家长,他们都义无反顾地担任起志愿者的角色,捐赠活动是个志愿救济运动,绝不期望以任何方式得到回报。我们在从事红十字公益事业的过程中,每个参与者都从中感受到了快乐与幸福。志愿服务这条路没有尽头,大家也会尽己所能,用内心的爱,带动身边更多的人一同加入爱心公益的队伍中,用自己的行动彰显人道、博爱、奉献的红十字精神,用自己的能力来弘扬正能量,引领新风尚。

（方秋菊）

实例 4

金山小学学生以各种形式参与社会实践活动,以下是有关活动的报道截屏:

新一代安全上网导航 × | 上海市金山区金山小学 × | 金山小学 >> 新闻快递 >> 校 × | 金山小学 >> 雏鹰展翅

大拇指中队龙凤小队开展"端午节包粽子"活动

[日期：2015-07-02]　　来源：大队部　浏览次数：18 次　　[字体：大 中 小]

一年一度的端午佳节又来到了，艾蒿飘香，粽子美味。2015年6月21日，三（1）大拇指中队龙凤小队的队员们欢天喜地地来到小区居委会开展"端午节包粽子"活动。

首先由家长示范，挑选粽叶，将粽叶卷成圆锥状尖角，舀上糯米红豆，再把粽叶圈起来，不露一点米粒，最后用线扎紧。队员们一步步认真做，家长们手把手地教。一会米粒掉出来了，一会没扎紧又松掉了，状况百出。可是队员们毫不气馁，在一遍遍地尝试中，终于有了自己的"作品"。大家兴奋地说："尽管样子不好看，但还是成型啦。"

端午节包粽子活动不仅使队员们感受到了浓浓的传统文化氛围，对端午节包粽子的传统文化习俗有了更直观的感受和体会，还让大家在互帮互助包粽子过程中，进一步增进了同学情谊。

三(1)班学生在小区居委会开展"端午节包粽子"活动

新一代安全上网导航 × 上海市金山区金山小学 × 金山小学 >> 新闻快递 >> 校 × 金山小学 >> 雏鹰展翅

快乐蚂蚁中队棒棒糖小队：敬老院里献爱心

[日期：2015-08-27]　　来源：大队部　浏览次数：33 次　　[字体：大 中 小]

8月12日，金山小学三（2）快乐蚂蚁中队棒棒糖小队成员来到海棠敬老院开展了献爱心活动。

敬老院里干净安静，院子里长着粗壮的松柏，花园修剪得整整齐齐，小朋友的到来犹如小鸟在树枝上吱吱喳喳，给宁静的敬老院里添了一份活泼。伙伴们主动帮老爷爷捶背，梳头等。有的老爷爷老奶奶行动不便，但精神很好，看到小朋友来了，高兴得合不拢嘴。老人们就像大家的爷爷奶奶，与小朋友一点儿也不生疏，当队员们扶着他们小心翼翼地跨台阶，忽然觉得自己长大啦！

这次爱心行动虽然短暂，却十分难忘。队员们不但给老人们带去了快乐，自己也沉浸在快乐之中。并从中体会到了：只要人人都献出一点爱，世界将变得更美好！

三(2)班学生在海棠敬老院开展献爱心活动

新一代安全上网导航 × 上海市金山区金山小学 × 金山小学 >> 新闻快递 >> 校 × 金山小学 >> 雏鹰展翅

快乐蚂蚁中队：爱心义卖，情系小丹妮

[日期：2015-05-30]　　来源：大队部　浏览次数：104 次　　[字体：大 中 小]

时间过得真快，眨眼间我们就10岁啦！逐渐从懵懂无知的儿童向充满活力的少年迈进。10岁怎么过？吃生日蛋糕这种一年一度的生日仪式已经没有多大吸引力了。我们想过一个意义特别、终生难忘的生日！

偶然之间得知，金山工业区一个刚满2周岁的女童王丹妮意外掉进一盆滚烫的豆浆当中，身体85%烫伤。小丹妮还住在上海武警总医院的重症监护室，没有脱离危险。治疗的高昂费用是外地来上海打工的小丹妮的爸爸妈妈难以承受之重。

小丹妮的遭遇深深地刺痛我们金山小学三（2）快乐蚂蚁中队队员们的心。我们决定10岁生日活动以义卖作为活动内容，将筹集到的资金捐给小丹妮，并号召爱心人士伸出援助之手，献一份爱心，让小丹妮快快好起来。于是，我们于5月23日和5月24日在百联广场和欧尚超市开展了两次义卖活动，共筹集到善款2300元。

5月26日下午放学后，杨卓然、张羽彤、王悦祺三位队员作为代表，带着祝福，将善款交到了小丹妮妈妈的手中。

以"爱心义卖，情系小丹妮"作为10岁生日的礼物，是我们收到的最有价值的礼物！也是我们自己给自己的最好礼物！我们将一辈子铭记心中！

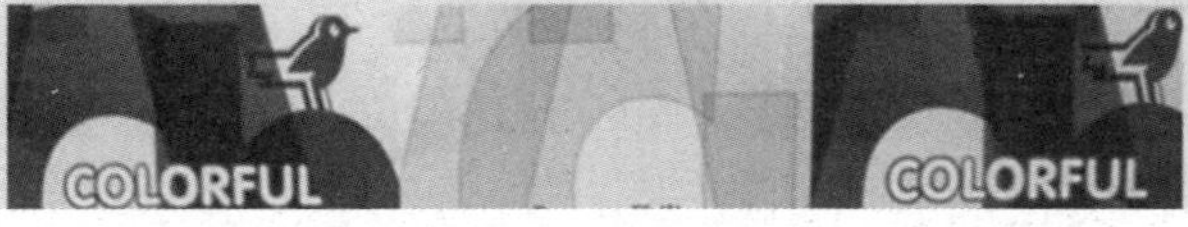

三(2)班学生在超市开闸两次义卖活动为病童筹善款

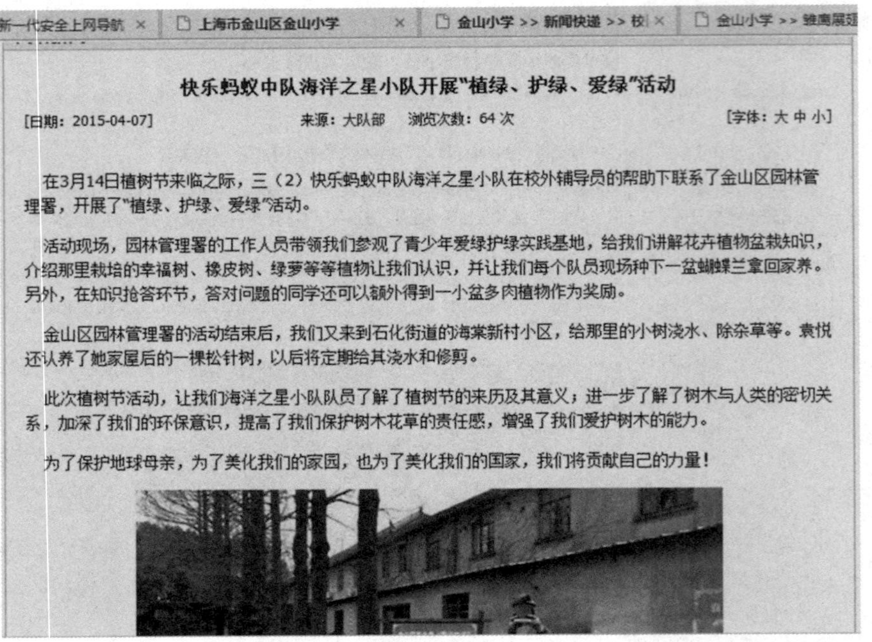

新一代安全上网导航 × 上海市金山区金山小学 × 金山小学 >> 新闻快递 >> 校 × 金山小学 >> 雏鹰展翅

快乐蚂蚁中队海洋之星小队开展"植绿、护绿、爱绿"活动

[日期：2015-04-07] 来源：大队部 浏览次数：64 次 [字体：大 中 小]

在3月14日植树节来临之际，三（2）快乐蚂蚁中队海洋之星小队在校外辅导员的帮助下联系了金山区园林管理署，开展了"植绿、护绿、爱绿"活动。

活动现场，园林管理署的工作人员带领我们参观了青少年爱绿护绿实践基地，给我们讲解花卉植物盆栽知识，介绍那里栽培的幸福树、橡皮树、绿萝等等植物让我们认识，并让我们每个队员现场种下一盆蝴蝶兰拿回家养。另外，在知识抢答环节，答对问题的同学还可以额外得到一小盆多肉植物作为奖励。

金山区园林管理署的活动结束后，我们又来到石化街道的海棠新村小区，给那里的小树浇水、除杂草等。袁悦还认养了她家屋后的一棵松针树，以后将定期给其浇水和修剪。

此次植树节活动，让我们海洋之星小队队员了解了植树节的来历及其意义；进一步了解了树木与人类的密切关系，加深了我们的环保意识，提高了我们保护树木花草的责任感，增强了我们爱护树木的能力。

为了保护地球母亲，为了美化我们的家园，也为了美化我们的国家，我们将贡献自己的力量！

三(2)班学生在金山社区开展"植绿、护绿、爱绿"活动中的表现

（六）活平台——校本节日活动

学校在开展表现性德育实践中有意识建构学校所特有的学校文化节，每年展开科技节、艺术节、体育节、读书节活动。通过这些表现性节日活动，让学校的老师和学生，尤其是不同特长的师生都有展现风采的机会，从而增强他们的自信心，提升他们在校园学习生活、工作的乐趣。在独具特色的师生表现节上，有师生台演出、师生作品展、学生技能展示、校园网师生作品展示、教师课堂教学展示等。在展现学生风采的同时，也给教师提供了一个自我表现的平台，这样更能够让教师乐教、学生乐学，师生关系更加融洽，校园更加和谐。设置表现性节日活动，让学生在展现风采中成长；举办表现性节日活动，关注学生参与表现活动的乐趣。

校园生活应该充满节日。节日是人们日常生活中的精华，校园节日是学校文化的积淀和凝结。节日活动能让学生感受到多种文化的魅力，具有极强感染力和渗透力。校园的这些节日经过学校师生的经营，已经成为学校文化的有机组成部分，它为我们开展学生表现教育提供了时机、丰富的内容、生动的形式和深厚的文化背景。学校表现性文化

节日体现了学校艺术、科技、体育等校园文化的高雅性、前沿性和多样性，从艺术涵养、科学素养、道德品质等多方面陶冶学生的品性，培养学生健全的人格和卓越的品质。只有把握住了不同节日的文化内涵，才能在整体上形成教育的合力。在这些节日活动中，学生更容易获得深刻的情感体验、灵感的迸发、心灵的触动，直觉、顿悟、激情等非理性因素在活动中更容易激发出来，为学生的才华的展现、心灵的闪烁提供了良好的舞台，成为表现教育的重要契机，实现学校“让每一位学生都能表现好”的教育理念。

校园文化节是培育学校优质文化，促进学生素质全面提升的有效途径。学校文化是学校在长期的教育实践过程中所形成的一系列价值规范和信念、文化典礼和仪式、文化符号和标志。校园文化节日是校园文化的盛典和精华，是延续学校传统和学校精神的有效载体，是加强学生团队和学生骨干队伍建设，发展学校共同愿景，形成学校群体共享的规范、信念、价值及意义的有效途径，是培育学校优质文化的有利抓手。同时，利用校园文化节这个特殊的时机开展内容丰富的主题文化活动，既能够活跃学生的校园文化生活，营造和谐健康的校园文化氛围。

在节日里，人们从日常生活中解放出来，“而步入一种作为‘整体凝聚和强调’的时间”。节日突破了时空的限制，“战胜了时间性而把具有巨大差异性的传统文化与现代人统摄在自己名下”，战胜了空间性而把人们从个体琐碎的日常生活中带到集体的统一行动中来。节日生活以其公共的时间性、空间性以及独特的行为方式而构成了一种特殊的文化空间，其意义在于建立集体的文化认同和加固文化记忆。所以，尽管组织学校文化节日要投入成本和精力，但节庆活动所取得的公共效益和文化效益，特别是教育的效益却是不可低估的。

校本节日活动能让学生感受到多种文化的魅力具有的极强感染力和渗透力。作为一种公共的文化行为，节日的最终目的并不仅在于娱乐，而也在于教育和融合，是为了通过集体的节日活动和人人参与，来建立一套公共的精神信仰和价值观念。作为人类仪式行为的一种，公共节日的活动方式都带有极强的表现性质。校本节日是从时间维度上展开提供学生表现的空间。我们学校在开展表现性德育实践中有意识建构学校所特有的学校文化节，每年开设五大节：科技节、艺术节、体育节、读书节。通过这些表现性节日活动，让不同特长的学生都有展现风采的机会，从而增强他们的自信心，提升他们校园学习生活的乐趣。在这些学校表现节上，学生展现风采，在展现风采中成长。校本节日活动中参与者一般都要在活动中扮演一定的角色，都要有所作为。在这里人人都是表现者，人人又都是观众。

通过校本节日实施表现性德育要注意以下要点：

1. 注意校本节日的表现性传统的形成。教育的表现性作为学校教育的特色应该整合在校本节日里，并且在各个节日的内容与现实上都应该有个积累，逐步形成较为稳定的节日传统，有利于学生长期稳定的个性特长培养，以及学校传统的发展。教育的表现性作为学校教育的特色应该整合在校本节日里，并且在各个节日的内容与现实上都应该有个积累，逐步形成较为稳定的节日传统，有利于学生长期稳定的个性特长培养，以及学校传统的发展。形成学科特色的"节日"氛围。

2. 同一节日每年举行一个有不同的主题。节日资源丰富，很多节日都是社会发展过程中问题的产物，因此，源于现实生活，与生活密切相关。很多节日一年一个主题，使节日教育的内容充满时代气息，具有时代特征。

3. 校本节日的形式应该多样性，要不断赋予新意。节日活动形式应该关注兴趣，能吸引学生参加，在参加的过程中才可能产生教育的价值。利用好节日让学生展现自己使表现教育贴近实际、贴近生活、贴近学生，为广大青年学生所乐意接受和认同，又能更有效地整合校内外各种教育资源、文化资源、社会资源。学校以学科组为单位，开展了英语节、数学节、语文读书节、科艺节、体育节等系列活动，营造了丰富多彩的校园节日氛围。如，读书节，低年级组"我家的读书故事"将一个个精彩的家庭读书故事表现得淋漓尽致、惟妙惟肖。校外辅导员爷爷读书方法的指导让高年级组同学领略了读书的乐趣。各个年级的阅览角和每个班级的图书角、拼音角成了校园里一道亮丽的风景，精美的黑板报，优秀的读书小报，优秀征文，展现同学们的个性风采和精神面貌，掀起了读书高潮，到处洋溢着人文底蕴的"书香校园"。

4. 活动形式要从关注全体学生出发。活动要关注全体学生，不能为少数学生服务。即使为学生的特长开展的活动，也要考虑全体学生的特长，为所有学生提供可供选择的活动。活动形式应该普及化与提高性结合，竞赛性与活动性结合。没有普及性活动就难以让广大学生参与，没有提高性与竞赛性，也难以提升学校文化活动水准，起到引领示范作用。

5. 活动形式也应该普及化与提高性结合，竞赛性与活动性结合。没有普及性活动就难以让广大学生参与，没有提高性与竞赛性，也难以提升学校文化活动水准，起到引领示范作用。

6. 校本节日的集中性与经常性整合。校本节日具有明显的时间性，节日打破了学校日常生活的连续性和惯性，是学生日常生活中的非连续部分。有着重要的文化意义，但是我们更要关注平时的多种教育，让学生的平时的表现，乃至小表现，积累汇合成节日的大表现学生表现的小溪总能汇合成汹涌澎湃的大江大河，汇聚在大海之中，成为蔚为大观。

案例 38

金色港湾　拥抱千帆

伏尔泰说过："生命在于运动。"帆船是项集竞技、娱乐、观赏、探险于一体的运动项目，也是世界上许多国家和沿海地区都广为普及喜闻乐见的一项体育与休闲活动。我们赖以生存的这个地球，有四分之三是水，大海是这个世界真正的连接纽带，而帆船就是进入大海的一种最好的方式。而在众多运动项目中，我校独爱 OP 帆船，如果说登山可以选择下撤，马拉松可以停下脚步，唯有帆船一旦起航，不到岸就无法停下来，这正是帆船运动的魅力。临海而建，出门见海，我们金小借助独特的临海资源，打造我校"千帆进校园"学校特色。"千帆进校园"是理论与实践结合开展的帆船教育，以普及海洋知识、教授航海理论知识为主，让孩子们对帆船文化和构造有初步了解。

［**案例描述**］

7 月 27 日上午，碧海金沙的海上飘着淡淡的雾，我校的暑期帆船集训工作依然开展，十几名帆船小选手已装好船准备出发，上午的训练内容是起航、扬帆、直线航行 1 000 米，小选手们在海上和伙伴们争锋时很开心，在比赛中拿到成绩更让他们觉得自豪。

刚从海里上来，董天齐的头发湿漉漉，打成了绺儿，裤子、鞋子都已湿透，脸上一股兴奋劲儿。董天齐今年 10 岁，参加 OP 帆船训练已经两年了。"刚开始训练很辛苦，现在'翻船''呛水'都是很平常的事情。"他说:“我以前不爱说话,现在开朗多了。”天齐扬起了笑脸,衣服上的海水滴落在地上。正是源于这份乐趣和坚持,董天齐在各项比赛中取得一些成绩,在本次上海市第十六届 OP 帆船比赛 B 组男子场地赛冠军。

小选手训练,“妈妈团”观阵。我校四年级学生杨静奕的妈妈就是其中的一员。她说,女儿参加 OP 帆船训练已两年,是为数不多的女孩之一。“最大的感触是孩子长大了,在体能素质、合作协调能力、注意力以及水流风向等知识上都有了很大的提高。”杨静奕每天坚持记录训练的点点滴滴,对于整日在海上接受阳光的暴晒,作为女孩子的她也曾打过“退堂鼓”,可对于帆船的热爱,让她还是坚持了下来:“我现在觉得很开心,我可以驾驶属于我的帆船航行在美丽的水面上”。杨妈妈感慨道:“以前在家都是娇惯着,现在回家自己叠被子,收拾家务,变得很独立自理。”

[**案例启示**]

一、推行体教结合新改革

从体育教学目标、内容、组织形式、教学方法、评价手段上进行优化。精品项目在传统体育项目的基础上简化了竞技运动内容,降低了运动难度和运动负荷,走进日常课堂,让学生掌握轻松掌握帆船的知识,在快乐、健康的心理支配下去实践,形成了生动活泼的教学局面,最终达到体教结合的目标。注重运用现代信息技术、多媒体手段来辅助教学,丰富学习内容和载体,提高教学效率,广泛采用了体验式、合作式、互动式、发现式、问题式等启发式教学方法,激发学生学习帆船的热情。

二、构建合理评价体系

对帆船项目的推广路径,不仅有效促进了学校阳光体育质量的提高,探索了宝贵经验,也为学校体教结合工作的开展指明了发展方向,提升了学生的综合素质、社会适应性,学生参与运动训练的积极性明显增强。为此,我们准备进一步加强帆船项目在学校深入推广路径方面进行的实践探索,将一些成功经验和品牌项目做大做强,使之成为推行体教结合运动模式的范例。

三、提升精品项目品牌

为营造海洋文化的学校氛围,学校在校园环境设计也融入帆船元素,挖掘校外有利资源,邀请对帆船有深入研究教练走进课堂,凝练特色,以品牌带动阳光体育纵深发展。通过上课的形式进行知识讲座,创新校本课程《千帆进校园》,将帆船运动融入德育、少先队、艺术、科技等各项工作和学科教学中。每年的暑期,更会邀请家长和热爱帆船的同学们前往训练基地,进行帆船训练营的实地体验活动。

我们与"骑浪帆船俱乐部"联谊,开始更加广泛地普及帆船教育,加大对校OP帆船队的实践训练,引入帆船专家限时讲课,像郭川等著名航海人士,分层次提高个体学生的驾驶技能,构建完整的训练体系。当然更为重要的是通过文化交流,开阔老师和学生的视野。去年,我们成功邀请了帆船奥运冠军徐莉佳来到我校,孩子们跟她一起交流航海知识、风俗文化等。于涛说,孩子们不仅了解更多的帆船知识,更多的是一种精神上的鼓励。除了请奥运冠军走进学校,我们还组织孩子们"走出去",借助区体育局和校方、家长等多方支持,每年寒假都组织学生远赴海口、广东等地进行冬训从不懈怠。在精品项目带动下,全校师生,特别是体育教育工作者,积极投入阳光体育运动中去,形成了良性互补、积极促进的发展局面。

我校帆船队的孩子是幸运的,他们在学校搭建的平台上,尽情展开了人与自然的对话。我们的队员从训练中发现了另一个自我,发现了一个可以去忘我探寻的世界,学习效率更高,人际关系也更融洽,连一向怕被晒黑的女生,都愿意尝试航海,这项健康运动所换来的精神愉悦,是其他任何事情都无法比拟的。

帆船让孩子变得阳光自信,勇敢独立,到了海上,一个人一艘船,什么事都得自己解决。王政吉是我校去年的毕业生,他回忆说,有次他参加帆船比赛,风浪很大,船翻了两次,他自己凭着顽强的意志力,愣是爬回船上继续比赛,事后才知道她妈妈在岸上看到都心疼得哭了,可正是这一次次的挫折,一次次的历练,我们帆船队的孩子不断成长,充分感受到那种拨开云雾见青天的感觉,满足了孩子们的好奇心和好胜心。

我们的队员不管是训练还是比赛,既要与恶劣的天气做斗争,也要承受来自强劲对手的压力,他们用精湛的技术、巧妙的战术和团结拼搏的精神取得一项项佳绩,不仅是技术上、经验上,更是信心上获得极大的成长,他们的心是自由的,他们的思想不受束缚。这种大海与自我的交流,可以让你欣赏他,并与朋友分享海天间翱翔的自由,尽情享受帆船带来的欢乐、友谊、刺激和独有的人生!

（李　原）

案例 39

向上向善，让自己的人生扬帆起航

［案例背景］

在海边长大的孩子，心中有着对海洋亲切又敬畏的情怀，是最容易有着在大海上畅游和自由奔放的机会。但是他们却从没有在这片湛蓝色的海洋中扬帆起航，在合适的海域里激情澎湃冲浪的经历。有幸我校就是 OP 级帆船培训的重点学校，作为表现性德育阵地的内容，OP 级帆船培训提供学生展示自己才能的平台，让学生在践行中表现，在表现中发展能力。

OP 级帆船体验活动不仅成就了一群孩子的蓝色梦想，而且在这样的表现性阵地中，学生获得深刻的情感体验、灵感的迸发、心灵的触动，为学生的才华的展现、心灵的闪烁提供了良好的舞台，成为表现教育的重要契机，实现学校"让每一位学生都能表现好"的教育理念。

"她不是最优秀的，但肯定是最执着的"

对于曾培养过 2016 年全国 OP 帆船锦标赛冠军和世锦赛团体亚军运动员干思仪的周琳莹教练来说，杨婧奕也许不是其中最出众的专业运动员，却是与他缘分最深的弟子之一。

2016 年 6 月，还是一年级学生的杨婧奕被教练周琳莹一眼相中，加入校 OP 级帆船队，很快的，同年的暑期随队前往本地的金山城市沙滩进行训练。周教练专业运动员出身，身材高大、很强壮，对待孩子们比较有耐心，且讲述思路清晰、知识点全面。孩子们天性都还是喜欢玩水的，因为这一次大都是男孩子，男孩子的探险精神都比较强，所以培训是其乐融融的过程。"练体育是要有天赋的。"周教练说，"杨婧奕可能不是最优秀的那个，但是她很执着，也很用心。"每节课教练都会布置作业。在这 15 名训练的孩子里，作为一名女选手，在没有力量方面优势的情况下，杨婧奕都会将自己白天上课听讲的内容，回家讲给自己的家人听并且小小的她有模有样地模拟掌舵的姿势，俨然一名成熟老到的 OP 帆船选手。

回到学校生活，杨婧奕开心地和同伴们分享着自己未完待续的训练故事，让没办法体验这项能够让人着魔的运动的队员们也是如此亲近广阔无垠的大海，人与自然、与风之间激情和速度的过程。

“不想放弃，因为我知道自己能行!”

2017 年 6 月，杨婧奕和已经相当熟悉的其他 14 名小伙伴在周教练的带领下，又来到了熟悉的金山城市沙滩进行暑假训练，这一次他们将尝试着一个人独自做一名小帆船手，驾驶着他们人生的第一艘帆船——OP 帆船，和蔚蓝的大海来了一场心灵的对话。但是海表面风平浪静，底下却暗潮涌动。一个风浪足以让摇摇欲坠的小船翻船，杨婧奕就经历了这一次“冒险”。她的船内浸入了海水，她还来不及把浸入的海水舀出去，船就已经侧翻了，她镇定了情绪，第一反应就是要把船扶正，她很用力地把船体推起，“不想放弃，因为我知道自己能行!”这样的信念最终她真的做到了，待船正过来之后，已经累得气喘呼呼的她还用器具将船体里的水舀出来，然后自己爬上去、重新驾驶。这一次她一艘帆船是完全自己驾驶出海而后自己驾驶回岸的。下船后，同伴们狠狠地夸赞她“棒”!

虽然听得有几分心惊，但是对孩子来说好像是件很正常很简单的事情。驾驶着一叶“扁舟”行进在未知的大海上，跟所有的未知较量，凭借的不是繁华世界给予我们的一切，而是靠探索的激情、冒险精神以及对大自然的敬仰。

“这是一项有魅力的运动，为自己扬帆起航。”

2018 年的 1 月，校 OP 帆船运动员们离开熟悉的生活环境，随教练员和带队老师们来到广东湛江进行为期一个月的封闭冬训，早在 2017 年的同一时期选手们在海南进行了一次冬训。因此这一次孩子们表现得更加懂事，起初还会哭鼻子想爸爸妈妈的杨婧奕，这回早就和同伴们相互照顾生活起居，互相切磋战术技巧。对家人的思念孩子们会留在日记里，会通过电话倾诉，孩子和父母之间早已有了某种默契。远在故乡的爸爸妈妈是这么得相信自己的孩子在专业的培训和看护下，驾驶着帆船一切尽在掌控，又如此英姿飒爽的模样。

期间孩子们迎来了一位世界级 OP 级帆船冠军运动员徐莉佳大姐姐和校领导周梅校长和潘晓书记。因为他们的到来，为整个培训过程增添了一抹浓重的色彩。徐莉佳和孩子们分享了自己的训练经历。“OP 级帆船是一项有魅力的运动，运动员与风浪斗争，除了驾驶的技巧，还需要勇气和耐心的。一旦有了勇气和耐心，就能一一去克服，学英语等文化知识也是如此。”孩子们更加坚定决心学习帆船驾驶技能是件很有意义且很开心的事情，也在心中播下了征服更加广阔海洋的种子。

展示自己能力　带动队员敢表善表

历时两年的OP级帆船的训练，杨婧奕一开始在这群孩子里成绩并不出挑，但是渐渐地她以黑马姿态斩获组内比赛的第三名，第二名，接着问鼎第一名，最终得到了市队训练的名额。这是对她刻苦训练、坚持不懈的奖赏。一次次的挑战中让队员真真切切地体验到：这是一个展示自我的舞台，这是一个让自己获得成长的舞台。在这个舞台上，队员从胆怯变得勇敢，从被动变得主动，他们的求胜欲被激发，自信心也获得了提高。

离开蔚蓝色的大海训练场，杨婧奕回归了学校生活的学习。一经“触帆”，在她身上显现出另一个自我，不仅是外形上的改变，肤色开始呈现健康的小麦色。学习上她变得更加自主自动，不会的问题会静下心去专研、去请教、课外小队活动时她也献计献策，主动承担一次主题小队活动、体育课上她总能热心肠地帮助老师发放和整理回收体育器材。老师们、同伴们看到了区别于一年级时公主系、淑女范儿的杨婧奕。丢掉了娇气，学习中、和同伴的交往中，她担当者榜样的作用。她的成长和提升，让每个队员蠢蠢欲动地想要表现自己，每次一个任务下去，队员们“我来”“我来”声都是争先恐后的，在学校提供的各项活动中队员们期望锻炼他们的胆量，提高他们的能力。

OP级帆船这项运动让孩子们自信自立，敢表、善表。相信在不远的未来，这群孩子们扬的可能不再只是OP帆船了，走出湛蓝色的大海训练场，走出美丽的校园、温馨的家庭，走向缤纷大世界，带着这股子向善向上的精气神，让自己人生的扬帆起航！金山小学也倡导孩子成为“敢表、善表、乐表”的孩子，不仅能够在学校生活中，更是希望在他们的人生舞台尽情展现自我，发挥出金小少年的无限魅力。

（金　霞）

金山小学第八届校园英语节方案

一、指导思想

为了营造我校的英语学习氛围，展示我校学生的英语风采，让全校学生了解英语国家的风俗习惯，拓宽学生的文化视野，切身感受西方文化，丰富学生的校园文化生活，特准备在全校学生中开展以“行走新西兰”为主题的专题活动。今年我们将带领孩子们去到大洋洲，行走新西兰，感受新西兰纯净之美。

二、活动目标

1. 通过英语节系列活动，拓宽英语学习的途径与方式，让学生展示自己的才华，丰富自己的知识，锻炼自己的能力，并且能够以此为契机，提高学生的英语学习兴趣和英语综合素养。

2. 行走新西兰，了解新西兰概况、领略自然风光、漫步旅游胜地、感受历史人文，培养学生的国际文化意识，开阔视野。

3. 通过各项英语节竞赛项目，培养学生的团队合作意识，激发学生的学习兴趣，提升英语语用能力。让每一个孩子在活动中体验学习的快乐，在实践中学会应用英语。

三、活动主题

行走新西兰

四、领导小组

组长：肖兰

副组长：王继红

组员：沈希妹、蓝涔涔、赵志红、陈晓诚、朱幼静、蒋红梅、谭亚华、沈群英、刘颖、毛晓文、陆佳佳、徐美红、蒋舒祺、施晓、曹燕萍、沈子怡、沈佳琪、何倩倩

五、活动时间

2018 年 12 月 10 日—2019 年 1 月 4 日

六、活动对象：一至五年级全体学生

七、活动安排

(一) 营造英语文化氛围

1. 各年级：“行走新西兰”主题板报。

一年级：自然风光

二年级：旅游胜地

三年级：国家概貌

四年级：风土人情

五年级：历史人文

备注：各年级板报请于16周布置完成

2. 英语广播。

3. 每天中午播放英语歌曲。(11：45～12：05)

(二) 具体活动

1. Opening Ceremony：

时间：12月10日升旗仪式

内容：A 致开幕词。

B 对英语节主题活动进行介绍。

负责人：刘颖、沈子怡、毛晓文、蓝涔涔

2. 书写比赛。

活动对象：全校各班。

活动时间：12月11日。

具体要求：各年级制定书写比赛内容，利用当天写字时间进行全校书写比赛，做好背景，优秀作品周五之前上报，每班3名，同时在各年级的年级板报中进行展示。

负责人：班主任、英语组

3. 朗读比赛。

活动对象：全校各班

活动时间：12月17日—12月25日中午12：50

具体安排：12月18日：一、三年级

12月19日：二、四年级

12月24日：五年级

具体要求：各年级统一准备朗读材料(以教材为主，三选一)，做好背景。分一、二年级组，三、四、五年级组，由英语教师及年级组长参与评比，一、二、三年级各选出3个优胜班，四、五年级各选出两个优胜班。一、二年级互评，三年级评五年级，五年级评四年级，四年级评三年级，本年级教师不参与评比。

4. 朗读者。

负责人：三、四年级英语教师、班主任及辅导员

参加对象：三、四年级各班学生代表

活动地点：小剧场

具体时间：三年级：12月19日

四年级：12 月 26 日

奖项：最佳朗读奖(各 3 个)

备注：各班 5 名学生代表作为观众

5. 配音比赛。

负责人：五年级英语教师、班主任及辅导员

参加对象：五年级各班学生代表

活动地点：小剧场

具体时间：12 月 24 日

奖项：最佳语音默契奖(3 个)

备注：各班 5 名学生代表作为观众

6. 一、二年级儿歌歌曲才艺秀。

负责人：一、二年级英语教师、班主任及辅导员

参加对象：一、二年级各班学生代表

活动地点：小剧场

具体时间：一年级：12 月 17 日

二年级：12 月 25 日

奖项：最佳表演奖(各 3 个)

7. 制作电脑小报或手抄报。

各年级(一年级除外)根据各自主题，制作相应的电脑小报或手抄剪贴报，每班上交 3 份。优秀作品，进行年级环境布置。

8. Closing Ceremony：

时间：1 月 4 日

内容：A 活动回顾。

B 颁奖典礼。

C 各年级优胜学生才艺展示。

负责人：刘颖、徐美红、蒋舒祺

备注：各项竞赛，才艺展示，烦请各备课组事先做好媒体，评比细则，安排好主持人，邀请好评委，资料收集，照片新闻，获奖名单，及时上传，以便于统计。

实例 6

科技凝聚智慧,艺术绽放光彩

——金山小学第十届校园科艺节活动方案

一、指导思想

为了进一步丰富校园科技艺术文化活动,贯彻实施国务院颁布的《全民科学素质行动纲要》,培养学生的科学与艺术精神,让科技、艺术走进校园,金山小学将于 11 月 12 日举办 2018 年第十届校园科艺节开幕。

本届科艺节以"科技凝聚智慧,艺术绽放光彩"为主题,希望以活泼有趣和丰富多样的形式激发学生对科学与艺术的热爱。本着以提高学生的艺术素质和科学素养,培养学生的想象力及创造力,激发学生发现并创造美的热情为目的,我校特定于 2018 年 11 月举办为期一个月的第十届校园科艺节。通过举行科艺节活动,促进培养学生的科技特长与艺术兴趣,进一步提高学生的实践能力、创新能力及整体素质,丰富校园文化生活,努力营造和谐、活泼、健康、向上的校园氛围。

二、校园科艺节组织领导

(一) 领导小组成员

组长:周梅

副组长:肖兰

组员:王旭青　蔡琼　潘晓　方秋菊　胡卫红　魏家红　徐翀等

(二) 校园科艺节工作小组成员

组长:沈涛　傅剑菲

副组长:屠唯佳　李佳　高云杰

组员:梅蕾琳　曹迪一　陆花英　高慈瑛　金霞　吴冰燕　张会龙　许克亮　徐翀　黎佳慧　杨丹兰　刘亚萍　姚萍(王咏英　邵诗欣　张静　杨晓敏　陈蓉)

媒体组:徐建伟　王俊

评委组:学校中层、金小音美科技组成员

三、活动宗旨及主题

活动宗旨:激发创意才能,润泽艺术人生

活动主题：科技凝聚智慧,艺术绽放光彩

活动口号：今日奇思妙想,科艺与你共享

四、活动对象、时间

活动对象：全校学生

活动时间：2018 年 11 月 11 日—12 月 12 日

▲10 月 27 日至 11 月 10 日为科艺节筹备日。

▲11 月 11 日为科艺节开幕式。

▲11 月 12 日下发科艺节参赛报名表,并于 11 月 20 日下班之前上交参赛报名表。

▲11 月 13 日—12 月 5 日,结合中午时段,班会课和大课间时段,以年级组为单位开展各类比赛项目。

▲2018 年 12 月 11 日举行科艺节闭幕式。(音乐组)

五、奖励办法

1. 学校将在科艺节各项比赛中评选出一等奖、二等奖、三等奖各若干名。所有获奖者将分别授予奖状。

2. 科艺节设优秀班级评比(每个年级段评出一个优秀),班级加分累计方法：一等奖一个 3 分、二等奖一个 2 分、三等奖一个 1 分。

3. 相关比赛情况、结果及优胜作品将在校园网上公布。

六、活动内容

1. 宣传：11 月中旬各班级板报宣传动员。

2. 比赛项目。

七、具体日程安排

项目名称	参加对象	比赛时间	比赛地点	负责人
“乐动童心　艺秀童年”为主题的音乐活动	1～5 年级	第 13、14 周	舞蹈室	音乐组
以“美丽家园,畅想未来”为主题的绘画活动	1～5 年级	第 12—14 周	美术室等	美术组
“科学无限　创新不止”为主题的科技活动	1～5 年级	第 13、14 周	自然室	自然组

八、活动要求

1. 要广泛宣传、营造氛围，做到精心组织、积极参与，鼓励学生参加，挖掘艺术、科技特长生。

2. 各类比赛公平、公正、公开，评委工作严肃认真、公平负责。

3. 有关比赛的具体安排，届时请关注科艺组通知。

附各组比赛细则：

音乐组活动主题："乐动童心　艺秀童年"

一、比赛内容、形式：

● 分年级比赛项目：

(一) "班级风采秀"(一、二年级)

要求：每班编排一个音乐性强、表演性强，并能展现班级风采的集体表演节目，以年级组为单位上报音乐组。

备注：

1. 节目人数：8—16人为宜。

2. 节目形式：小组唱、表演唱、器乐、群舞等音乐类节目。(朗诵、课本剧、相声等除外)

3. 节目时长：3分钟左右。

(二) "个人才艺秀"(三、四、五年级)

要求：各班辅导员利用班级少先队活动课，开展一次班级"个人才艺秀"，每班推选2个优秀节目上报年级组，再由年级组统一上报音乐组。

备注：

1. 节目类型：声乐、舞蹈、器乐。

2. 每班上报的两个节目类型可重复。

● 校级比赛项目："班班有歌声"(1—5年级)

要求：

1. 一、二年级比赛曲目为指定曲目：一年级：《共产儿童团团歌》

二年级：《中国少年先锋队队歌》

2. 三、四、五年级比赛曲目为自选曲目：自选曲目见推荐表。

备注：

1. 各班自备合唱歌曲伴奏音乐(不含原唱)和PPT一张。

2. 比赛地点：暂定5号楼三楼合唱教室。

3. 节目时长3分钟左右。

友情提示：

1. 所有比赛项目的报名表都以年级组为单位，于11月19日递交音乐组。

2. 音乐组将根据报名情况分场次组织校级比赛，比赛时间、地点另行通知。

另附：自选曲目推荐

（自选曲目仅供参考，可从中任选其一，也可自选适合少年儿童的积极向上的其他歌曲）

《春天在哪里》 《卖报歌》 《种太阳》 《采蘑菇的小姑娘》 《我们的生活多么幸福》 《歌声与微笑》 《兰花草》 《铃儿响叮当》 《哦，十分钟》	《让我们荡起双桨》 《小白船》 《听妈妈讲那过去的事情》 《童年》 《踏浪》 《明天会更好》 《校园的早晨》 《七色光之歌》 《米兰》

自然组活动安排：以"科学无限　创新不止"为主题的科技活动

一、比赛规则

一、二年级：纸飞机竞赛（责任人：邵诗欣、王永英、吴冰燕、刘亚萍、高慈瑛、姚萍、高云杰）

活动内容：用折好的纸飞机，投掷，比谁投掷的远。比赛先在各班进行，每班推荐三名参加年级比赛。

三年级：遥控车竞赛（责任人：杨晓敏、张会龙、姚萍、高云杰）

活动内容：遥控车通过指定道路，绕"8"字形路标一圈，比谁所用的时间短。比赛先在各班进行，每班推荐三名参加年级比赛。（注：遥控车自备）

四年级：创意打靶（责任人：张静、高慈瑛、金霞、高云杰）

活动内容：创意装置只能使用一只大型晒衣夹的弹簧做发射能量，装置可以使用任何东西，发射三次乒乓球，射入九宫格的靶内，九宫格对应的分值不同，最后总分相加高者获胜。比赛先在各班进行，每班推荐三名参加年级比赛。

靶以及对应分值

1 分值：8	2 分值：2	3 分值：6
4 分值：5	5 分值：9	6 分值：1
7 分值：4	8 分值：7	9 分值：3

五年级：纸车滑坡(责任人：陈蓉、张会龙、高云杰)

活动内容：学生利用“纸”制作纸车，纸的种类不限，从斜坡上滑下，在规定赛道内滑行距离远者获胜。若滑出赛道则记录滑出赛道的点的距离。(注：记录成绩看后轮离起点的距离)

二、比赛时间安排

年　级	项　　目	比赛时间
一年级	纸飞机竞赛	11.22(星期四)
二年级	纸飞机竞赛、我行我绘车模	11.27(星期二)
三年级	遥控车、我行我绘车模	11.29(星期四)
四年级	创意打靶、自然笔记、金钥匙竞赛、摄影、我行我绘车模、创新屋、气候与生活、科学秀表演	12.04(星期二)
五年级	纸车滑坡、自然笔记、金钥匙竞赛、摄影	12.06(星期四)

美术组活动安排：以“美丽家园，畅想未来”为主题的绘画活动

一、活动主题：“美丽家园，畅想未来”

二、参与面：金山小学全体学生

三、活动形式与内容

A. 活动项目

本次设绘画、书法、工艺美术3个项目。

B. 活动内容

① “环保不分民族，生态没有国界。”一、二年级将以“环保”作为创

作主题,引导学生鼓励探索人文生活与生态环境之间的和谐关系,创想建设生态家园,争当保护卫士。

② “拒绝性侵伤害,守护健康童年。”三年级将以“预防性侵漫画”为主题,通过征集漫画作品,帮助孩子们提高自我保护意识,树立对陌生人的警惕性,为孩子们的健康成长撑起一把保护伞。

③ 四、五年级将以“弘扬中华美德,传承良好家风”为主题,通过展示健康、积极、向上的美德故事和喜爱的传统节日,弘扬勤俭节约、尊老爱幼、诚实守信、团结有爱等美好品德,引导和培养学生的健康人格和良好品质。

C. 规格

绘画:画种不限、绘画材料不限,限平面表现形式。

其他画种均为4开(40×60cm)。

书法:书法作品尺寸均为四尺直幅对开宣纸(35×135 cm)。

工艺美术:平面作品为4开(40×60 cm)。

立体作品(长、宽、高)不超过30×30×30 cm。

四、活动过程

● 班级、年级组项目:利用美术课堂进行辅导,全员参与,利用课余时间完成绘画比赛内容。

● 校级活动项目:各班级辅导员组织进行班级绘画比赛作品的收集并择优上报美术组。

五、参赛要求:参赛作品必须为原创新作,倡导写生和想象创作,内容生动、富有艺术感染力,有创意,谢绝临摹,严禁抄袭,姓名和班级须写在作品背面右下角。

年　级	项　　目
一年级	《环保之旅》
二年级	《节日嘉年华》
三年级	《预防性侵漫画》
四年级	《我喜欢的传统节日》
五年级	《传统美德故事》

六、评选方式

1. 分年级组评选。

2. 每班辅导员收齐作品交给美术任课老师,由美术组统一评选出科艺节奖项,所有优秀作品全校展示。

七、奖项设置

作品分项目和组别设“小百灵奖”和“小创客奖”。

备注:请所有作品于12月5日之前全部完成并交到美术组。

金山小学科艺节筹备小组

2018年10月

三、表现性德育的评价

(一)表现性德育的运用框架

表现性德育是一种是从“嘴巴型德育”走向“践行型德育”,强调德育通过践行,提升道德能力、做人的能力的德育。与此相匹配的德育评价,表现性德育评价凸显出来了。表现性评价(performance assessment)是在20世纪90年代美国兴起的一种评价方式。是指“教师让学生在真实或模拟的生活环境中,运用先前获得的知识解决某个新问题或创造某种东西,以考查学生知识与技能的掌握程度,以及实践、问题解决、交流合作和批判性思考等多种复杂能力的发展状况”。表现性评价是注重过程的评价,在教学评价中受到普遍的重视和推广。我们在提出表现性德育的同时,也探索运用表现性评价,成为德育评价的一种重要的评价方式。

表现性评价由于其评价道德表现具有真实性、评价内容全面性,是一种较为科学、合理、公开的评价方法。采用表现性方式考察学生的道德表现并进行评价,可以推动德育走向“实践化、能力化、养成化”,有效促进学生德育落到实处。

表现性德育评价是指通过对学生生活、学习中的行为与行为表现的结果所蕴含的道德价值、道德品质与道德能力的评估。表现性德育评价的关键是以学生真实的表现来评价学生的道德能力。表现性德育评价具有评价的情境性、标准的复合性、评价的公开性、评价的过程性、信息的翔实性的优点。

	传统德育评价	表现性德育评价
评价目的	划分等级	促进学生道德践行水平的提高
评价功能	甄别	改进与激励
评价主体	以他评为主	自评与他评相结合
评价内容	道德认知	道德践行
评价对象	认识	表现过程和结果
评价方法	质性评价	事实评价与价值评价结合

表现性德育评价与传统德育评价的主要不同如下：

表现性德育评价可以分为两种，一种是限制式的表现性德育评价，一种是开放式的表现性德育评价。限制式的表现性评价对评价的行为与结构有一定的规定范围，有非常明确的要求，例如，在某次社会服务活动中的学生表现的评价就属于一种典型的限制式的表现性德育评价。开放式的表现性德育评价是一种对学生完成任务或者范围、方式与结果不做限制要求的评价方法，例如：对学生的诚实行为的评价，不受时间、空间的限制，只要与诚实品质有关的表现都属于评价范围，这就是一种开放式的表现性德育评价。

在评价内容上，表现性德育强调学生“表善、表真、表美、表新”，也就是人类道德的基本标准“真善美”。因此表现性德育评价是对学生的行为表现及其结果在表真、表善、表美、表新上做出评估，同时也对学生道德行为表现的“敢表、乐表、善表”心理及其发展水平做出评估。这些方面的评估，重在表真、表善、表美与表现的能力评估，而不是听其言，而应该是观其行。通过对学生的道德表现来考量学生是否在角色最佳表现上有进步。

学生的生活与学习中的表现，应成为表现性德育评价的主要内容，关注学生是怎样表现的。表现性德育评价标准中学生的“表现”应包括“学生表现内容”“学生表现广度”“学生表现深度”以及“学生表现心理”等内容。表现性德育评价在内容上还要关注学生表现过程的评价，即评价学生表现的过程，包括学生参与表现、表现的经历，学生在获得道德体验与感悟经历中，产生有意义的行为改变，促使学生道德指养成与做人能力上的发展。

在评价方法上,既要重视对学生特定任务与活动中的表现的观察,也要重视对学生在日常生活中行为表现的观察。表现性德育评价不仅要关注对学生的表现状况做出事实评价,更要对学生表现所蕴含的价值做出价值评价。评价的方式应该是综合的,可以通过行为观察、任务结果呈现等,也可以通过多种方式的访谈、情境考察等,取得较为全面、可信的资信作为评价的依据。

表现性德育评价的一个重要特点就是公开性,这是基于表现性德育强调践行,就是表现出来,依据表现出来的事实进行评价,具有公正性。同时,评价的标准必须事先公开,讲清评价任务或者活动的基本要求、评价标准对象以及评价方式等,然后依据要求与标准对学生的表现进行评估,才能显现评价的公正性。有了评价的公开性,评价的公正性才有可能性。

表现性德育评价强调对学生表现的过程与结果整合进行评价,注重过程评价,重在诊断与反馈。强调考核学生解决问题的能力和实际生活表现,让学生在执行任务或制作作品等中表现出问题解决的能力。

表现性德育的主要操作步骤:

1. 设置或者明确具有指向性的任务或者活动
2. 确定评价内容标准与评价的方式
3. 活动情境中的收集评价信息
4. 合理运用收集到的资料进行事实评价
5. 在事实基础上,进行价值评价
6. 对学生做出评价反馈与建议

表现性德育评价的实施流程如下图:

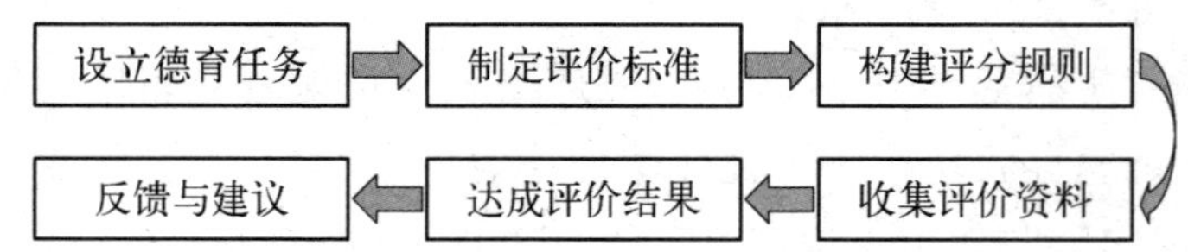

我们要通过表现性评价促进德育工作的转变,成为促进学生道德践行的德育,不再是空转的德育。

(二)表现性德育评价的实施

实例 7

基于网络的学生成长档案袋的建构

本校“基于网络的成长档案袋”是依据“立足过程，促进发展”课程评价要求，利用网络时间累积效应，对学生成长的状态在时间维度中进行研判，形成性、发展性的过程评价，促进学生最佳角色表现。

从网络档案袋开发的经历，网络档案袋的内容框架、评价方法以及与效用等四方面阐述了我校以基于网络的学生成长档案袋为载体，利用网络优势建构“金色童年表现性网络档案袋”多元评价机制，促进学生多方面能力发展，帮助学生认识自我，建立自信，引导学生“敢表、乐表、善表”“表真、表善、表美、表新”，最大化地发挥了评价的教育功能。

一、网络档案袋开发的经历

我校从 2004 年起启动的评价变革历经 14 年四个阶段：

1. 第一阶段，以学科成绩和作品为内容的学生纸质档案袋，这是“点状”水平的评价变革；

2. 第二阶段，学生围绕某一学科特长或自己的兴趣爱好，收集相应的学习成果，用电子文档进行归类整理；

3. 第三阶段，评价内容和方式呈蜂窝状，以网络联动为抓手，多维度，多层次，多元化地进行评价；

4. 第四阶段，采用“表现性评价”的方式，将课程、教学、评价、管理以及师生发展融为一体，形成树状的评价体系，即“金色童年表现性网络档案袋”。建档案袋的过程中，我们发现：随着网络的介入，把定性评价与定量评价有机结合起来，易操作、易携带，研究分析更实用快捷，大量数据收集后，就能对档案进行全方位的分类，很方便地共享同学间的信息，有效地就档案资料进行对话。它不仅有利于学生的自我评价，教师、家长更全面地了解每一个学生的学习情况，还可以帮助教师不断调整自己的教学策略，做到因材施教，因此被教师和家长认可，进行推广运用。

二、网络档案袋的内容框架

我们的网络档案袋评价主要分两大主题进行：

主题一：“金色童年的风采”：本栏目分“我的档案”和“我的相册”两大板块：主要记录学生的学习生活情况，个人、家庭、学校等方面的内容。由老师、学生、家长共同记录，每个栏目都配上详细的文字介绍。

主题二:“角色童年的表现”:将学生的综合评价内容,分为“学业评价”;“素质评价”;“个性评价”三大栏目,八个子项目。老师根据学生的特点进行个性评价,主要的是反映学生每项智能的真实情况。

【学业评价】以“在上海看新貌、在课堂学知识、在班级选岗位、在集体找伙伴、在家庭帮父母、在社区做贡献”为口号,运用多元、互动的档案袋评价手段教师通过观察每位学生历年来每次的期末测试标准差的数据统计图,分析研究数据折线图所显示的学生测试现状,并从多个角度分析造成学生学习波动的原因,帮助学生找到解决学习困难的方法。

【素质评价】老师、家长和学生本人将学生的优秀作业、作品、获奖情况和学生所取得的成绩放入档案袋中。同时结合学校的拓展型课程,教师将课题研究设计方案通过成长档案袋的网页让学生参与,发表自己的感受和新发现,为学生搭建一个交流的平台,将自己思想、学习、生活等方面的感受真实地记录下来,同时,设立“我想说”“同学对我说”“爸爸妈妈对我说”“老师对我说”等栏目,让学生畅所欲言,达到尊重学生的个性,促进学生的全面发展的目标。

【个性评价】里面分了“写作档案”“英语档案”“数学档案”“自然档案”“美术档案”“音乐档案”“体育档案”七大栏目。在教师组织和指导下,以合作小组为单位,围绕一定的问题和内容各抒己见,展开讨论、对话或辩论等,常用的方法有:教师讨论法、网络探究法、游戏教学法等,通过形式多样的方法,记录学生们个性化的学习。我们又细化丰富了网络档案袋评价的操作内容。例如:在“金色童年风采”活动中,学生可以介绍个人、家庭、学校等方面的内容,可以展示小到大的生活照片。在“表真、表善、表美、标新”栏目下,有“梦想蓝图”,孩子可以写下不同阶段的愿望,如何实现愿望的经过以及其结果。“成长表现轨迹”则是把学生的学习情况用走势图的形式表示出来,老师、家长针对学生的学习实际进行分析评价,提出有针对性的建议,调整学习策略,提高学习效果;“最佳角色表现五彩桥”把学生参加社会实践活动、在家里的生活、学习等情况用七不同的颜色表示出来。“收获园”则记录下学生取得的成绩、获奖情况等。在“敢表、乐表、善表心声”栏目下,学生通过论坛交流平台,与伙伴、老师和家长沟通感情、不断改变自己的学习态度和方式,及时解决自己在成长过程中碰到的问题和困惑,促进自我发展,同时还可以帮助教师发现学生的个性和天赋,促进学生个性化发展。

三、网络档案袋的评价方法

我们实施的“网络档案袋”这一评价方式属于综合记录型，采用定期与不定期收集相结合；书面评价与口头、实物评价相结合；即时评价与延缓评价相结合，发挥延缓评价的功能；资料统一上传网络与定期交流展示相结合。基于网络的学生个人页面能方便地处理各项内容，采用定期与不定期收集相结合；书面评价与口头、作品评价相结合；即时评价与延缓评价相结合，发挥延缓评价的功能，档案袋所呈现的内容是一种定性的方式，并运用一定的算法对档案袋信息进行集成定量分析。

在评价标准上力求科学、客观。以突出学生的个性，发掘学生的潜能为主，突出对学生人格的全面评价，给每个学生的学习留下美好的“足迹”。通过网络内容的链接、反馈、引用、分析等，对该学习者知识结构的掌握深刻与广度两个方面做出判断，对学生学业成绩进行分析，为教师的改进教学方法提供有力的数据支撑。

四、网络档案袋的效用

（一）提高了学生自我认识的能力

网络档案袋不仅为学生保留了他们学习和发展的许多重要信息，而且为我们描绘出一个动态的、完整的、立体的学生发展的图画，给学生整个学习经历留下深深的痕迹，让每一位学生在成长档案袋中享受快乐、享受成功的个性化网页。我们对网页做了多次的合理修改和调整，让学生根据自己兴趣爱好、个性，选择适合自己的模块，进行撰写。在学生自评中，学生看到了自评与互评、教师评价的差别，引导学生进行有效、客观地自评，促使学生养成对日常生活，学习工作的点点滴滴进行深刻的反思的好习惯。从而使参与的老师、同学、家长能准确地进行“互动”，使学生个性得到了张扬。

（二）有力促进了学生个性的发展

网络档案袋评价通过多维度、多层次的评价方式，真正体现了关注学生个性发展的素质教育思想。学生无论是在学习活动能力、心理健康上都有明显的提高。我们的实践表明深度参与网络档案袋的学生明显比其余做简单的参与的学生个体独立性的增强，参与学习兴趣增强，交流互动主动性增强，团结共同进步意识增强。在学习兴趣方面，优等生对学习建立了更高层次的新鲜感，中等生增强了自信能力，后进生也看到了身上的闪光之处，厌学情绪减少。学生参与档案袋评价后，不再是“在教师刺激下的积极应答者”。学生从单纯的“听”“答”角色中走出来，充当了“问”者、“论”者、“思”者、“评”者等角色，还承担了同学之间互相评价、共同活动的任务。他们不仅自己参与评价，还听教师评、听同学评，评价呈现出师生多向的互动关系。

（三）有力证明了教师责任心坚定

积极参与网络档案袋评价的老师在教育教学能力得到了提升，辅导学生方式方法逐步趋向多样化。大量的学生作品和完整的成长记录体现了老师平时关心学生作品的数量和质量。评价一个学生的作品，从质的方面有自我反思、继续新的探究、把所学知识运用于实际生活中等，量的方面由学生成绩评定、收集的资料等。教师通过对网络档案袋的分析，更全面地了解每一个学生的学习情况，了解学生知道什么、做了什么、需要了解什么，根据学生思考能力和解决问题的能力，不断调整自己的教学策略，做到因材施教。这点对老师的信息素养要求很高。

在迫切需要改变评价方式的大背景下，我们的实践把教育评价与现代技术相结合，为学生真正拥有一个和谐、民主、利于身心发展的评价环境进行了探索。

实例 8

“大手小手齐努力，玩转学科嘉年华”

——2018 学年第一学期金山小学一年级期终综合考查方案

一、活动目的

以科学发展观为指导，以金山小学“追幸福梦，秀活力星”的大活动主题为引领，根据一年级学生的年龄特点和心理需求，对传统的阶段综合考查的方法、形式、内容等方面做全面的改革，推进“零起点”“等第制”项目的实施，开展“小手牵大手，玩转学科嘉年华”期终学科游园会活动。整个活动以学生为主体，家长为辅导，老师为指导的形式，通过游艺的方式，让孩子在各个学科所设定的闯关游戏中，把日常所学的本领展示出来。做到考查的综合性、全面性、合理性，做到评价的内容和方法多元化，让处于不同学习层次的学生都能“跳一跳摘到果子”。激发学生主动学习的愿望，增强自信心，形成良好的学习习惯，掌握全方位的学科知识。

二、活动时间

2019 年 1 月 6 日上午 8:30—11:30(8:00 家长志愿者集中一号楼四楼小剧场，8:30～8:40 活动介绍，8:40 游园会正式开始)

三、活动地点

2 号楼 1 层、2 层和 3 号楼 1 层、2 层

四、活动负责人

总负责：蔡琼

组长：王永英、金兰娣、戚家微、沈希妹、梅蕾琳、高燕飞、黎佳慧、金霞

组员：德育处李原；一年级组科任老师、家长志愿者(语文 9 名、数学 10 名、英语 6 名、音乐 12 名、体育 12 名、美术 9 名、自然 6 名)

五、活动方式

学生在父母的陪同下，凭手中的游园手册到各游园室进行考查，通过的学生将获得相应的奖章。

六、游园室的名称及安排

总巡视：蔡琼(活动人员安排见学科游园指南)

七、各学科评价标准

语文：

活动环节及评价。

1. 摘下识字果。

本教材生字卡的若干生字放在“字卡箱”，学生任意拿出一张字卡认读背面词语和拼音 5 个。

评价标准：全部会认，评委给学生敲 5 颗星，读四个敲 4 颗星，依次类推(不会认的字学会后，放进箱中再重拿一张字卡认读，直到认会 3 个字为止)。

2. 走过句子桥。

美文朗读：从课文练习中选择若干句子，供学生抽签朗读两句。

学生现场抽取朗读材料一份后，可以即兴朗读，也可准备 2 分钟后开始朗读。

评价标准：正确流利有感情读出两句，4 颗星；正确流利，3 颗星；正确，2 颗星。

3. 拿起金话筒(口语表达)。

要求：看图说话：什么时候，谁在哪里干什么。(准备图片若干，学生抽签)

评价标准：共五颗星，说出“什么时候”给一颗星，说出“谁”给一颗星，说出“在哪里”给一颗星，说出“干什么”一颗星。说话大方自然，口齿清晰流利，一颗星。

数学：

评价方式。

活动共设三关，每位学生手持评价卡，每过一关即在相关评价栏中敲上相应印章，集齐 13～15 枚印章者为优秀，集齐 10～12 枚为合格，不满 10 枚为需努力。

第一次闯关不合格的学生，允许他请求帮助，或延时闯关。

1. 骰子摇摇乐——欢乐摇摇摇。

每个学生独立完成 12 道口算，测试者不催促，不做提示，时间到后马上批改。

评价方法：对 10～12 题为 5★、对 8～9 题为 4★、对 8 题以下为 3★。

2. 巧摘智慧果——欢乐摘摘摘。

评价方法：答对 3 题获得“5★”，答对 2 题得“4★”，答对 1 题得“3★”，每题做对一半得“1★”。

3. 百变图形秀——欢乐认一认。

评价方法：说出 3 个获得“5★”，说出 2 个获得“4★”，说出 1 个获得“3★”。

英语：

活动环节主要为：闯三关，分别是“I read”“I act”“I say”。

评价方式。

I read：任意抽取一张单词图片，能正确朗读的得 1 个章。

I act：跟随音乐边唱边跳并在音乐停后能正确找到同类词的得 1

个章。

I say：在3个主题(Me,My friend,Animals I like)中任选一个，能至少用3句话介绍的得1个章。

音乐：

活动内容及评价。

考查内容主要有两大板块：A 唱跳秀秀秀(唱一唱、演一演)

B 乐器猜猜猜(拍一拍、奏一奏)

在本次考查中，学生只要从以上两大板块中任意抽取一项进行考核即可。志愿者根据学生抽取的考核内容进行分组，分别进入相应的组进行考核。

1. 唱跳秀秀秀(唱一唱、演一演)。

3星：旋律准确，节奏正确，能熟练地背唱歌词并能准确的通过形体及面部表情来表现歌曲。

2星：旋律准确，节奏正确，较熟练地背唱歌词，无形体动作，但能通过面部表情来表现歌曲。

1星：旋律、节奏基本正确，歌曲演唱、表演均欠流畅。

2. 乐器猜猜猜(拍一拍、奏一奏)。

3星：学生能正确快速挑出小卡片，说出小乐器的名称，并准确演奏卡片上指定节奏型。

2星：学生能挑出小卡片，说出乐器名称，演奏小乐器，节奏有些困难，但演奏小乐器姿势基本正确。

1星：学生能挑出小卡片，基本说出乐器名称，演奏乐器有所欠缺。

体育：

1. 亲子双人跳(每组两次机会)。

一颗星：双人连续跳短绳10个。

二颗星：双人连续跳短绳15个。

三颗星：双人连续跳短绳20个。

备注：超过20个，加盖金星！

2. 刮纸片。

亲子组合对照示意图，进行纸片的折叠，完成后交于教师或志愿者进行检验,随后现场演示玩法,盖章。

美术:

评价方式:1. 能与家长合作默契者可敲一个章。

2. 适当添画成一种富有创意的造型敲一个章。

3. 画面整洁,内容组织丰富者敲一个章。

自然:

评价标准。

3☆:能正确用卷尺量出自己的腰围并报出准确的数字;能说出5个身体的主要部位的名称。

2☆:能使用卷尺量自己的腰围并报出大概的数字;能说出3个身体的主要部位的名称。

1☆:能使用卷尺量自己的腰围;能说出1个身体的主要部位的名称。

八、游园会前准备

1. 教研组:落实各学科考查题目;各游艺室的宣传海报;方案和准备材料。

2. 学科老师:教室的布置、对学生进行考查敲章。

3. 班主任:通知家长和学生活动的时间和地点;协调好学生游园路线。

备注:

1. * 为各分学科主要负责人。

2. 活动项目全部考核完成的同学,集中在操场参与体育活动,如遇下雨,活动延期。(负责老师:王永英)

3. 家长志愿者协助老师一起参与对学生的考核。

4. 准备游园会说明书,活动前由班主任告知家长和学生游园规则。

5. 各学科负责人对家长志愿者进行考前培训,告知考试要求。

九、各学科游园会方案

魅力汉语

——一年级语文游园会方案

一、活动目标

1. 通过读和说,考查学生的识字量以及口头表达能力。

2. 用游乐园的形式考试，让学生觉得考试就像做“闯关”游戏一样好玩。

3. 以游戏为载体，学生们全身心地参与活动。

二、活动准备

准备器材：词语卡片、课文片段、图片若干，章15个。

三、活动环节及评价

1. 摘下识字果

本教材生字卡的若干生字放在“字卡箱”，学生任意拿出一张字卡认读背面词语和拼音5个。

评价标准：全部会认，评委给学生敲5颗星，读四个敲4颗星，依次类推(不会认的字学会后，放进箱中再重拿一张字卡认读，直到认会3个字为止。)

2. 走过句子桥

美文朗读：从课文练习中选择若干句子，供学生抽签朗读两句。

学生现场抽取朗读材料一份后，可以即兴朗读，也可准备2分钟后开始朗读。

评价标准：正确流利有感情读出两句，4颗星；正确流利，3颗星；正确，2颗星。

3. 拿起金话筒(口语表达)

要求：看图说话：什么时候，谁在哪里干什么。(准备图片若干，学生抽签)

评价标准：共五颗星，说出“什么时候”给一颗星，说出“谁”给一颗星，说出“在哪里”给一颗星，说出“干什么”一颗星。说话大方自然，口齿清晰流利，一颗星。

金山小学一年级语文组

“数学欢乐谷”游园活动方案

一、活动主题名称：数学欢乐谷

二、活动目的

通过游戏闯关的方式，测试学生动手操作和口头表达的能力，以及对所学数学知识的掌握程度。检验学生对“20以内数的认识、几个和第几个、讲讲算算、物体的形状、加倍与一半”等知识进行实际的应用和操作。丰富学生的校园生活,提升学生对数学学习的兴趣。

三、活动准备

1. 人员准备:数学教师5名、家长志愿者10名。

2. 物品准备:(1) 骰子、一次性杯子;

(2) 各类水果卡片、双色片;

(3) 各类生活中的立体图形和画中的平面图形;

(4) 教室展示PPT(用于演示活动)、游园章及印泥。

3. 场地准备:第一间教室:8个桌子。

第二间教室:分成两组,每组4个桌子;其中一组再一分二。

四、评价方式

活动共设三关,每位学生手持评价卡,每过一关即在相关的评价栏中敲上相应印章,集齐13~15枚印章者为优秀,集齐10~12枚为合格,不满10枚的为需努力。

第一次闯关不合格的学生,允许他请求帮助,或延时闯关。

五、具体活动内容

1. 骰子摇摇乐——欢乐摇摇摇

活动目的:考查学生认数与计算的能力

活动材料:

① 6组口算材料(每组12题,包含本学期所学的各种题型),检验学生20以内加减法的正确率和口算速度。

② 骰子一个(一次性杯子1个),摇到数字几,就完成相应序号的口算题组。

活动规则:1分钟时间。8人一组进行,每个学生独立完成12道口算,测试者不催促,不做提示,时间到后马上批改。

评价方法:对10~12题为5★、对8~9题为4★、对8题以下为3★。

2. 巧摘智慧果——欢乐摘摘摘

活动目的:考查学生提出数学问题和解决数学问题的能力。

活动材料:10组题(每组题目里共3题)。每组题组制作成一张水果图片。

活动规则:把8张水果图片贴在黑板上,8人一组,孩子摘一个自己喜欢的果子,解决果子背后的问题。

评价方法：答对 3 题获得“5★”,答对 2 题得“4★”,答对 1 题得“3★”,每题做对一半得“1★”。

3. 百变图形秀——欢乐认一认

活动目的：考查学生对立体图形和平面图形的理解与掌握。

活动材料：各类生活中的立体图形和画中的平面图形。

活动规则：说出各类生活中的立体图形和画中的平面图形。

评价方法：说出 3 个获得“5★”,说出 2 个获得“4★”,说出 1 个获得“3★”。

金山小学一年级数学组

I do, I can：一年级游园会英语学科活动方案

活动环节主要为：闯三关,分别是“I read”“I act”“I say”。

Level 1：I read

10 位学生一组进入教室,两人一组分别到五位工作人员那边按顺序抽取一张单词卡片,能正确读出单词者,顺利通关。

注意点：

1. 过多学生进教室可能出现混乱,因此限定进教室人数为 10 人,家长陪同进入教室,进入教室后坐在靠墙的椅子上观摩。

2. 学生们随机抽取单词,然后需要正确地读出单词,才能得到第一个章。

Level 2：I act

10 位学生每人把自己朗读的单词卡片举在头顶,在教师的指导下,在教室中间的 4 个椅子周围围成圈,然后沿着顺时针方向边往前跳动,边跟着音乐演唱英文歌曲《Ten little paper rabbits》,要求声音响亮,口齿清楚。当音乐停止时,全体学生停在原地,全部面向内圈,开始寻找自己手中单词的同类词,在教师“Ready? Go!”的指令下,同类词“好朋友”须抱在一起。由工作人员检查,“好朋友”能正确地抱在一起的学生可以顺利通关,得到一个章。

注意点：

1. 当学生拿完单词卡片后就由老师进行引导在 4 个椅子周围围

成圈。

2. 开始演唱歌曲前，须向学生说明，等音乐停止后，须站在原地，全部面向内圈，开始寻找自己手中单词的同类词，在教师“Ready? Go!”的指令下才能行动。

3. 在学生沿着顺时针方向往前跳动时，要注意避免拥挤，以免学生摔倒。

Level 3：I say

10 位学生在 3 个主题(Me,My friend, Animals I like)中任意选择一个主题，然后两位同学一起到一位工作人员那里，进行 3 句以上的介绍(有能力的学生可以鼓励超过 3 句)，能用正确的语音语调说完，可以顺利通关，得到一个章。

注意点：

1. 当学生语音语调出现偏差时，教师须及时帮助纠正。

2. 当学生介绍出现困难时，教师可以适当帮助、提醒。

评价方式：

I read：任意抽取一张单词图片，能正确朗读的得 1 个章。

I act：跟随音乐边唱边跳并在音乐停后能正确找到同类词的得 1 个章。

I say：在 3 个主题(Me,My friend,Animals I like)中任选一个，能至少用 3 句话介绍的得 1 个章。

金山小学一年级英语组

“唱跳秀秀秀、乐器猜猜猜”

一年级期末游园会方案——音乐学科内容安排

一、活动目标

1. 根据小学音乐课程标准中的目标，低年级学生对音乐有一定的感知能力，在学习音乐中有参与表演的欲望，能够随歌曲做简单的律动。参照一年级唱游学科教材，将唱一唱、演一演、拍一拍、奏一奏作为本次考查内容。

2. 本次活动以“唱跳秀秀秀、乐器猜猜猜”为主题，让学生们在音乐与节奏中传递快乐，分享快乐。在活动中，学生能够大方自然歌唱，能够即兴创编简单的肢体动作自信地表演；学生用演奏小乐器、有节奏地讲话中辨别、表现不同的音符，感受不同音符的时值长短。学生在表演中展示自我风采，树立自信，在节奏游戏中训练节奏感，在享受音乐带来的快乐的同时进一步培养学生的音乐兴趣及表现能力。

二、活动准备

1. 人员准备：音乐教师 3 名、志愿者 15 名、教室 3 间。

2. 物品准备：节奏、乐器小卡片，碰铃、响板等。

三、活动内容及评价

考查内容主要有两大板块：A 唱跳秀秀秀(唱一唱、演一演)

B 乐器猜猜猜(拍一拍、奏一奏)

在本次考查中，学生只要从以上两大板块中任意抽取一项进行考核即可。志愿者根据学生抽取的考核内容进行分组，分别进入相应的组进行考核。

1. 唱跳秀秀秀(唱一唱、演一演)。

规则：学生从指定的歌曲中自选一首进行表演唱，可合作 3～5 人一起表演。

3 星：旋律准确，节奏正确，能熟练地背唱歌词并能准确的通过形体及面部表情来表现歌曲。

2 星：旋律准确，节奏正确，较熟练地背唱歌词，无形体动作，但能通过面部表情来表现歌曲。

1 星：旋律、节奏基本正确，歌曲演唱、表演均欠流畅。

2. 乐器猜猜猜(拍一拍、奏一奏)。

规则：要求学生根据老师说出的音长、音短，音的强弱要求，从卡片中抽取相应的小乐器图片，并说出乐器名称，按节奏演奏乐器。

3 星：学生能正确快速挑出小卡片，说出小乐器的名称，并准确演奏卡片上指定节奏型。

2 星：学生能挑出小卡片，说出乐器名称，演奏小乐器，节奏有些困难，但演奏小乐器姿势基本正确。

1 星：学生能挑出小卡片，基本说出乐器名称，演奏乐器有所欠缺。

注意事项：在本环节的考查中，教师要给一定的速度；学生在说乐器名字时和演奏乐器时，教师要提醒学生，引导拍手进行辅助；在演奏小乐器时教师要观察学生的演奏姿势和方法并及时给予指导纠正。

金山小学一年级音乐组

“大手牵小手　欢乐蹦蹦跳”
一年级体育游园活动方案

一、活动目的

通过游戏实践的方式，首先在学生已经掌握个人跳绳的基础上，尝试与家长合作进行双人跳，检验学生对于跳绳节奏的掌握程度；其次通过根据在提示，实物对照模仿等方法，家长与学生共同学习“刮纸片”的折叠方法，检验学生的观察模仿及实际动手操作能力。在考查要求制定上，考虑每个层次学生的实际能力，努力使每位学生充分感受运动的快乐，感受自身的进步。

二、活动准备

1. 人员准备：体育教师 4 名、志愿者 12 名。

2. 物品准备：教室展示 PPT(用于演示活动)、短绳 8 根、折纸若干、游园章及印泥 10 套。

3. 场地准备：3 间教室(桌子自排)。

三、活动内容

1. 亲子双人跳(每组两次机会)。

一颗星：双人连续跳短绳 10 个。

二颗星：双人连续跳短绳 15 个。

三颗星：双人连续跳短绳 20 个。

备注：超过 20 个，加盖金星！

2. 刮纸片。

亲子组合对照示意图，进行纸片的折叠，完成后交于教师或志愿者进行检验，随后现场演示玩法，盖章。

金山小学体育组

指印游戏　创意造型

一年级期末游园会方案美术学科内容安排

一、活动目标

1. 本次游园会我们让学生通过指印画的形式来大胆自由地表达自己的感受和想象，进一步感受造型创作的乐趣并积极参与。

2. 以“指印游戏 创意造型”为活动主题，根据一年级学生的基本学情，通过让学生和家长以亲子游戏的形式利用印泥以“按大小手印”的方式在明信片上留下自己的手印，并在此基础上用勾线笔添画线条或形状组成各种造型（可以演变成人物、动物、植物等造型）。除了对学生美术知识的掌握以及学生的想象能力进行考查以外，对学生和家长之间的团队意识、协调能力以及亲子关系都有所帮助。

3. 根据活动要求，我们更加注重学生综合能力的体现，在待人接物的基本礼仪及回答问题特别规范的情况下适当加以鼓励，引导学生成为一个懂礼貌、善思考的孩子。

4. 在整个美术活动中让学生去感受一种艺术的氛围，让学生带领家长发散思维，插上想象的翅膀进行创作，收获成就感！

二、活动准备

1. 人员准备：美术教师 3 名、志愿者 12 名、教室 3 间。

2. 物品准备：印泥、勾线笔、明信片、毛巾、教室展示 PPT。

三、活动环节及评价

学生和家长分别以“按手印”的方式在明信片上留下自己的手印，在此基础上用勾线笔添画成各种形象。（可以演变成人物、动物、植物等造型）

学科主题：指印游戏　创意造型

评价方式：1. 能与家长合作默契者可敲一个章。

2. 适当添画成一种富有创意的造型敲一个章。

3. 画面整洁，内容组织丰富者敲一个章。

金山小学一年级美术组

认识自己的身体

——一年级自然游园会活动方案

一、活动目标

根据市教委的教育改革精神，根据学校对于学生学习评价的改进方案，根据小学自然课程标准中关于初步掌握一些简单的科学探究方法和基本的操作技能，体验最常见的科学探究过程，具有初步的理解科学的能力，通过观察自己的身体和使用卷尺，掌握正确使用卷尺的方法和说出自己身体的各部分名称作为本次考查内容。

二、活动准备

1. 人员准备：自然教师 3 名、志愿者 6 名。

2. 器材准备：卷尺 10 套，游园章 8 套。

3. 场地准备：教室 1 间，每组需要一个学生课桌，老师与学生面对面坐(足够空间)。

三、活动环节及评价

活动环节：

按照学号进行活动，8 人一组进行候场，轮到的学生进教室后，分别到老师指定地点进行活动，能按照老师的指令正确使用工具进行活动。能够正确说出自己的腰围与自己身体各部分的名称。

评价标准：

3☆：能正确使用卷尺量出自己的腰围并报出准确的数字；能说出 5 个身体的主要部位的名称。

2☆：能使用卷尺量自己的腰围并报出大概的数字；能说出 3 个身体的主要部位的名称。

1☆：能使用卷尺量自己的腰围；能说出 1 个身体主要部位的名称。

注意：卷尺的使用与归还！

金山小学一年级自然组

第五章　表现性德育的工作管理

一、表现性德育的学校管理保障

表现性德育本身是一种观念转变和操作的创新，这需要学校管理的保障。表现性德育需要有与其相适应的德育管理，同时也需要学校管理整体上的融合与支撑。我们学校为此在管理上进行了三个转变，保障表现性德育的落实。

（一）从事本管理向人本管理的转变

以人为本的领导方式是对官本位和事本位的否定和扬弃。事本管理都是以使组织成员如何做成事、以提高做事的效率为目的。以事为本的管理强调管理事务的完成程度，被管理者只是完成事务的工具，被管理者的很多需求很少被关注。例如以升学为价值取向，分数至上，以分数定优劣；权力至上，学校管理和决策过程权力化。

学校在实施表现性德育中运用学生本管理，重点是“学生”，在于学生的灵魂、学生的情感、学生的要求、学生的活动、学生的能动性、学生的潜能发挥、学生的主人翁态度、学生与学生、学生与组织之间的和谐协调等。这样师生才能充分地表现自己的才干获得发展。在学校管理上尊重师生至关重要，这是优秀的组织文化重要特点。学校要不断致力于改善学校德育的环境，促进师生的发展。表现性德育的管理应充分重视与师生的对话，让他们有充分的表现，帮助师生成为角色最佳者。关怀每个学生，尊重他们的尊严，尊重他们的发展，成就他们的进步，是人本管理的实质和精髓所在。要转变学校的德育管理理念，树立正确的德育效能观，把学校建设成为师生精神的家园。学校要树立学生的幸福观，把幸福的年华还给学生。我们学校应该成为学生情感的港湾、学习的乐园。学校要表现出正确的教育行为，改变培养具有优良性能的工具人的教育行为，改变标准化控制的复制、克隆的德育行为。

以人为本的管理适合表现性德育的学生主体性要求，有着三个基本要求：

(1) 在观念意识上，要改变“为学生做主”的权力意识，确立“由学生做主”的意识。实施表现性德育时，我们在服务中实施管理，在管理中体现服务，为学生尽可能多地搭建表现舞台与机遇。

(2) 在思维方式上，要实现从“零和博弈”的思维方式向共赢的思维方式的转变，表现性德育不是为了让学校有一个特色发展获得成功，而其根本目的是促进师生、学校的多赢。要学会尊重、理解、包容，克服教育方法上的简单化，粗暴化。

(3) 在领导方法上，要运用柔性的协调方法，由强调矛盾各方对立性的方式向探求矛盾各方协调的方式转变，协调是一种柔性的方法，关注矛盾各方同一性，通过协商、引领、示范等方法取得认同，而不能是强制性的、命令式的。

(二) 从事务性管理向关注发展性领导转变

学校德育的管理很容易陷入日常事务性管理之中。如果只关注学校德育的具体行政性工作安排，就容易使德育在具体实施中失去素质教育的方向，降低对学生发展的价值，以及学校德育的学生整体发展目标。事务管理是为追求眼前效率，使有关事项一件一完成的一种事务性管理，属于近期利益管理。要使表现性德育有序稳定长期获得发展，必须把表现性德育融合到学校发展规划之中，作为学校长期发展的战略安排，使日常的事务管理在学校发展管理指引下，实现表现性德育的价值。

发展性领导是以实现学校以及组织成员发展目标的一种领导。发展性领导不仅以学校发展为目标，而且指向全体师生的发展，以及他们的可持续发展。发展性领导强调共同愿景的引领与对于发展目标的认同。领导者引领与激励追随者他们对于发展目标的认同，而学校师生对发展目标的认同反过来又促进了师生的参与积极性。“参与认同”有利于将发展任务转化或内化为师生的一种目标责任，使任务行为变为师生的主体目标行为。这样有利于调动员工的主动性、积极性与创造性,有利于增强学校的内聚力。

表现性德育管理是一种以发展性领导,促进学生实现表现性德育目标,以学生为主体发展的领导目标促进学生获得最佳发展,使学生的发展需求获得满足。表现性德育管理强调发挥师生的主观能动性,使人尽其才,事得其人,人事相宜,最终实现学生和学校的共同目标。其核心思想是注重学校管理事项目标的同时,更加强调师生的主体精神,激发他们的自主意识,强调通过德育管理保障学生在不同角色中的最佳表现。

(三)从控制管理向文化管理转变

在学校中,由于学生的状态,容易出现控制管理。控制管理是一种同一管理、强制管理。这种管理其相应的管理文化认为人性恶,需要控制,以控制管理对象为其核心理念。控制管理的实质是一种他律的管理,主要通过控制性制度实施管理。在缺乏人文精神的管理下,师生的生活会十分压抑,在大多情况下,这些制度必然流于形式,或乱用制度处罚压服。

表现性德育需要通过教育管理实现主体激发,使学生获得自我实现,这就需要文化管理。管理是一种文化。美国著名管理学家彼得·德鲁克指出:管理不只是一门科学,还是一种文化,有它自己的价值观、信仰、工具和语言。管理文化以其共同的价值观,赋予成员归属感,激发积极性和创造性。表现性德育需要文化管理,这是一种自律的管理,个性化的管理。管理的基本精神,就是要最大限度的发挥每位师生的才能,并使每个人的才能朝着有利于达到学校的目标方向发展。

文化管理靠的是价值体系,以信念激励师生。文化管理的规章都带有积极的色彩,这些规章涉及的是质量、服务、革新等问题,它们的重点在于发展,而不是抑制。这种管理具有很强的凝聚力,能使各个本来是分散的个体和具有不同能力、不同个体的人,组织成一个有共同目标、相互协调的整体。文化管理应该在师生的思想精神层面上以文化来丰富和充实。人文精神决定学校的发展高度,人文精神决定师生的发展高度。“每一位学生都能有良好的表现”这是学校管理者的基本信念,应该体现在师生的评价中,激励师生去争取更佳的角色表现。以发展的眼光评价学生的表现活动,不仅重结果,也要重过程,从多个角度理解学生的表现结果,对学生的角色表现的发展做出激励性评价。在表现性德育管理中，能否把学校的“让每一位学生都能有角色最佳表现”的理念是否转化为学校师生自觉的行动，是衡量学校德育文化成熟的重要标志。把学校的理念贴在墙上、挂在嘴上，而不落实在行动上，实际上没有使工作管理融入于文化管理中。

二、表现性德育管理的实施

（一）表现性德育的学校顶层设计

表现性德育需要学校德育顶层设计，以学校行为推进落实。学校德育顶层设计对学校德育发展具有十分重要的意义。学校德育顶层设计是基于学校教育哲学对学校德育各层次、各环节进行的系统、整体的设计。它具有高端性、整体性、结构性等特征。学校德育顶层设计为学校德育发展提供方向，这是由学校德育顶层设计的高端性和整体性决定的。

学校教育理念是学校共同体成员在长期的办学实践中形成的对于学校教育以及学校未来发展的一种全面、系统而又具有特色的整体性理解。由于学校德育顶层设计具有整体性的特征——涵盖了学校德育的整体，以及学校德育的各层次和各环节，所以这种设计必然呈一种结构状态，并为学校德育的开展提供了发展方向。

顶层设计是系统工程学术语，意指统筹考虑项目各层次和各要素，统揽全局，在高层次上寻求问题解决之方案。学校德育的顶层设计不是学校德育的简单集合，而是学校德育的一种系统设计。这种系统设计应该遵循以下原则：

第一，遵循德育规律原则，即从学校德育自身发展规律的角度设计学校德育。

第二，遵循系统思考原则，即从学生的发展角度系统考虑学校德育的各层次和各环节，形成一个良好的结构系统。

第三，遵循校本性原则，即学校德育顶层设计要以学校教育理念为指导，以便学校德育顶层设计的正确方向和科学发展。

学校德育顶层设计是学校德育发展的蓝图，是一种整体结构优化的德育架构，为学校德育的可持续发展创造了条件。学校德育顶层设计为学校的每一位德育工作者创设了主体发挥的时空。学校德育顶层设计的结构性，决定了学校德育工作是原则性与灵活性、整体与部分的辩证统一，使学校德育井然有序，又生机盎然。

学校德育顶层设计要秉承学校文化的一致性。学校德育文化是学校德育的重要部分。学校德育的文化具有弥散性、内生性和可持续性。影响学校德育的要素有人、物和文化，而文化是最持久、最深远的影响力。影响学校德育的文化主要有学生文化、教师文化、德育课程文化和德育环境文化等等。

学校德育顶层设计要注重德育模块的实施，这是学校德育的基础。学校德育模块可以分有：德育实践模块（如社会实践活动、志愿者活动等）、主题德育模块（如习惯养成教育、传统道德教育、诚信教育等）、德育课程模块（如学科德育、德育课程等）、德育环境模块（如校内外德育环境）。

学校顶层设计要从学校德育理念、学校德育文化、学校德育模块三个层次建构，形成学校德育系统，呈现校本化特征，从而自然形成学校自身的学校德育特色。

实例 9

创建学校办学特色　打造学校教育品牌（摘要）

金山区金山小学第二轮三年发展规划

（2015 年 9 月—2018 年 8 月）

金山区金山小学在前一轮学校发展规划引领下，全校师生满怀着激情与责任又迎来了新一轮的学校发展时期，我们以“创新办学，追求卓越”的精神，按照教育发展规律，将倾注满腔热情把学校办成一所全市有影响的素质教育实验性、示范性学校。

一、学校发展基础

（一）略

（二）学校发展的主因分析

对影响学校发展的综合实力，从硬实力与软实力这两个主因进行分析是制订学校规划的前提。

1. 学校的硬实力

学校坚持立德树人，全面实施素质教育，在“为每一位学生的健康幸福人生奠基”办学理念的引领下，依托“小学生基础素养综合评估”与“基于课程标准的教学与评价”项目研究，以《基于学期课程统整下新课程校本化实施的研究》课题研究为抓手，推进“六个一”的建设：确立一个学校教育理念、建构一个课程体系、建立一套办学制度、打造一支精良的教师队伍、建设一套匹配基础设施，形成一项办学特色，努力提高学校办学水平，打造学校品牌，创造卓越教育，以创新实践促进学校优质均衡发展，打造了一支高素质的金小魅力教师，培养一批了充满个性的金小活力少年。

在德育工作方面，良好的校风蔚然成风，被评为市行为规范示范学校。教师的德育能力已经适应当前学校德育工作的需要。学校提出了绿色人文德育，并广泛实施。

在课程教学方面，建构了“金色童年课程”课程体系，开设了不少校本课程，倡导了支持学生“表现性学习”的表现性教学，整体推进教学评价方式的改进，优化教学流程管理，学校教学质量稳定地高质量，大多学科教学经常在市、区级范围展示。在学生学业水平指数方面，我校学生在学业成绩的标准达成度、高层次思维能力等方面的高于全区平均水平，95%以上学生的学科素养达到课程标准的要求。学校将“健康教育”理念涵盖各项工作，逐步达成“快乐学习 阳光生活 健康成长”的发展目标，学校的“医教结合、体教结合、医教结合”已经学校特色，在全市产生影响。

学校教职员工队伍显著提升，教师专业发展明显，其中不少教师已经成为市、区骨干教师。在师资队伍方面，在教师专业自觉上要有新突破，克服中老年教师的职业倦怠，引领青年教师的快速成长。学校要应对由于学校规模扩大，一大批新教师的加入，成熟教师的职业倦怠、教师职业信仰等受到挑战等问题，学校必须引导教师改变“被成长”“被提升”的状态，唤醒教师内在自觉，实现整体教师队伍专业发展，以适应学校新的发展。

学校教育、教学上的硬实力有了长足进步，面临着学校发展的诸多新挑战，在特色发展上学校要进一步聚焦，让学校特色发展更鲜明，把学校内涵发展提升到新阶段，加强学校品牌发展，以期新的突破。

2. 学校的软实力

软实力主要表现在学校文化建设。以“金山”命名的“金山小学”，有着金山区人民对学校的期望。通过学校上一轮发展规划的实施，历经“三年打基础、三年出成效、三年创品牌”，学校已初步实现了高成长性发展。学校倡导的“为每一位学生的健康幸福人生奠基”教育理念，已经成为金山小学的核心文化。学校的办学思想为全校师生认同。学校的凝聚力、文化认同程度等方面具有导向力、吸引力，对师生的观念和行为准则产生很大影响，促进着学校的全面发展。学校文化建设卓然，有力影响着学校的全面发展。学校经过多年来耕耘，形成了“金色童年的表现性学习”的教育特色，使学校的办学理念以及学校特色教育的发展所集中体现的学校价值体系、行为准则等在校园中凸显，使人人皆知，人人行之。

学校关注教育品牌的建设，学校经过凝练教育品牌发展项目，合理梳理提炼，锻造切合教育转型发展需要、个性化的学校教育品牌，做强做大，持之以恒。现在学校出现了“学校发展，形成共识；课程建设，体现特色；教学质量，明显提高；三教结合，初见成效；课题研究，新的所突破”的良好发展态势。

基于学校教育理念“为每一位学生的健康幸福人生奠基”的前瞻和现实价值，学校应该不断总结经验，建构系统的实施体系，促进全校师生在观念转变中，思维方式转变与行为方式转变相融合，更好地落实学校办学理念。建立促进师生发展的活力管理，营造有利于师生主动发展的良好环境。学校从学校文化、学校管理等方面提升了学校软实力。

3. 学校办学发展

学校健康发展的成果显著，被评为“2012—2013 年度上海市安全文明校园”、市级课题《基于学期课程统整下的新课程校本化实施的研究》被评为“上海市金山区第六届教育科学研究成果一等奖”、获得“上海市首届学生艺术设计展优秀组织奖”、学校金海燕青年社获“金山区新长征突击队”称号等。2013 年学校集体获市级荣誉 17 项，区级荣誉 42 项；教师获市级荣誉 42 项，区级荣誉 76 项；学生获市级荣誉 109 项，区级荣誉 141 项。

每年我们的学生在区、市，乃至全国各类比赛中获得等第奖三百多项。随着学校教学质量、教师队伍以及不断扩大的生源，金山小学都已经成了大家瞩目的焦点，已经成功向内涵发展转型。通过多年来全校教职员工的努力，学校已经有了良好的发展基础，为学校进一步的品牌发展提供了坚实基础。学校正在形成了“金色童年课程的表现性学习”以及“三教结合”等办学特色，这些特色还需要完善和发展，以支撑学校的可持续发展。这表明了学校正走在成为区示范性实验性学校发展之路上。这为本轮学校三年发展战略决策奠定发展依据。

二、学校发展目标

(一) 指导思想

根据《国家中长期教育发展和改革规划纲要》,以上海市教育综合改革为契机,围绕"金山区教育事业'十三五'发展规划"编制的"让课程改革更深入、让师生关系更和谐、让学习经历更丰富、让教育服务更优质"的总要求,适应 21 世纪的现代教育的发展,遵循教育规律办学,科学地、准确地、创造性地全面推进素质教育。

坚定"为每一位学生的健康幸福人生奠基"的教育理念,坚持德育为核心的学校教育,坚持推进以课程改革为重点的教学改革,坚持学校管理改革实现学校整体发展,走内涵发展的道路,最大限度地提高学校的办学效能,使学校成为特色鲜明的新优质学校。

学校的新三年发展要保持可持续性,在学校原有发展的坚持上,与时俱进地进行教育创新。以"科研引领铸内涵、文化浸润育人格、创新实践求质量"的发展策略,力争通过三年时间的努力和探索,把学校打造成一所学生自我教育,教师主动发展,教育质量优良,管理富有活力,特色发展鲜明、文化氛围浓厚的可持续发展的现代化学校。

(二) 办学理念

——"为每一位学生的健康幸福人生奠基"

1. 这个理念符合 2015 年的《仁川宣言》——"教育 2030:迈向全纳和平等的有质量的教育以及全民终身学习"的宗旨。这个理念充分体现了公平教育和教育机会均等的思想,也体现了建构和谐社会在教育上的基本要求。这是教育均衡发展的必然逻辑,也是全社会追求的公平教育。

2. "为每一位学生的健康幸福人生奠基"是对教育"以学生为本"的最本质的诠释,也是天赋教育权的严正表达。这是人文主义思想的集中表达,承认人的生命意义,尊重人的发展价值。

3. "为每一位学生的健康幸福人生奠基"体现国家对儿童、对民族的承诺。儿童是民族的未来,是世界的未来。关注所有的儿童就是对民族和人类负责。《儿童生存、保护和发展世界宣言》庄重承诺,"对儿童的权利,对他们的生存、及对他们的保护和发展给予高度优先"。

4. "为每一位学生的健康幸福人生奠基"是全纳教育思想的集中

体现,教育对于每一个孩子来说都是重要的,教育必须关注每一个学生的生存和发展,更要求每一个教育工作者对弱势学生群体和个体要特别予以关心,研究有关弱势学生群体的教育问题。这是全纳性教育思想的体现,学校教育必须关注每一个学生,无论他的生理是否有缺陷、学习是否有困难、行为是否有问题,都是我们培养的对象,都是我们服务的对象。

5. 教育必须关心所有儿童与青年的最充分的发展,学校的责任将是寻找能使每个儿童达到他可能达到的最高学习水平的学习条件。这是以学生为本的教育行动的诉求。“为每一位学生的健康幸福人生奠基”体现了教育的“发展性”这个基本价值,意味着为了每个孩子的成长和进步,教育的职能在于最大限度地促进每一个儿童获得发展。

6. “为每一位学生的健康幸福人生奠基”这是对儿童生存价值和生命意义的充分肯定。这个理念凸显学生的教育价值主体地位以及学生个体的主体性,正是在主体性上,显现真正的“重要”。“为每一位学生的健康幸福人生奠基”强调摒弃对教育价值充满功利的追求,摒弃教育选择优胜者的做法,确立“教育为了每一个孩子”的观念。

7. 教育的最高目标是实现“个性化”的教育,即个体纵向发展,而不是个体横向比较,达到促进学生真正的发展,实现个体的自我实现。每个学生都存在这差异,针对这些差异进行教育,提供“适合”个体差异的教育,才是最好的教育。

8. “为每一位学生的健康幸福人生奠基”就是让学生学会学习。每个学生都有自己的潜能,最充分地开发学生的潜能,“相信每一个学生都能带来变化,每一个学生都能发挥作用”,用最适宜的方法让学生学会学习,使每个学生在其原有的基础上不断地进步和发展,就是这个理念的本义。

9. “为每一位学生的健康幸福人生奠基”这个教育理念对学校教育提出了高要求,是我们教育事业的理想,也是我们教育工作者的追求,也是我们行动的号角。我们确信,不因为是理想而不追求,不因为是高标准而不行动,应该用积极的行动实践我们的教育理念。

(三) 办学目标

1. 总目标

学校按照教育现代化的要求,全面实施素质教育,坚持“为每一位学生的健康幸福人生奠基”的教育理念，坚持以学校个性发展为前提的整体发展的办学策略，以新的理念和视角理性审视学校、规划学校，坚持形成学校教育整体融合、促进师生全面和谐发展，把学校办成“高质量、有特色、现代化”的示范性、实验性新优质学校。

高质量：素质教育高要求实施，以一流的管理彰显办学质量，一流的校园文化提升学校品位，一流的师资实现学校的发展，在同类学校之中教育质量位于前列。

有特色：以“金色童年课程的表现性学习”与“三教结合”为主要办学特色，在全市有一定的影响。

现代化：教育硬件与软件达到教育的现代化标准，在教育观念、教育方法、教育手段、师资队伍等方面达到现代化要求。

新优质学校：把学校办成一所“教师充分发展、学生快乐成长、家长高度信赖、社会普遍满意”的实验性、示范性的新优质小学，成为金山区基础教育示范性窗口学校。

本着办学要有理想高度，瞄准21世纪教育发展的方向，为培养现代化建设人才奠定坚实的教育基础。本着改革要从实际出发，坚持走学校内涵发展的道路，弘扬学校的教育理念，推进融入学校文化具有师生共同教育特征的学校个性化发展。

2. 重点目标

以创建现代名校为目标，以形成特色为突破，以促进师生全面发展为宗旨，扎实开展课程改革，环绕总目标，把握重点目标，落实各项具体目标。

(1) 以学校行为实施学校素质教育实验项目——“金色童年课程的表现性学习的行动研究”，提升学校课程领导力，形成具有学校特色的课程体系，促进学生全面、健康地发展，形成教育品牌。

(2) 创新校本的“三教结合”教育，凸显学校办学特色。

(3) 提升学校文化的教育功能，全面落实校训、校风、教风、学风。

(4) 进一步提升师资队伍，涌现一批市、区层面的学科带头人，力争产生在上海市学科教学中有一定影响的领军人物。

(5) 提升学校领导力，提升校长的领导力与学校各部门的组织领导力，同时发展教师课程领导力，形成一批优秀的学科领导者。

(四) 培养目标

学校根据以儿童身心发展规律与社会对教育与人才的期望，以“表真、表善、表美、表新"的精神烛照生命,通过"金色童年课程的表现性学习",使学生成为"厚德、立志、好学、健体"的"金色少年"。

【厚德】爱心宽容、礼正仪雅、人格健全。

【立志】志向高远、报效民族、国家责任。

【好学】勤奋学习、实践动手、善于探究。

【健体】身体健康、心理积极、社会适应。

三、学校素质教育实验项目

学校素质教育实验项目

——"基于金色童年课程背景下的表现性学习的实践研究"

(一)项目价值

1. 金色儿童课程以学科素养为儿童发展的基础,凸显学科价值,每个学生在各学科素养基础上才能使全面发展得以实现,为学生的素质教育奠定基础。表现性学习是基于金色儿童课程,我们深刻认识到,儿童时期在人生中具有不可替代的价值,这时期儿童富有表现的愿望,也是创新品质发展良好时期,因此提供给他们的课程应该满足他们成长的需要,让他们学会"表真、表善、表美、表新"。金色儿童课程意味着教与学不是传授与接受的简单关系,让学生学习索然无趣,学校课程要把金色童年还给孩子,让童年的学习充满童趣、童真。我们认为,儿童是天生的表现者、学生是表现的中心、教师是表现的促进者。我们坚信培养学生"敢表、善表、乐表",有利于培养学生的创新精神与创新能力,早期培养学生学会表现是培养高素质人才的迫切需要。

2. "表现性学习",即"培养学生学会表现",是一种以尽可能地给每位学生提供适应其潜能开发和个性充分发展的教育条件和教育机会为基本任务,以培养学生基础素养与能力为基本要求,以学生主体发展为前提,以创新精神和实践能力为重点的一种素质教育,是培养学生在社会化和个性化协调发展中,在合作与竞争中培养发展"敢表,乐表,善表,表真,表新,表好"外显能力的一种新教育。党和国家领导人多次明确指出,"在出人才的问题上,要鼓励和支持冒尖"。这充分表达了当前国家的发展需要特别会表现的人才,在一定角色上具有最佳表现的人才。在中国几千年的传统文化影响下,"不敢为天下先",标新立异被视为贬义,严重影响人们创新精神,这种观念与现代化格格不入,与市场经济需要的竞争品质不相适应,这种紧箍咒严重妨碍了科技的进步,改变这种状况已是社会进步的呼唤。当前我们需要深度觉醒，敢于以最佳表现、创新表现促进社会进步。

3. 表现性学习的价值在于其以能力(素养)培养与发展为价值取向的一种学习模式，促进学生学习方式转变。表现性学习与其他的学习方式比较，更是突出了课程学习的“跑”这个过程意义，超越了课程的“跑道”意义。表现性学习的重要价值是体现了当代教育重要“范式转换”：从求知转向表现的学习，由探究普适性的教育规律转向寻求情境化的教育意义。提出了表现性学习及其独特操作体系。从求知转向表现(performance)、倡导“学以表现”(from knowing to showing)符合国际课程与教学领域改革的一大趋势。在知识经济浪潮席卷全球的今天，学校必须培养适应社会发展需要的下一代，让学生学会学习，学会表现、学会创新。

4. 表现性学习是素质教育的一种新探索与尝试，为学生形成张扬的个性、善于表现的能力的一种奠基性教育，是培养学生在社会化和个性化协调发展中，在合作与竞争中培养发展“敢表，乐表，善表，表真，表新，表好”外显能力的一种新教育，也表达了一种新教育观。本课题提出的表现性学习体现了教育创新。

(二) 项目目标

本课题研究以上海市中小学生学业质量绿色指标为导向，以培养“金小少年”为目标，探索“以金色童年为价值取向的丰富的、表现的课程体系”的建构，形成富有学校特色的“表现性学习”的规律性认识与操作体系，促进学生道德学习、学科学习，健康(方面)学习，促进学生做人做事能力的发展，全面提高学生基础素养。

通过本课题研究，建设“人人能表现，处处能表现”金山小学，努力打造以“表现性学习”为主的我们学校的教育特色。学校通过表现性学习的实施，让学生在学习和实践中增长才干，提升能力，为今后终身发展打好良好基础，使学生具有“敢表、乐表、善表”的品质，使之具有“表真、表善、表美、表能力”的“金小少年”。

四、发展的重点区域

(一) 加强学校德育改革，打造表现性德育

1. 指导思想

以建构适应现代社会发展所要求的学校德育为目标，坚持德育工

作的核心地位，充分认识新形势下加强和改进德育工作的重要的意义，紧密结合上海中小学课程改革，在“为每一位学生的健康幸福人生奠基”办学思想引领下，加强师德建设和教师育德能力的提升，打造育人队伍、强化资源集聚，举全校之力扎实推进学校德育，深化德育内涵，努力探索德育工作的新途径、新方法，针对小学生的心理特点，以道德教育为基础，以学生养成教育为重点，以德育与其他各育融合为路径的，形成学校、家庭、社区整合的德育格局。

2. 工作目标

学校本着德育改革与发展的要求，不断继承与创新学校德育，着力打造体现“为每一位学生的健康幸福人生”理念的“表现性德育”与“三教结合”的教育品牌，融入时代精神，细化德育内容，丰富德育方式，完善德育网络，强化育德合力，成为上海市育工作先进学校。

以“表真、表善、表美”的精神烛照生命，用“每个学生都能表现好”的信念培养学生的道德品质与做人做事的能力，让学生在“快乐学习、阳光生活”中生成德性，弘扬“风正气顺心齐”的校风，使学生成为“厚德、立志、好学、健体”的“金色少年”。

3. 重点项目

学校德育工作重点项目——表现性德育。

学校的教育整体改革重点推进项目——“基于金色儿童课程的表现性学习的实践”，表现性德育是学校整体改革的重要组成部分。

表现性德育是在学校生活、家庭生活、社会生活中，培养学生在行为规范、道德人格、个性心理上有良好的角色表现的教育。通过表现性德育使学生认知层面上的学习，能力层面上的培养，个性层面上的引导，进而深化为人格层面上的教育，培养具有个人倾向性的智能的、具有自我学习及自主发展能力、具有敢表、乐表、善表品质的，充满个性特征的学生。

(1) 正确把握表现性德育的价值取向

“表真、表善、表美、表新”是表现性德育的价值指向。真善美教育的含义是：做事求真，做人求善，人生求美，其最终目的是帮助人进入真善美的人生境界。表现性德育突出表真、表善、表美，使学生的生活与学习有明确的导向。“表真”解决表现什么，是基础；“表好”解决怎样表现，是标准，“表美、表新”是上述两者的拓展与延伸，亦是个性化的体现。要在德育活动中全面贯彻“表真、表善、表美、表新”。

(2) 表现性德育的操作要点

——表现性德育重在践行。表现性德育首先是德育观念的转变:从以嘴为主转向以表现为主的教育。表现性德育以"真善美新"的行为表现,促进学生的道德践行,让学生过有道德的生活。

——以学会做人的能力为指向。通过表现性德育让学生在行为规范表现、道德人格表现、个性特长表现良好,学会尊重他人,关怀他人,保护环境。表现性德育在教育方式上注重学生体验、注重践行、注重学习环境。

——表现性德育活动是以个体表现为基础,以生生、师生合作表现为拓展,共同营造,"敢表、乐表、善表、表新"的校园文化,进而形成"人人能表现,处处能表现"的充满生机与活力的校园精神。

(3) 建构"表现性德育"课程体系

学校的德育课程体系需要进一步完善,使德育课程开发与学校办学理念对接紧密联系。进一步整合各类课程,使德育课程在开发、设置与实施上能与"表现性德育"匹配,形成较为完善的表现性德育德育课程体系,使学校德育高品质地、高效地促进学校办学理念实现与培养目标的落实。

(4) 表现性德育的实施的多途径

在学校各类教育中运用表现性德育的原理,促进学生做人做事的能力,提高学生道德践行水平。表现性德育要强调多开端,通过主题性教育、行为规范教育活动、节日活动、校本活动节(科技节、艺术节、体育节、读书节等)、社团兴趣小组活动、表现性教育阵地(展示栏、音乐广场等)、社会实践与服务、家庭生活等八个路径实施,发展学生的敢表、善表、乐表心理品质,实现自主表现。

(二) 深化学校文化建设　提升学校软实力

1. 指导思想

全面坚持学校"为每一位学生的健康幸福人生奠基"学校理念,对学校文化做进一步的整体规划,实施学校文化建设策略,硬环境和软环境协调发展策略,发扬符合时代发展的校风、学风、教风,使学校真正成为师生的学习的乐园、生活的花园、精神的家园。

2. 工作目标

形成金山小学特有的"表现性教育文化"体系,加强校园环境建设,在注重硬件建设的同时，更关注软件建设，充分发挥学校文化的教育功能，把以人为本的思想充分蕴含在学校的物质环境、社会环境、规范环境之中，营造一种健康文明、团结和谐、积极进取、勇于创新的良好校园氛围。

3. 具体措施

(1) 系统开展“表现性教育文化”建设

——全面建设“表现性教育文化”。确立以“每一个学生都能表现好”为核心理念的学校表现性教育文化，不断丰富与发展，让全校师生认同与践行。超越传统，激励学生的智慧与能力，让每个学生都有“最佳角色表现”。丰富核心理念，在关注师生“最佳角色表现”的激励作用外，更关注表现性教育文化的引领和创新、智慧和能力的高效能实现，不断提升每一个师生的内驱力，在对成长与发展的体味和感悟中提升发展的动力。

——在学校办学中培育表现性教育文化。将学校的表现性教育文化融合在学校教育教学的各方面，促进学生的高成长性。学校通过各种教育、教学、管理活动培育表现性教育文化，并且通过学校文化熏陶更好地实现培养目标。

——重视教育活动的文化建构意义。开展“金色少年在行动”教育活动以及“金色少年”评选活动等，并在丰富多彩的教育活动中让学生践行“每一个学生都能表现好”的理念。学校的表现性文化教育与德育整合，融于德育、教学之中，并归纳、总结，形成表现性教育活动系列。

(2) 重视软环境建设，强化学校文化建设

——重视软环境对师生群体的价值观和行为准则的影响，通过校风、学风、教风建设优化学校教育环境。提升学校文化的教育功能，全面落实校风、教风、学风。弘扬“风正气顺心齐”的校风以及教风、学风。在学校德育、课程、教学、艺体、管理各方面融合校风、教风与学风的培育。

——加强四种育人环境建设，提供学生成长的和支持。创建愉快合作的课堂环境、丰富多彩的活动环境、优化美化的校园环境、融合和谐的人际环境，为学生健康成长提供环境支持。努力让环境文化创设的结果与过程成为优质的教育资源和课程资源，让学生在立体化、动态化的环境创设中为学生搭建成长发展的平台。

实例 10

金山区金山小学德育工作发展纲要(2012—2015 年)

一、学校德育工作指导思想

贯彻中共中央《关于进一步加强和改进学校德育工作的若干意见》,根据《上海市教育改革和发展“十二五”规划》的战略部署,落实《上海市学校德育“十二五”规划》,为进一步加强和改进本校德育工作,促进每一个学生健康成长,制订本规划。

学校坚持德育的核心地位,坚持把立德树人作为教育的核心工作,在“为每一位学生的健康幸福人生”办学思想引领下,我校针对小学生的心理特点,以继续弘扬和培育民族精神教育、文明行为习惯的养成教育和生命教育为抓手,充分认识新形势下加强和改进德育工作的重要的意义,积极实施《上海市学生民族精神教育指导纲要》和《上海市中小学生生命教育指导纲要》,紧密结合上海中小学课程改革,构建学科德育和校外教育体系,加强师德建设和教师育德能力的提升,努力探索德育工作的新途径、新方法,构建学校教育、家庭教育和社会教育的“三位一体”的德育网络,深化德育内涵、打造育人队伍、强化资源集聚,举全校之力扎实推进学校德育。

二、学校德育工作发展目标

学校本着德育改革与发展的要求,不断继承与创新学校德育,着力打造体现“为每一位学生的健康幸福人生”理念的“表现性德育”与“三教结合”的教育品牌,融入时代精神,细化德育内容,丰富德育方式,完善德育网络,强化育德合力。以“表真、表善、表美”的精神烛照生命,用“每个学生都能有良好表现”的信念培养学生的行为与道德品质,让学生在“快乐学习、阳光生活”中生成德效,弘扬“风正气顺心齐”的校风,使学生成为“厚德、立志、好学、健体”的“金色少年”,成为上海市育工作先进学校。

三、学校德育工作重点项目

学校德育工作重点项目——表现性德育。

学校当前正在推进金山区小学教育整体改革重点推进项目——“基于金色儿童课程的表现性学习的实践”,表现性德育正是学校整体改革的重要组成部分。

表现性德育是在学校生活、家庭生活、社会生活中,培养学生在行为规范、道德人格、个性心理上有良好的角色表现的教育。通过表现性德育使学生认知层面上的学习,能力层面上的培养,个性层面上的引导,进而深化为人格层面上的教育,培养具有个人倾向性的智能的、具有自我学习及自主发展能力、具有敢表、乐表、善表品质的,充满个性特征的学生。

表现性德育的价值取向。

“表真、表善、表美”是表现性德育的价值指向。真善美教育的含义是:做事求真,做人求善,人生求美,其最终目的是帮助人进入真善美的人生境界。表现性德育突出表真、表善、表美,使学生的生活与学习有明确的导向。表真解决表现什么,是基础;表好解决怎样表现,是标准,表新是上述两者的拓展与延伸,亦是个性化的体现。这三者是相互依存,相互关联,相互促进的互动关系。

表现性德育的操作要点:

1. 表现性德育重在践行。表现性德育以“真善美”的行为表现,去促进学生的道德践行,使学生能时时用真善美和自己内心可能萌发的或者行为上显现出来的假恶丑做斗争,使自己过着有道德的生活。

2. 以学会做人的能力为指向。通过表现性德育让学生在行为规范表现、道德人格表现、个性特长表现良好,学会尊重他人,关怀他人,保护环境,在道德践行中感受幸福,获得关爱的价值观念。表现性德育在教育方式上注重学生体验、注重践行、注重学习环境。

3. 这种教育活动是以个体表现为基础,以生生、师生合作表现为拓展,共同营造,“敢表、乐表、善表”的校园文化,进而形成“人人能表现,处处能表现”的充满生机与活力的校园精神。表现性德育首先是德育观念的转变:从以嘴为主转向以表现为主的教育。

4. 表现性德育的实施是基于多开端的,因此要多途径,通过主题性教育、行为规范教育活动、节日活动、校本活动节(科技节、艺术节、体育节、读书节等)、社团兴趣小组活动、表现性教育阵地(展示栏、音乐广场等)、社会实践与服务、家庭生活等把个路径实施,让学生践行敢表、善表、乐表,实现自主表现。

四、学校德育的主要工作

(一) 充分发挥德育主渠道的作用,注重学生道德学习经历

目标:

1. 学校加大“金色儿童课程”的德育课程，丰富学生做人做事的道德学习经历，丰富学校德育课程。

2. 在学校各类教育中运用表现性德育的原理，促进学生做人做事的能力，提高学生道德践行水平。

措施：

1. 建构“表现性德育”课程体系，学校的德育课程体系需要进一步完善，使德育课程开发与学校办学理念对接紧密联系。进一步整合各类课程，使德育课程在开发、设置与实施上能与“表现性德育”匹配，形成较为完善的表现性德育德育课程体系，使学校德育高品质地、高效地促进学校办学理念实现与培养目标的落实。

2. 学校德育课程内容需要进一步丰富与充实，德育核心课程有待充实，践行类课程有待落实，活动类德育课程有待丰富，特别是要丰富促进学生人文精神与科学精神课程对学生的满足度和适切度，满足孩子个性化需求。

3. 认真贯彻两纲的有关精神，充分发挥思想品德课、班会课、主题(专题)教育课、班队活动等教育主渠道的作用。

(1) 各班要组织开展以道德教育、民族精神教育、生命教育为主的主题教育活动，并与表现性德育整合。

(2) 重视各学科的德育渗透，学科教师要努力挖掘教材丰富的德育因素，积极实施德育教育。要让每一位教师都参与到德育工作中来，成为名副其实的一名“教育工作者”。

(二) 以小学生日常行为规范为依据，进一步加强学生行为规范养成教育

目标：

1. 充分发挥学生的主体作用，让学生自主组织活动、管理评价，逐步使学生从“要我这样做”转变为“我应该这样做”，使良好的行为习惯内化为自觉的行动。

2. 以“每一位学生都能有良好表现”为主题，开展小学生日常行为规范的专题教育。

3. 根据各年级学生的特点，分层制定各年级行为规范要求，规范学生在校一日常规。

措施：

1. 各年级根据学生现状，分层制定行为规范要求。

2. 各班有针对性地对学生进行小学生日常行为规范的专题教育活动，并进行专题教育案例的撰写。

3. 加强学生行为习惯的养成教育，有计划、有重点、有针对性地加强学生的行为规范教育与训练，同时学校将加强检查与反馈。

4. 各班设立行为规范检查员岗位，让学生自主管理，自我教育。

5. 继续进行班级行为规范自评和互评工作，并评选行为规范示范班，学校给予相应的奖励。

（三）推进“体教、医教、艺教”三教结合，建构健康幸福校园

目标：

1. 贯彻落实上海市基础教育工作会议提出的“让每个孩子健康快乐地成长”要求，深入践行我校“为每一位学生的健康幸福人生奠基”的办学理念，有效实施“体教、医教、艺教”的课程改革，努力创设让每个学生从小增强健康意识，养成健康习惯，提升健康技能，改善行为方式。

2. 坚持贯彻学校的“完全融合、整体部署、家校共育、全员参与”的工作原则，使“健康”理念经深深地植根于师生及家长心中，探索出了一条“三教结合”的办学特色之路，力求办一所“家门口的健康幸福学校”。

措施：

1. 通过学习、研究与实践，在全校师生中树立“三教结合”的教育范式。认真贯彻《中共中央、国务院关于加强青少年体育增强青少年体质的意见》以及 2011 年上海市出台的《关于在本市中小学和托幼机构开展“医教结合”工作的指导意见》的文件精神，立足学校实际，认真落实上海市学生健康促进大会上强调的“健康第一”“医体结合”的精神，建构与完善学校的“金色童年校本课程”体系，有效地推进健康教育的范式，切实发展于 2012 年被世界卫生组织健康城市合作中心正式命名的“健康单位”。

2. 进一步开展“医教结合”。

（1）发挥与完善师生健康“一生一档”的功能。

（2）通过学习《学生营养与健康教育》读本，促进学生良好行为及健康营养知识的普及，完成相应健康教育测试和各年级学生的体能测试数据。

(3) 进一步规范与提高学校营养午餐,营养师进驻食堂监管食堂菜谱。

(4) 以肥胖干预工程为契机,利用学校的营养角、黑板报、长廊等处,加大对卫生室、心理咨询室、特教室、网站健康知识的建设,开展针对肥胖学生、家长、老师的健康知识普及课,建立菜谱登记、批阅、评价、评比制度。

(5) 增加社会/家庭合理营养及良好生活习惯的宣传,改变了教师及家长观念。

(6) 进一步和金山疾控中心联合,开展“口腔”“眼睛”医教结合的干预实验。

(7) 严格按照市教委中小学心理健康教育的规定,完善学生心理健康辅导室,开展学生心理健康教育与个别辅导,形成学生心理健康的教育与干预的网络。

3. 进一步推进“体教结合”

(1) 体育课中进行学生体能素养的训练外,应该适时开发我校阳光大课间的健康操、健康舞等项目。

(2) 认真实施“阳光一小时”,师生全员参与,使校园充满生命的活力。把“每天一小时校园体育活动”作为学校推进学生身心健康全面发展的助推器,坚持学校“每天一小时校园体育活动”的操作流程。

(3) 利用社会资源,继续发展“射箭”、足球”“OP 帆船”等特色项目,在开展训练项目中,形成“训练项目准备”“训练项目开展”“训练项目表彰”三大长效机制。各类训练队让学有所长的学生,发挥了其自身的潜质。

(4) 工会通过各项体育活动激发教师的活力,保证好教职工每天半小时的体育锻炼时间,从 2 年一次的体检改为 1 年一次。

4. 切实实施“艺教结合”

(1) 开展了形式多样的艺术活动,将艺术节、科技节、读书节、英语节、数学节等校园节日整合,本着精简、活泼、有创意的原则,在形式、内容、评价、宣传各方面都实现了多元化。

(2) 结合快乐活动日,形成了“金色童声”“舞韵秀场”“水墨天地”“江南戏曲”“七彩涂鸦”等 20 多个艺术校本课程,由学生自行选择。

(3) 进一步发挥艺术兴趣小组的教育功能,以“金小艺术团”为统领，下设“民乐队、合唱团、舞蹈坊、国画社”等社团，让有浓厚兴趣，具有一定特长的学生在社团的学习中得到全面优质的发展。

(4) 继续做好被列为区民族文化技艺培训重点项目的“水墨天地”“民乐”，努力使“十字绣”“节日的色彩”课程成为金山区优秀拓展课程。丰富多彩的活动让学生徜徉在知识与艺术的海洋中，展现我校学生的青春风采和精神风貌。

5. 在医务、体育、艺术人员的专业指导下，学校坚持“三教结合”，借助各类教育资源为学生的健康服务的工作思路，进一步完善食堂、卫生室、体育组、德育室、工会等部门与医教、体教、艺教结合的制度建设。

(四) 扎实做好安全、文明校园教育工作

目标：

1. 营造良好的校园环境，积极探索校园文化建设的有效途径。

2. 大力开展法制、安全教育，提高学生自我保护的意识。

措施：

1. 优化校园文化建设，充分发挥学校宣传阵地——电视台、演播室的作用。

2. 继续开展“快乐中队是我家”活动，精心布置班级的环境，形成班班创特色、班班有特色的氛围。

(1) 能结合自己的班级特色、班牌、行动口号等内容，有创意地进行环境布置。让学生拥有一个良好的学习环境。

(2) 每月围绕学校教育主题及时更换布置的内容，排版合理新颖，内容适时。

(3) 班级环境要做到美化、教育化，全员参与，主题要突出教育意义和人文关怀，培养学生的集体主义精神和动手能力。

3. 开展“文明从我做起”——交通安全、环境保洁系列活动。

(1) 继续开展“安全教育日”活动，引导学生树立安全在我身边、安全在我手中、安全在我心中的思想。

(2) 以学校科技为特色，结合学校科技节的开展，开展四个一绿色环保活动。

★以中队为单位，提一项绿色倡议。

★以雏鹰假日小队为载体，做一件绿色行动实事。

★开展一次绿色环保十分钟队会。

★和家长一起了解一个环保小常识。

（五）加强队伍建设，抓好德育常规管理工作。

目标：

1. 不断提高班主任的管理工作水平，优化教育过程，提高教育效能。

2. 引导副班主任积极参与班级的管理工作，并制定和明确副班主任的岗位职责。

3. 加强德育教育主渠道的管理，同时注重各学科的德育整合。

4. 开展“表现性德育”专题学习，提高教师的育德能力。

措施：

1. 增强全校教师的德育意识

(1) 每学期组织全校教师教学德育专题培训，树立“人人都是德育工作者”的教育理念，提高教师教书育人的自觉意识和实践能力。

(2) 提高教师德育工作专业精神，强化德育专业性观念，摒弃德育非专业化倾向，切实增强全员德育能力；增强教师运用科学教育方法开展日常班级教育与管理水平；全面提升教师实施与发展“表现性德育”的能力。

(3) 在学生学习中有效促进学生良好习惯的养成，进而促进学生良好的学风，促进校风的发扬。

(4) 要求教师研究学生，研究社会转型期的本校小学生的特点以及相应的德育，研究如何有针对性地开展群体德育与个别教育。这方面学校要加强学校统领性的德育课题研究，探索“表现性德育”有效实践，也应该积极提倡教师开展有针对性的学生个案研究，一切实提高德育的实效。

2. 规范班主任的常规工作

(1) 班主任在制订班级计划时有特色，活动时有针对性。

(2) 认真填写“班主任工作手册”和班主任工作月报表，能真实地反映班主任日常工作的点滴。

(3) 做好关心特困学生工作。

(4) 规范使用“成长册”。

(5) 做好每月的家访工作，家访人次为 5 人以上。

3. 加强对班主任工作方法的指导

(1) 每月定期召开班主任和副班主任工作例会,进行工作的指导、理论的学习以及工作经验的交流。重点讨论研究工作中的重点、难点。

(2) 与班主任进行沟通,并能协助班主任解决教育工作中遇到的实际问题,增强德育工作的实效性。

(3) 落实各项检查措施,健全班主任和副班主任的考评机制,架构科学的评价方式。

4. 规范任课教师的教育工作

(1) 参与班主任工作计划的制订,并能提出合理化的建议。

(2) 能积极和班主任协作,共同参与班级的管理工作。

(4) 配合班主任做好学生的思想工作,个别教育10人次以上,并及时做好记录。

(5) 配合班主任做好每月的主题教育活动。

(6) 学期末配合班主任做好学生的品德评定和评语工作。

5. 开展"表现性德育"专题培训

通过对有关"表现性德育"的学习、实践、总结和积累,让全校教师能不断在理论和实践中摸索出表现性德育行之有效的策略,以此提高本校班主任的工作实践能力,让学校表现性德育工作更具有科学性和艺术性。

(六) 加强家校合作,优化家庭教育环境,形成教育合力

目标:

1. 办好家长学校,对各年级学生家长有计划地进行培训,以此为学生的成长创设良好的家庭氛围。

2. 认真贯彻市有关"让师爱在家庭中闪光"家庭教育宣传周系列活动要求,开展好学校活动。

3. 充分发挥社区、学校、家庭三位一体的教育网络作用,通过各种社会实践活动,丰富学生的课余生活,提高学生的社会实践能力。

措施:

1. 开展"让师爱在家庭中闪光"家庭教育宣传周活动。

2. 建立新一届家长委员会,参与学校管理工作。

(1) 成立新一届家长委员会,确定委员会委员名单,并召开新一届家长委员会会议。

(2) 通过家长对学生教育情况的调查问卷,及时了解学校家庭教育的现状。

(3) 分年级进行家庭教育专题讲座。

3. 引导学生积极参与社区建设活动,三四五年级社会实践活动要定时间、定地点,定内容,并及时做好时间活动的反馈工作。

五、保障措施

1. 组织保障:学校成立由校长主管,德育教导主任分管的德育工作领导小组,定期研究德育工作。

2. 制度保障:形成德育的定期教研、培训、展示、考核、奖励、师徒结对、班主任一日规范、学生一日规范等制度。

3. 课程保障:学校将德育课程纳入全校整体课程体系,列入课表确保课程时间,结合快乐拓展日实施德育活动课程。

4. 资源保障:深入挖掘学校、家长、社区和社会资源,为学生活动、教师培训和家庭教育指导提供有力保障。

5. 经费保障:学校每年投入一定的经费用于课题研究、教师培训、各类学生活动、家长学校、班主任奖励等。

(二) 表现性德育的制度管理

表现性德育的制度是学校德育制度的一个方面,为的是更有效地推进学校表现性德育。德育制度是指在德育活动中要求全体成员共同遵守的行为准则,对德育工作起着推进作用的工作规范。德育活动和德育制度互相依存,德育活动是德育制度的内核,德育制度是德育活动的规程。

表现性德育制度有着两个重要的作用:德育制度可以是教育内容,也可以是管理的手段。柏拉图认为,不同社会阶层对道德有着不同需求,提倡用智慧、克制、公平、勇猛规范不同阶层。表现性德育制度需要师生共同遵守,作为规范德育上如何表现的制度,本身也是德育的内容。当表现性德育制度对师生角色最佳表现起着规范、引导作用时,这样的制度本身就具有德育的价值,对德育教化主体具有规范性,起着引领师生行为的作用,对师生群体道德提供基础性保证。当德育制度内在价值逐渐转为认同精神内核,引导人的德性至真至纯,促进个体道德发展,特定方式与行为走向日常化时,意味着这个制度可以确立个人道德行为方式。制度能引导个人道德全方位发展，引导个体行为走向合理，保证个体合理需求并约束不合理需要。制度在一定程度上规范人自身满足需要的行动方式，满足个人的行为方式必须在制度规范内。制度在一定程度上规定个人能够做什么、必须做什么、不应该做什么。

同时，表现性德育制度是德育工作制度，规范管理者的管理行为，从而使师生有章可循，有度可依。表现性德育的制度管理，首先要坚持合理性，即符合表现性德育原理，以及有利于推进表现性德育。首先这些制度所依据的理论必须符合德育规律以及教育学、心理学原理；符合青少年身心发展的规律，也应该适合于学校的实际情况。我们也要坚持实效性，即可行性。经过一定时间的实践证明这些管理是切实可行的，是有积极意义的，同时也是有一定效果的，这些制度能否推进表现性德育，从而为学生的最佳角色表现产生制度保障作用。还要坚持制度严肃性、全面性、连续性。严肃性意味着贯彻落实德育制度不徇私情，不开玩笑，不以原则做交易，始终维护德育工作制度的原则性和严肃性。全面性强调对制度的全面执行，对于任何人，在规章制度面前都是平等的；对于任何事要从整体上考量制度的执行。制度在时间上讲要保持连续性，制度一旦确立，要一以贯之地执行。执行制度不能是“三天打鱼，两天晒网”，应始终如一。

健全学校的课程制度，以表现性德育课程充实学校的德育课程。学校加强表现性德育课程建设，夯实德育主阵地。学校的表现性德育课程分为三大类：第一类是融合性课程即以学校的原有学科课程为载体，培养学生最佳角色表现，在关注学生知识的同时，落实学生能力表现，让学生在价值观、态度和情感上提升。第二类德育课程，即既有的政治课、心理健康活动课等。第三类是表现性微型活动课程，按照学生表现的需要开设，让学生在活动中体验和感悟。

实施表现性微型活动课程。旨在让每一位学生在学好文化、学科知识的同时，都有实践成功的机会，尽可能地发挥自己特长和内在潜能，在教师的帮助下尝试成功进而获得自主成功。

实施表现性教学。通过表现性教学促进学生的表现性学习。学生的表现性学习指向能力，培养在不同学科表现形式也不同。培养学生做人、做事能力，是德育工作的重要内容与重要目标。

实例 11(上海市中小学公共安全教育共享场所建设与使用案例征集)

金山小学生命安全健康体验中心

一、基本概况

本着“为每一位学生的健康幸福人生奠基”的办学理念,为学校师生提供良好的生命安全健康体验场所从而提高师生安全健康意识,于2016年11月建成了金山小学生命安全健康体验中心。体验中心内划分了三大区域:身体健康、意外救护、应急逃生。身体健康:我校分别将爱眼、护齿及健康饮食的三个健康角分别坐落于我校的三幢教学楼,结合健康课等课程资源为学生普及健康知识;意外救护:红十字历史墙面知识宣传,各类救护资源普及,创伤救护技能学习,利用我校1名救护师资及43名救护员开展相应应急救护学习培训;应急逃生:包含了触电体验与自救、模拟电话报警、地震体验、交通体验及火灾场景模拟体验。利用实物和影像带来沉入式体验。

二、使用及开放情况

体验馆建立明确的管理制度及使用制度,专人管理体验馆的使用情况并做好记录。利用我校班主任、辅导员、健康组成员、学校救护队及红领巾志愿岗开展各类学习体验、应急救护培训等活动。如:结合学校红十字文化节,在体验馆开展红十字知识普及,整合区红十字资源开展创伤救护培训;在减灾防灾日前后开展地震模拟体验,结合我校应急逃生演练强化学生自救逃生意识;组织学生观看火灾小视频,了解火灾分类、灭火器种类及灭火方法,结合学校火灾逃生实操演练,让学生乐于学习逃生自救知识。在体验馆不断完善的过程中,体验馆也面向周边社区、区内外学校等开放,做到区域共享。如区内共享:面向金山区辅读学校、张堰小学、新城幼儿园等学校及金湾居委会开放;区外共享:面向青浦区红十字会、青浦区部分学校、杉达学院、台湾师范大学的师生开放;面向浙江省百花小学、云南援建学校开放体验。在体验馆建成之初,承担了全球健康促进大会的接待任务并获得与会人员的认可。

三、教学活动实例

火场自救

——"自救探秘"安全教育体验教室案例

一、案例背景

近几年内新闻常报道学生在校意外伤害事故频发，为减少类似事件在我校的发生率，故特开展"自救探秘"课程，该课程与红十字会相结合，在预防学生意外事故发生的同时，使得学生学会自救知识也学会互助有爱的精神。学校是一个集体性的教学环境，一旦发生地震、火灾等灾难造成的伤害是巨大的，这就需要我们在平时教会孩子们如何避难逃生、自救的方法。

二、案例描述

(一) 学习内化——学生体验

在介绍遇到火灾现场的自我保护时，我进行了以下设计：

1. 进行假设，在课堂中发生火灾了大家第一反应会怎么做

首先对小学生关于发生火灾如何逃生的了解程度做一个摸底，对下面介绍火场时如何自救做铺垫，用先提出问题的方法让学生知道这堂课的重点是什么，带着好奇心听下去。

2. 回忆 2010 年上海静安区的火灾，播放相关的新闻报道视频

小学生对于体会 2010 年 11 月 15 日上海静安区余姚路胶州路高层发生的火灾是没有直接的感触的，这与他们的年龄、接触事物早晚有关，这要求我们在备课时尽可能地将发生火灾时所带给人的感觉放入能听、能看的情境中，使学生在课堂中感受到火灾给人带来的危险以及知道如何避难逃生重要性。而在这一节课中的开头将照片、视频、烟雾器等与火灾相关的东西直接地让孩子接触到他们就能身临其境，在接下来的如何学会避难逃生教学中就更能深刻体会。

在给学生观看火灾视频、照片时，小学生对于没接触过的新鲜事物存在的好奇心会让他们在课堂上表现得异常兴奋，甚至会有学生做出双手捂住口鼻、惊声尖叫等身临其境的现象，学生声音高于视频声音就会影响课堂教学效果，在课堂上告诉学生仔细观看视频，发现火灾的特点(大量浓烟、金属门把手等发热、火焰和烟会向上燃烧飘散)同时引入竞争模式，利用小学生的好胜心、喜欢表现自己这些现象，就能够激发学生的专注力，课堂纪律就能有所改善。

3. 介绍如何正确火场逃生的方法如：湿毛巾捂住口鼻、半蹲逃生、挥动鲜艳的物体以便求救等等

在介绍如何应对火灾时，各自学习是课堂教学中的一部分，因为小学生的认知、判断周围环境的能力以及帮助他人的能力有限，在火场逃生是我们先教会学生自救的本领。但学习过程中，我们会穿插“互帮互助”的教学模式，逃生姿势互相纠正，让学生做出相应动作一个做一个观察对不对的互相帮助互相纠正的方式，在大家都能动起来的氛围中不仅调动了学生对于学习避难的兴趣而且还能把湿毛巾捂住口鼻的位置、半蹲的姿势等技能学会。此外，像在高楼发生火灾，在向外界求救时，我们可以挥动鲜艳物体，使用口哨、锅碗瓢盆发出声音让外界的人注意到自己以求得帮助。

4. 回想学校训练的逃生训练，形成一套从班级到操场应对火灾的逃生方法

大家一起回想整个班在学校安排的逃生路线，老师利用烟雾器、灭火器等形成 4D 效果，让学生在模拟的环境中身临其境，在课堂上做一遍完整一手湿毛巾捂住口鼻、一手护头半蹲逃生的逃生避难方法给学生观看学习，利用老师的体态动作让学生巩固学习避难逃生方法。这样的教学具有形象性、直观性，容易感染学生，再一次让学生和老师一起做的时候就能共鸣，更能提高学习效率，从而贯穿课堂教学，促进师生交流，获得事半功倍的效果。

老师站在讲台上可以观察每个孩子的表情，在课堂中让孩子与孩子间互动，让孩子与老师间互动，无时不在向学生传递着知识的讯息，使学生们自始至终处于积极的学习状态中。

对于课堂教学火场逃生，学生对于思考如何保护自己，如何让救护的人寻找到自己是难点，在如何让学生发散思维，将场景切换至商场、家中等如何逃生还需要多加设计，让学生能主动思考、主动观察。

5. 充分利用生命安全健康体验馆

带领学生到生命安全健康体验馆内，在体验馆内我们设置了灭火学习体验，在课堂上我们利用视频将理论知识传播，让学生学会自救本领，而在体验馆内的仪器，就是模拟场景让学生实际体验学习灭火器如何使用。在仪器上学生可以先观看火灾的分类、灭火器的选择的教学视频；随后可以邀请同学上来选择场景并选择正确的灭火器进行灭火。

（二）创造性表达——志愿者解说员

小学生喜欢模仿，在他们的生活中接触最多最想模仿的对象之一就是老师。所以在学生学习完一套完整的火灾逃生及灭火器的使用方法后，我们调动学生的积极性及荣誉感从三至五年的学生中挑选对知识掌握与实际操作相对优秀的学生将其培养成小小解说员，让他们为前来体验馆参观学习的学生们进行讲解。利用同伴教育的模式让学生学习知识、学会礼仪、学会互相帮助。

（三）创造性与实践——结合德育课程

将我校的校本课程“自救探秘”下发至各班，利用午会、班会等课程进行知识普及教育。利用德育教育无痕性渗透，进行更多的创造性和实践。在校内开展“119”消防日开展火场逃生演练，现场灭火器灭火步骤教学及演示并请学生亲身试验。在潜移默化的教与学中，学生可将在课上所学运用于实践逃生演练中。更会主动思考如何逃生、如何自保。

三、分析与思考

1. 在遇到不论地震还是火灾等灾害时，要求同学们能够做到镇静，不惊慌。

小学生在发生灾难的时候大多数学生是做不到镇定的，需要在课堂上的老师指导，但在教学过程中一定要告诉学生在灾难发生时，做到沉着冷静的重要性。

2. 火场自救中，时间就是生命。

在平时制定逃生路线、熟记逃生路线是火场自救的一个重点，在做好自我保护的同时沿逃生路线顺利逃生所需的时间需要一次次演练才能有所提高。如果发现自己已经没办法逃生应迅速判断并做相应的呼救，在这里所有的逃生的时间都是争分夺秒的，要让学生知道时间就是生命！

3. 我们在想方设法教育学生正确的应急救护知识的时候，除了传统的口口相传外，我们发现小学生生活经验少，对任何事物都抱着好奇心，对小学生教育我们抓住了他们的好奇心从而让学生对应急救护学习感兴趣，用积极的态度去学习。利用学校的体验馆让学生亲身感受、实际操作，这比以往的教育模式更适合小学生；学校的演练活动，现场点燃大火让学生直观的感受大火的可怕、危害程度大，从而在家或在校时对使用火存敬畏之心,现场灭火及灭火器教学让学生学会在慌乱中镇静,学会基本的灭火器使用方法及灭火重点。

(朱　新)

三、教师的表现引领学生良好表现

(一) 增强教师表现性德育能力

要培养学生的表现性能力,必须先提升教师的表现性能力,教师要成为表现型教师。

1. 以教师良好的师德表现做榜样。激励教师工作热情,创造性开展管理工作。让教师在相互竞争、学习中提高自身素质。

2. 以教师良好的角色表现影响学生。教师以自己良好的专业知识与能力展现组织教学,为学生创设表现的机会和舞台,促进学生的能力发展。例如幼师的音乐课程中教师以良好的声乐、钢琴专业能力促进学生在音乐学习上的表现,用美的艺术熏陶,培育学生的心灵。

3. 提升教师表现性教育能力,使全员德育不再是口号,而是教师人人能操作。落实“有作为才有地位,有地位必须有作为”的理念,形成并发挥党政工团、班主任、教研组、科任教师多层次的德育工作网络作用。

(二) 教师与表现性德育同成长

案例 40

从“要我育德”到“我要育德”的蜕变

担任辅导员工作以来,我发现我们常常能看到这样的现象:孩子被长辈溺爱娇宠,贪图玩耍,养成了任性专横、自由散漫的习惯,缺乏自我管理能力。有的孩子课堂自我约束能力弱,有的孩子没有良好的生活习惯,有的孩子没有良好的文明习惯。小学是孩子核心人格的形成期,从小培养学生的自觉意识和自我管理的能力对小学生人格的形成乃至对他的终身发展而言都是至关重要的。那到底应该如何增强学生的主体意识,把自我管理内化为自觉的意识,提升自我管理的能力呢?笔者陷入深深的思考……

情感体验——树立主动接受意识

任何教学内容和方法只有唤起学生真诚而深刻的情感,唤起学生的动机,让学生产生某一道德目标,形成内部动力,才能真正起到教育的作用。

班级里的孩子大都是独生子女,娇气,怕苦,上学都要父母接送;生活节奏慢,自我约束能力差,比较自私,目标意识不强,做事效率不高。如何磨炼他们的意志,提高独生子女的做事效率,唤醒他们的内驱力呢？在一次和一位军人家长的交流中,我发现完全可以利用家长资源,让学生走进绿色军营,走近最可爱的军人,开展实践活动,让学生和军人展开零距离的接触,感受军人“铁一般的纪律,钢一般的意志,风一般的速度”,从而让学生树立向军人叔叔学习的目标意识。

“我要进军营了,心里好激动,昨晚就兴奋得睡不着,早上 6 点就起床了。”许多提前到达集合点的孩子唧唧喳喳开心地议论着。“二年级的孩子刚从幼儿园进入学校,良好习惯的养成是现阶段各项学习的基础和关键。组织这个年龄段的孩子体验军营生活,一定能增强他们的纪律观念和爱国爱军情感。”家长们这样期待着。

终于,这天下午,同学、家长和老师们一起来到了上海市边防总队海警支队三大队。观摩擒敌拳——战士们精彩的表演、飒爽的英姿给小朋友们、家长们留下了深刻的印象;学习被子的叠法——原来想做好一件看似简单的事情并不是那么简单,那豆腐块一样的被子体现的是荣誉,锻造的是习惯;参观营房宿舍——整洁干净的内务让小朋友们惊叹不已,拍手称赞;观摩并体验列队——军队严格的作风,艰苦的练习让孩子们知道每一个细微的动作都凝聚着无数的汗水,处理好细节,善于注意找出微小的错误并加以改正的习惯值得学习;观看影片“走向深蓝”——激发了小朋友保卫祖国的激情。

低年级的孩子,思想品德的可塑性很强,具有很强的模仿性。军人的伟大形象所具有的典型性、感染性、形象性和可信性对学生具有很强的说服力、感染力和导向作用。平时的教育和生活中,我便经常用军人叔叔的光辉形象来引导学生。出操时,我鼓励孩子:“你能拥有军人叔叔那‘风一般的速度’吗?”我惊奇地发现孩子们出操更快、更静、更齐了！站队时,我开始搜索班级里的小军人:“大家看！小孙多像一名真正的军人啊!”顿时,其他孩子的目光也变得更加坚毅了,身体站得更直了！军人叔叔的风采让孩子们的心灵受到了震撼和洗礼，孩子们变了，开始用军人的形象来要求自己了，以当小军人为荣了！

不知不觉中，我发现孩子们又变了。变得不用我再整天止不住的叮咛和教育，而是个个努力争当一名小军人了。首先，教室里的物品摆放整齐多了！小A告诉我："老师，军人叔叔的被子、鞋子、脸盆、牙刷都有序地摆放在一条线上，可谓军纪严明，我们也要向他们学习，那就从整理教室开始吧！"其次，我惊奇地发现孩子们出操更快、更静、更齐了！小S站得笔直，自豪地问我："进了军营大门，两边站岗的军人行军礼，他们两个站得那么直，仿佛是两尊雕像矗立在那里。我的心里受到了触动！我像小军人吗？我站得像军人那样直吗？"我笑着点点头。我知道，榜样的力量将转化为他坚持的内驱力。小M告诉我："战士们开始练军操时，他们口里一边吼着，一边打拳出掌，一下一个勾拳打过去，一下一个推掌收回来，好不厉害！他们动作一致，声音一致，好似只有一个人在做，其他的人是幻觉似的。他们完全不像我们，一动起来就乱七八糟。不过，今天我们好像整齐了一些，老师，你说是吗？""对，一定会一天比一天进步的！"我肯定地点点头。……还有很多的点点滴滴，孩子们在不断地进步着。是啊，通过参观军营，孩子们仿佛产生了一定的信念，我也相信，有了这样的信念，他们一定能更自觉和自律的！

"我很高兴参加这次走进军营的活动，让我十分震撼，以后会向军人一样要求自己，保卫祖国。"孩子这样对我说。"不管工作再忙，只要还有这样的活动，我都会带孩子来参加。""孩子们与军人们零距离接触，不仅丰富了孩子们的生活，也无形中为学生树立良好的榜样。"……家长们这样告诉我。

我想：对于德育课来说，课堂教学不是唯一的教育形式。德育不是我行我素，不顾学生的发展现状，无视他们主体意识的彰显，而应重视学生的主体内在需求，让学生具有主动的接受意识和目标意识，让学生在道德学习过程中的不断地被情感浸润，产生良好的道德内驱力和道德动机，学生才会具有自我学习和自主发展能力，才能在生活中、学习中表现，在校做好学生，在家庭中做好孩子，在社会上做好公民。

知行合一——提升行动能力

学生有了表真、表善、表美的良好愿望，但德育的成效如何，还需要取决于学生实际运用的程度。社会规范也只有通过学生自身的实践才能真正内化。道德践行是道德能力获得的基本方式,也是学生道德生活的参与机制。表现性德育的真正落脚点在于促进学生的道德践行。因此,我又开始思考,如何通过实践活动,达到知行合一,提高学生表真、表善、表美的主体能力呢?

杜郎口中学流行一句话:"我听了,我会忘记;我看了,我会记住;我做了,我会创造。"人总要在角色中生活,生活即教育,社会即学校。我想:必须打破传统的单一的德育方式,采用全方位多形式的立体教学,辅之以丰富多彩的活动,才能调动学生的学习兴趣,使学生在活动中体验,在参与中思考,在思考中拥有能力。

因此,我引导学生进入或充任一定角色,进行生活体验,让学生乐于表现、善于表现,在表现中不断提升能力。如:我带着孩子们开设"主体角色体验"活动,开展"我是小小老师""小小交警员""清洁工的一天""小小 10 元钱"等生活体验活动。

一位孩子在体验了一回小小交警员后在作文里这样写:"那天,我们小队的几位朋友走上街头,做了一回小小交警员。我们分成 3 组,每组 6 人,每两人在一处站岗。我们的任务就是劝阻不遵守交通规则的行人。就这样,我们站在岗位上,观察着行人,突然我发现一个背着背包的年轻叔叔正匆匆地走过来,果然,他在红灯前并没有停住脚步,而是两边看了看,准备继续往前走,我很想拉住他,但又有点胆怯。这时,老师鼓励我:'去吧,不要紧,你是正确的!'听了老师的话,我鼓起勇气连忙拉住了他的衣服,大声地说:'叔叔,请稍等一会儿,马上就是绿灯了,闯红灯很危险。为了我们的安全,请遵守交通规则!'那个叔叔不好意思地对我笑了笑,停住了脚步。万事开头难,这天上午,我劝阻了八位行人,我心里觉得美滋滋的,很有成就感。从过马路这件事中,我感觉到公民的素质还要提高,所以我们应该加强教育,同时我们也深刻感受到警察叔叔的工作确实挺辛苦的,有时顶着火热的太阳,有时冒着刺骨的寒风,也依然站在那里,好像一个顶天立地的'巨人'。我希望更多的人能够遵守交通规则,给大家一个安全的环境。遵守交通规则,人人有责。今后我还要继续劝身边的人遵守交通规则。"

通过实际的小小交警员的体验,孩子们更加遵守交通规则了。他们明白:交警叔叔值勤的时候要站很长时间,还要做许多手势,这真的很累!如果人人都遵守交通规则,那么交警叔叔也就不用这么辛苦了!

同时,当大人们偶有不遵守交通规则的时候,孩子也能及时制止,小手牵大手,让我们的出行更加的安全。

针对学生花钱大手大脚的情况,我在班级里开展了“10 元钱”体验活动,让孩子们在三天内靠自己的努力去挣这 10 元钱,并讲讲自己的赚钱故事。孩子们兴致勃勃地在家争相劳动,拖地、洗碗、做饭、收破旧、卖废品,有的还去义卖……记得印象最深的是一个孩子跟我说:“老师,饮料瓶怎么那么便宜啊?一毛钱三个,我捡了老半天垃圾,就卖了一丁点钱。哎——”通过活动,孩子们体会到了劳动的艰辛,学会了节约,还学会不少生活技能,家长直夸孩子懂事多了,能干多了。

就是这样的多彩的德育体验,使德育课教学充满积极、丰富的精神活动,让学生成为有血有肉的社会生活的一部分。我想:重视学生情感的体验、意志的磨炼和行为的养成,鼓励学生参与社会实践,参与真实的社会生活,才能切实地让学生在活动中充分表现自我,进而发展能力。

德育是对人心施教,具有主体“自知性”“自主性”和“选择性”,不是种庄稼,不能指望今天进行什么教育,明天就出现相关的德性品质。因此,我们需要的不是德育的灌输,而是心灵的唤醒。只有基于儿童立场,根据学生的德育需求和德育兴趣制定和调整德育的目标、课程、策略和评价,创设生动活泼、行之有效的德育环境和条件,让学生不断能动践行,自主建构,才能不断激发和培育学生的主体性,不断增强学生主体自身的德性底蕴,才能真正变“要我德育”为“我要德育”,让学生真正成为思想进步与道德修养的主人。

(李　静)

案例 41

表现性德育为我开启教育新天地

一、源起

在日常的教学生活中,我们会看到有些孩子一边说着“保护环境,从我做起”,一边却将垃圾随手扔在了地上;一边说着“团结友爱、互相谦让”,一边却与同伴们矛盾频出;一边说着“要注意安全”,一边却在楼道中追逐、打闹……这样言行相悖的情况时有发生。正所谓“人无德不立，业无德不兴”。德育是素质教育的核心，是全人教育的基础。而这些行为，却不断地影响着学生的发展，也让我的德育工作陷入了苦恼的境地。为什么会出现这样的情况呢？是我对学生的道德教育还不够吗？

二、尝试

在这样的困惑中，学校为老师们带来了一场“表现性德育”理论培训，听完之后，我有些蠢蠢欲动，却又有些疑惑，我们天天在孩子身边耳提面命都没有效果，“表现性德育”真的能改变孩子吗？很快我就有了答案，在一次体验活动中，通过角色入戏，让学生作为活动的参与者，使学生在全身心参与活动的过程中，一步步成为德育活动的主人，通过亲身体验形成自己的道德认知和道德情感，实现了道德的内化，让我和孩子们感受到了表现性德育的魅力。那这是偶然事件还是真正有效呢？于是我开启了案例的研究。

三、探寻

1. 在角色体验中让学生敢表、乐表、善表

【困惑】十一月，是我校的 119 消防宣传月，在学校的组织下，我和孩子们一起观看了当时正热的电影《烈火英雄》，正当我们沉浸在电影紧张而又扣人心弦的情节中时，一阵笑声将我拉回了现实，原来电影中的角色陈志因为承受不住水枪的巨大压力而被水枪打中了头部，几个男孩子看到这样的场景不禁笑出了声。我忍不住有些心寒，又有些难过。我看着孩子们天真、稚嫩的侧脸，我明白他们不是无情，而是他们对消防员这个职业缺少深入的了解，所以也缺少了一颗敬畏之心。

【机会】很快，在上海民安防灾减灾志愿服务中心、上海民安辅助救援队和上海理工大学应急安全志愿者服务队的支持下，我们又迎来了一次青少年平安成长营的体验机会，其中有一项“水枪打靶”，是模拟火灾现场，让孩子们在指导下，正确使用水枪，完成水枪打靶，听了介绍，孩子们对这次体验的机会充满期待和憧憬。我也不由得暗暗想着，这真是难得的好机会！于是，我利用表现性德育的原理，进行有意识地指导。

【践行】到了活动当天，我们整队来到了活动现场，消防服、水枪，还有一位魁梧的消防员叔叔映入了我们的眼帘，同学们被眼前的场景引起了浓烈的兴趣，迫不及待地想上前一探究竟，无奈还要先听专业的消

防员叔叔进行一番讲解。这一回，他们听得格外认真。“快看他的姿势，原来水枪是这样打开的，好厉害啊！”“这水枪射得真远，我也想上去试试！”看着消防员叔叔的演示，同学们的惊叹之声不绝于耳，还不时地向消防员叔叔咨询消防问题，热情互动，其乐融融。

终于到了实践环节，孩子们却有一些胆怯。在大家的鼓励下，第一队同学上场了，两位同学带着坚定的目光走到了水枪旁，想要合力将消防水带接口和消防水枪接口给衔接上，却遇到了第一道难关，水枪头似乎不怎么听话，怎么也安不上，两位小消防员急得不知所措，向消防员叔叔投出了请求支援的目光。在悉心指导下，水枪头终于安上了。两位同学毫不气馁，再次合作，在互相配合下，调整站姿，略显吃力地握紧了沉重的消防水枪，远远地向控制消防栓的叔叔打出了放水手势，只见水流沿着消防水带迅速涌向了枪头，两位同学被这突如其来的水压吓了一跳，紧紧握住枪头想要控制水柱，却还是被水压带偏了方向，“原来水的威力这么大啊，这可是我们班的两位体育健将啊！”“这水还没开到最大呢！”同学们议论纷纷，战场上的两人又紧了紧手臂，将手掌的虎口向下压了压，这才瞄准了目标，顺利将标志物打倒在地，人群中发出了一阵阵热烈的欢呼声。

这下，同学们个个摩拳擦掌，跃跃欲试，想要体验一把水枪打靶的快感，只见他们如同一群小蜜蜂一般，团团将我围住，在我耳边不住地喊着：“我来试试，我来试试，我也想要当一回消防员！”“老师，让我先来吧，我等不及啦！”“让我去吧，我刚刚看得可仔细了，把动作都记住啦！”活动现场好不热闹。

接着，第二队，第三队……孩子们的学习能力很强，仿佛都化身为了“小小消防员”，在一次次的体验中，在一遍遍的观摩中，我知道同学们渐渐地体会到了消防员们的艰辛和危险，学到了不少消防知识，更明白了合作的重要性。“消防员叔叔们真不容易啊！”孩子们感叹道。是啊，当火灾发生真正的时候，是刻不容缓的，对于消防员而言，合作才是战胜困难的力量，无论前面有多大的危险，他们只能迎难而上，只能奔着成功迸发，他们身上过人的胆识和技能令孩子们产生了由衷的钦佩和敬畏。

【总结】通过这一次体验，我不由得开始自我反思，我们总是强调德育的目标、德育的内容和德育的重要性，但是我们却忘了德育是不能被智育代替的，通过老师讲授而让学生“知道”的道理，是与学生的生活远远剥离的，教师将德育内容、好的行为和不好的行为都以知识的形式传授给学生，在这样的过程中，学生不过是被动的接受者，他们的接受只会停留在认知的层面，而不会产生体验和感悟，这样“说教式德育”也就停留在表层。那么，再多的德育说教，也只不过是强调了学生的记忆，强调了知识概念，忽视了学生的践行和内化。正如著名哲学家雅斯贝尔斯说过：“教育活动关注的是人的潜力如何最大限度地调动起来并加以实现，以及人的内部灵性与肯学如何充分生成，换言之，教育是人的灵魂的教育，而非理智知识和认识的堆积。”只有学生通过主动参与，获取个人的亲身经历，重视学生的个性特点和内心体验，才能使德育从被动变为主动，让孩子在活动中敢表、乐表、善表。

2. 搭建各种平台让学生表真、表善、表美

表现性德育的关键是组织学生投身实践活动，让好的思想道德植根于学生的日常生活中。德育应当从学生的生活出发，让学生能够在参与中体验，在体验中学会表真、表善、表美、表新。实践和感悟是相联系的，只有孩子们在活动中，用眼睛去看，用耳朵去听，用嘴巴去说，用头脑去想，用心灵去悟，道德习惯才能养成，道德境界才会提升。那么，如何才能结合我们的文化背景，如何才能有效地利用当前社会的各种德育素材和资源，从学生真实的生活出发去设计一个好的体验活动，挖掘孩子心底的真、善、美呢？

【镜头一：学会表善】

天气渐渐转凉了，人们纷纷开始加起了衣服，不知道敬老院的爷爷奶奶们，他们的生活怎么样呢？学校也发起了倡议，不如去看看敬老院的爷爷奶奶们吧！我和孩子的家长们都表示赞同。于是，我们开始与敬老院联系，通过沟通，我们得知敬老院的爷爷奶奶们现在缺少生活必需品——毛巾。我们将这个这个消息分享给了孩子们，而孩子们的对话却出乎我的意料。这一边，“敬老院都是些爷爷奶奶，肯定很无聊，我们去那干什么呢？”“送点东西给爷爷奶奶们吧，送完就走啦，还不是走个形式。”“我可能没空，我能不能请假呀？”另一边，“爷爷奶奶多孤单啊，又没人去看他们，我们去吧。”“是呀，是呀，我愿意拿出我的零花钱，给他们买毛巾。”“我们给他们表演个节目吧，我会电子琴。”“一个哪够啊，我也来，我会萨克斯。”“我不会乐器，也不会跳舞，那我给爷爷奶奶

来一段朗诵吧!”唧唧喳喳的讨论声不绝于耳,孩子们持着不同的意见僵持不下,为了做出抉择,我们进行了一轮投票。最终,想去的孩子多于不想去的孩子,这趟敬老院之旅敲定了下来。而刚才还表示不愿意去的孩子,看到其他孩子们都报了节目,不甘落后,也报了自己的拿手节目。这回,中国舞、拉丁舞、单簧管、萨克斯、电子琴、朗诵、合唱都齐齐上阵了。我心里默默地想着,如果能借这个契机,进一步培养孩子的孝心,培养孩子尊老爱老的中华美德,是再好不过了。

活动当天,孩子们带上了专业的服装和设备来到了敬老院。在爷爷奶奶们期待的目光下,孩子们似乎都忘记了一切杂念,个个都卖力的演出,为爷爷奶奶们带去了精彩的表演,也迎来了爷爷奶奶们热烈的掌声! 表演结束后,孩子们亲手递上了准备好的物资,老人们亲切地拉着孩子们的手,与孩子们攀谈着,刚开始还带着情绪的同学也露出了灿烂的微笑,几位大胆的孩子甚至上手为老人们做起了按摩。敬老院内,其乐融融。

我不由自主地拿出手机,用镜头将这一幕幕美好的画面捕捉了下来。回程的路上,孩子们激动的心仍是久久未能平息,几位出发前还嘟着嘴的孩子也忍不住跟我说道:“今天的时间过得好快呀,以后我们每个寒假、暑假都来看看他们吧。”“今天,我把毛巾递给爷爷奶奶们,他们笑得可开心了,我看到一个奶奶牙齿都快掉光了,她怎么吃饭呀。”……正所谓“百善孝为先”。孝,一直是我国的传统美德,虽然车子已经渐行渐远,但孩子们的爱与温暖永远都在。

【镜头二:学会表真】

活动后,孩子们和我都觉得这次去敬老院的体验真是收获颇丰,我想不如让参与活动的孩子们将这番经历与班内同学进行一次交流,还可以分享他们的活动照片。说干就干,当我将活动的照片投放到了班级的屏幕上,映入眼帘的满满的都是孩子们和老人们的笑脸。刚进敬老院的时候,孩子们是为了完成任务而来的,可当他们融入这个氛围后,每一个老人和孩子们脸上的笑容都是那么真诚灿烂,他们发自内心的笑容深深地温暖了我们。一位孩子说道,“老师,这就是最美的笑容吧!”是啊,孩子与老人们脸上的笑容真如花儿般美丽。

“我们小队这一次去了敬老院,我看到了很多爷爷奶奶,我第一次了解了他们的生活,我希望我们有空都能去看看爷爷奶奶们,陪陪爷爷奶奶们。”“这次活动本来我并不想去的，为了完成任务，我还是去了，可是，当我站上表演台的时候，我真后悔，我应该准备得更充分一点。”……在孩子们真诚的交流和呼唤中，他们渐渐明白真诚是打开心扉的钥匙，人与人之间需要真诚相待，只有他们真正地、发自内心地关心别人，才能收获真心。

【镜头三：学会表美】

一次机会，我们又走上了街头。这次，孩子们化身“小啄木鸟”寻找错别字。我们分为两组，沿路寻找商家不规范用字的情况。刚开始，孩子们都不以为然，“都什么年代了，现在路上还会有错别字吗？”孩子们半信半疑地开始了寻找之旅。果不其然，“我发现错别字啦！”一位同学的声音在人群中响起，原来是一家油炸食品店，商家把“里脊”写成了“里鸡”，孩子们高兴地将错误指给大家看。大家蠢蠢欲动，想要上前告诉商家，但是却迟迟无人敢迈出脚步，大家你看看我，我看看你，显得有些不知所措。我走到最先发现错别字的同学身边，“不要怕，把你此行的目的告诉他，注意用语要礼貌，你可以的！”同学们镇定下来，甚至好模拟场景演练了一番，终于下定决心走上前去，“叔叔，你好，我是金山小学的学生，我刚刚发现你们店门口的广告牌上有一个错别字，‘里脊’是这样写的，为了规范用字，不造成误导，请你们把错别字改正过来哦！”商家一愣，随即又不好意思地笑了，“我都没有意识到，谢谢你了，小朋友！我们会马上改正，以后注意规范使用汉字的。”孩子们脸上都露出了胜利的笑容。一回生，二回熟，有了第一次的成功经验，孩子们又用自己的“慧眼”识别了不少“害虫”，发现了多处繁体字、缺损字、异体字等不规范使用汉字的情况。孩子们轮番上阵，向商家指出错别字，并宣传讲解规范使用汉字的意义。“啄木鸟们”走街串巷，忙得不亦乐乎。

通过活动，孩子们告诉我：“老师，这次活动我发现了三处不规范用字的情况，我可真想不到。”“是呀，很多商家为了体现自己店的特点，擅自改变词语的用字和写法，真是太难了。”是啊，孩子们在活动中增强了规范使用汉字的意识，也锻炼了孩子们的社会实践能力。在改变陋习的过程中，孩子们发现虽然社会在一步步走向文明，但是还是有许多不规范的地方和不良行为，只有从自己做起，从身边的小事做起，我们才能发现美、感知美、践行美，共同创造美好的生活。

后来,我们去了金山区计量质量检测所,孩子们在实践中明白了质量关系着人民的生命财产安全,决定着人们的生活质量,还学会了看食品包装,知道了健康饮食。我们去了烈士陵园,在那儿孩子们为烈士们献上了亲手制作的小花,并向烈士们敬了一个标准的少先队礼,他们在活动中感受到了和平的不易,体会到了生命的可贵,并立志要好好学习,保卫家园。我们还去了社区,去了图书馆,去了清洁工休息站等等,我们一步步走入生活,体验生活。

我们的活动得到了社会各界的支持,而孩子们也在一次次喜闻乐见的活动中体验生活、体验合作,体验自主,形成了自己的态度,实现了自己的价值,获得了全面的发展。我也渐渐体会到"表现性德育"使各种各样的实践体验让德育与学生的心灵无缝对接,让学生学到的道德知识与实践相结合,也让我的德育工作收获颇丰。

四、感悟

通过一系列的表现性德育的尝试,我开始认识到,德育不是说教,只有当学生的内心被震撼、被触动时,我们的德育才是成功的、是有效的;只有让德育回归体验,回归生活,才能使在潜移默化中对孩子施加德育影响,这也是"表现性德育"的真正内涵。这正如前苏联著名教育家苏霍姆林斯基说过的那样:"道德准则,只有当它们被学生追求,获得亲身体验的时候,只有当它们变成学生独立的个人信念的时候,才能真正成为学生的精神财富。"表现性德育,让学生在实践中以"身"体之,以"心"验之,使德育更有魅力,更加鲜活,也使德育得更富有吸引力,更具有时效性。

(倪生吉)

四、家校合力,开展表现性教育

(一) 学校指导家长开展表现性德育

表现性教育强调让我们的儿童"在学校做好学生,在家做好孩子,在社会做好公民"。也就是表现性德育应该让我们的儿童在学习与生活中有"最佳表现"。这就需要学校与家庭一起共同开展表现性德育。

家庭在开展表现性德育上有着其特殊的地方。孩子在家庭里有着广泛的家庭生活,在家里与父母等一起共同生活。在家庭生活中,孩子会呈现丰富多彩、奇形怪样的众多表现，也是儿童本性的自然流露。家长与儿童有着密切的生活联系，儿童大部分时间生活在家里。家长更容易全方位、更深入观察到儿童各方面的表现。因此，我们学校在家庭教育指导工作中，融合了表现性德育的指导，让家长更好地转变家庭教育观念，理解什么是表现性德育，把握如何在家庭里开展表现性德育，从而增强家庭教育能力。

我们学校开展的表现性德育的家庭教育指导的要点：

1. 家长要充分认识“人是有价值的，人人都能有最佳表现”。要让学生有最佳角色表现，在家里要做好孩子。在不同的年龄段儿童的表现应该有不同表现水平与表现方式，但是要把握孩子的表现本校遵循一个健康的人类共识的价值取向。

2. 引导家长在生活中树立重在培养孩子道德行为表现，而不是重“嘴巴”的教育观念。家长一定要关注孩子的道德行为，养成良好的道德习惯。陶行知在《中国教育改造》中指出，一个非常聪明的人，总有某些方面表现非常愚蠢，反过来也一样，一个非常愚蠢的人在某些方面会表现非常聪明。所以，学校的教育应该只针对孩子的个性，并发展独特的个性和思想，教育的目的也是让普通孩子的智慧自我生成和掌握最普通的生活知识和技能，让少数最聪明的和最愚蠢的孩子接受特别的教育。教育的目标应是让百分之百的孩子都能展现他自己的才能，只有让他们的才能展现出来之后才知道孩子的天赋，才能有最佳的表现。

3. 引导家长正确全面对待孩子的表现。家长要认识到孩子的表现就是儿童的表现，是成长中的表现，是不成熟儿童的表现。因此，孩子的表现大多是健康的表现，有时也会出现问题行为，但是这些问题性的表现是儿童成长中出现，我们应该积极地引导，鼓励儿童在各方面积极表现自己，在表现中增长才干。

4. 引导家长关注儿童各方面的表现。比较多的家长重视孩子学业上的表现，有的甚至只关心分数，而对分数背后的所蕴含的意义常是忽视。这样常陷入只以分数论孩子好坏的教育，而忽视孩子的道德健康成长。引导家长关注学生学习上、道德上、健康上的良好表现。

表现性德育的要求孩子“表真、表善、表美”。家长要在家庭生活中注重“礼以正身”，培养孩子的道德表现，讲礼貌(仪态仪表的伦理要求)、重礼节(言谈举止的伦理要求)；还要关注“礼以处世”，要求自己与孩子一起以“礼”这个道德准则来待人处世，培养孩子讲“礼义：仁爱、诚信”。

5. 引导家长关注孩子通过表现增强能力。表现性德育强调的是发展儿童的做人做事的能力。不少家长有教育误区，认为读书学习有能力问题，常忽视做人的能力。我们不少家长的表现性德育的案例中都十分重视培养孩子的做人的能力，例如爱父母、爱需要帮助的人的能力；协商解决问题的能力等。

6. 引导家长在开展表现性德育时要以身作则，要和孩子一起在家庭生活中有良好的表现。不少家长能以自己各方面良好的表现潜移默化地影响孩子，尊重孩子的人格，平等地对待孩子，以合适的方式与孩子沟通。这种家庭教育培养出了家长希望的健康的孩子，实现了共同成长。也有相当一部分家长缺乏以身作则，常给了孩子不良的“榜样”影响。这种潜移默化是看不见、摸不到，但确确实实地把孩子“教育”坏了。

7. 引导家长关切到孩子的良好表现往往与父母的爱相关。不少家长的案例中都提到了孩子的良好表现，积极地去表现，往往与家长的关切，真切的鼓励，耐心地等待，真诚的批评有关。爱得适度，爱得真切，让孩子有一个宁静的“港湾”，让他们有一个积极的情绪、健康的情感，才能促进孩子有良好的行为表现。

8. 引导家长要与孩子一起成长，与孩子建立正确的教育伙伴关系。不少家长总以为在孩子面前有绝对的权威，因此家庭教育十分随意，完全受制于自己的情绪，高兴时宠溺孩子，不高兴时，随意向孩子发泄乱发脾气。在这样的家庭里生活的孩子常出现情感—行为紊乱的问题，孩子的表现令人纠结。

我们学校组织家长开展了家庭表现性教育的征文活动，推动家长间的教育经验的交流。从我们收集的 26 篇家长的文章中，家长们用自己与孩子们的故事，向大家展现了在家庭里开展表现性德育的概貌。

（二）家长表现性教育的故事

1. 让孩子与美好同行

一晃儿子就进了小学，感谢一路走来的各位老师谆谆教诲，儿子的进步明显，我们很欣慰。随着年龄的增长和知识的增多，儿子在许多事情上越来越有他自己的主张，学校提倡实践性家庭教育，就是要求家长让孩子自己做主，只要是向善的、积极的即可。因此我们也乐意让他自己去尝试，在许多事情上按照他的意愿去处理，从以下两件小事上就可见一斑。

（一）

儿子口中经常提的杨伯伯是我们的一个同事，儿子很喜欢他，当然杨伯伯对他也是疼爱有加。你对他好，他就对你好，小孩子的感情世界就是这么单纯。儿子多次要求杨伯伯到我们家里玩，每次都是诚意满满。

今年五一小长假儿子又一次邀请杨伯伯，杨伯伯答应说第二天过来，儿子那个高兴啊，第二天一大早就跟我们一起去买菜，在路上就定了那些他认为的杨伯伯喜欢吃的菜，超市里帮忙挑菜，提菜，回家后就给杨伯伯发信息说早点过来，我们菜都买回来了。然后帮妈妈打扫卫生，说杨伯伯来了家里要弄得干干净净的。

杨伯伯到了之后，儿子很热情地让杨伯伯多吃水果，跟杨伯伯聊天，讲一些他学校里的事情，把他得到的奖状还有一些小奖品，学校的照片都拿出来给杨伯伯看，还问杨伯伯许多各种各样的问题。晚饭后走的时候，儿子把杨伯伯送到楼下，跟杨伯伯告别并叫杨伯伯以后多来。

儿子跟我们讲今天他很开心。儿子睡了后我跟他妈妈讲："儿子真的长大了，今天杨伯伯到家里来做客这件事情上，儿子这个小主人做得很好。"

（二）

五月的时候，吴老师跟我们讲，希望儿子的同学信任梓辰跟他一起做作业一段时间。我们把这个告诉了他，他非常高兴并表示欢迎，当天晚上就跟我们去信任梓辰家，我们家长谈论相关事宜，两个小朋友商量着他们的计划。

每天放学后，两人一起作业。那些口算、听算、预习、复习等可以自己独立完成的他们都积极做好，我们随后再检查。先做什么，后做什么，儿子还像模像样的安排。家默两个互相比赛，如果信任梓辰有不会写的，我稍加提醒，儿子就会提出抗议，用他的话说我这就是作弊，不公平。看着儿子那个理直气壮的样子，我是又喜又乐。

有时候作业完成得早，两个人还会去找小区里的其他同学玩，五六个孩子，玩得可尽兴。那些平时我们都吃不到的零食，儿子都会慷慨地拿出来跟他的小伙伴一起分享。

儿子懂得了待客之道，懂得了与人交流，懂得了同学之间的互相帮助，懂得了与人分享的快乐，也能坚持着他的小原则。这些他的成长让我们也收获了幸福，也更加坚定了我们让孩子自主发挥的家庭教育方式，并希望这些美好的东西永远伴随孩子成长的每一步。

（一(9)班　商赵阳家长）

2. 胆小男孩勇敢起来了

我们家哥哥性格的特点是内向胆小。读幼儿园的时候吴于齐妈妈出名了，为啥呢，因为早上上学一直有个男孩哭着被妈妈拖进了教室，而且一拖就是两年，从小班到中班。人家小班的弟弟妹妹都乐呵呵地自己进了校门口，他这个中班的哥哥还哭哭啼啼地被妈妈一把拖进了教室，平常学校的活动和开放日，各种表演他也不参与，课堂更不举手发言，一直做了一名安静的旁观者。究其原因，一方面可能是天性比较内向和胆小，另一方面作为家长没有养成正确的育儿观，导致孩子依赖性强。

虽然作为家长的我在育娃路上一路磕磕绊绊一路摸索没有经验，但是学校有成熟而理性的教育理念，独特又成功的教育方式，从第一学期学校举办的一场游园会就感受颇深，一路陪着娃“过关斩将”。从不同的教室，不同的学科，不同老师，娃的回答有好也有不好，但是那都没关系，你能和其他同学一样，有积极参与的心态，独立面对的勇气并且乐于其中，敢于表现，不怯场，当每一次的考评结束得到了较多的大拇指还兴奋不已地炫耀给我看，我的内心是欣慰的，虽然在别人看来这根本没什么，很普通的一件小事，但是对一个从小依赖甚至老是黏在妈妈身边推都推不出去的你是个很大的进步了，至今还记得以前学画画的时候只有你是多么特殊，要妈妈陪画，不然就从画室跑出来，拉着我的手不放，当时的我是多么囧，承受别样的注视，别的小朋友行，为啥你不行，不能一个人去呢……所以还是非常感谢学校别出心裁的学习方式，这也是一种历练，让小朋友多了一种敢于自我表现的机会，学得有乐趣，以游戏的形式掌握各学科的书本知识。

这之后我这个笨妈妈在家庭教育方面也是学着学校的方式方法，给予积极正面的教导，多夸夸他，让他觉得自己也能独立完成能力范围内的事情并且做得很棒，多多地让娃去表现，让他爱表，敢表。无论是去超市，或者随便做个什么事情，先让娃去表现，比如说妈妈不知道买个矿泉水多少钱，你能帮妈妈算算么，娃也能自信又很乐意“帮”我做这些事情。给他报名了播音主持兴趣班，在别人表演时候他也学会了倾听并能与人合作勇敢地站在其他小朋友和老师面前表演。

教育效果：一学期下来，娃在一定程度上有了提升，和幼儿园相比明显敢表乐表。敢在家、校各种学习、中队、小队活动中表现自我，可能儿童是天生的表现者，通过校内、校外各种活动，老师的促进，慢慢激发了潜在的表现欲。又是一年游园会时，不同的是不需要家长陪同了，不过这次妈妈一点都不担心了，因为我相信你能表现得比上次更好。期待你噢儿子！

（一年级　吴于齐家长）

3. 身体力行，做好孩子的好榜样

父母的言行是孩子无声的老师，对孩子有着强大的潜移默化作用。父母一定要以身作则，时时、处处、事事严格要求自己，为孩子树立人生的榜样。正如列宁夫人克鲁普斯卡娅所说：“家庭教育对父母来说，首先是自我教育。”家庭是孩子最基本的生活和教育单位，父母的一言一行、一举一动，都是孩子的模仿源。孩子最初的行为习惯都是从父母那里学来的。因此，面对天真的孩子，父母要特别重视榜样对孩子的巨大影响，时时处处为孩子树立好的榜样。

潘囿旭从呱呱落地的那一刻开始，胆小怯懦的性格已显露无遗。不敢一个人睡觉、不敢关灯睡觉、不敢举手发言，不敢一个人上台表演……他有着很多的不敢。如何改变孩子胆小怯懦，培养孩子积极进取、勇敢拼搏的精神，成为我们家庭教育需要解决的第一个问题。

习近平指出，家庭是人生的第一课堂，父母是孩子的第一任老师。重言传、重身教，教知识、育品德，传播中华民族传统美德，鼓励孩子参加社会实践活动和公益活动，帮助孩子健康成长，扣好人生的第一粒扣子，迈好人生的第一个台阶，是每位父母的职责和应尽的义务。

作为孩子的母亲，作为一名社区工作者，作为一名志愿者，我认为

带上孩子一起去参加志愿服务、公益活动，不仅能改变孩子胆小怯弱的性格，学到在课本上所学不到的知识，而且还能培养孩子乐于助人、团结友爱、热心公益的优良品德。于是，2015 年 6 月我带着潘囿旭加入金山文广影视局“小金灵”文化志愿者服务队。在刚开始志愿服务的时候，他都是小心翼翼地跟在我的身后，认真学习做各种志愿者工作。随着志愿服务的次数增加，志愿服务经验的积累，孩子在我的潜移默化下也从当初的一个门外汉成长为一名优秀的志愿者。认识他的人都喜欢称他为“小潘老师”。

细细数来，潘囿旭加入志愿者队伍已有三年时间，在这三年里，他是一步一个脚印用实际行动诠释着“奉献、友爱、互助、进步”的志愿者精神。文化小金灵志愿者、平安志愿者、环保志愿者、交通志愿者、创城志愿者……都会有他的身影。三年志愿服务，我们母子一起努力、共同进步，不仅收获了金山区文广影视局颁发的 2016 年度优秀亲子志愿者，2016 年—2017 年度上海市优秀志愿者荣誉称号。而且我们还与许多优秀志愿者成了好朋友。不仅是争当优秀志愿者，儿子还经常和我一起参加各类公益性活动，如“左手国旗、右手文明”“我为创城、文明齐家”等系列创城宣传活动；寻找爱心父母为孤残儿童编织爱心毛衣、上海市青年联合会组织的公益起跑为爱而跑、关爱孤老等活动。显然，参加志愿者活动、公益性活动，已成为我们母子俩日常生活中不可缺少的部分。

（潘囿旭家长）

4. 快乐小音符谱写爱的旋律

“你能不能用心点啊”“你弹了些什么东西啊”“你怎么这么笨啊，都弹了几遍了还不会”“你长不长脑子啊”，一顿痛批后，书被狠狠地摔在地上，只听见门“嘭”的一声！而这“始作俑者”的就是我。自从女儿学琴以来，这些责骂性的话语成了家常便饭，也成了影响我和女儿之间亲密关系的不和谐音符。弹琴本是美好的，但更是辛苦的，辛苦的不只是孩子，还有家长。大家都说弹琴可以提高一个人的艺术气质，培养孩子的耐心和坚持，有利于开发孩子左右脑，训练孩子的协调性，作为母亲的我，并没考虑那么多，当初选择让女儿学琴，只是因为女儿喜欢，自己本身又是音乐老师，觉得可以帮助到女儿，所以义无反顾地选择了钢琴。

学琴之初，所学知识技能比较简单，女儿兴趣很高，每次的作业完成度也比较高，经常得到老师的表扬和肯定，作为每天认真陪练的我对女儿的表现也非常满意，成就感油然而生，也更加坚信了自己当初的选择是明智的。可是好景不长，随着知识的增加，作业量的加大，曲子难度的提高，女儿练琴的主动性大不如从前，仗着妈妈是音乐老师，她的依赖性越来越强，不肯动脑，而对于我指出的一些错误，又表现出很不屑的态度，不接受、不改正，她把每天的练琴当成是一种负担，应付了事。她叛逆、懈怠的态度让我实在无法容忍，于是我开始不断地否定她、打击她，最终变成了无休止的责骂。日复一日，在我负面情绪的影响下，孩子也变得焦躁不安，练琴效率却越来越低，原本自信大方的她变得唯唯诺诺，缩手缩脚，孩子的自信心受挫对钢琴学习失去了兴趣，我们的亲子关系也越来越紧张。

每次有亲戚朋友来家里做客，让她展示，她都表现得很排斥，心理负担很重。还记得第一次参加校艺术节比赛，也是我做了好久的思想工作，她才肯报名参加的。那段时间她很焦虑，原本弹得很完整的曲子在比赛时紧张得脑子一片空白，连琴键都找不到了。她种种的表现，让我意识到了问题的严重性。我发现她的心理素质太差，不仅体现在钢琴方面，还波及了学习、生活的其他方面，而且跟我有很大关系。

有一段时间我很迷茫，在家人朋友的开导下，我开始反思当时让女儿选择学琴的初衷。在接下来的时间里，我从调整自己的状态、情绪开始改变自己。我开始跟孩子一起练琴，我们相互检查、监督，指出对方的优缺点，有时我们还会亲子合作演奏，孩子演奏比较成熟的乐曲我用手机录像分享到朋友圈，把肯定、表扬孩子的留言给她看，每当这时我总能看到孩子脸上洋溢着满足的微笑，绽放着自信的笑容，我们都收获着小小的成就感。渐渐地，我开始慢慢放手，由每天陪练到隔天检查，最后到彻底放手，让孩子自己练习，每周我只检查指导一次，我发现孩子能主动找到自己身上的问题，弹琴越来越放松了，曲子弹得越来越完整流畅了，对于作品的表现欲也越来越强了。

作为家长，不能把陪伴等同于包办，陪伴也要有一定的方法，家长角色要定位好。在孩子的成长道路上，家长应该是孩子的引领者、辅导者，而不应是包办者。适时在孩子面前示弱，在一定程度上也会树立孩子的自信心，激发她的表现欲。

表扬优势，轻短板，以优势带劣势，不要过度关注她的缺点。比如手型、基本功好，多表扬鼓励，让她找到自信，每解决一个问题，我都会由衷地鼓励她，有时是一句简单的“你真棒”，有时是高高竖起的大拇指，有时是一个赞许的目光，有时只是一个简单的微笑……，小小的鼓励，大大的作用。

其实，练琴和学习是一样的。过程比结果更重要。家长要学会自控力和耐心，不急于求成。做任何事情都不是一蹴而就的，家长教育孩子更要有足够的耐心，父母是孩子人生的第一任老师，孩子的行为常常是从父母身上模仿学习来的。在学习的路上，要允许孩子犯错，当孩子犯错时家长首先不能急躁，给孩子改正的机会，孩子就是在一次一次的犯错中，一次次的跌倒中，积累经验、学会成长的，犯错跌倒后重新站起来所获得的成就感，往往留给自己的印象更加深刻，孩子自己真切地体验远比家长直接给予的效果更好。

不论是在孩子练琴的过程中，还是在学习的道路上，我们还要教给孩子做事情要坚持、用心、动脑，而不仅是简单地弹会几首曲子，做会几道题目。因此，父母要在孩子面前要树立榜样，面对孩子的问题、错误，首先自己要做到不急不躁，保持平静的心态，静待花开，并且要经常鼓励孩子说：“为了你想得到的东西，你必须有耐心，学会坚持。”潜移默化地引导孩子，让孩子学会自我控制、自我调节的方法，孩子也会变得越来越有耐心。

换位思考，尊重孩子，信任孩子。爱有很多种表现方式，有时候家长给孩子提供的，并不一定是孩子最想要的。不恰当的爱，除了给孩子带来压力外，还会成为他们成长路上的绊脚石。只有得到尊重，孩子才会和父母建立相互的信任，不信任会使孩子抵触父母，甚至产生逆反心理。作为父母，要和孩子经常沟通，走进孩子的内心，了解孩子的真实想法，成为孩子的知心朋友。有时候试着放下家长的架子，站在孩子的角度和立场去看待问题、思考问题，理解孩子，和孩子成为同一战壕的战友，一起努力，共同战胜困难和挫折。

鼓励孩子，欣赏孩子，帮助孩子找回自信。当孩子在学习中或是生活中遇到困难时，作为家长要相信自己的孩子有解决问题的能力，要鼓励孩子自己开动脑筋，想办法解决，在孩子经过自己的努力解决了困难后，我们家长要及时地给予肯定和赞许，激发孩子的主动性和积极性，从而也树立孩子的自信心。同时，将这种自信心迁移到学习、生活的各个方面。

家是孩子的避风港，家是充满爱的地方，爱的旋律，需要我们和孩子共同谱写！

（二年级　朱佳伊家长）

5. 从“我不玩”到“真好玩”

——在“表现”中重塑自我

“一个人的优点也可能同时是他的缺点”，这句话非常适合小木。现在8岁的她是大人眼中的“乖乖女”，做事勤奋认真，待人礼貌友善。喝酸奶时，同学的吸管掉到了地上，小木会把自己的吸管送上，说反正我用不用都行。从小到大，别人抢了她的东西，她从来不会去抢回来。她就是这样一个“谦谦君子”，同时也是一个循规蹈矩，小心翼翼的人。

作为妈妈，我总想着给她提供一些表现性学习空间，让她能够大胆地展露自我，增强自信，树立新的自我概念。我相信孩子都是有表现欲的，他们是天生的表现者，要相信他们、鼓励他们、激发他们、指导他们，让他们在充分的表现中展示自己、发现自己、超越自己，让他们在自我欣赏中快乐成长。

同伴玩耍引力大

初冬的一个周六晚上，我们约了小木的另外两个小伙伴——思思（女）和远远（男）一起去攀岩。他们三个同班，也比较玩得来，家长们就慢慢熟悉起来，所以经常会约着一起活动。小木一听说要去攀岩，第一反应是“我不去”。对于之前没有接触过的东西，她有着一种自然的害怕和抵触情绪。但当听到思思和远远一起去时，她说“好吧”。我知道她肯定心里很忐忑，揣着一种不想攀岩却又想和小伙伴一起玩耍的复杂心情。

我相信在和同伴的玩耍过程中，在同伴积极表现的带动下，小木会形成自己的心理冲突，这其实就是创新。对小学生而言，“创新”应重在形成对主体而言有新颖价值的心理意义，而主要不是社会意义上的小发明、小制作。在活动中表现自己，在表现中发展能力，希望她越来越勇敢。

迂回策略初见效

来到了金山户外,其实那是一个室内活动场所。看了一眼正中间的15米的攀岩墙,“哇”了一声之后,我们先到右侧场馆打了会羽毛球。然后问他们要不要攀岩,思思大声说:“我要玩。”小木和远远声音也很大,都说:“我不玩,我不玩。”于是我们分别劝小木和远远,不用怕啊,有教练保护啊,你们都很勇敢啊……一起劝,分开劝,还是“我就是不玩”。

思思换上鞋子,挂好绳索,在教练的带领下一步步向上攀,到了大约12米的时候,说攀不动了,要下来。由于教练放开绳索的速度过快,思思下来后差点哭了,说很害怕。这样一来,小木和远远更是大叫“我不玩”。想想小木幼儿园大班转到XCH幼儿园时,整整一年连校园内的“钻山洞”都没敢爬过。好吧,那就等一会儿,迂回一下再说。

于是我们来到左侧场馆玩各种小游戏,走弹簧独木桥、玩蹦蹦床、滑滑梯,然后决定走一圈上面架起的“勇者之路”,就是用各种形状和大小的绳索、木板组合起来的一条悬空的路,绕场一圈。由于在WD也玩过类似的娱乐设施,孩子们看上去信心满满,思思带头固定好安全装备,远远和小木也随后跟上,在教练的指导下他们一步步前进,刚开始很顺畅,中间遇到点小困难也马上克服了,还差一站就要到终点了,他们望而却步。

那是一根根木棍悬在绳索上,下面的木头呈“十字”形状,脚一踩上去木棍就摇晃得厉害,看着他们畏缩的表情,教练说男孩子先来,于是,远远试了试,好像还是不行。我们家长在下面看着、担心着,只听远爸小声说:“不行就退回来。只是倒退到起点还要好远。”远妈说:“怎么能退呢?马上就到终点了,再试试。”这时,听到了教练坚定的声音:“一定要过去,一定能过去,按我的方法来,那个女孩(思思),你先来。”思思颤悠悠地走上前,硬着头皮双手抱住木棍,一只脚先摸索着踩上木棍,一侧身,另一只脚也踩上去,木棍晃悠了几下,平稳了,再过第二根……就这样,思思到达了终点,我们都欢呼起来,边鼓掌边大喊:“思思,你真棒。小木,远远,加油!”接着,小木也过去了,远远也过去了。他们都完成了这个“挑战不可能。”

这时,成功的表现使他们产生了一种自豪感,我们认为这种自豪感会推动他们信心百倍地去学习新东西,探索新问题,获得新的提高。

恰当切入点，效果意外好

下来休息时，孩子们坐在一起笑闹着，家长们还在赞叹："你们真厉害，这个'绳索木棍'都能过去！那最后一个项目'攀岩'肯定也能行。"没想到小木和远远依旧坚持"我不玩"。是的，通过刚才的表现，他们已经取得了一定的成就感，但并不能完全对冲原有的心理恐惧，这需要一个过程。

哈哈哈，我心想：算了，不玩就不玩吧，也完成一项挑战了，就别再强迫他们了。这时，听到思妈说："我们要回家喽，如果你们攀岩的话，本来还可以一起宵夜的。"突然，小木来了一句："我要攀岩。"大家都很惊讶，从头到尾苦劝半天，一直是"我不玩我不玩"，怎么一句"可以吃夜宵"就"我要玩"了呢？真是万万想不到。突然，我们都哈哈大笑道："小木果然是吃货的本色啊。"其实，我们知道，除了"吃"本身，他们是希望多争取点时间待在一起。更重要的是，刚才的成功表现肯定也在他们的心理激起了试一试的涟漪，这就是表现的力量，我们刚才的鼓掌和称赞对他们是有潜移默化的激励的。

换好了鞋子，教练在下面拉着绳索，小木和思思一起攀，到了 10 米的时候，思思说攀不动了，小木说还想攀，教练说要下的话只能同时下。于是，他们一起滑了下来。这时，远远也愿意攀岩了。小木说："真好玩，我要再来一次。"这一次，她居然爬到了最上面，按响了最上面的"成功"铃声。

从"我不玩"到"真好玩"，对小木来说绝对是一次全新的体验，是什么让她在内心重塑了自我？是表现！同伴的榜样性表现引导着她，自己的尝试性表现唤醒了她，家长们的赞赏性表现激励了她，于是，她形成了自我的突破。

多提供表现自己的空间

"每个人的内心都躺着一个沉睡的巨人。"小木正是这样，经过了几次的事情，我发现只要她的潜力被激发就能把事情做得很好，甚至能超过平时更勇敢的人。但她一直会说"我不敢""我不行""我恐高""我怕"……不敢一个人待在家，不敢一个人分房睡，不敢晚上从 6 楼的同学家独立回 8 楼的家……

对于我和木爸而言，在日常生活中应该多给她鼓励，少用命令式语气，营造一个民主、和谐、宽松的氛围。多给她提供表现自己的空间，让她在表现活动中认识自我，发展能力。对于小木而言，需要提高她的抗挫能力，这也是现在的孩子特别缺乏的品质。

“勇敢有的时候也需要逼一逼。”比如分床睡的问题，我们总是三天打鱼两天晒网，夏天怕她踢被子，冬天怕她着凉，就这样拖着。小木睡觉特别敏感，我动一动，她就有感觉。我早上一起，她就醒来，为了保证她的睡眠质量，我下决心一定要让她去书房睡。独自睡一次，奖励一张“勇敢券”。后来，集的这些券什么用场都没派上，但当时她很愿意为了券自己睡。就这样对她的表现给予及时的认可，她会愿意表现得更好，独立能力也逐渐形成。就像攀岩事件一样，在肯定她前期表现的基础上，再迂回一下，找准了切入点，孩子的反应马上积极起来。

“所谓父母子女一场，不过是目送他的背影渐行渐远，而且，他用背影默默告诉你：不必追。”所幸，在孩子小的时候，做父母的可以做很多。想办法去创造表现的舞台，让孩子爱表现的天性得到充分的展示吧，让她在表现中寻找自信，重塑自我。让我们跟孩子多一点交流和参与，陪着她从“我不玩”走向“真好玩”，共同体验成长的快乐！

（二(3)班　李子木家长）

6. 我与孩子一起成长

三字经里有云：养不教父之过，教不严师之惰；因为这句话很多家长从字面都误认为，孩子教养的不好就是父母的责任，所以对孩子各种严格要求，希望孩子积极上进，完成父母甚至爷爷奶奶这辈没完成的愿望，使孩子成了另一个时代的缩影。

如今在这个社会上，很多家长都比较重视孩子的特长，有些还同时给孩子报了好几个兴趣班，所谓特长，我认为一定要是孩子感兴趣，又比较擅长的方面。而不是盲目跟风，只是为了让孩子“不落后”。让孩子多学点东西，本意是好，可是如果给孩子增加的只是压力，那就得不偿失了。所以作为家长，我们的态度和责任同样重要。如何去正确引导孩子，提高孩子的兴趣呢？我觉得那就要摆正自己的心态，和孩子相处就要像朋友一样，和孩子一起去学习成长。

从儿子帅帅出生，我就和他一起慢慢学习，他学着走路说话，我学着做一名合格的妈妈。在儿子大班时，他第一次接触了笛子，发现他对笛子比较感兴趣，每次看见类似于笛子的玩具，总是要求我去买，然后买回家后，他就兴致勃勃地玩起来，就会好奇地问："妈妈，怎么会吹出声音的?""妈妈，这些洞洞会发出声音来的吗?"那时候他才 6 岁，考虑到吹笛子需要很大的肺活量的，怕他的肺活量不够，所以没报，但是之后，他的兴趣越来越浓厚了，在家没事做的时候，就会拿出玩具笛子，边听音乐，边自娱自乐用玩具笛子表演节目。在一年级时，我给他在少年宫报了一个笛子班，我担心正式的上课，乐理知识会让他觉得枯燥，所以他在上课的时候，我坐在后面一起学习，很多时候，我看到老师讲的他没听明白，就暗暗记下来，回家后再陪他练，跟他解释清楚，这样提高了他的学习效率。我们都知道，学好一门乐器，那就要靠平时的练习，为了增加他的积极性和上进心，我自己也去买了一个葫芦丝，在家自学，每次儿子在练笛子时，我就来练葫芦丝，我们相互监督，相互演奏给对方听，增加了他练习的积极性。学习笛子也有一年多的时间了，儿子也逐渐养成了习惯，每天都会练习吹一会儿笛子，渐渐地，儿子吹笛子的技术也越来越好了。

有一次，我跟儿子在一起聊天时，他和我唠叨同学欺负他，我就故意说那妈妈去学校打他，他很严肃地说："妈妈，这样做的话，我们也不对的，也要受到批评的，只会让事情变得越来越大，还解决不了问题。"我笑而不语，儿子他自己又来了一句："我以后跟同学好好相处，自己多注意点就是了。"通过这件小事，我心里暗暗自喜，我的儿子对社会充满了和谐、善美，没有受到社会中一些不良的教育方法，不会"以其人之道还治其人之身"，更加不会用以牙还牙的方法，从他的阐述和表达自己世界里的东西、看法和态度，虽然用词不会像家长那样准确生动，但是他有自己看待事物的看法和处理方式，同时在教育和影响着家长。

记得还有一次，跟儿子在一起逛街，在街上看见一位老人在乞讨，儿子就说："妈妈，这位老爷爷多可怜啊！你看他跪在那里，冻得发抖，我们给他一点钱，这样他就可以买热乎乎的饭吃了！"一旁的路人走过，说道："孩子，这些都是装的，快走吧！"可是，儿子还是到我这里拿了一点钱悄悄地放在老爷爷的手里。我也比较支持儿子的做法，并耐心地跟儿子解释。通过儿子的言语表达出他内心世界的真实想法，为儿子感到高兴，他是个有爱心、有同情心的孩子。更加感到高兴的是，儿子走出学校和家庭，在社会上所见所闻与学校和家庭德育教育灌输的思想不吻合甚至大相径庭，但是儿子没有抹杀掉学校和家庭德育教育的成果。而我们作为家长,从自身做起,抵制歪风邪气,相信一个人的改变,一个环节的改变会引起千百人,千百环节的改变,从而社会教育环境必然也会发生本质的改善,和谐、包容、友好的社会环境逐步形成,将会极大地促进学校和家庭德育教育的发展。

总之,我们在教育孩子的过程中,只要家长们不懈努力,加倍关注孩子的教育,就一定会收到丰硕的成果。同时我们要不断告诉自己:这不仅是我的孩子,也是我成长路上一起学习的伙伴。

(二(4)班　沈宇帅家长)

7. 让孩子体会真善美

现在我们家长都有了一个全新的认识,孩子的道德品质不好,成绩再好,也会将美好的前程给断送掉。学校也在教育孩子知识的同时,也对孩子的德育教育很重视。下面我来说说孩子在家的情况。

先来说说“真”吧! 我们要做个诚实的孩子。偶尔长辈们开玩笑说,你作业不要做了,我来帮你做吧! 孩子斩钉截铁地说“不行”。可有一次,考试考得不好,我没有在试卷上签字,结果孩子在整理书包的时候,乘我们不注意,自己冒签字上去了。字迹完全不一样,单纯的孩子,知道这样冒签字的行为非常不好,因为害怕,她也去做了。第二天,被老师发现后,批评了。回家后还是老老实实地跟我们说了她犯错的事情,没有隐瞒。我们在严厉批评的同时,也跟她说了,犯错不可怕,可怕的是犯了错意识不到自己有错。

再来说说“善”! 善是个知行合一的词,包括善心,善行。要善待别人,也要做善事。还在中午会发水果,偶尔发了个妈妈爱吃的,孩子会拿餐巾纸包好拿回家给我吃,我的心里是暖暖的。在学校有捐款或者捐书的活动,孩子也会从自己的储蓄罐里、书架上拿出一些去捐。知道孩子是善良的,我们要往正确的放心引导她坚持这么做。

最后,“美”这个字,孩子们的理解非常表面。看人家夹个新的蝴蝶结,就认为人家超级漂亮。看人家穿新衣服,自己也想要穿,也想美美的。每次这样,我们也会引导孩子,外在美是一部分,重要的是心灵美。有时候会问孩子:“一个人穿着光鲜亮丽的衣服,做着令人讨厌的事情,你会和她做朋友吗?”孩子会思考一会儿,估计在外在美和内在美中做斗争。最后孩子摇着头说不知道。现在还小,还分辨不出这两者有什么区别。这个需要长期的引导。

我们家长的行为是孩子行为的老师，言传身教孩子的同时，我们家长也要做到真善美。

（二(4)班　金以轩家长）

8. 让孩子学会妥善解决生活问题

在教育子女上我的心得是：要善于和孩子沟通。当孩子遇到问题时，我们要做的不是帮他一手包办掉，而是作为协助者给予一定的帮助。我希望通过我的循循善诱，引导他学会解决问题的思路与方法，还有更重要的是面对问题所采取的态度是积极地解决而不是消极地逃避。我们的目的是培养出来能够自己面对社会和生活、具备能够妥善解决生活中发生的问题的能力的一个人。

小朋友的争执

生活中发生的小小事情就可以随时地进行这种潜移默化的教育。小桂和小童是一对好朋友。寒假期间两个人在一起学习生活玩乐。开始的几天相处得很太平，两个人也感到很开心。直到有一天妈妈在卧室里听到了客厅里两个小朋友轻轻的争执声。妈妈没有立刻走出房间门去一探究竟，而是在卧室里想通过两位小朋友的对话了解事情的经过，并且想看看两个小朋友能否自己顺利地解决出现的小问题。大概五分钟，妈妈大致了解了发生了什么样的事情，并且两位小朋友并没有顺利地解决这个问题，估计应该需要妈妈的协助。

妈妈走到客厅，客厅一片安静，两个小朋友立刻停止了对话。妈妈坐在沙发上，安静的不说话，其实是想看看他们会不会主动寻求大人的帮助。然而，并没有。然后发生了以下对话：

妈妈：我刚才听到你们好像在讨论什么事情(故意使用“讨论”两个字，不使用“争执”避免凸显矛盾)？有什么需要我帮忙的吗？

那是我的奖品

短暂的沉默……

妈妈：我听着好像你们的事情还没有顺利地解决，那你们两个谁能告诉我有什么事情发生了？或许我能帮你们一下呢。

小桂开始轻声地抽泣……

小童：我昨天把奖品和奖状拿回来，忘记带回家，都放在你家茶几上了，今天我找不到我的其中一个糖果奖品了。我找了一会儿，后来问小桂看到了没有，她说她吃掉了。

妈妈看着小桂，她哭得更厉害了……

妈妈：先别哭，哭也解决不了任何问题的，我们先把事情慢慢说清楚。你先说说糖果是不是你吃了？是你吃了的话，把当时发生了什么告诉我一下。

小桂：我昨晚在沙发上玩，看到有个糖果在茶几上，看起来特别好吃的样子，我就把它吃了。

小童：可那不是一般的糖果，那是我的奖品，它代表着荣誉啊。

妈妈：小桂，你吃糖果的时候知道这个糖果是小童的吗？

小桂：我知道，可我不知道它的意义有那么大……（大声地哭泣）

妈妈：好，我知道了整个事情的经过了，那我们下面讨论分析一下吧。首先：小桂同学在小童没有说分享之前吃了他的糖果，虽然你们是好朋友，但这样做也是不妥当的，这点是没有疑问的；其次：这个不是普通的糖果，对小童来说意义重大，但是现在的事实情况是小桂已经吃到肚子里了，没有办法拿出来了。咱们看看还能有什么补救措施吗？小童，你先说说看，你觉得怎样做可以让你心里不难过了，可以弥补一下了？但是，如果你提的意见是无法实现的，我们就得再讨论出一个能够实现的办法。

小童：我想老师补发我一个，我就感觉这个糖果没被吃掉呢。

妈妈：好的，不过妈妈先要说明一件事情，小童得到老师的奖品是因为他做得很棒，老师通过发糖果奖励来告诉你她觉得你很棒，这个糖果不管现在在与不在，老师都认为你是很棒的，爸爸妈妈也知道你是很棒的。补发糖果这件事情交给我和老师去沟通，我征求一下老师的意见，看看如果能补发的话是开学后补发给你，还是她委托我现在帮她买了补发给你，不过万一老师很忙，需要开学后才能补发给你的话，你能再等一段时间吗？

小童：可以的。我可以等到开学的。

“请你原谅我”

妈妈：好，小桂，接下来你有什么要说的或者要做的吗？有想法或者有问题都可以说出来的。

小桂默默走到小童跟前，对着小童鞠一躬，说：对不起，小童，我不该没有经过你的同意私自吃了你的糖果,我没想到糖果对你的意义那么重大,请你原谅我……

妈妈:这就对喽,这件事情我们就算解决掉了,你们两个小手拉拉,依旧是好朋友。妈妈给你们俩一个好的建议,如果自己觉得很珍贵的东西,我们自己先把它收好,不然被不知道内情的人损坏或者吃掉,首先伤心的是自己。通过这件事,我相信小童以后一定能做到收好自己的东西了。我们通过这件事情,应该学到几点:一,如果碰到了已经发生的不愿意发生的事情,我们不执着地纠结,想办法解决或者补救,如果你们想不到解决的办法,向爸爸妈妈或者老师求教,大家一起总能想出解决的办法的;二,就算是再好的朋友之间,也难免会有问题发生,矛盾出现,但是我们要积极解决问题,处理矛盾,过后,大家还是好朋友。比如爸爸妈妈有时候也会有几句争吵或者不同意见,但是解决了问题我们依然是一家人,这个道理是一样的(让他们明白就算是最亲近人之间产生问题也是不可避免的,重要的是解决问题);三,这件事情对你们两人来说,肯定是记忆深刻难以忘怀的了,你们两位小朋友可以用自己的笔把它记录下来。

重在后续的表现

解决两人问题后,及时与老师沟通,完成小童的心愿。两人各自用笔记录了这件事情。

这件事情发生后,在很长一段时间里我有意进行观察,发现小桂的意识有了很大的转变,拿东西前会主动咨询一下物品所有者的意见,再喜欢的东西也不私自动用;并且她也会把自己的东西收管好,这表明除了把自己的缺点改正了,还学到了这件事情对小童的启迪,也算是额外收获吧。现在我觉得小桂与我们的交流也多起来,有什么疑虑疑惑都愿意和父母讲,或是寻求帮助,或是征求意见。这种信任其实就是来源于我们不断地指引她,而不是一味地指责训斥。目前她各方面都比较稳定,不断进步中。

我们家庭一贯的理念是行为品德的教育优于知识的教育,养成好的行为习惯可以受益一生。家庭教育是一个长期的过程,它贯穿着孩子的整个成长岁月,父母应当是家庭教育的主要实施者。孩子成长中出现了各种各样的问题后应及时发现并给予帮助与支持。我相信,现在点滴的付出,以后汇集起来一定能让孩子让整个家庭有所收获的。

（二(6)班　桂平瑶家长）

9. 重视家庭中的“隐形教育”

随着信息时代的网络发达，各大平台上关于“家庭教育”的心灵鸡汤已是多如牛毛、铺天盖地。现如今的父母对于家庭教育的重视程度可谓是重中之重，相信每对父母都有自己独树一帜的教育方式。有人说家庭教育是“与生俱来”的，什么意思呢？父母在陪伴孩子的教育过程中，一些言行举止会通过“不教而教”的形式影响到孩子，例如：父母带孩子上街，与路人相撞时，父母是与人争吵还是与人谦让，这无形中就会让自己的孩子“被教育”。因此，父母永远是孩子的第一任老师。而面对“教育难，难教育”的问题，父母又如何抉择重点教育，今天我就想通过自己对孩子的教育，来分享一下对孩子的“表现型教育”。

作为一名男孩子的母亲，非常重视对孩子的道德教育，而谦虚有礼、尊重他人是传统的美德之一。从小我会教育他要懂礼貌，看到熟人要打招呼，包括邻居、楼道清洁阿姨。但可能对于不是特别熟悉的人他较为害羞，表现的不是特别主动和热情。每次都是在我的带动下，他才会打招呼。其间作为父母的我会感到困惑、纳闷，为什么这么简单的一声招呼，孩子为何不主动呢？但是我也没有放弃和责怪，依旧坚持自己亲身示范，带动着他。这种情况一直持续到小学的二年级，直到有次下班回家，楼道清洁阿姨满脸笑容地对我说道：“你儿子非常懂礼貌，说打扫每层楼道非常辛苦，让我注意休息，别累着。”我听了之后，非常感动，能感受到清洁阿姨被人关心后内心的感受。我也很欣慰孩子能勇敢地跨出了这一步，虽然这是一件微不足道的小事，可是从中让我知道了他学会了关心他人，也敢于主动和他人交流。并且他知道要尊重他人的劳动成果，从不将垃圾随地扔在楼道内。这种美德在现代文明中也是不可或缺的。我也庆幸中途没有对他指责，而是一如既往地慢慢引导，最终他的改变令我刮目相看。

网上对教育孩子有过这样的言论：对子女教育最大的成功，不是你为他们创造了多少财富，而是你教会了他们如何自己去创造财富。亦如《老子》中的古语“授人以鱼不如授人以渔”，折射到教育子女的方面，现在的父母可能会过多的干涉及包办孩子的一切，极度的关注孩子的学习情况，导致孩子在生活中过多地依赖父母，却忽视了其他的能力，包括行为、担当、责任感。我会在生活中有意识的示弱，求助自己的孩子，比如在一个陌生的商场中，会以无方向感、不识路标为由，让孩子自己按照商场地图标志来带领我，这样既能让他学会了一项技能，同时也懂得要保护、照顾自己的父母，男孩的担当、有责任感才会逐渐体现。

我们父母一定要接纳孩子本来的样子，要保持孩子的身心健康，让他愉快地成长。

（三(3)班　吴奕涛家长）

10. 教育孩子贵在坚持

孩子是祖国的花朵，父母是孩子的第一任老师。如何引导孩子们健康快乐地成长，真的是一门深奥而又长远的学问！为父为母，也是边陪伴边学习，边实践边改进！再苦再累，都凝聚成一句话：一切都是为了孩子！

一张白纸总比一张画过的纸更容易绘画出你想要的画面、一张白纸也总比涂鸦过的纸画得更多、更美。正因为如此，孩子们的天性——好奇，带领着他们去探索、去学习！通过看、听、触摸等方式，吸引着他们。而他们的那张白纸也渐渐地流露出了各种各样的色彩。就如我们家宝贝，她的观察能力比我强很多，可能是因为他们眼里的世界与我们大人眼里的世界存在着差异，比我们更容易发现有趣的事物和小细节；还有她的兴趣爱好广泛：喜欢唱歌、跳舞、画画、写字、弹琴等。

但是随着时间的推移，我们也发现孩子们的一个通病：每一项兴趣都会到达一个瓶颈期——妈妈，我不想学了！当一张白纸画到中途放弃的时候，我是为之可惜的！我始终认为：如果你继续，那将是一张非常漂亮的画！但是另一个我又反驳道：孩子不喜欢，强迫是没有意义的。如此的两个我，让我曾一度迷失了方向……

然而，事情悄悄地变化着……

有一次经过一家乐器店，无意中我们触碰了古筝。它的音色让我和宝贝感受到了它的独特魅力，深深地吸引了我和她，于是便与古筝结缘。学习的过程是枯燥的，学习的收获是喜悦的！只有经历枯燥的过程，才更能体会成功后的喜悦！在将近半年的学习过程中，从最枯燥的几个音间反复练习，到慢慢地弹奏简单的乐曲，那是第一个跨越。孩子和我都沉浸在欢声笑语中坚持下来的，我们彼此都很欣慰。

然而，困难悄悄地向我们袭来……

古筝进行到左手压弦。由于弦细，孩子手指嫩，再加上她手上反复蜕皮，皮肤嫩上加嫩，那一下压下去，眼泪就“唰”地一下飙了出来。一双委屈的眼睛看向我，泪珠在眼眶里打着转。那一刻，我的心是疼的。我懂她的目光，需要温暖的拥抱和心理的安抚。我拉过她的手，轻轻地抚摸着她发疼的手指尖，目光温柔而又坚定地看着她，鼓励道：“没事的，慢慢会习惯的。”一句简单的话，她委屈的眼泪也憋了回去，忍着痛继续弹……在孩子忍痛练习的过程中，“放弃”的念头总是冲动地冒出来，又一次次地被压了下去。

时间总是抚平伤口最好的良药！经过几周的艰苦练习，压弦早已不再是问题了！接下来的曲目有双手合奏，难度系数更大了。毕竟两手同时弹奏，协调能力还不好，从眼睛反应到脑袋，再反应到手，是需要时间来慢慢磨合的。为达目标，必须反复练习。有时候反复练习导致心情烦躁，那时我索性让她休息。没有好心情，再美的曲子都弹不出乐感，更别提美感了。听不到美感怎么能让人心情美起来呢？有些时候，她作业稍微多点不想弹了，我也适当让她放松，不去强迫。但是这样的方式也要张弛有度，有时候也不得不强迫她弹奏，毕竟时间有限。

随着时间的推移，曲目弹奏有了小小的花样，听起来更动听了。好几次新的曲目她都会有一种欣赏的口吻告诉我：“妈妈～妈妈～，这首曲好好听哦！”我听了心里乐开了花。我告诉她：“曲好，你弹得也好，所以好听！”她听了也乐开了花！有几次上课上台弹奏，她得到老师的表扬，那个笑真的比花还要美！看到她沉浸在喜悦中，心里矛盾的两个我终于合体。

古筝的路还在继续，困难还在前方等着她去挑战。我希望我们陪着她一起克服重重困难，希望她不要轻易地放弃，继续为那幅画增添色彩。要明白成功背后的辛酸，更要体验成功后的喜悦。得来不易，更要懂得珍惜！所有的成功离不开“坚持”两字！即使有放弃的念想，也要把它及时地扼杀在摇篮里。在学习路上，父母给孩子多一些鼓励，多一些关心，多一些交流。这样，那些崎岖的路或许并没有我们想象得那样崎岖！

（三(5)班　吴婧轩家长）

11. 今天，我独自在家

孩子一个人在家安不安全？这个问题让家长不淡定。假期里，我们家就“碰”到了这么一件事——

那天，正好送孩子他妈外出，因为时间短，就把儿子一个人“扔”在家里。回家的时候，突发奇想，准备“考验”一下儿子，便没有用钥匙，而是敲敲门，然后一声不响地等着看他反应。

“爸爸！”只听一声呼唤，大门应声而开，我的心里随之“咯噔”一下：不是吧，这“傻小子”安全防范意识基本为零吗？

“你怎么知道是我？从门镜里看到的？”我尚存一丝幻想。

“没有啊，除了你还能有谁？”儿子看了我一眼，一脸不解。稍顿了顿，他又很认真地和我解释：“门镜位置太高，我够不着。”

“那边不是有小凳子吗，自己搬过来啊。”

“呃……”儿子看看我，没有出声。好吧，看来是懒病又小小地发作了一下。

“那万一敲门的是个陌生人呢？你也开？”

“那要是坏人的话，我不开门他也会撬门啊。”就知道他还有话说。

此时此刻，我的眼前开始像过电影一样，闪出了不少“旧闻”：孩子独自在家，小偷上门行窃；孩子给人开门，却叫人骗走了……哎呀，这还得了！

“儿子，你也看到新闻，警察叔叔说了，快过年了，坏人们最近‘工作’可都很辛苦。那你说，我们是不是也应该当心点？特别是你一个人在家的时候，碰到有人敲门，是不是应该看清楚再说？”

儿子看看我，点了点头。安全警钟，还是要时不时地敲打一下。

“你个子这么小，坏人肯定是打不过的。所以呢，这扇门就像战斗时挖的掩体，可以用来保护自己；门镜呢，就好像指挥官的望远镜，可以用来察探敌情、指挥作战……”当然，道理除了多说多提醒，让小朋友长记忆，怎么都得讲究点方式方法。“对了，你不是最喜欢探险故事吗？故事里，是不是每个秘密基地都有复杂的密码？”

“对呀，那些密码好神奇。有数字的，有符号的……”儿子的兴致来了。

“那以后我们家就是秘密基地，也要有密码。怎么样？”

“那我们的密码是什么？”

"为了守卫基地,我们每个星期换一次密码。记住,敲门的人只有把密码对上了,我们才能开门。还有,以后每个星期天晚上,你都要想一个密码出来告诉我们。这是交给你的绝密任务。"

"好。对了,到时你可要提醒我。"

我又提醒道:"你可别一不小心把密码泄漏出去啊。"

"切。"儿子飘过来一记白眼,显然是对我的提醒不屑一顾……

这时,门外又响起了敲门声,我朝儿子点头示意。"又让我去,你怎么这么懒。今天,你的帮忙魔法可已经用了一次哦。"然后,他搬起身边的小凳子,一边向门口走一边喊了起来,"妈,开门密码?"

呃!? 儿子,你怎么就知道门外是你妈。再说,我们也还没来得及设密码呢。这么说起来,你妈今天还进得来吗?

(钮宬淏家长)

12. 让孩子成为健康向上的"有钱人"

压岁钱谁来管?

"新年到,新年到,穿新衣,戴新帽,小朋友们哈哈笑;新年到,新年到,包饺子,蒸年糕,全家团圆乐陶陶;新年到,新年到,我给奶奶拜个年,奶奶给我大红包……"

每逢新年,除了举家团圆外,拿压岁钱也成了孩子们过新年最开心的事。咱们家也不例外,爷爷奶奶、外公外婆、舅公舅婆们一大家子亲戚长辈早早地都为孩子准备好了新年压岁钱红包,除夕夜吃年夜饭,随着孩子一声声"恭喜发财,新年好!",一份份厚实的压岁钱红包也陆续地进了孩子的手里。

前几年,由于孩子年龄小,没有金钱意识,所以新年拿到的压岁钱最终还都由爸爸妈妈保管、支配。可是,随着孩子的年龄逐渐增大,尤其是上了小学之后,对于金钱意识也逐渐增强,这压岁钱到底该由谁来管? 怎么管? 成了我们家讨论的重点。

这不,刚收完压岁钱的萱萱对我们大人说:"这是我今年收到的压岁钱,是爷爷奶奶给我的红包,我要自己保管! 我的压岁钱应该由我做主!"可是,我们大人觉得这么多钱放在孩子身边,一是不放心,怕时间久了,连放在哪儿都忘了;二是怕孩子乱花钱;还是应该由爸爸妈妈来保管。为了体现家庭民主,我们让孩子自己说说她保管的办法、计划。

萱萱说："我要把压岁钱藏好，以后上大学用！"

"嗯，这个主意好，不错！那是要统统存起来吗？"爸爸问道，"可是，全都存起来，那碰上捐款之类的活动该怎么办呢？"

"捐款问我们大人要的话，好像失去意义了吧，变成是我们大人捐款了，对吧？"我朝萱萱眨眨眼。

"嗯，有道理！那我就预留出一部分钱作为捐款用吧！"萱萱说。

"嗯嗯，这个可以，其实我们把大部分钱存起来，留出小部分钱作为备用金，这样既存了钱，也可以留一部分自己支配。"

……

经过反复的讨论商量，最终我们三人达成了一致，把今年收到的压岁钱分成三个部分：一部分拿来付学费，一小部分留作捐款和买文具用品使用，剩余的压岁钱则存到银行里，作为今后学习生活的备用金。

冷饮不吃了

今年暑假我们一家三口去了贵州旅游。在贵阳的一天晚上，我们打算从宾馆里休息好到贵阳市里逛逛夜市，买点冷饮吃。临出发前，我们开玩笑地对孩子说："这几天旅游一直是用我们的钱，今晚要不就你请客吧！这次你不是带了你压岁钱出来的吗，请我们吃顿冷饮吧！"萱萱纠结了半天，终于心疼地说："好吧！走！我请你们吃冷饮，不过，不能吃很贵的，我只带了100元！""OK！绝对不超100元！"

走在车水马龙的街上，到处是灯火通明的商店和往来不息的人流。突然，在一家店门口的台阶上，坐着一位满头白发、满脸褶子的老婆婆在拉二胡。这个画面一下子撞进了我们一家三口的眼中。

"妈妈，这个老婆婆好可怜啊，这么晚了，怎么还在外面拉二胡，不回家！"

"她拉二胡不回家么是在赚钱呀，有可能她家比较穷，或者家里有人生病了，需要钱吧！"

看着这位老婆婆在人潮中脸上带着微笑默默地拉着二胡，我们深感着和她相比我们是多么幸福！就在这时，萱萱和我们说道："那个老婆婆好可怜啊，要不我把这100元捐给她好了，冷饮就不要吃了！"

听了这话，我们都感到颇为惊讶，刚才还喊着自己没钱，要我们省着点用的萱萱，一下子变得这么大方、慷慨！

"好呀！这100元本来就是你自己的钱，你有权自己支配，冷饮我们就不吃了,你自己上去捐吧!"爸爸鼓励道。

于是,萱萱带着忐忑的心跑到老婆婆身前,对她说:"阿婆,这个给你! 你快回家吧!"老婆婆笑着连忙朝她点点头,连说"谢谢、谢谢!"

看着孩子一脸满足地跑向我们,我们先姑且不说那老婆婆是否真的需要帮助,就冲着孩子这份爱心,我们大人也觉得比吃了冷饮还舒服。我们继续往前走着,可是孩子的心好像还停留在那个台阶处、老婆婆的身上,还和我们讨论着为什么要有那么多的人上街乞讨。

于是,趁着这个机会我们就给她讲讲中国现有的国情:我们生活在大上海,全中国最发达、富有的城市之一,可是中国还有好多地方很贫穷,就像我们现在旅游的贵州,还有很多贫困的人一年吃不上几顿肉、更不用说像我们这样外出旅游了。所以,我们要珍惜现在的生活,不能浪费,要尽自己的能力去帮助一些贫穷、困难的人! 不管孩子听懂了多少,作为家长要积极地鼓励、培养孩子的一份爱心,用自己的力量去乐于施善!

培养孩子乐善好施

压岁钱是中华民族传统文化的一部分,也成为孩子们过年的一个盼头。近年来随着人们生活水平提高,压岁钱也水涨船高。在上海,一般的亲戚朋友都会给孩子包个红包,一个春节下来,孩子拿到几千元没问题,有的时候甚至要达到上万元。压岁钱越给越多,如何使用支配压岁钱逐渐成为一个学问。一些家长怕孩子乱花钱而直接把压岁钱没收,美曰其名代为"保管"。其实,有时候爸爸妈妈所谓的这种"保管",就是归为"家有",最终这笔钱也被大人们在不知不觉中花掉了。也有一些家长会帮孩子开个银行账户,把每年的压岁钱为孩子存起来。

生活在上海,和其他贫困地区的孩子相比,这里绝大多数孩子在物质上、生活上还是比较富裕的,家长们也是就着自己的能力尽可能地满足孩子的需求,再加上现在家庭还是独生子女多,所以时间一长难免会养成孩子浪费、攀比、骄纵等一些坏毛病。

如何培养孩子正确的金钱观、价值观、人生观,有时我们随时可以利用身边发生的小事、利用各种机会,对孩子进行教育、引导,帮助孩子树立养成良好的行为习惯和思想品德。

就拿压岁钱来说,首先,让孩子学会储蓄方法。为了让孩子具备一些简单的理财知识,可以和孩子一起去挑选储钱罐,让孩子把零钱攒起来，这是鼓励孩子理财的一种好办法。还可以鼓励孩子把压岁钱存入银行，并告诉他们存钱的基本知识，需要时又可到银行去取出。待孩子再大一点，便可给他们讲一些简单的储蓄方法。这样，经过一个阶段的培养就会使孩子具备简单的理财知识，这种办法既对孩子的成长有益，又对将来步入社会显得非常必要。

其次，引导孩子支配好零用钱。不少家庭认为压岁钱就是孩子的钱，任他自由支配，带有相当大的随意性，这对孩子成长不利。家长要采取正确的观点来引导孩子，注意培养孩子良好的消费习惯。家长们可以为孩子建立一个小账本，把压岁钱记上，用于孩子在学习上的费用支出，让其计划管理，比如学费、书费、购买文具等，这样会使孩子养成把钱用在刀刃上的好习惯。

最后，引导孩子体会压岁钱中所包含的情义。压岁钱是长辈对小辈的关心爱护和美好祝福，是长辈送给孩子的护身符，它实际上也是个尊老爱幼的习俗。要引导孩子懂得感恩，启发孩子懂得如何体恤感恩父母长辈，可以利用压岁钱为长辈购买生日礼物等；在赈灾捐款的时候，也可以引导孩子从压岁钱中取出部分来捐款，培养孩子乐善好施、助人为乐的良好品德。用自己的钱去帮助一些需要帮助的人，从中获取的快乐比仅仅通过消费而获得的快乐更高尚、更有意义。让孩子养成孝亲笃行乐奉献的好品德！

让孩子做一个“有钱人”，引导孩子正确支配金钱，看似小事，实则对培养孩子的道德观、消费观和生活习惯都有非常重要的影响，我们的社会、学校和家长都应该负起合理引导孩子正确使用金钱的责任来，让孩子成为一个健康向上的“有钱人”！

（三年级　金芷萱家长）

13. 让孩子在体验中学习

我的孩子在金山小学三年级就读，连续两年担任班级中队长。他学习成绩居于班级中上等，但是比较乐于学习，学习独立性较强。从小学一年级开始，我们坚持不陪读，二年级开始，能够独立记录作用，独立完成作业。平时业余爱好比较广泛，尤其坚持体育运动，身体素质很好，很少生病。虽然性格比较腼腆，但是比较阳光、单纯，具有较好的生活习惯，如从不乱扔垃圾，说话讲信用，从来不说脏话，很愿意和爸爸妈妈参加社会活动。

学会尊重孩子的能力，敢于放手，让她在生活中学会自我处理问题能力。现在上海家庭对孩子过度呵护现象比较普遍，经常会有小学四五年级的孩子都不敢独自下楼。我们从幼儿园开始就开始锻炼孩子一个人乘电梯，帮爸爸妈妈拿东西到楼下；让孩子学着到肯德基点餐，开始胆子小，不敢说话，往往排队时经常被大人抢先，只要不着急，我都基本不去帮忙，直到服务员看到她为止。所以遇到紧急情况她往往懂得自己想办法解决。比如在 6 岁即幼儿园大班时，一次她在商场上厕所，随身没带卫生纸，妈妈还没赶到。她礼貌地向旁边阿姨问："阿姨，能给我一张餐巾纸吗？"后来知道事情经过后，让做父母的我们感到很欣慰。2017 年暑假，我们还让她参加了国内为期一周的夏令营，开始了一周的独立生活。孩子在老师的指导下学会了洗内裤、洗澡、收拾行李，自理能力大大提升。今年我们还给她报名了美国 20 天夏令营，期待她有更大的收获。

学会等待，引导而不代办，让孩子把学习当成自己的事情。沈远清属于零起点。幼升小前，没有上过任何补习班。但还是积累了一些基本的数学知识和语文知识，能够简单地算 100 以内加减法，认识几百个字，都是在生活中学会的。入学前基本不会写字，但是一年级很快就能工工整整地写出字了。对于学校布置的作用，可以做不完，但是一定要独立完成。孩子读一年级，妈妈每天把老师布置的作用列出清单，让她做好一项勾掉一项。到了二年级，班主任老师让孩子自己开始记录作用，孩子很快能够自己记录，自己打勾，不用父母操心。父母坚持不陪读，小学开始让孩子在自己房间做作业。但并不是完全不管，作业中遇到困难，父母会及时过来帮助她分析，而不是直接告知答案。所以，目前孩子既能够独自在家，又能够独立完成学习任务，养成了较好的独立性。我们一直相信学校和老师对孩子的教育，也没有"一定不要输在起跑线上"的焦虑。我们认为学习是个万里长征，自我学习意识和自我学习能力的养成才是成功的关键。

学会鼓励，实践参与，让孩子在社会活动中丰富生活。除了学习，我们积极鼓励孩子参加各种兴趣班和体育锻炼。学校选择她加入足球队，每天放学后训练一个小时，一些孩子觉得累，要么就拒绝加入，要么就一段时间退出；有些家长害怕影响学习，也没能让孩子坚持。沈远清有几次看到一起踢足球的同学退出,也询问过我,是不是可以退出。我鼓励说:“当时选择是你选择的,就要坚持下去,而且每次还能得到足球教练的面包,多开心”。为了鼓励她坚持,足球老师组织的足球比赛等活动,我们积极带她一起参与。由于妈妈喜欢打乒乓,所以,我们还送她到乒校学习打乒乓。起初,她兴趣不浓,我们就主动夸奖;掌握了基本动作后,我们还带她一起到俱乐部,陪她练习,故意让她赢球。孩子从幼儿园开始学习画画,一直坚持到现在,只要她愿意去,我们都支持。妈妈喜欢演讲和主持,有一次妈妈在家做比赛前的演讲练习,没想到女儿竟然背出了妈妈的演讲词,于是我给她报名了少年宫小主持人班。她性格比较腼腆,所以开始学习时有点拘谨,经过两年的学习,现在已经基本不紧张了。在绘画班组织的万圣节活动中,她还负责把小主持人班学习的讲故事编成了节目,培训其他两名同学。表演现场,一名同学临时退出,她主动补台,节目收到了很好的反响。上次还主持了石化街道团工委组织的“国旗下成长主题活动”。我们全家还参与“小巴辣子开会了——沪语讲故事比赛”,获得第一名。当然,学习过程中,也有情绪,比如古筝学习,需要每天练习,经常觉得累,不是很愿意学习。我们还是严格要求每天尽量要练习半个小时,也会因为她态度不好,会批评。我们觉得,父母是孩子的第一任老师,父母的生活习惯和兴趣爱好对孩子会有潜移默化的影响。同时,孩子学习过程中,父母的坚持和正确引导也非常重要,否则孩子很容易浅尝辄止。

最后,还要学会倾听,学会尊重孩子,和她平等对话,让孩子成为家庭的一员,允许她有自主选择的权利,也有参与家庭事务的权利,作为父母要避免“一言堂”等家长制作风,和孩子成为真正的好朋友。比如她想用自己的零花钱买玩具,我们充分尊重她自由支配的权利。父母要以身作则,说到做到,遇到特殊情况,需要孩子自己决定,让她才会不抱怨。如有一天晚上,答应她做好作业后去超市,结果外面下起了雨,我说下雨了不去超市了。她顿时不开心,还流了眼泪。于是我说,那我们拿上伞,下去看一下,然后你再决定是否去。结果一下楼,雨一下子吹过来,女儿说还是不要去了吧,就这样我们开开心心地回家了。

(三(1)班　沈远清家长)

14. 培养孩子的组织能力

我的孩子是班级的一名小队长,需要经常组织开展各种小队活动,但是曾经他想参与组织小队活动的想法都被我扼杀,因为我觉得他还太小,会考虑不周。今年放寒假的时候老师又布置了小队活动,孩子立马表示这次活动由他自己独立组织完成。我觉得三年级的孩子可以试着独立地开展活动了,于是我答应了他的要求。活动筹备工作开始了,孩子从活动时间、地点、内容的确定,到活动材料的准备,再到活动环节的设计及现场布置,他能积极开动脑筋,上网查找资料,慢慢摸索,各个环节的工作都有条不紊地开展。在这个过程中,碰到困难和疑问时,他会和我商量、讨论,逐步找到解决的方法,其间我通过慢慢地引导,尽可能地采用他提出的想法和观点,适当地给出一些我的建议,让他独立地完成了整个活动的筹备工作。因为他参与了整个活动的筹备工作,因此知道其中的辛苦,更懂得了尊重自己的劳动成果,在活动中他能以身作则,认真主持并完成好各项活动任务,最后小队活动圆满结束,得到了老师和队员们的一致好评。

活动组织虽然还有一些考虑不周需要改进的地方,但是孩子勇于表现,勇于尝试的态度是值得肯定的,孩子的能力是靠实践培养出来的,而且孩子的能力也超乎我们的想象,需要的是我们给予他们更多表现的机会,也需要我们花更多的耐心和时间去引导和鼓励。通过这次独立的组织小队活动,我发现不但锻炼了孩子的组织能力,而且更增加了他的自信心。

孩子成长的道路需要我们的陪伴,但更需要各种能力的培养,我们要让孩子在生活中锻炼做人、做事的能力,给予孩子足够的信任和支持,使他们能够真正地表现出最真、最善、最美的内心世界,表现出独立、创新、有责任的人格魅力,这才是家庭教育完美的诠释。

(三(1)班　陆梓涵家长)

15. 鼓励孩子做好实验

各位老师,各位家长大家好,我是四(2)班姚芊奕的家长,很荣幸跟大家一起分享一下孩子生活中的点滴。假期中我们观看一档央视节目《是真的吗》。其中有一个智力是非题:树叶经过水煮之后能变透明吗?孩子对这个题目非常感兴趣,一直在思考这是为什么呢?接着节目通过现场的实验来证明，树叶经过水煮会变透明。孩子既好奇又兴奋，主动将实验过程记录了下来。看到她颇有兴致的样子，于是鼓励她亲自通过实验来验证答案。想得到透明的树叶需要自己努力实践，于是当天我们就第一次尝试做透明树叶。

A 首先准备好实验器材：

广玉兰树叶、肥皂、水锅等。

B 实验步骤如下：

(1) 我们跟孩子一起动手将一小块肥皂溶解至半锅水中。

(2) 把五片树叶浸泡在肥皂水中烧煮。

(3) 煮沸过程中观察树叶的变化。孩子目不转睛地观察着，全身心地投入实验中。

(4) 当煮沸 5 分钟后，孩子迫不及待用镊子夹起一块树叶，用牙刷轻轻地刷树叶，只刷掉表层的污垢，随后她改变方法，用力刷树叶，即使树叶刷出一个洞也没有刷掉叶肉。刷破了好多叶子都没有成功，孩子开始失落了，表现出对这个实验很是怀疑，失去了信心。看着她呆滞的眼神，相信她在为这个结果思考着什么。我们试图了解孩子在想什么，引导她去总结失败的理由，并让她自己提出如何改进。通过她感兴趣的实验调动她的积极性，承受失败的压力，有坚持下去的毅力。

与孩子探讨，询问为什么失败？哪些细节没把握好？孩子想了想说，我们没有用氢氧化钠，肥皂碱性不强，所以效果不理想。当孩子提出自己的看法时说明她对这个实验重新燃起了希望，并且有了独立思考的能力，对自己的建议有种勇于承担责任的力量。我们引导孩子将自己的想法继续应用到实验中去。家长的冷静、不怕困难的态度和宽慰的语言会给孩子很好的积极暗示，使孩子自然而然地学会坦然地对待挫折。培养孩子的恒心和毅力不是一朝一夕的事情，因此，父母可以用循序渐进的方法，一点点引导孩子坚持下去，孩子就会有一点点的进步。

经过几天的整顿后，我们准备好了氢氧化钠开始了第二次实验。一切步骤都听从孩子，一切操作由孩子完成，我们在旁辅助她。她把上次的步骤在纸上一步步写下来，并在调整的地方做好备注。

步骤如下：

(1) 锅里放一半的水,逐步加入氢氧化钠混合均匀,将水的 pH 调到 8 左右。

(2) 把 5 片广玉兰树叶浸没在碱水中烧煮。

(3) 准备煮沸 10 分钟,比上次煮的时间延长了。

时间一到,她立马夹起树叶仔细地刷了起来,叶子的局部发现一块叶肉刷掉了,出现了半透明的叶脉。可是再怎么努力也没有刷出整张的叶子是透明的。

第二次的失败。孩子表现得有些着急,有点心灰意冷,感到了极度的挫败感。我们与孩子聊起了她非常熟悉的爱迪生故事,“失败乃成功之母”。鼓励孩子继续提出自己的建议,有想法才有动力做下去。她想了想需要用排除法,一步步去改进,这次她认为有可能是冬天的叶子太老了所以不行。我们完全接受她的想法,建议她去网上寻找更好的方法,通过不同的途径来解决问题。她兴致勃勃去网上查到了一种新的方法,并兴致勃勃地宣言等春天万物复苏,树上长出嫩绿色的叶子时,再次实验。

历经数月,家里幸福树和平安树上长出了颜色鲜嫩的新叶子,叶肉更饱满柔嫩,应该更适合制作透明树叶,于是孩子兴致勃勃地撸起袖子开启第三次实验。

A 首先准备好实验器材:

幸福树树叶新叶 2 张,老叶 2 张,平安树树叶新叶 2 张,老叶 2 张,肥皂,水锅等。

B 实验步骤如下:

(1) 将 8 片树叶浸没在碱性肥皂水中进行小火烧煮。

(2) 煮沸 5 分钟后,发现幸福树树叶变黄了。取出树叶用牙刷轻轻地刷,没有一丝效果。继续放锅里烧煮。

(3) 当煮沸 30 分钟后,孩子急不可待地用镊子夹起幸福树树叶,用牙刷轻轻地刷树叶,突然掉了一块米粒大的叶肉,但刷得很困难。树叶继续烧煮,孩子目不转睛地盯着火焰,同时希望时间过得快一点。(看到希望的同时,我们讨论叶肉是不是跟烧菜一样时间长一点才能把叶肉煮烂? 网上也提到不同的树叶需要不同的烧煮时间。)

(4) 当煮到 60 分钟的时候。发现幸福树新叶明显比老叶柔软,颜色更黄。而平安树老叶从颜色和质地都未有变化,新叶有明显变黄。

孩子很有信心地夹起幸福树新叶，小心翼翼地平摊在盆里，非常有经验地一刷，刷过的地方出现密密麻麻空洞，叶肉被刷掉了，于是对整张树叶有序地刷着，渐渐地，整张树叶都变透明了。在这一刹那实验宣布成功了，孩子欣喜若狂，小心翼翼地将透明树叶放置阳台晾干，准备后续处理。

在此次不断失败的实验中，孩子受到了较多挫折，作为家长的我们也深刻感受到了身教胜于言教的道理。要使孩子对挫折有更强的承受力，家长首先自己要冷静、客观、积极地对待生活中的各种事情。

通过本次实验说明即使遇到了再大的困难，也不要轻易在孩子面前表现出消极情绪，更不能夸大事实或失去理智，要用信心和勇气感染他们，让她注意到自己是以轻松、乐观的态度对待失败的，鼓励孩子大胆、勇敢地面对失败。成功是需要努力付出，成功是用无数次失败堆积出来的。通过生活的点滴，悟出人生哲理，得到成长。希望她能在新历程中永葆乐观向上的心。谢谢大家。

（四(2)班　姚芊奕家长）

16. 诚实勇敢有担当——试卷启示录

“望子成龙，望女成凤”是大多数中国家长的殷切希望，于是乎“天才要从小培养”“不能输在起跑线上”“砸锅卖铁也要让孩子念最好的学校”……成为无数家长的口头禅；各种各样的补习班犹如过江之鲫，望而生畏；而天价的“学区房”更是让人惊诧莫名。然而激情过后，扪心自问：为了孩子，真的只有这些、只能这样吗？

记得80年代看过的一部美剧《成长的烦恼》，杰森・西弗医生一家五口，三个孩子性格各异，个性鲜明。当年主要是看孩子们的有趣经历和整部剧的喜剧氛围，现在回想起来，西弗夫妇才是最值得我们关注的人物。虽然美式教育与中国不同，但有一点我觉得可借鉴。在对孩子的教育中，西弗夫妇从不以说教和批评的方式，而是寓教于乐、寓教于理、重在沟通，启发孩子自己认识到错误并改正，让孩子自己寻找真善美。父母才是孩子教育的关键人物，我对此深以为然，努力做“西弗式家长”，于是就有了后面的“试卷启示录”。

时光荏苒，一转眼宝贝女儿已经四年级了，长期以来都很听话，学习成绩也不错，基本没让父母操什么心，作为父亲的我也减少了对孩子的过多关注，10 岁的女孩，应该可以做好自己了。没想到，一张小试卷让我们发现了孩子的大问题。

作为同学们眼中的“学霸”，女儿一直以此为荣，每次拿着高分的考卷家长签字的时候，她眼中的骄傲与满足我们是体会得出的，不过孩子嘛，有点自信是好事，勉励几句后便一笑置之。期中考试前，孩子认真复习了几天，信心满满，我也为她高兴。出成绩的那天，我刚好在医院值夜班，忙好手头工作后，突然想起成绩的事，就问了一下老婆。没想到，得到的消息是：孩子最拿手的语文，只考了 80 几分，这是从来也没有过的低分。孩子哭了，和妈妈商量能不能签好字上交，不要告诉爸爸。

我听了以后啼笑皆非，难道我就这么让女儿害怕？这就是“父亲的威严”？不过，和老婆商量以后，发现这不是害怕的问题，而是逃避，是一种虚荣和懦弱的表现，一旦形成习惯，对孩子的成长极为不利。所以我们策划了一下，决定由妈妈动之以情，告诉孩子不能瞒着爸爸，要诚实；有些事情要勇于面对，勇敢地承担后果，这是担当。而且，爸爸不一定会训斥你哦。女儿想了好久，终于答应把成绩拿给爸爸看。

第二天晚上，看着女儿忐忑不安的样子，我心中好笑，但脸上还是挂着严肃的表情。首先肯定了孩子考前的努力，接着为她分析了一遍试卷，指出了错误的原因和复习的欠缺，为她规划了接下来一段时间的努力方向，答应爸爸会和她一起努力。看着孩子逐渐露出笑脸，体会到她如释重负的感觉，我趁热打铁，强调了诚实守信的重要性，一起复习了华盛顿小时候砍樱桃树的故事，讲述了“曾子杀彘”与季布“千金一诺”的典故；在重点阐述什么叫勇敢担当时，配合了一出“完璧归赵”“负荆请罪”与“将相和”的戏码，孩子听得津津有味；而对《大学》中“三纲八目”的讲解，更是让孩子有了人生的目标与追求。看着女儿眼中自信与坚定的目光，我老怀甚慰。

《大学》开篇言明：大学之道，在明明德，在亲民，在止于至善。这是对于成人的社会价值的体现，为“三纲”；而众所周知的“格物、致知、诚意、正心、修身、齐家、治国、平天下”等道德要求与行为准则称为“八目”。同时，朱熹也对小学内容做了“洒扫、应对、进退之节，礼乐、射御、书数之文”的定义，实际上是在学习生活技能、基础知识的同时，还要注意待人接物、品德修养等方面的内容，尤重品行。古人对于教育的认识，彰显了中华民族的传统美德与文化底蕴。

社会是个大染缸，学校是所避风港，家庭是座催化炉。家庭教育虽然不是孩子接受各种知识的主要对象，但却是形成正确人生观、世界观、价值观的催化剂，是正反应还是负反应，父母才是定盘星。

（四年级　李宜清家长）

17. 学会表现自己　培养责任心

当孩子呱呱坠地的那一刻起，就开始了对无知世界的探索。在探索过程中，父母和家庭给予怎样的教育和榜样，孩子就像镜子一样在身上影射。父母给予细心呵护，小树能成大树；父母给予精心雕琢，璞玉能成美玉；父母给予放任宠溺，灵石终会成顽石。在我孩子的教育上，不求孩子能多么伟大、多么优秀，但求她能成为一个有爱、有规矩、有责任、有思想的人。

一、心中有爱

爱让人温暖，爱带来力量。古人云：三岁看大、七岁看老。随着孩子慢慢长大，她所认知的事物、模仿的东西越来越多。作为父母，我们非常注重孩子爱的教育。在言教和身教中让孩子明白：做一个心中有爱的人，在每一个看似平常的举动中，倾注善意、真诚、尊重和爱心。通过对《论语》《弟子规》等传统文化的诵读，孩子从一开始的懵懂慢慢体会其中的要义，平日里看到父母辛劳，会捶捶背；得到好东西，会跟家人分享；面对长辈，总是给以拥抱和微笑，潜移默化中学会了爱家人。进入学校后，老师、同学组成了一个大家庭，孩子尊敬老师，做好老师的小帮手；友爱同学，乐于帮助学习上有困难的同学同进步，收获快乐和荣誉的同时在大家庭中学会了爱师生。常说陪伴是最好的亲子交流，陪伴对我们家来说，也是最最寻常的，孩子需要时能给予无微不至帮助，不需要时就安静地在旁边不过多的插手，在这个过程中孩子有独立，有合作，有分享，有聆听，看着孩子每天精神满满，微笑面对生活的美好时，她学会爱生活。

二、行中有规

俗话说："没有规矩，不成方圆。"遵守家规方面，我们的家规就像一条皮鞭时刻鞭策着，又像一个朋友始终陪伴着孩子。规矩，无处不在我们身边。当我们外出看到别人乱扔东西、采摘花朵、乱闯红灯时，就会作为一个题材和孩子共同探讨，在案例中学会守规矩；当孩子随意拿别人的东西、当孩子乱发脾气、在公共场所大声喧哗时……会第一时间加以制止，告诉她违反规矩的弊端。遵守校规方面，平时我们总会像朋友那样沟通学校发生的大小事情，表扬哪些事做得好，哪些事还可以做得更好，哪些事做得不好，在倾听、鼓励和指引中，孩子在校的言行举止得体又大方，还经常通过奖惩帮助老师督促同学一起遵守校规，争做文明学生、争创文明集体。

三、行中有责

责任是我们应该具备的最基本而又是最重要的素质，更是做好一件事情所必须的条件。作为一名小学生，孩子深知学习知识的重要性，不仅学习自觉努力，勤于思考，作业认真，保持良好的课业成绩，而且乐于接受和承担任务，并自觉努力完成老师下达的各项任务，如班级每月的黑板报、布置教室、下课整队、中队会议召开等等。此外，学生的学习生活往往因为有了丰富多彩的校园活动而显得五彩斑斓。孩子非常珍惜学校的每次活动，尽自己所能努力准备，在活动的参与和竞争中，学会了表现自己，培养了责任心。我们也积极鼓励孩子参加班级课外的每一个活动。为调动孩子更大的积极性，我们也是以身试行，积极参与班级的建设，配合老师积极组织协调参与每一次班级活动。每一次活动从策划、准备、举办都征询孩子的意见或让孩子准备、主持活动，活动让孩子增加了一份喜悦、一份收获。现在，每月一次的活动已成了孩子拓展自我的平台，孩子会主动提醒我们帮忙安排时间，还会在学校里调动其他同学组织活动、参与活动的热情，通过各类活动，孩子自信心明显增强，和老师同学们的交往也明显不约束，能够在各种主持、发言中不怯场、游刃有余。

表现性德育，让孩子敢表、乐表、善表，让每一位可爱的孩子学会做人做事，用善滋养美，用真滋养善，用美滋养善！

（四(1)班　季珈立家长）

18. 让孩子在表现中增长能力

每个孩子原本都是一张白纸，要其成为一幅色彩斑斓的画需要父母用心，耐心，信心和爱心。孩子的成长教育就像一门全新课程，没有照搬的模式，因为每个孩子天性都不尽相同，所以身为人父人母的我们只能依据自己孩子的特性，对其展开春雨润物的漫长的教育，并不时加以改进，学习着前行。

都说父母是孩子的第一任老师，从一个孩子身上可以看到其父母的影子，也就是说爸爸妈妈的行为模式潜移默化着下一代，所以我们在行事做人上一定要起表率作用，孩子才能积极向上。家庭氛围温馨和睦，才能培养孩子阳光友善的性格。每个父母都想望子成龙，望女成凤，那就要让自己舍得放手，让孩子自己在生活，学习中多动手动脑，培养各方面能力，比如：

一、爱的能力

现在虽然放开了二胎政策，但好多家庭还是独生子女为多，于是好几个大人围着一个孩子转，宠爱得不得了，造成孩子以自我为中心，缺乏关爱别人的能力。在殷晏阳小时候，我们就教育她好东西要与小朋友和家人分享，才能吃得更香，才更开心。刚开始，她不理解，觉得东西分掉了只会少吃，怎么会更开心呢？但当其他小朋友也与她分享零食，为她准备了小礼物，她才信服。稍大一些，告诉她爱家人，感恩每个身边帮助过的人，而且感恩光用嘴巴表达是不够的，要用自己的小小的力量回报他们，哪怕帮他们擦擦汗，拿拿东西，只要用心去感受，用爱去表达，做个有爱的人。

二、动手能力

一个人的动手能力我们相信从小培养是极有利的。家务方面，殷晏阳自己收拾小书房，洗红领巾，毛巾，自己洗碗擦桌子。其实这些事我们成人干会比她干得更好，更快。虽然刚开始要不厌其烦地示范，纠正，为了让她持之以恒，我们甚至制作了家务表，设立了奖项，她也从最初洗得乱七八糟，不得章法到现在得心应手，有条不紊，告诉我们孩子的可塑性远比我们想象的强很多。在其他的像手工作业，各类小报制作，我们尽量做个“懒爸爸”“懒妈妈”，让她运用所学所思自己动手干，从草稿到成品，修修改改，磕磕绊绊，不知不觉中她的动手能力在大量的实践中得到了很大的锻炼，一张张奖状见证了她的一路成长。

三、学习能力

学习能力的培养是循序渐进的，我们把阅读先入为主地灌输给她，培养她的阅读兴趣，让她从小喜欢阅读，书给她呈现了另一个精彩的世界，通往知识殿堂的阶梯。在小学初期，培养她的良好学习习惯，自我管理,自我约束的能力。比如她的预习我们从不干涉和帮忙,她自己运用工具书查找资料,有疑问先做标记,课上听老师讲解,这样她的听课效率比较高。放心地把如何学习交到孩子手上,让她在学习中摸爬滚打,慢慢积累经验,父母在旁边适时关注就行。

现在金小倡导表现性教育,表现不是作秀,不是炫耀,而是让孩子积极参与投入进来提高其爱,动手及学习等各方面能力。我们家庭教育也是一样,爸爸妈妈们运用自己的才智,让孩子乐于表现,善于表现,从而自信独立,快乐成长。

(四(1)班　殷晏阳家长)

19. 孩子"我能行"的助推器

教育孩子,就应该创造一个良好的家庭氛围。要建立平等互助的人际关系,在发现孩子的长处时要及时表扬,相反,在发现她的行为规范出现偏差时,要及时批评,但不要动不动就以家长自居发号施令,不要以家长的权威、经验来硬性要求孩子做到她可能做不到的事,而应该针对孩子的性格特点来引导、鼓励孩子战胜困难,自信自己。

我家小孩是个女孩子,比较乖巧懂事,尊敬师长、乐于助人、懂礼貌、爱学习,偶尔有点小叛逆小作,但也无伤大雅。可是她也有很多缺点,其中之一就是胆小,胆子小得我都理解不了,我和爱人想了好多办法,可她……涛声依旧。

昨天中午,我爱人和她一小姐妹聊起一个鬼片话题,整个话题也就七八句对话,内容主要是某部鬼片怎么怎么的,她们是当作茶余饭后的谈笑,而且是一笔带过就聊其他话题了,但我女儿在旁边听到了,而且听进去了,当时她也没什么反应,白天就这么过去了。

到了21时30分,女儿要睡觉了,她是一个人睡一间房。由于她胆子小,我基本都是陪她15分钟,等她睡着后再走。可昨晚我刚陪了5分钟,她就哭了,弄得我不知所措:哪能回事体?女儿抽抽噎噎说:中午妈妈说的鬼片太可怕了,我不敢睡,我一闭眼就是鬼。爸爸我想和你们一起睡,就一晚,我保证不踢你!我好怕好怕怕怕……

纳尼?当时我心里是很火的:这是什么鬼?这也要怕?这也值得怕?有我这勇敢的中年油腻男陪着有需要怕的吗?真想抽起火气凝练成鞭甩她一鞭子,胆子小到这种程度么我也算服了!深呼吸三口,转念一想，画外音传来：朋友，这就是你女儿！胆子就是这么小！你第一天认识她？

是的，这就是我女儿！

问题：怎么办？回答：捣糨糊！

我抱起女儿说：没事，不怕，是你自己想象力太丰富了，爸爸妈妈跟不上你的节奏，来跟我详细说说鬼长什么样？可怕在哪里？然后，是一系列问与答的过程。经过了解，基本都是孩子自己根据动漫作品中的恶人形象构建出来的，我进行了针对性的破解，比如某部动漫作品的作者的生平事迹、创作这部作品的背景及原因(当然有些内容我也是经过艺术加工自我编造的)，通过我这么一一的解说，女儿胆气壮了，擦干眼泪安静地入睡了。

当然，就我这么一通解释，不可能一下子就把孩子的胆子变大了，但我们可以逐步地来：她怕所谓的鬼，好吧，每次提起这个话题，我和爱人都会用调侃的语气来说，给某鬼标定战斗力、技能、伤害模式。次数多了，女儿自己也感觉到了：这鬼不和游戏里的 NPC 一样吗？NPC 可怕吗？就是一堆 1 和 2 形成的数据而已。

直到后来，我们都是要求女儿自己主导来分析，不只是鬼，还有她怕的蝴蝶等。当然，对于害怕的事物，不可能一蹴而就变得不怕了，但我相信下次女儿碰到类似的情况，她一定会首先进行自我调节，用以往的经验来说服自己来鼓励自己，一定在一定程度上减轻害怕感。所以，慢慢来逐步减，随着年龄的增大见识的增加，我相信女儿一定能克服胆子过小的缺点，事实上女儿的胆子已经在慢慢变大了。

人无完人，人都有优点和缺点，你在欣赏他的优点时，也得接受他的缺点，这才是一个完整的人。尤其在孩子遇到挫折时，父母的鼓励是孩子扬起自信的风帆：孩子做事有顾虑时，父母引导他放下思想包袱，大胆放手去做，是孩子“我能行”的助推器。在孩子一路的成长过程中，除了老师对她的不断鼓励和帮助外，在很大程度上取决于家长的适时引导和鼓励。家长用科学的教育方法适时引导、点拨、鼓励，从孩子点点滴滴的进步中留下一个个小小的成功，将会铸就孩子人生的美好未来。

（四年级　包函乐家长）

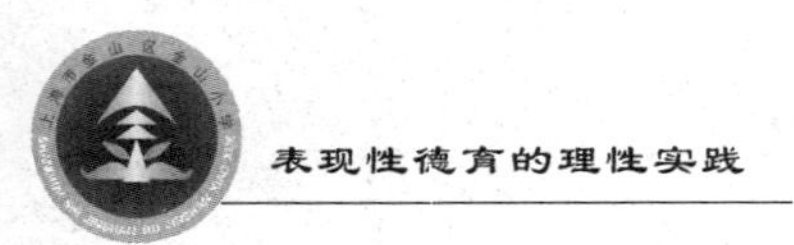

20. 增强孩子的表现欲望

我相信每个父母只要一谈论起孩子，就有说不完的话题。都想要自己的孩子在各方面都优秀，学习能力强、自觉性好、独立能力强等，但是到最后几乎说的都是“别人家的孩子”。现在的家庭教育让很多家长感觉到迷茫、不知所措，特别是看了前段时间网络上流传的有关家长陪小学生做作业的相关内容和视频，视频中的家长一度被孩子气得暴跳如雷，或捶胸顿足，甚至在评论区还有家长说自己气得做心脏搭桥手术……这些现象都说明了现在的家长真的不知道该如何教育和引导孩子学习和成长。作为以往的教育工作者和现在的家长，从昨天的为人师到今天为人母，通过角色的转变，让我深切体会到了学校老师工作的艰辛和家庭教育的重要，结合自己在孩子教育方面的一些心得和大家一起共勉。

一、做一个细心和用心的家长

我们家“栋哥”今年十岁上小学四年级，而“栋哥”这个称呼，源自他上幼儿园时。因为我是幼儿教师，当时上班没人带孩子，所以特申请园领导让他春季就提前一期入园，所以在班级里他比其他同学都要小，平时不管在自理能力、动手能力方面他都表现得要比其他孩子差，在一段时间后他开始拒绝上幼儿园了，为了给他找到在幼儿园里的兴趣点，我根据我所带的班级里特别活泼开朗又特别喜欢上幼儿园的孩子，发现他们都有一个共同点就是都喜欢帮老师和小朋友们做事情，老师称他们为“小助手”，在孩子们眼里就是“小老师”大哥哥。后来我和他班上的老师交流并说出了自己的想法，让他多帮助老师和小朋友做力所能及的事情，慢慢地我发现孩子开始高兴积极地入园了，每天都表现得很自信、很开心，而且自理能力和动手能力甚至在语言表达能力方面都有很大的进步，所以他们老师就叫他栋哥哥，班上的小伙伴们也跟着叫，后来直接就叫“栋哥”了！最后我发现他体会到了“哥哥”的意义在于责任和担当，让他在很多方面都自觉地要求自己去努力争取做到更好，“栋哥”这个称号一直持续用到了现在！

二、家长需要一双善于发现的眼睛

在孩子幼儿园时期，为了让孩子将来上小学时能就读市区的优质学校，我们在周末都会带上孩子和家人一起去考察新楼盘，同时为了让孩子有更多的时间去感受和观察身边的风景和事物，我们都会选择坐公交车或者走路出行，一路上为孩子介绍每一个建筑物的特点和周边的风景，甚至看到的每一个人不同的穿着和表情，都让孩子去观察，这些都有利于刺激孩子的观察力、记忆力和语言表达能力。

后来我发现孩子喜欢像大人一样拿不同房屋的户型图做研究和比较，也能坐在我们身边一起安静认真地听售楼处的工作人员为我们讲解房屋的户型设计风格和设计理念。还有每一个公交站点的站台名和公交车的线路图，孩子都能一一地观察思考和分析给我们听，我想这些平时生活中无意间的东西让他在后期认识数字和汉字方面都有很大程度上的帮助。记得在幼儿园大班他就能看着故事绘本念出好多的汉字，平时拿一张报纸或广告纸就能读出很多的字和句子，在小学面试时老师说他的识字量已经达到了二年级学生的水平，有关数字方面的学习全是在坐公交车时看到的不同班次和线路的公交车来提高的，而地理标志和方向感也是在这时得到锻炼的。自从上小学后，寒暑假的出游攻略都是让栋哥来做的哦！

所以我们家长需要一双善于发现孩子身上的兴趣点并及时的关注和引导，就会发现原来教育是如此的简单和有效。

三、做孩子的“好伙伴”——理解和尊重孩子

从做了妈妈那一刻起，我就和所有的妈妈们一样，希望孩子快乐地成长。可是当孩子上一年级以后，与幼儿园相比，生活习惯、学习环境、学习内容、学习方式等都发生了很大的变化，对孩子来说是一个全新的开始。对于家长而言，孩子读一年级以后才发现，原有的生活方式和观念被改变了，孩子需要接受新知识，家长需要了解关注孩子的接受能力和接受效果，我和孩子都不在良好的学习状态，都是来自学习的压力。为了与孩子一起尽快地适应小学新变化，如何督促孩子完成家庭作业而大伤脑筋，曾经是为了让他快速高效地完成作业；考试未能达到自己理想的目标，而大发脾气和孩子大吵大闹，甚至动手对打，孩子委屈地大哭，我也伤心难过地哭泣，我以为我们就这样崩溃下去了。

直到有一天我看了一本《好妈妈胜过好老师》的书，从中学习到了如何去陪伴孩子成长。原来孩子在刚进入小学时也是需要家长去引导他慢慢地适应环境和学习节奏的，而我作为家长除了表现出来的焦虑和恐惧外，并没有想办法去引导孩子。而我表现出来的焦虑和恐惧让孩子更恐惧和无助。从书本中我慢慢尝试着站在孩子的角度去思考和

看待问题，去理解他的不易和艰辛，当他遇到困难的时候我会去安慰鼓励他，并和孩子一起去查阅资料找到解决问题的办法，遇到意见不统一的时候，首先尊重孩子的意见，并听他阐述自己的观点和想法，只要孩子能说服我，我都会尊重他的决定。慢慢地孩子越来越有自信、更主动去学习，而且在做题的分析上也有自己的技巧，不管是平时还是考试时正确率也提高很多。

因此，对于刚入小学低年级的孩子来说，家长需要陪伴和帮助他们适应环境，养成良好的生活、学习习惯，这对以后高年级的学习至关重要。

四、相信孩子，放低家长的姿态

带着好伙伴的角色一直升到四年级，孩子的学习能力、学习习惯和学习态度都很不错，四年级开始，我决定放手了。放学回家后，让辛苦了一天的孩子在外面玩一下，并给他准备一些水果、牛奶点心，既锻炼身体、放松心情，还能补充营养。我们一般都是六点钟吃晚饭，吃完晚饭还要带他出去散散步，一路上拉着他的小手让他和爸爸妈妈聊一聊今天在学校里的趣事，只要能打开他的话题，他就开始滔滔不绝地说出了自己在学校里所有的事情，这样作为家长就能很轻松地了解到孩子在学校一天里学习到的知识和学习生活状态。散步后七点开始写作业，正常情况下一个半小时就能完成作业。然后做自己最喜欢的“小老师”的工作，他当老师，我和他爸爸是学生，我们装作什么都不懂，问题一大堆，就这样在家里的小黑板上演绎老师上课的样子，这样不仅能巩固当天学习的知识点，还能锻炼孩子的语言表达能力，一举两得哦。现在孩子的学习能力越来越强，表现欲望和能力也越来越好，而我们家长却需要表现出越来越“弱”的样子！让孩子有机会和兴趣来为我们“教学”。

五、兴趣爱好的培养和支持

对于孩子喜欢的英语课是因为身边表姐的影响，因为表姐读的是国际私立学校，每年都会去国外做交换生活动，在他们的交流中，孩子发现英语将来会是国际性的普通话，了解到了英语的重要性，孩子便主动要求去参加英语课辅导班的学习。还有周末他会要求和爸爸一起探讨奥数题的相关知识和解题技巧，孩子在家中和父母的互动交流活动，不仅能获得技能的培训，还能加强亲子间情感的交流与沟通，这肯定是双赢的最佳状态。在语文知识及语言能力发展方面,我们主要根据孩子的特长和爱好来培养,因为我们一直相信兴趣是孩子最好的老师,在语言表达上孩子有自己的特色,愿意说,愿意思考,愿意交流是语言发展方面的前提,而要让孩子在这方面有锻炼的契机,最好的方法就是有自己愿意交流倾诉的对象,孩子的好朋友好伙伴永远都是最好的交流者。因此,作为家长,我们只有多带孩子出去接触外面的世界,外面的小伙伴,多提供机会,给他找到小伙伴,让他们在游戏中,玩耍中去自然地,在轻松愉快的氛围中发展自己的语言表达能力,才能达到最佳的状态,起到最好的效果。因此,学校和老师提供的中队委和小队活动却是同学们聚在一起交流学习进步的最好的一个平台和机会。在每次的小队活动中,孩子总是最积极最认真的那个小身影,他愿意努力做好每一次小队活动的组织和策划工作,在组织和策划中,不仅能锻炼孩子的组织能力,思考能力,还能培养他独有的分析和辨别能力,还有以后工作中最需要的执行力和领导力。而在少年宫招收小记者培训班时,有这样一个锻炼的机会,我们鼓励孩子自信地去应聘面试测试,这期间又能锻炼到孩子的各方面能力和毅力。主持人的角色一直是孩子想站在舞台中间的一个梦想,也是以后的一个职业目标。话说人生有目标,生活就有了努力的方向。我们一家人在一起的时间,就请孩子来做小老师,给我们讲解不同的书本知识和社会常识,从中培养孩子的思考能力,语言组织能力和语言表达能力。其实要培养孩子的能力,契机无处不在,就看家长的用心和方法。

六、亲子关系最好的状态——有效的陪伴

文化知识固然重要,但父母的陪伴对孩子来说必不可少,父母要让孩子在学习和游玩中得到成功的喜悦,使孩子在学习和游戏中充分找到乐趣,那前提必须父母亲自参与到学习和游戏中,与孩子一起玩耍。而良好的亲子关系胜过许多的口头教育,在孩子的成长过程中,亲子关系显得格外的重要,只有拥有一个健康和谐温馨的亲子时光,才能让孩子健康成长,和谐愉快的亲子氛围给他以心理上有家的安全感与幸福感,才能让他们有信心、有兴趣学习。在家中,不但要给孩子和谐愉快的学习空间,而且还要尽可能地培养孩子的基本生活技能,有自理能力,有克服困难的意志,有爱心。要成功地完成这些目标,必须抽出时间来陪伴孩子学习和游戏。在这方面他爸爸做得比较好,只要一有时间，我们会带他去户外运动，比如打篮球、羽毛球和乒乓球，虽然技术不好，但是大家在运动中体会到了家庭的温暖和幸福感！体会到了有爸爸妈妈陪伴一起成长的快乐时光。在家里面也会和他一起探讨社会上的一些新闻事件，各自发表自己的看法，还会和孩子一起分享回忆我们小时候童年的快乐时光。遇到节假日我们也会抽去时间陪孩子一起出游，让他带着学校里学到的知识用于社会实践活动中去，再在社会实践活动中获得新的知识和经验。让他灵活运用各种技巧学习不同的知识，让他带着知识：走出去，请进来。所以只有让孩子在轻松愉快的亲子活动中才得到最有效的教育和锻炼。

总之，孩子的成长不仅是一个漫长的过程，也是需要我们倾注更多的心血与爱来陪伴他们一起成长。孩子带给了我们数不清的快乐和欢笑，他们的变化带给我们一个个的惊喜和感动。其实孩子的成长过程也是我们为人父母的学习过程，我们在父母这个学堂里也需要不断地学习和进步。其实很多时候，不是我们教会了孩子，而是孩子教会了我们如何去爱和不断学习怎么做一个合格的父母。毕竟世间唯有“父母”这个职业不需要上岗证，所以让我们陪伴孩子一起共同学习成长和进步吧！

（四（五）班　王嘉栋家长）

21. 让孩子敢于表现、善于表现

每个做父母的都希望自己的孩子成长成才，而作为80后的我们，也是望子成龙。在孩子的成长道路上，我们走了不少弯路，从孩子生下来的那天起，我们各自忙着工作，忽略了对孩子的教育和陪伴。直到孩子上学，发现孩子的自理能力较薄弱、胆小、在陌生环境中缺乏自信等等问题，这才让我们意识到作为父母，我们真的不会教育、不懂教育。

学校给予我们机会，让我们参加了关于“表现性学习”的专题讲座，通过表善、表真、表美、表心各方面，让孩子敢于表现、善于表现，以创造孩子在学校生活中努力学习、尊重老师、与同学共同友好成长；在家庭生活中尊老爱幼、勤做家务；在社会生活中做些力所能及的事、做关心社会的好公民等各种环境下的最佳角色表现。

当然，孩子的各种表现性学习行为也需要我们家长的引领并给予孩子锻炼各种能力的机会。作为父母，言传身教是教育孩子的必要条件，努力做到关心孩子的思想和学习，乐于帮助孩子解决学习、生活中的一些困难；善于和孩子交流和沟通思想感情；建立平等互助的人际关系，不能动不动就以家长自居发号施令；发现孩子的长处及时表扬，相反，在发现他的行为规范发生偏差时及时批评；尊重孩子的兴趣和爱好。同时，教育孩子，就应该让自己做有进取心的家长，以身作则，教育孩子“勤”字当先，从力所能及的事情做起，不断进步；培养孩子的自信心，善于发现孩子的闪光点，让孩子用正确的心态面对失败和挫折，给孩子更多的关怀和鼓励。

小时候，他不爱看书，却对动画片情有独钟，这也许是同龄孩子共同的爱好吧！到现在这个网络飞速发展的时代，不要说孩子，就连我们也都是机不离手。曾有一段时间，他迷上了手机游戏和手机电子书，这种痴迷是心心念念的，一放学到家就找手机，造成作业拖拉，上课开小差，学习效率极差，并且视力也是极速下降。在这种情况下，我们和儿子公平地谈了一次，约定好让他放弃网络游戏，只在假日时可以限时上网，以课外书代替电子书，每天晚上高质量地完成作业后，可以看会课外书。当然条件是作为父母的我们也要在他学习时看书或看报纸，共同学习，放弃手机，相互监督。自那以后，每天他都很积极高效地完成回家作业，并且有固定的时间去阅读课外书籍，不仅增加了课外知识，还在无形中提高了阅读能力和写作水平，这真是意外之喜。

在学习上，照过去的我们，若是儿子考试考砸了，定是轮番的“轰炸”。而现在，我们已经能很好地控制住自己的情绪了。想到自己小时候，每次考不好时，正是自己最痛苦、最伤心的时候，若被父母再打骂一顿，压力山大，简直是往伤口撒盐哪！如今，不管大考小考，那时那刻，我们都让孩子先谈谈自己的想法，听听他是否发现问题所在。然后，再和他一起分析出现问题的原因，并提出提高成绩的具体措施和方法，鼓励孩子，继续努力。

信任和理解，从陪伴开始，只要一有时间，我们便陪他一起学习、一起运动、一起散步、一起旅游，体验各种文化，增长见识，在不同的氛围中，遇到困难时，鼓励他用自己的能力去解决问题，增强他的自理能力，克服那份害怕的心理，让他在成功的喜悦中增加他的自信心，敢于表现自己、善于表现自己，让他充分认识到：我行！我可以！

现在的他，对于学校发生的事，回家也会和我们侃侃而谈，抒发自己的观点，和我们共同探讨，听听我们的意见，为他和同学、老师的相处提供帮助；现在的他，每次去超市采购完回家，总挑最重的东西拿上楼，我说："我们家的小男子汉真是长大了！"他对我会心一笑，那一刻，特别欣慰；现在的他，在周边的亲人、朋友、同学，或者陌生人，碰到困难时，会毫不犹豫地尽自己所能伸出援手……

记得有一次，我和儿子超市买完东西前往超市楼顶的停车场，刚出电扶梯就听见身后"哎哟"一声，我们转身循着声音望去，原来是一位女士可能因为购物车里装了太多东西的缘故，车轮被卡在扶梯口，只见她使劲地推着车，脸涨得通红，可车还是没推上来。说时迟那时快，还没等我反应过来，只见儿子一个箭步冲上前，一只手抓住购物车，侧着身体往我的方向用力一拉，车终于上来了。女士连声："谢谢小朋友！"儿子腼腆地回着："不用谢！阿姨！"虽然是件举手之劳的小事，但我依然很庆幸，儿子终于跨出了敢于表现这一步！

在孩子成长的漫漫长路上，家庭教育很重要，孩子成长的同时，父母也在不断地学习和进步。当然，学校教育也是尤其重要的，学校是除了家庭以外，孩子的小社会。特别是学校通过《表现性学习》在实践中的运用，让我们的孩子在学校和老师们的帮助下，有了明显的进步，感谢老师们对我们孩子的教育，感谢你们的辛苦付出，让孩子更加自信、阳光！

（五(4)班　陈思豪家长）

22. 母亲节的温馨礼物

孩子，是每一位父母心中的宝贝，我们都盼望着他们茁壮地成长，在教育孩子的过程中，除了老师之外，父母也扮演着重要的角色。家庭教育和学校教育同样至关重要。

儿子今年 11 周岁，已上小学五年级，在教育孩子成长的过程中，我最深的体会是：温馨、和睦的家庭环境是孩子健康成长的源泉。

家是孩子们主要的活动场所，家庭气氛的好坏直接影响着孩子的身心健康，我们要给孩子一个安全、舒适、温暖的家，是教子的第一步，家人之间要相亲相爱，和睦相处，这样孩子才会健康地成长！

我有时觉得男孩子性格有点大大咧咧的，可是每年的各个节日，他都会别出心裁地给家人送去温暖,这不今年又让我感受到了一个特别温馨的母亲节。

记得过节前的一个月左右,“今年的母亲节是 5 月 13 日”,儿子兴高采烈地跑过来告诉我,“妈妈,您想要什么礼物啊?”我笑眯眯地看着他并说道:“嗯,妈妈还没有想好!”“那好吧,您要是想到了,告诉我哦,我会用压岁钱买份礼物给您哦!”我默默地心想:孩子还真有心,每年都不忘记母亲节,去年亲手为我做了张爱心贺卡,写上美好的祝福语;前年他用压岁钱为我买了一顶粉红色的帽子,他告诉我在外面工作的时候太晒,帽子可以让我凉快凉快;今年他又会带给我什么惊喜呢?

过了一周,我们俩没有再说起母亲节的事情,我也不打扰他的学习,毕竟快期中考试了,看着他趴在桌上,认真做题的样子,还真是可爱!

又过了一周,他制作完一个关于母亲节介绍的 PPT,兴致高昂地又问起这件事了,我没有回答他,微笑地说道:“你猜,妈妈今年想要什么?”看着他若有所思地走进了房间。

有一天的星期五放学后,我们带着他去超市购物,要准备的下周所需物品。我们边走边挑选,忽然听到一丝丝美妙的音乐,我们都停下了脚步,抬头一看,原来是八音盒,儿子取下其中一个八音盒,对我说道:“这音乐真动听,妈妈,您喜欢吗?”八音盒发出音乐,会让我想起小时候的快乐时光,我沉浸在儿时的喜悦中,不经意地对他说道:“我小时候听过八音盒发出的声音,那是其他同学带到学校里的时候,我才有幸欣赏到那动人的音乐,记得当时八音盒是一架钢琴,上面有一位穿上芭蕾舞裙的少女正翩翩起舞呢……”等我说完后,他默默地跟着我们继续挑选物品。

时间过得很快,不知不觉母亲节到来了,我们一起给两位老人送去了礼物,我的婆婆和我的母亲都非常高兴!等我回到家时,儿子为我端来一杯水,并邀请我坐下来,于是他手捧着一个小盒子,慢吞吞地走到我的面前,甜蜜地说道:“妈妈,我也为您准备了礼物,您猜,这是什么?”我有些纳闷,一个 15 厘米左右的正方体的蓝色小盒子放在了我的面前,我小心翼翼地解开包装盒,原来是一个球形的透明发光物体,里面是两只粉红色的丹顶鹤和一片绿色的水草,儿子轻轻上起了发条,一阵阵美妙的音乐从里面飘溢出来,原来是一个漂亮的八音盒。他认真地说道:“妈妈,我希望您永远快乐!”我前一周不经意地回答,反而他为我记住了,我激动得连连点头。

这件事虽然朴实,但是让我感受到了孩子给予我的温暖的爱,也让我发现孩子在慢慢成长的过程中,他对亲人的爱的表达方式含蓄而又悉心,说明他的生活观察能力在慢慢增强。

孩子的心田是敏感的,撒下什么样的种子就会开出什么样的花果,就会有什么样的收获,因此,我们希望撒下的是善良、友爱、自信的种子。我们愿意成为孩子的朋友,继续在孩子成长的道路中不断摸索,寻找答案,他在成长,而我们也在长大。我们相信:不管做什么,都不要急于回报,因为播种和收获不在同一个季节,中间隔着的一段时间,我们叫它“坚持”。

(五(4)班　黄顺一家长)

23. 传　　承

第一篇　爱护花草

“养不教,父之过。教不严,师之惰。”在我小学的时候就读过《三字经》中的这句话,但是不懂,只是按照老师的讲解来理解,随着时间的推移这句话早已忘记在我的记忆之中,直到她的出现。

我女儿出生的那一天是我一辈子都不能忘记的,她是上天赐予我和全家的宝,是世上独一无二的,所以我也要给她最好的。

什么才是最好的?我一直思考了很久,直到在偶然的情况下我又看到了这句话,是的,千金散尽还复来,只有给她从小树立一个正确的人生观才是对她未来的人生最大的帮助,也是做父母的给予其最大的财富。

在我对她的教育中,最早也是记忆最深的一次是发生在我女儿三岁的时候,她和同楼的两个孩童一起在楼下玩耍,因为看到花坛内盛开的鲜花很漂亮,和其他两个孩童每人摘了一朵回家。

小孩是最单纯的,他们总是毫不保留地把自己最好的东西和父母分享,当我和我太太回来的时候她第一时间把那朵已经有些枯萎的花朵拿给我们看,而且很自豪地说:“你们快看啊,这是我给妈妈摘的花,多漂亮啊,他们两个摘的都没有我的花大,也没有我的花好看,妈妈,送给你。”

第一次收到女儿的礼物,我们都很开心,但是我和我太太回到房间商量了一下,虽然这是女儿的好意,但是我们要教导她爱护公物,特别是花草树木,那是供人们观赏的,不是让人采摘的。

我太太把我女儿叫到身边,语重心长地跟我女儿说道:“宝贝,你送给妈妈的花妈妈很喜欢,但是你把花摘了,树妈妈看不到自己的宝宝就要伤心了,花宝宝离开了树妈妈也要害怕了,我们把花宝宝送回到树妈妈那里好不好?”

“树有生命吗?”女儿带着疑惑的口吻问道。

我太太被问得愣了一下,很快回过神后笑呵呵地说道:“宝贝,世间万物都是有生命的,只是存在的形式不同而已,这个等你长大之后读了很多书之后就明白了,你不信可以去问问爸爸啊,爸爸懂得最多了。”说完还鼓励地拍了拍女儿的小肩膀。

女儿嘟着嘴,小声道:“那你去还给树妈妈吧,我不去行不行?”

看到我女儿似懂非懂的样子,我知道我们已经在她心里种下了爱护花草树木的种子,心里很是开心,找了胶带和剪刀给我太太,抱起我们家的小公主,大声道:“我们一家一起把花宝宝送还给树妈妈。”

花朵被胶带缠回到了树枝上,我女儿也很真诚地向树妈妈道了歉。

第二天,我带着她去了花店,为她母亲挑选了一束漂亮的花,也让她知道花应该在花店购买而不应该随意破坏周边的绿化。

我们一直感觉别人家的小孩怎么怎么懂事,其实在懂事的背后离不开父母的教育,有句古话这么说的:“勿以善小而不为,勿以恶少而为之。”当孩子做得不对的时候我们要立刻指正,当他们做得好的时候我们也不要吝啬我们的鼓励。

很多年过去了,她也知道了当初我们想表达的意思,从那件事之后她也没有再摘取任何的花花草草,哪怕再喜欢她也就是蹲下看看,用相机记录下花儿最美丽的时刻。

第二篇　不乱丢垃圾

夏天的白天是炎热的,夏天的夜晚是清凉的,也是人们散步和呼朋唤友的最好时间,我们一家经常开着我们家的“小毛驴”出去兜风,那时候的她总是抵挡不了路边羊肉串散发出的阵阵香味,而我们俩又抵挡不了女儿那可怜的恳求声,所以每次出去她都能吃到喜欢的羊肉串,带回好几根长长的竹签,到了楼下垃圾桶边再将其丢进垃圾桶,每次看到她这种自然的行为,我内心里面感到无比高兴。

记得第一次带她出去吃烧烤的时候,我们一家人一路上说说笑笑地从一家烧烤店出来,宝宝手上拿了几串烧烤,当时我们也没有在意,当回到家的时候我们才发现宝宝手上什么也没有,我们问她竹签哪里去了,她很自然地说已经丢了,回来的路上就丢了,那个时候我才发现我们没有教她不随意丢弃垃圾。

“宝宝,我们回去把竹签捡回来好不好?”我用歉意的语气问道。

“为什么要捡竹签?”宝宝问我。

我还没有回答她,我太太已经抢先说道:“宝宝,我们中国有很多很多人,如果每人每天丢一根竹签,那么我们生活的周围到处是垃圾,你愿意周围都是垃圾吗? 到处是臭臭的味道,你想待在这样的环境中吗?”

宝宝吐了吐舌头道:“那我们快点去把竹签捡回来吧。”

我们用了很多时间才找到了所有的竹签,这件事之后我们家宝宝再也没有乱丢过任何垃圾,所有的垃圾都会丢进垃圾桶。

不乱丢垃圾是一件很简单的事,但是真正能做到每件垃圾都丢到垃圾桶的很少很少,每个人做好自己我们的生活会变得更加美好。

好的习惯不是一天养成的,好的习惯需要父母言传身教,孩子是一张白纸,那只在白纸上挥笔的手就是父母的手,那只手每天都在白纸上书写着孩子的品性,书写着孩子的未来。

国由无数个小家组成,孩子又是家的延续,一个富强民主的国家离不开每一个父母对孩子的教育,从我做起,做好自己,不给别人添麻烦,能伸手帮别人一把的就帮别人一把,谁也不知道明天那个被人帮助的是不是我们自己。

(五(3)班　周亦心家长)

24. 行　　知

——“妈妈,为什么我们要去旅游?”

“旅游可以增长见识,认识新的朋友,看到不同的风景啊!”

——“爸爸,这座山好高好难爬,我好累,我们回去吧。”

“休息一下我们再加把劲,马上登顶了哦,坚持就是胜利!”

——“妈妈,终点的风景最漂亮吗?”

“不一定的,沿途的风景也很好看,只要有欣赏的眼光,到处都是美景。"

每到假期，我们一家人就会去旅游。没有兴趣班辅导班，没有手机电脑应酬等等的干扰，做好攻略，三个人带好装备，到草原沙漠、高山大河、边陲小镇……深度自由行。旅行过程中，我们收获的不仅是美景，还有身心的洗礼、意志的磨炼、知识的拓展、亲情的凝聚。

旅行的意义——知识篇

——"妈妈，为什么这里的山岩是黑色的，还这么多孔洞？"

"这是亿万年前火山爆发之后形成，熔岩裹卷着空气流淌，冷却后就出现了这些孔洞，这就是火山岩。"

——"妈妈，为什么圆明园里是一片片的废墟？"

"这是中华的屈辱史，八国联军攻入北京后，烧杀抢掠，毁掉了圆明园这座'万园之园'！"

"读万卷书，行万里路。"这句话也许是对旅行意义的最大诠释。不论是学校教育还是校外教育，都很重视阅读。阅读量的多少直接影响到孩子的知识面和写作文字积累。把旅行和阅读结合在一起，是一种学习的提升。旅游过程中，可以接触到地理、历史、自然、人文等多方面知识。在陌生的环境中，孩子对一切事物都充满好奇，绿树、青草、山水、动物、未知的一切，对求知欲旺盛的孩子来说乐趣无穷。五彩缤纷的大自然和丰富的社会景观刺激着孩子的各个感觉器官，锻炼着他们的注意力、记忆力、描述能力和独立思考能力。今年寒假，我们到了云南普者黑、罗平、元阳等地。这里很多地貌都是远古时代火山喷发遗留下来的痕迹，有火山岩的群山，有地下溶洞。在游玩的过程中，我让孩子一边观察，一边对她讲述如何分辨火山岩、火山岩与其他岩石有什么区别；地下溶洞是怎么形成的，石笋和石柱有什么区别……在真实实物前，孩子很容易理解这些原本抽象的地理知识，并且记忆深刻。以前我们到北京圆明园，在断垣残壁前，我给孩子讲述以往的那段屈辱历史，和我们今天的祖国对比，让孩子明白国家只有强大了才不会被欺负，人民才会有幸福的生活。通过这些，孩子不仅学习了历史，还懂得了很多政治知识，接收了爱国主义教育，这种行走的教育可能比单单读书要更加容易被孩子接受吧。

旅行的意义——顽强篇

——"妈妈，外面好冷，我不想起床。"

“松花江上的日出很漂亮哦，还有雾凇，你就不想看吗？”

真正的旅行，需要全身心的投入，不是简单的走马观花，而是深度体验。

这些年，带着孩子深入草原、爬雪山、进沙漠，南南北北跑了不少地方。在零下三十度的东北看日出，在四十多度的吐鲁番游火焰山，在海拔 4120 米的高山赏飞雪，在月牙泉爬鸣沙山……经常一条线路跑下来要十天半个月，还要和各种气候环境“做斗争”，没有良好的体力和毅力很难这样起早贪黑的“玩”。有时，孩子也会嫌累嫌冷或嫌热，这就需要有坚强的意志和强壮的身体做保障。

曾经，我家孩子的性格懦弱，体质也不太好。经过这几年的锻炼，如今的她已经不同从前，不仅体质好了，性格也改观了很多。记得在雾凇岛看日出时，室内是零上二十多度的热炕头，室外是零下三十多度的极寒，五十多度的温差，清晨六点半起床，这对大人来说都是一种挑战，更别说是十一岁的孩子。可是她并没有过多的犹豫挣扎就跟着我们出发了，看到了水雾弥漫的松花江上红日初升，看到了玉树琼枝的绝美雾凇。这样的事情太多太多，几乎在我们每次的旅行中都会遇到，甚至徒步尚未开发的山岭古道五小时她也能坚持下来。我曾让她仔细观察过生长在巨石边的一棵藤树，这树的种子原本是压在巨石之下的，可是顽强的生命并不屈服于命运的坎坷。这棵树生生地将巨石挤裂，在窄窄的缝隙中钻了出来，看似柔弱的枝蔓蜿蜒直上，生长的坚强而旺盛。这树触动了孩子的神经，她赞美这树的同时，我想她也会收获很多，这些收获也许会对她的整个人生都有积极作用。

旅行的意义——亲情篇

——“妈妈，这个沙丘好高啊！”

“不怕！我们三个人一起努力，慢慢爬。”

亲子游是家长与孩子间的良好交流渠道，能凝聚家庭的亲和力，也是实施教育的一种好方法。

在孩子的成长过程中，家长的陪伴和沟通交流很重要，而且是有效的陪伴和交流。在旅途中，我们一家三口需要共同面对所有的一切，我们之间的关系是平等的。我们会和孩子一起商量我们的游玩路线和方式，遇到问题我们也会共同去解决。我们一起交流看到的风土人情，交换不同的意见和想法，在有需要的时候互帮互助，让小家庭紧密的团结在一起。孩子和我们的关系更加的亲密，当然，我们也会放手让她去做她应该学习的一切，锻炼她的自理能力。当我们三个人划着小船顺利前行到达美景之所在时，孩子也会明白全家齐心协力的重要性。

人在旅途，看到各种各样的生活和风景，从而思考别人为什么活，自己应该怎么去活，旅途所见与内心所遇结合起来，明亮了眼眸，充盈了精神，也是体验了不同的生命和人生。当我们和孩子一起踏上旅途时，其实是一起进入了学习的过程。手机电脑不再是挡在家长和孩子之间的壁垒，而是变成了一起欣赏美景的镜头。我们和孩子的关系，变成了脾性相投的旅友和伴侣，一起快乐学习，快乐生活，这样的教育方式让我们双方都受益匪浅。这就是我们家略有不同的家庭教育。

（五(5)班　马晨曦家长）

25. "妈妈重在参与对吧?"

孩子是父母生命的延续，也是父母的希望之所在。父母生下孩子就有"育"的义务和本能。父母是孩子的第一位老师，也是孩子做人的楷模。

培养一个孩子的耐心及做一件事情的持久性也是极其重要的。泽祎宝贝从小学 2 年级开始就被学校选进射箭队，这对孩子来说是一次很好的锻炼机会当时我就对她说："宝贝你好厉害。"可是孩子却说："妈妈，我们老师说了还要选了，如果在训练中觉得你不好老师还是会让你退出的，如果你不想参加了也可以退出的。"当时听了孩子说的这句话后我就怕她又会和小时候学弹琴，学跳舞一样坚持不下来，久而久之孩子会变得没有耐心，以后长大了做任何事情都没有持久性，这不是一个好的现象。所以当时我就对泽祎说："既然进去了就好好练，贵在坚持，如何事情只要你努力过了，那无论结果怎么样你都不会有遗憾了，对吧？妈妈相信你一定能坚持下来！"自从进了射箭队以后，每周有三天放学后，人家同学都回家了，他们还要留下来训练，周末每天也要去学校训练，除了在学校训练外平时在家里也要做俯卧撑、单臂撑，为了增加手臂力量。同时还要兼顾好学习，更不能因为训练而耽误学习。后来学校改造后训练场地没有了，现在孩子们每次要赶去体育场训练。寒暑假是每个孩子最开心的时光，但是暑假的训练任务比平时还要重，每周周一到周五都要训练，就周末可以休息，然后还要按时完成暑假作业，我记得有一年暑假，当其他孩子在家睡懒觉时，她每天早上六点起床，然后七点前到校乘车赶到奉贤去训练，每年的 7、8 月是一年中最热的时候，当其他孩子在家吹空调时，射箭队的小队员们都是顶着烈日在室外坚持训练，训练虽然很苦，但是却磨炼了孩子们的毅力，加强体质。现在的孩子都是比较娇气的，平时难免会有以各种借口逃避训练，每当孩子觉得辛苦，不想去训练时我都会在一旁鼓励她，有时以自己的工作为例，有一次我问孩子："妈妈上班在接待服务对象时也会遇到很多问题，甚至会遇到一些不讲道理的人，那我可不可以也不去上班呢？""不可以的，妈妈你不去上班会被领导开除的。""对呀，训练也一样，既然参加了就要坚持下来，有付出才会有回报。"从进射箭队到现在算一下也有四年多了，在这期间孩子从来没有无故不去训练，有时身体不好也会去坚持训练。记得有一次她放学回来对我说："妈妈我进合唱队了，所以以后我就没有时间去训练了。"当时我就对她说："我们射箭练了那么久了，放弃也挺可惜的，鱼和熊掌不能兼得，对吧？"她说："妈妈我还是去射箭吧，毕竟练了那么久了，不想放弃了，除非哪天老师不让我参加了！"终于功夫不负有心人，一分耕耘一分收获，今年小队员们可以去参加 2018 年的市运会了，那天过了市运会的达标测试后，她很开心，回来对我说："妈妈，重在参与对吧，哪怕不拿名次也没关系，重要的是我们已经努力了，至少也算是见过世面了吧！"

看着孩子一天一天长大，开始有自己的思想和主见了，我想我们平时在教育孩子要好好读书好好做人时，更要注重培养孩子的意志力及做事的持久性。松柏忍受了狂风的摧残，坚持不懈，终于造就出挺拔的英姿，人生在世，不如意的事情占十之八九，面对困难、挫折，有多少人选择勇敢地面对，又有多少人从此萎靡不振。不同的坚持，将显示截然不同的人生。即使世界上最简单最容易的事情，如果没有坚韧的恒心和毅力，就无法坚持到底。要想走向最后的成功，凡事贵在坚持，贵在持之以恒。

（五(1)班　陈泽祎家长）

26. 敢于"表现"自己，更好的"自我"形象

"生活中，人们不仅关注自身的需要，也时常渴望被他人需要，以体现自己的价值。这种'被需要'的心态普遍存在，对此你有怎样的认识？

请写一篇文章，谈谈你的思考。要求：(1) 自拟题目；(2) 不少于 800 字。”这是今年刚刚过去 2018 年上海高考语文作文题，也是近几日大家津津乐道的话题。

需要，是体现自身价值的基础和前提；被需要，是体现自身价值的社会责任和终极目标。从家庭教育的角度，我们养育孩子的需要点在哪里？被需要点又在哪里？从金山小学所探索的“表现性学习”而言，在教育、育儿这个领域，就是要把孩子凸显到需要和被需要的关注点，凸显到教育、育儿的主体地位。

有句俗话说，只有不会教的老师，没有教不会的学生；也可以引申为只有不会教的家长，没有教不会的孩子。这话有一定的偏颇性，但如果从每个孩子都是一个宝藏、每个孩子都有他的闪光点的角度来看，“摸准孩子的个性、激发他的特质潜能、引领他自主生活、学习、创新，使其感觉生活有价值有意义”是一个好老师、好家长应该要思考的问题。我的理解，就是要把照本宣科的教育，转化到根据孩子的特质用不同的手段引领不同个性的孩子走向丰富多彩的人生，即从老师家长的角度转化到学生孩子的角度，这也是“表现性学习”探索和实践的要义。我们渴望孩子按照我们的规划成长，对家长而言是“需要”，但如果转化到“被需要”，即我们的孩子渴望并且认可我们在他们的成长路上的引领作用，岂不更好？

我的孩子在金山小学从 2013 年至今就读整整五年，而金山小学又恰巧从 2013 年初开始开展“表现性学习的理论与实践”这一课题的研究，我们的成长与这个课题的研究同步进行。每个学期金山小学都会向家长征集家庭教育案例，当夏陆贤领到这个任务，说老师希望我们能写一篇“家庭教育案例”时，我问是从教育成功的角度来写，还是从失败的角度来写？夏陆贤犹豫了一下，用一种不太确定的口吻说，这个我没问沈老师，应该是从成功的角度来写吧？

其实，教育没有句号，又何来成功与失败？更何况，对于人生成功与失败的定义，不同的人有不同的标准和理解，很难用一句话来概括。结合金山小学的“表现性学习”课题研究，我就从家庭教育的角度来谈谈我的家庭是怎样引导孩子多角度参与各类学习课程、社会活动，结合个性特征扬长避短，建立自信心，树立正确的人生观。

老话说，三岁看八岁，八岁看到老。夏陆贤最大的特点是“舍不得”

与“不愿意”共生。比如，还在婴幼儿时期，到睡觉时间了，他会吵着“我不睡！我不睡！”然后把眼睛睁得大大的。这时候无论是骂一顿还是打一顿，都是无济于事的。于是我们就约定：“不睡可以，但只要把眼睛闭一分钟就可以。”妥协。事实是眼睛刚闭上10秒钟，就进入梦乡了。舍不得睡觉，但真睡了又不愿意醒来。大一点，带出去玩，也和其他小朋友一样，看到好玩的好吃的就挪不开脚。在公众场合骂一顿和打一顿无论对家长还是孩子，面子里子都不好。于是我们就约定，“就买一个”或者“只能挑一样”。妥协。有一次我们已经同意买一个玩具了，他突然自己觉得，卖场里卖的可能比网上贵，于是主动提出先不买了，等回家比价后再买。不愿意错过好吃好玩的，但又舍不得花大钱。再长大一些了，学了兴趣班围棋，学到后面越学越难，有点撑不下去了，想退缩。于是我们约定，等把这次缴费的课时都学完了再决定。妥协。慢慢熬过去，真等到做决定了，又觉得好不容易学到现在了，就这么放弃了太可惜了，咬咬牙再熬。于是再续学费再学。畏难不想学，又舍不得放弃坚持了多年的学习。

能妥协，并能往好的方向发展，我觉得很好。所以在我们的家庭教育中，尽量顺应孩子性格特点，划定底线，循循善诱，不断妥协，不断进步，乃至自主决定。

以看书为例，很多家长对于孩子不爱看书颇为头疼。而我们家恰恰相反。在亲戚朋友的眼里，夏陆贤最大的特点是“爱看书”。还没起床就看书，刷个牙在看书，上个厕所在看书，吃饭在看书，走路在看书，上课在看书，课间在看书，别人聊天他看书，不看完书不肯睡觉……

看的是什么书？从《读者》到《咬文嚼字》，从《神奇校车》到《小牛顿系列》，从《怪物大师》到《哈利·波特》，从《故事会》到《法布尔昆虫》，从《我们爱科学》到《三字经》……小说、散文、故事、漫画、地理、文史、笑话、猜谜，没有不爱看的；悬疑、惊悚、科学、喜剧甚至工具书，统统能看得津津有味。

朋友们经常要我“传授传授经验”，我苦笑，这个“爱看书”在我家来说已经过犹不及，变成需要纠正的“毛病”了。若一定要说经验，那就是从小引导，坚持不懈，同时减少影响看书的各类诱惑。

夏陆贤小时候，我购买了很多绘本，一页一页的教他故事的大概内容，一个字一个字地教他文字的意思。美妙的故事让他听了一遍还想听，神奇的汉字让他总是很期待在下一页或下一本绘本再见面。在绘本中，夏陆贤逐渐认识世界，了解周围的人事物都可以用“书”来描绘。书里有“好人”，也有“坏蛋”，我们的情绪总是被带到故事中，与主人公一起开心、一起忧愁。每晚睡觉前或者钻在蚊帐里或者捂在被窝里读绘本，是娘俩非常享受的时光。记得有一段时间教他反义词，开的反义词是关，大的反义词是小，等等诸如此类。隔几天，在一本书中看到“开花”，夏陆贤兴奋地说：“妈妈妈妈，开花反义词是不是关花？”我哈哈大笑，忙说不是的，并向他解释并不是所有词语都有反义词，花开花谢才是对应的；又有一天，几个小朋友在一起玩玩具，我说做人要大方一点，先让别人玩，夏陆贤满脸舍不得，憋了一会儿说，我偶尔小方一下可以吗？我实在忍俊不禁，告诉夏陆贤有些反义词并不能简单地把大换成小就可以，像大方的反义词是小气。后来果然在绘本中看到了“小气”二字，原来生活和书本是相通的。后来，绘本已经无法满足好奇心了，我又陆续买来连环画，再后来是一半文字一半画，最后自然而然就是全文字的各类杂书了。培养爱读书的习惯，似乎就是一件水到渠成再自然不过的事情了。当然，也有受影响的。电视、电脑、手机、iPad 等等似乎更有诱惑力。曾经，也有过把发烫的电视机关掉的经历，也有过深更半夜从电脑手机 iPad 游戏中拉回被窝的火爆场景，于是电视机禁止随意开启，电脑手机 iPad 都设置密码，减少了无意义的娱乐活动，自然能沉浸在看书读书中了，而且好的书本有时比好看的电视连续剧更让人恋恋不舍。家里到处是书，每当看到他安静的、偶尔咯咯咯笑着看书，甚至看书看得忘了吃饭、忘了睡觉、忘了做作业，偶尔，我也会迷茫一下，这算成功还是失败？

孩子需要引导，更需要激发他内在的爆发力。十几年来，带着孩子一路走来，有时候我总是有一种又从小活了一遍的感觉，经常会换位思考一下，如果我是夏陆贤，我希望过什么样的生活？我过得快乐吗？有意义吗？

还在婴儿时，每当看着他扑闪扑闪的小眼睛，一会儿冲我笑，一会儿撇着小嘴找奶吸，我就会想，我小时候是不是也这么可爱？

长大一点儿，每当看着他努力地撑起来，想独立走路、奔跑却摔个跟头时，我就会思想斗争，扶还是不扶？男子汉就是要摔摔打打才能长的结实，自己站起来，争取下次摔得轻一点。不扶！但我一定会真诚地鼓劲:“自己爬起来,加油!不哭,真勇敢!哇,你成功了!真棒!”

上幼儿园了,每当看着他咿咿呀呀学唱儿歌、讲故事,奶声奶气的背唐诗,我就会想,人家都在各种培训机构学唱歌、舞蹈、乐高、英语等等,我们要不要跟风?快乐童年到底应该怎样的?这个是最纠结人心的,也是有娃的家长们聚在一起讨论最多的话题。我们小时候全村娃在一起,小的跟着大的,可以在野外疯玩一天的日子怕是很难复制了,待在家里又寂寞,那就走出去。在幼儿园中班以前,带出去主要是玩,中班之后的暑假我们开始有目的地学习一些课程。最先学的是轮滑,认识了很多轮滑的大朋友小朋友;再后来开始学跆拳道,逐渐树立了强身健体最重要的理念。后来也去学过唱歌,学过国画,学过钢琴等等等等。有些天资有限,有些时间冲突,有些缺少坚持,慢慢地坚持保留了兴趣还算浓厚的几样兴趣课,例如竹笛、围棋、跆拳道等。

很多人问,学这么多累吗?说不累是真的假话。虽然付出不一定有回报,但是回报只能建立在付出之上。小到看人家的孩子,大到比别国的孩子,哪个是天生的十全十美?哪个没有经历过勤学苦练?

要想德智体美劳全面发展,唯有下功夫、吃过苦,才能问心无愧。

身体是人生的本钱。从小我们比较注意身体健康的锻炼。前面说过的轮滑学习,是一段非常快乐的日子。印象中学了有两三年,5 月到 10 月每晚去区政府前的广场向教练学习。每晚的挥汗如雨,换来了全身肌肉结实,走路掷地有声,到家吃啥都香,感冒发烧没胃口的日子越来越少。后来又学习了跆拳道,从白带到红黑带,学了有六年多。跆拳道的训练也很累,体能训练讲究的是吃得起苦和坚持。夏陆贤的腿部韧带非常僵硬,在婴儿时期被医生警告过如果不锻炼可能要做手术,而跆拳道恰恰也是需要拉韧带的,虽然由于韧带僵硬练得非常痛苦,但至少避免了做手术的危险,非常不错。四年级时为了参加竞技比赛,硬是要在减体重的同时增加训练强度,真是双重考验,居然也熬过去了,虽然没得奖,但是考验意志的经历也很宝贵;五年级教练又鼓励参加竞技比赛,一想到上一年的可怕经历,夏陆贤一时不敢答应,但看到教练期待的眼神,还是报了名,但一周内必须减少体重 6 斤,我后来都不知道他是怎样做到的。比赛那天,幸运的得了 47 公斤级的亚军。问他得奖感想,居然说没得冠军太可惜了,大有来年再战的豪迈之情。身体练好,还能锻炼意志,一举两得。

夏陆贤的艺术底子不高，这个可能与家庭氛围有关，也与与生俱来的气质有关。学过一年钢琴，越学越难，母子二人心照不宣地慢慢以放弃告终。好在夏陆贤对竹笛一见钟情，愿意尝试。但是每天雷打不动的吹笛子训练，是真功夫，我又是门外汉，只能死记硬背的监督，每到周六早上到老师那边回课，总是担心没练好。通过了，内心喜悦，夏陆贤也会说牺牲了周六早上的睡懒觉还是值得的。偶尔到学校班级里表演一下，总能得到老师和同学的赞赏。被人表扬是建立自信心的基础，越是表扬，学起来也就越起劲。四年来坚持每周一节课和每天的刻苦训练，换来了业余十级优良的证书，不至于谈艺术色变。后来还有机会加入了区少年宫民乐队，更坚定了继续学下去、练下去的信心。不过学习总有起伏，有段时间学校鼓号队抽一部分同学练习，夏陆贤也被抽到了，但是那个小号怎么也吹不响，后来又换成打鼓，可是鼓点总是踩不到点子上，只好退出。伤心了一小阵，还是琢磨不透哪里出了问题。我们只好安慰和鼓励，或许将来有机会，再学习学习小号和打鼓，说不定一下子就会了。

学习围棋更是一个考验耐心的过程。记得一开始学习，围棋老师特意交代“你们在家里摆摆棋，先假装故意输几盘，让他有信心，然后再加大难度”。果然，夏陆贤对于总是输掉很不高兴，有一次居然“赢”了爸爸一回，这下可高兴了，也更起劲了。结果爸爸还连“输”了几盘，夏陆贤就得意了，骄傲地发起了挑战，结果却输得很惨，脸上挂不住了，就哇哇大哭。等他哭完了，爸爸告诉他，要多学多练才能赢棋，赢棋固然很重要，但下棋必定会有输有赢。如果赢了就高兴、输了就哭鼻子，这可不是学习围棋的理念。我们要努力赢，也要输得起，在失败中沉静总结经验，才是做人的上乘之道。虽然似懂非懂，但一路走来，总算从一开始的输输赢赢心情就会起起伏伏的状态，逐渐能定下心来，慢慢懂得了要努力赢，但赢了不骄傲、输了不气馁的道理。不过由于平时锻炼不够积极，在二段停留了很长一段时间，期待能多学多练，取得更大进步。

在学习上，如果单从各科考试成绩来看，并不能做到出类拔萃，有时单科拿个班级第一，回家会当成重要新闻播报。不过好在各科都比较平均、稳定，没有严重偏科，所以每次考试全家的心情不会大起大落。一年级二年级时相对来讲还是比较简单，能胜任。升入三年级以后，学校里的课程不但明显提高了难度，作业也开始增加并变难。是退缩还是迎难而上？学习其实就是一个夯实基础，不断积累的过程。我们的要求是，老师上课讲解一定要理解透彻，梳理清楚每个知识点，错过的题目再做一遍，巩固巩固再巩固。语数英固然重要，但知识是相通的，学好副课一定会有助于提高主课成绩。对于喜爱的课程可以多花时间，但对于不喜欢的课程也绝不能弃之不管，甚至要花更多的时间和精力去掌控它。打好底子，会越学越顺手。当然前提还是得肯下功夫，天才毕竟少之又少。

累并快乐着，再累也值得。取得怎样的成就有时候确实带有一些偶然性，但做事的态度是自身可以掌握的。

细数夏陆贤一路成长，似乎没有特别优秀的地方，令人欣慰的是也没有很糟糕的情况。能知道礼貌待人，懂得照顾他人心情，有时也能发挥班干部作用。基本能分清好坏优劣，但有时做事有点畏缩，甚至还会掉链子。不过好在总体还比较“听话”，从不以撒泼打滚来要挟他人。对于自己所犯的错误，基本能通过讲道理进行教育改正。总是对夏陆贤说，找准方法，认认真真过好每一天，快快乐乐过好一辈子，给周围的人带来快乐就是最大的成功。

十几年的育儿，我们有生气，有吵嘴，但更多的是互相陪伴和鼓劲，检点自己，提醒对方。所以与其说我们是家长和孩子，不如说我们是朋友。但愿以后的日子里，我们能够继续努力营造和谐的家庭氛围，鼓励夏陆贤积极作为，善于挖掘自身优势和潜力，敢于“表现”自己，取得更好的“自我”形象，保持阳光心态，既要知足，也要奋进，为建设富强、民主、文明、和谐、美丽的中国添砖加瓦！

五(1)班　夏陆贤家长

后　记

本专著《表现性德育的理性实践》系金山区新优质学校集群发展“基于金色童年课程　丰富学生学习经历”项目金山小学的推进项目，也是“基于金色童年课程的表现性学习的实践研究”课题的研究成果之一。这个项目对于落实金山区教育局提出的“让课程改革更深入，让师生关系更和谐，让学生经历更丰富，让教育服务更优质”的要求，具有重要的研究价值。

本专著是学校教育改革与发展的真实记录，生动地反映了在集团化发展过程中学校教育改革的历程。在两年半研究中，学校注重理论指导下的自觉实践，不断反思再实践；坚持以科学的态度开展研究，注重提炼与总结教育经验，在再实践中验证；坚持教育创新，形成适合自己学校的教育特色。本专著凝聚了金山小学学校领导、教师和专家的智慧和辛勤劳动，也见证了我们创建特色学校过程中的艰辛探索与不懈努力。

本课题以行动研究和理论研究并举，贯彻“学生发展模式”的理论，形成了走向践行的表现性德育。表现性德育是指为了培养敢于进取、善于表现、充满自信的学生，在学校生活、家庭生活、社会生活中培养学生在行为规范、道德人格、个性特长上有良好的角色表现的教育。强调遵循德育规律，符合学生心理发展特点，让学生的道德概念发展为道德信念，通过情感体验，形成良好的道德行为。学校的表现性德育通过“主渠道、主阵地、大时空、大课堂、活舞台、活平台”，让学生敢表、善表、乐表。我们形成了“三项原则、六项策略、六条路径”表现性德育的实践形态。表现性德育强调学生每时每刻、无处不在地表现着，让学生以真善美去判断、去选择、去行动。用善滋养美，让学生表现出丰富的爱心；用真滋养善，让学生表现出真实的诚信；用美滋养善，让学生表现出心灵之美，激发学生的向真、向善、向美之心。

本课题由周梅校长担任课题组组长，学校广大教师参与课题研究，上海三知教育理论研究所所长王铉城担任研究指导。本书实践部分案例由教师撰写（见署名），理论部分由王鋐撰写。限于本专著作者们的认识水平，所阐述的观点和提供的案例如有不妥之处，恳请读者不吝指教，在此表示感谢。

主　编

2020 年 12 月

图书在版编目(CIP)数据

表现性德育的理性实践 / 周梅主编. —上海：文汇出版社，2021.5

(幸福德育：滋养金色童年)

ISBN 978－7－5496－3535－1

Ⅰ.①表… Ⅱ.①周… Ⅲ.①德育—教学研究—小学—文集 Ⅳ.①G621－53

中国版本图书馆 CIP 数据核字(2021)第 085072 号

幸福德育：滋养金色童年

表现性德育的理性实践

主　　编 / 周　梅

责任编辑 / 熊　勇

封面装帧 / 张　晋

出版发行 / 文匯出版社

上海市威海路 755 号

(邮政编码 200041)

经　　销 / 全国新华书店

排　　版 / 南京展望文化发展有限公司

印刷装订 / 上海颛辉印刷厂有限公司

版　　次 / 2021 年 5 月第 1 版

印　　次 / 2021 年 5 月第 1 次印刷

开　　本 / 700×1000　1/16

字　　数 / 330 千

印　　张 / 22.5

ISBN 978－7－5496－3535－1

定　　价 / 78.00 元(全二册)